Olympic Studies: Discrepant experiences and politics

オリンピック
スタディーズ

複数の経験・複数の政治

清水諭 編

せりか書房

オリンピック・スタディーズ——複数の経験・複数の政治　目次

Ⅲ　プレ／ポスト'64

Ⅳ　アウターナショナルな経験

間奏曲

コラム

はじめに

オリンピックと「政治的なるもの」

清水 諭

近代オリンピックの歴史のなかで幾度となく繰り返されてきた言葉。それは、「**オリンピックはいまや政治にまみれている**」という批判だ。そこから生じるのは、スポーツに含み込まれた社会的・政治的な複雑性を消し去り、「私たちはスポーツを政治から取り戻さなければならないのだ」という主張である。純然たるスポーツの祭典であるはずのオリンピックがいまや政治によって絡めとられ、利用されているというわけだ。ナチスのプロパガンダに利用されたベルリン大会、そして東西冷戦期のボイコット。こうした事例は、一見そのような主張に確かな根拠を与えるかもしれない。しかしその裏側で、オリンピックにおける「政治性」を考えるときの想像力は矮小化され、固定化されてしまう。

だから、私たちは次のように問い返してみようと思う。「いや、そうではない。オリンピックはそもそも**政治的なるもの**を内包しつつ生み出され、育まれてきたのではないか」と。国家と国家との対立、イデオロギーの対立だけが「政治」なのではない。むしろ、こうした想像力の限界を、私たちはいま突き抜けなければならない。オリンピックにおける政治的なるものとは何か、スポーツを、そして身体文化をめぐって作動する権力とは、いったいどのようなものであるのかを私たちは根本的に問わなければならないのだ。

一九世紀末、フランス人ピエール・ド・クーベルタン男爵が提起し、その後国際オリンピック委員会（ＩＯＣ）が中心となって営んできた近代オリンピック運動は、古代ギリシアにおけるオリンピックを「崇高なもの」として位置づけ、それを再発見・模倣・再創造することを通じて自らの理念を築き上げた。そして、一八九六年の第一回大会から百年以上にわたってさまざまな経験や記憶、物語を生み出し、また地球上の膨大な人間たちを熱狂させながら、二〇〇四年アテネに帰郷する。オリンピックは私たちの社会の発展とともに成長し続け、各地を移動し続けたのである。

時間軸における展開と空間的な移動。オリンピックを考えようとするとき、これらの視点を欠くことはできない。オリンピックは、単にインターナショナルなスポーツ・イベントというだけではなく、さまざまな時代と社会において、その社会的編成のなかに組み込まれてきたのである。したがって、各時代、各社会における重大な歴史的出来事として、さまざまな権力関係の網の目のなかでそれぞれ別個の意味作用を担ってきた。

本書が探究する「政治的なるもの」とは、まさにこうした力関係の網の目におけるオリンピックの意味にほかならない。人種、ジェンダー、ナショナリティ、資本主義といった力の線分と交わるとき、オリンピックはどのような意味を担って社会のなかに編成されてきたのだろうか？　そのときスポーツは、そして私たちの身体／身体文化は、どのような意味を社会的に付与され／獲得してきたのだろうか？　オリンピックとは、そもそも同時代のそうした力関係のなかで生み出され、時代の変遷とともにさまざまな権力／対抗権力と結びつきながら移動し、生成変化してきたのではないだろうか？　今こそ、オリンピックにおける「政治」について、このように問いなおされなければならないのだ。

本書はこうした目的のために、近代オリンピックの歴史を再考していく。それぞれの章は基本的に一つ、もしくは複数の大会をきっかけにしながら、オリンピックがその社会において（あるいはそれを越えて）どのような社会的編成のなかに織り込まれてきたのかを明らかにする。オリンピックというスポーツ・イベントそのものがたとえ一つであったとしても（歴史的にそれは決して一つではなかったが）、オリンピックをめぐる経験、そして政治は一つではない。それは相異なる時代・社会のなかで、さまざまな経験を生み出し、多様な「政治」を作動させてきたのである。

本書の各章が描き出そうとしているのは、まさにそうした相異なる個別的な経験と複数の政治である。そして本書が目指すのは、そのようにして描かれた個別的な経験や複数の政治のモザイク的な織物を通じて、オリンピックや身体文化をめぐる根本的な問いかけへと読者を導くことである。スポーツにおける「政治的なるもの」とは何であるかを、いま、私たちは真剣に問い始めなければならないのだ。

＊

本書の構成を簡単に説明しておこう。「近代オリンピックを問い直す」と題された第Ⅰ部では、近代オリンピックを成立させてきた根本的な原理、および現在、オリンピックの存在そのものを支えている商業主義との関係を問いただすことによって、社会におけるオリンピックの位相を明らかにしていく。

清水論文では、オリンピックが常に、誰を参加させ、どのような大会にするのかが問題になってきたことを示す。そして、スポーツ用品メーカーなどがアスリートやＩＯＣとスポンサー契約を結び、テレビ放映権を含めた「スポーツ・マーケティング」システムが構築されていくなかで、八四年ロサンゼルス大会以降、ますます拡大していくオリンピックとビジネスとの癒着関係をアメリカの黒人アスリート、カール・ルイスに焦点を当てながら読み解いていく。

デンマークのスポーツ社会学者であり身体文化論者であるヘニング・アイヒベルクの論考は、身体文化を通じた「私たち」という集合的アイデンティティの構築を記録・結果の生産を目的とする競技スポーツ、規律訓練的な統合を目的とする体操に代表されるタイプの身体文化、そして他者との結びつきの場となる民衆の身体文化という三元論的視点から考察することを通じて、オリンピック・スポーツの危機とそのオルタナティヴについて論じている。

一八九六年第一回アテネ大会で、実は非公式ながら女性マラソンランナーが存在していたというエピソードからはじまる田中論文は、近代オリンピックの創始者クーベルタンの思想をジェンダーの視点から読み解くことによって、オリンピックにおける男性中心主義を批判し、現在において女性アスリートの形象とパフォーマンスがいかに社会におけるフェミニズム的な問題を可視化しているかを論じる。

第Ⅰ部では、近代オリンピックがその成立から現在に至るまで、いかに「政治的なるもの」を内包しており、それらの諸矛盾を抱え込むかたちで発展してきたことが明らかにされるだろう。そしてまた、たとえ現在支配的かつ規範的な身体文化であるとはいえ、オリンピック・スポーツもまた数ある身体文化のうちの一つでしかないという相対化の視点が提供されるだろう。

第Ⅱ部「ナショナルなものの想像力」では、近代オリンピックがその成立以来、内包してきた可能性の最も大きなものの一つである「ナショナルなもの」との節合について論じられる。ここで重要なのは、オリンピックとナショナルなものの結びつきが、いわゆる大文字の政治的イデオロギーとしてのナショナリズムに単純に帰結するわけではないということだ。それは、第Ⅱ部の各論文が示していくように、それぞれの社会のなかで文化的、歴史的に準備されたナショナルなものの想像力が、近代オリンピックをあるやり方で節合していくプロセスとして考えられるのである。

まず井上論文は、一九三二年のロサンゼルス大会におけるアメリカン・イメージの構築を一九世紀末から二〇世紀初頭のアメリカの社会的状況、すなわち「革新主義」の時代から丹念に追うことを通じて、その社会的、歴史的背景を描き出そうとする。

次に伊藤論文は、一九三六年のベルリン大会における記録映画『オリンピア』を読み解くことからナショナルなものの想像過程を明らかにする。伊藤は、一九世紀後半以降のドイツにおける身体文化を通じたナショナル・アイデンティティの構築について、「青年運動の身体文化」「トゥルネン」「ノイエ・タンツ」という軸を手がかりに跡付けていき、『オリンピア』の映像において「国民」の想像力が充満する規律化された身体美がいかに理想化されているかを暴き出す。

そして、石坂論文は「政府」「東京都」「体育協会」という三者間の関係をめぐる構造的な連続性から、一九四〇年の「幻」の東京オリンピックと現実に開催された一九六四年の東京オリンピックを論じ、そこからナショナルなイベントとしてのオリンピックが雰囲気として立ちあがってくるプロセスを描き出す。

第Ⅲ部「プレ／ポスト東京'64」では、一九六四年の東京オリンピックを単なるスポーツ・イベントとして捉えるのではなく、それを通じて都市が形成され、人々の社会的感性が根本的に変容していく社会的事件として考察する。

まず前村論文は、「TOKYO 1964」の文字に大きな赤い丸と五輪を組み合わせたポスターについて、「日本的なるもの」とモダニズムの融合を探究した亀倉雄策の思想をデザイン史の観点から読み解いていく。

次に石渡論文は、一九五九年五月にミュンヘンでのＩＯＣ総会において、六四年東京大会開催が決定されてからわずか五年間で、新幹線や地下鉄などの交通網、さらに上下水道の整備など、どのようにして東京という都市が再編されたのか、そしてまたそうした「未来の都市」への移行が現実の都市生活者にどのような問題を生み出したのかを論じる。

工場跡地の情景からはじまる新論文は、東京大会で金メダルを獲得した日本女子バレーチーム、いわゆる「東洋の魔女」を生み出した歴史的背景を辿っていくことによって、女性の身体が工場から家庭へとそのトポスを変容させながら、消費する身体へと推移していく一つの決定的な契機として六四年東京大会を捉えようとする。

これらの論考を通じて、東京オリンピックが戦後日本のさまざまな領域で果たしてきたいわゆる「近代化」における重大な役割を再確認することができるだろう。もちろん、都市の構造のみならず、人々の生活様式やその感覚もまたオリンピックを契機として近代的なものへと変容していくのである。

第Ⅳ部「アウターナショナルな経験」では、ともすればナショナルなモーメントに回収されがちなオリンピックの経験を「ナショナルなものの」外へ、すなわち「アウターナショナル」な経験へと開いていく試みがなされている。ここではオリンピックを契機としたさまざまな経験が、ナショナルな枠組みを越えた人々の結びつき、すなわち新たな公共圏の形成を促していく姿が捉えられる。

まず有元論文は、大正末から昭和初期にかけて国際的に活躍した日本人女性アスリート、人見絹枝の自伝的著作を「旅日記」として読み解く。そして、そのことを通じて、アスリートたちのフィールド上の経験を脱中心化し、移動のプロセス、すなわち「経路」における経験をふまえた彼女のアウターナショナルな自己成型を描き出す。

次に、一九六八年のメキシコ大会における二人の黒人アスリートの抵抗的身振りを論じた山本論文では、人種差別に抗する彼らの行為がすでにアメリカ内部における反人種差別運動、さらに南アフリカのアパルトヘイトを問題化するアフリカ諸国との連携によって準備されていたことを明らかにし、オリンピックを重大な契機としてアウターナショナルな黒人のスポーツ公共圏が形成されていたことを論じる。最後に、小笠原論文は「ボイコット」の政治的身振りを大文字の冷戦的な「政治」に回収せず、階級政治や人種政治の掛け金として、近代的諸原理の対抗文化として、さらに既存のゲームのルールそのものに異議を唱える「変容の政治学」が生じつつある場として解釈することで、ボイコットによる政治的様相の複数性を可視化しようとする。

第Ⅳ部の各論文によって問われているのは、オリンピックそのもののアンビバレンスである。オリンピックはそもそもナショナルなモーメントに回収されていくと同時に、アウターナショナルなものへ開かれ、また「オリンピック的なる理念」をその内側で強化していくと同時に、「オリンピック的でないもの」をますます内包せざるを得ないということである。そうしたアンビバレンスから生じる政治的なものの領域が、ここで見出されている。

＊

本書は、巻末にオリンピック関連の年表を掲載した。この年表からは、近代オリンピックが生まれてからこれまで、さまざまな場所で紛争・戦争・テロが勃発していることを見て取れる。こうした「政治」と近代オリンピックとの関連にも、私たちは配慮しなければならないだろう。

この『オリンピック・スタディーズ――複数の経験・複数の政治』は、以上のような各論文やコラム、そして年表等の資料が相互に結びつきながら構成されている。各論考は、オリンピックについての歴史や問題点をできるだけわかりやすく提示、学生のゼミなどでも使用できるように考えたつもりである。読者のみなさんには、オリンピックを題材にしながら、スポーツにまつわる身体の政治性について考える端緒となれば幸いである。

I　近代オリンピックを問い直す

1 「ロゴ」の身体
――カール・ルイスの登場とビジネスツールとしてのオリンピック

清水　諭

私の名は、ベンジャミン・シンクレア・ジョンソン・ジュニアであり、この世界記録は今後五〇年、あるいは一〇〇年のあいだ、破られることはないだろう。記録よりも大事なのは、カール・ルイスに勝ち、金メダルを取ったことだ。　ベン・ジョンソン
（'88ソウル・オリンピック一〇〇メートル九秒七九、金メダル剥奪、ジョンソンら 1988:10）

……オリンピズムは、肉体と意志と知性の資質を高揚させ、均衡のとれた全人のなかにこれを結合させることを目ざす人生哲学である。……オリンピック・ムーブメントの目的は、いかなる差別をも伴うことなく、友情、連帯、フェアプレーの精神をもって相互に理解しあうオリンピック精神に基づいて行なわれるスポーツを通して青少年を教育することにより、平和でよりよい世界をつくることに貢献することにある。」
（『オリンピック憲章』二〇〇一年版「根本原則」）

1　クーベルタンの意図と内在する問題

ピエール・ド・クーベルタンの尽力によって、一八九四（明治二七）年にソルボンヌ大学大講堂で開かれたフランス競技スポーツ・クラブ連合主催による「オリンピック大会復興会議」は、当初「パリ国際スポーツ会議」という名称で準備されていた。案内状には次のような文面があった。

まず、古来運動選手たちが身をもって示してきた高貴で騎士道精神に富む人格を今後も保持し、現代社会の教育の場においてそうした人格が、かつてギリシア世界において果たしていたのと同じ称揚すべき役割を果たし続けるよう、我々は尽力せねばなりません。人格上の欠陥はつねに、オリンピックの選手をサーカスの剣闘士におとしめてしまうものです。運動をめぐる互いに両立しえない二つの信条のうちのいずれか一つを、我々は選びとらねばなりません。多くの国のアマチュア選手たちは、彼らの存在を脅かす金銭欲やプロ・スポーツから身を護るために、妥協や矛盾に満ちた複雑怪奇なルールを制定しているのが現状です。あまつさえそのルールの字面を守ることに汲々とするあまり、精神の方がなおざりに

されてしまうことも決して少なくありません。

改革が絶対に必要なのです。（マカルーン 1988:334-335）

ここからは、すでにこの時代のスポーツ界にアチュア資格問題が浮上しており、クーベルタンは表面上、この問題を主題にして会議を開催しようとする意図があったことを示している（同、335）。そして、会議はアマチュア問題を担当する部門とオリンピック大会について話し合う部門に分かれて、およそ一週間話し合われた。

アマチュア問題については、肉体労働者を閉め出すイギリス・ルールに反対を宣言すること。賞金と経費保証とを区別すること（原著者注：前者を禁止し、後者には制限を設けない）。給料を受け取っているコーチや体操教師にアマチュアの地位を与えないこと。そして、国際的に決議できるはずもない厳格なアマチュア規定を避け、ゆるやかな合意をもつことが結論とされた。また、オリンピック大会については、四年ごとに近代スポーツを競技種目として、開催地を移しながら開くこと。永続的で安定した国際オリンピック委員会（ＩＯＣ）を設置し、その構成員はそれぞれの国でオリンピックの理念を代表することなどが決まった（同、344）。

クーベルタンは、自由、道徳、人格、愛国心、公共の福利など人格の陶冶に重点を置いたイギリスのパブリック・スクールにおける教育に深い関心をもっており、ギリシアの運動競技とその思想をふまえ、青少年の教育、人類の平和的発展のために、スポーツを核とする地球規模での運動を構想していた。問題は当初から、誰を参加させ、どのような大会を開催するか、そして誰がこれを運営していくのかだった（クーベルタンについて、詳しくは田中論文を参照）。

したがってＩＯＣは、クーベルタンの理念をもとにして、根本原則にはじまり、同委員会、国内オリンピック委員会（ＮＯＣ）、そしてオリンピック競技大会についての規則、さらにオリンピック競技大会の組織やオリンピック賞のことを細かく決定してある『オリンピック憲章（Olympic Charter）』をもっている。もちろん、これを遵守しない限り、オリンピック大会に出場することはできない。夏冬あわせて約三五競技種目のアスリートたちを一同に介して競わせるこのメガ・イベントについての規定である『オリンピック憲章』は、今やスポーツ界全体に大きな影響力をもつ共通コードともなっている。[1]

しかし、時間と場所を変えながら地球上を移動しつつ開催してきたゆえに、また近代スポーツが内包する問題ゆえに、常に『オリンピック憲章』と現実には大きなギャップが存在する。特に、アマチュア規定とビジネス化の問題（グレーダー 1986、ジェニングスら 1992、広瀬 2002）、ドーピング問題（ベッテら 2001）、ボイコット問題（詳しくは小笠原論文参照）、さらに開催都市決定などに関するＩＯＣやＮＯＣ内部の収賄問題（トムリンソン 1984、ジェニングス 1998、相川 1998、江沢 1999など）や環境問題（町田

1991、谷口 1992、Chernushenko 1994、コラム参照）などが大きな問題となってきた。これらの問題は、IOC内部で、あるいはIOCと各種目ごとの国際連盟の統括組織である国際競技連盟（IF）との間で、またIOCとNOC、IFと国内競技連盟（NF）との間で、といった具合に、さまざまなレベルで駆け引きと議論が行われてきたし、ときとしてスキャンダルに発展した。[2]

2 「アマチュア」であること

なかでも特に、IOCが当初からオリンピック・ムーブメントはアマチュア・スポーツマンによってなされると規定していた参加資格問題があった。「プロフェッショナル、すなわち職業としてスポーツを行う者と区別され、趣味などとして愛好する者」というアマチュア参加資格は、一方で余暇として自己目的的に楽しみ、かつスポーツマンシップやマナーといった倫理観を尊ぶといったアマチュアリズムの思想が絡み合って、曖昧さを絶えず内包していた。

「どこまでがアマチュアなのか」の答えは、アスリートやコーチが生活し、活動している空間によって複数存在した。社会主義政権下の東側諸国は、一部のトップアスリートに国家から豊富な資金が与えられ、「ステート・アマチュア」と言われていたのに対して、資本主義を基盤とするところで生活するアスリートたちは、企業からの資金援助がアマチュア規定違反として処罰の対象になった。

すでに六〇年代後半からアルペンスキー選手の用具メーカーとの契約問題が物議を醸していたが'72札幌冬季大会においてワールドカップで一二勝をあげ、優勝候補だったカール・シュランツは、母国（オーストリア）のスキーメーカーの広告に出演したことが「アマチュア規定違反」とされ、開幕三日前に選手村を追放された。また、この年のミュンヘン大会、男子バスケットボール決勝において、オリンピックで負けなしの六二連勝中だったアメリカがソビエトに一点差で負け、八連覇を逃すという事態になった。米ソ二大大国による冷戦構造下において、オリンピックを「代理戦争」とする雰囲気は、単にメディアにおける言説だけでなく、政府によって施策を検討させるにまで至る。

しかし、IOC会長がアマチュアリズムを信奉するアベリー・ブランデージからキラニン卿に変わると、一九七四（昭和四九）年のIOC総会で『オリンピック憲章』「第四章オリンピック競技会」のうち、オリンピック大会への参加資格条項が改正された。そこでは食費、交通費、宿泊費、保険料、シューズやウェアなど用具の購入費、コーチ費用、治療費、さらに休業補償（Payment for Broken Time：大会に参加するために欠勤した場合でも、勤務先にその間の収入補償を請求するとアマチュア規定は失われるとされていた）や奨学金も受けられるようになった。そして、自分が所属するIFやNOC、あるいはN

Fが契約したスポーツ用品メーカーなどスポンサーからの収入もそれらの団体に対して支払われる限り、認められることになったのだ（グレーダー 1986:146）。

この流れは進んで、一九八二（昭和五七）年になると国際陸上競技連盟（ＩＡＡＦ）において、アスリート・ファンド（競技者基金）が設けられ、選手が出場料や賞金を受け取り、そこにプールすることが可能になった。[3]

もちろんこれらは、アスリートを支援し、スポーツ・イベントを開催することがビジネスとして大きな利益を得られると判断する企業とエージェントが世界的に増加したからに違いなく、特にスポーツ用品メーカーにとって「机の下」で金銭の授受をしなくてすむようになった大きな変革だった。

3 「スポーツ・マーケティング」の構築

ＩＯＣが依然としてオリンピックをアマチュア・スポーツの祭典として括ろうとする一方で、一九七〇年代のスポーツ・ビジネスの主流にあったのは、プロのゴルフ・プレイヤーほかテニスやスキーの有名選手をマネジメントすることだった。例えば、インターナショナル・マネジメント・グループ（ＩＭＧ）（一九六〇年にマーク・マコーマックが設立）は、アーノルド・パーマーを皮切りにジャック・ニクラウス、ゲーリー・プレイヤーとマネジメント契約を交わし、テニスやスキーの選手たちに手を広げていった（坂崎 1998:55-56）。そして、アスリートの名まえやロゴのついた商品の管理（傘のマークのパーマー・ブランド、ニクラウスのゴールデン・ベアーなど）、アスリートを企業のイメージ・キャラクターなどに使ってもらう（女性ゴルファー、ローラ・ボーがサラダ油のＣＭに出演）といったライセンス・ビジネスを展開したのだった。

数々のスポーツ・ビジネスを手がけてきた坂崎は、七〇年代半ば、アスリートの身体がイメージ戦略のキーになることを日本の企業は「理解できていなかった（同、59）」と述べているが、アスリートのマネジメント・ビジネスのほかにスポーツ用品メーカーやアパレル企業にアスリートの名まえを貸して商品化するライセンス・ビジネス、さらにスポーツ・イベントの放映権ビジネスがスポーツ・ビジネスの中核になることを確信していた（同、64）。

しかし、こうしたスポーツ・ビジネスを展開するエージェントがあるなかで、あるスポーツ連盟が競技会を主催する際、スポンサーを集めて財源を確保する一方で、スポンサーがその競技会を通して行うＰＲ活動をサポートするといったイベントのスポンサーシップを専門に扱うエージェントがあった。パトリック・ナリーとＢＢＣ放送のスポーツ・コメンテーターだったピーター・ウエスト氏が共同で設立したロンドンのウエスト・ナリー社である（同、107）。

そして、重要なことは、衛星中継が世界的に普及し、テレビ・メディアが大きな転機を遂げようとしていた一九七〇年代後半、'78ＦＩＦＡ（国際フットボール連盟）ワールドカップ・アルゼンチン大会のライセンス事業を「*adidas*」のホルスト・ダスラー[4]から依頼されたウエスト・ナリー社が、ピッチを取り囲む広告看板の設置を考案したことである。すでにヨーロッパでは、ワールドカップなどサッカーの試合の数々が、ヨーロッパ放送連合（ＥＢＵ）によって一括して放映権を買い取り、そこから各国に同じ映像を配信するようになっていた。コマーシャルのない国営放送局が多いヨーロッパにおいて、ピッチがそのまま広告手段になったのだ。「スポーツ・マーケティング」は、こうした状況で生まれ、「*Coca-Cola*」などが'78ＦＩＦＡワールドカップのスポンサーシップを獲得したのだった（同、108-111）。

次にナリーは、ピッチに広告看板を出し、しかもその企業の商品をスタジアム内で売ることができるといったスポンサーシップを一括して購入できるようなシステムを考えた。そして、イベントに関連するコマーシャルの権利をＦＩＦＡが一括管理し、開催国やその組織委員会は大会運営だけを手がけるという、当時では画期的なシステムを作り上げたのだった。その上で、ワールドカップ、ヨーロッパ選手権、チャンピオンクラブズ・カップ、カップウィナーズ・カップを「インター四」としてワンパッケージにし、スポンサーは一業種一社に限定して、四年間一サイクルで売り出したのである。スポンサーはすべての試合会場に四枚一組の広告看板を出すことができ、自社の広告活動に大会ロゴを使用できる。さらにチケットを利用して、クライアントを招待し、接待できる。このパッケージを四年間、一社三〇億円に設定したのだった。（同、117-118）こうして'82ＦＩＦＡワールドカップ・スペイン大会は、「*FUJI FILM*」、「*JVC*」、「*Canon*」、「*SEIKO*」など八社がスポンサーシップを博報堂を介して獲得した。

翌年には、ＩＡＡＦ主催の第一回世界陸上選手権がヘルシンキで開催され、エージェントの権利を獲得したウエスト・ナリー社は、男女の種目内容によって、五種類ほどのスポンサーパッケージを設け、選手のつけるゼッケンに「*TDK*」などのスポンサー名を入れることを考えた（同、135）。先に述べたように、ＩＡＡＦは、アスリート・ファンドを設け、選手が出場料や賞金を受け取ることを許可しており、この大会を契機にしてビジネス化は一気に加速したのである。

'84ロサンゼルス・オリンピック以前にＦＩＦＡワールドカップなどプロ・スポーツ界を中心にして構築されてきたビジネス・システムは、ＩＡＡＦ世界陸上などのメガ・イベントを経て、オリンピックへと拡大していく。

4　オリンピックとグローバル企業のイメージ戦略

「*adidas*」のホルスト・ダスラーは、'80モスクワ・オリンピックの開催が決定した時点で、当時のソビエトをはじめとする東欧諸国にシューズやウェアを提供する見返りとしてスポンサー事業などの権利を組織委員会から譲り受けた。それゆえ、スポンサーシップ事業を請け負っていたナリー社と組んだ。FIFAやUEFA（欧州フットボール連盟）に絶大な影響力をもっていたダスラーは、IOCに接近してオリンピックを手中に収めようという野望があったのだ。ダスラーは、フランスに「スポーツ・ポリティクス」を設立し、フランス・アディダス社をバックにウェスト・ナリー社と設立した「モナコ国際プロモーション（SMPI）」（出資比率はアディダス五一%、ナリー四九%）を拠点にしてさまざまなマーケティング事業を展開していた（同、153-154）。

しかし、ダスラーは一九八二（昭和五七）年三月にナリーとの関係を絶ち、その年、電通とISL社（出資比率はアディダス五一%、電通四九%）を設立したのである。すでに電通は、一九七八年のIOC総会で'84ロサンゼルス・オリンピックの開催が決定されたのち、七九年三月に組織委員長に就任していたピーター・ユベロスに接触していた。このユベロスが仲介して、電通とダスラーは出会ったのだ。

ダスラーは、もともとIOCにつながりをもっていたが（ジェニングスら 1992）、電通と組んだことでダスラー―サマランチ（一九八〇〜二〇〇一年までIOC会長）―電通―ユベロス（USOC）の関係が密接なものとなった。もちろん、こうした関係の深まりは、以前からあったダスラー―アベランジェ（当時FIFA会長）―ネビオロ（当時IAAF会長）の関係を拡大したものと捉えることができ、サッカー、陸上競技に続いてオリンピックが、すでにあったスポーツ・マーケティングのシステムを取り入れ、スポーツのメガ・イベントをツールにしたビジネスがさらに拡大していく契機となった。

オリンピックを開催する都市は、その莫大な費用の捻出のため、常に大きな損失を被っているが、ユベロスはカリフォルニア州ロサンゼルス市からの出資なしで、二億ドルの利益を上げた。その後のオリンピック・ビジネスの中核となった彼の手法は、①独占テレビ放映権販売方式による放映権料のアップ　②公式スポンサー、サプライヤー（物品供与）のライセンシング　③公式マーク、ロゴなどのマーチャンダイジング（商品化と販売）　④入場料収入の増収にあった（広瀬 2003:45）。表1は、放映権料の推移だが、'84ロサンゼルス大会でABC放送が当時では破格の二億二五〇〇万ドルで独占放映権を購入し、その後の高騰化を呼んだことが分かる。また、公式スポンサーやサプライヤー契約を交わした企業には、五輪マークやロゴの使用権を与え、さらに公式マスコット「イーグルサム」の商品化を徹底して行ったのだった。

こうしたオリンピックにおけるマーケティング・ビジネスの拡大は、大会後の八五年五月にIOCがオリンピック・マークを一括管理することを決定させるに至った。そして、八八年からは、IOCのオリンピック運動を支援する企業サポート体制として、The Olympic Program（現在のThe Olympic Partner：「TOP」）が確立した。これは、一業種一社、計一〇社あまり

表1　放映権料の推移　（単位＝100万ドル）

夏季五輪	総額	米国	日本	欧州
'60　ローマ	1	0.6（CBS）	0.05（NHK）	0.7
'64　東京	0.9	1（NBC）	0.5（NHK）	0.38
'68　メキシコ	-	8.5（ABC）	0.6（NHK）	1
'72　ミュンヘン	17.8	13.5（ABC）	1.05（NHK）	2
'76　モントリオール	32	25（ABC）	1.3（JP）	6.6
'80　モスクワ	101	85（NBC）	8.5*	7.1
'84　ロサンゼルス	287	225（ABC）	18.5（JC）	22
'88　ソウル	403	300-500（NBC）	52（JC）	30.2
'92　バルセロナ	636	401（NBC）	62.5（JC）	94.5
'96　アトランタ	898.2	456（NBC）	99.5（JC）	250
'00　シドニー	1331.6	715（NBC）	135（JC）	350
'04　アテネ	1498	793（NBC）	155（JC）	394
'08　北京	1715	894（NBC）	180（JC）	443

冬季五輪	総額	米国	日本	欧州
'60　スコーバレー	0.05	0.05（CBS）		
'64　インスブルック	0.9	0.597（ABC）		0.3
'68　グルノーブル	-	2.5（ABC）	0.1（NHK）	0.5
'72　札幌	8.475	6.4（NBC）	0.53（NHK）	1.4
'76　インスブルック	11.6	10（ABC）	1.3（NHK）	1.2
'80　レークプラシッド	21	15.5（ABC）	1.05（NHK）	3.85
'84　サラエボ	103	91.6（ABC）	2.5（NHK）	5.6
'88　カルガリー	325	309（ABC）	3.9（NHK）	6.9
'92　アルベールビル	292	243（CBS）	9（NHK）	20.3
'94　リレハンメル	353	295（CBS）	12.7（NHK）	24
'98　長野	513.5	375（CBS）	37.5（JC）	72
'02　ソルトレーク	737.8	555（NBC）	37（JC）	120
'06　トリノ	832	613（NBC）	38.5（JC）	135

＊02年—08年の総計は01年末現在。
＊'80モスクワの日本はテレビ朝日。
＊JPがジャパンプール、JCはジャパンコンソーシアム。
＊ソウルの米NBCは売上高による変動契約。
＊アトランタの米NBCは収入6億1500万ドルの超過分の半分を組織委に寄付の約款付き。（須田泰明 2002『37億人のテレビンピック——巨額放映権と巨大五輪の真実』p.15，創文企画.より）

がそれぞれ四年間で四〇～五〇億円をＩＯＣに支出するものである。これらの企業は、オリンピックの公式マークやロゴを自社製品につけて販売できるライセンシング契約を交わし、サプライヤーの権利やチケット、ホテルなどの優先予約の権利を得る。ちなみに八八年のみの「ＴＯＰ Ｉ」は、「*Coca-Cola*」「*Kodak*」「*VISA*」「*3M*」「*Fedex*」「*Time*」「*PHILIPS*」「松下電器（のち*Panasonic*）」「*brother*」の九社だった。

以上のように、さまざまな技芸を見せるアスリートの身体が集積するオリンピックは、テレビ映像をはじめとするヴィジュアル・テクノロジー、すなわちテレビ映像技術の進展とともに、グローバル資本企業のイメージ戦略のツールとして重要な場になり、ＩＯＣ、テレビ企業、さらにそれを取り結ぶエージェントという四者の関係によるビジネス・システムによって成り立つようになったのだ。それは、四年に一回アスリートがその技芸を見せる場であると同時に、その身体をツールとする企業にとって、大きなビジネス・チャンスの場なのである。

5　金メダルの行方

こうしたスポーツ・マーケティングを基盤としたビジネスのシステムが、スポーツ・イベントを下支えし、テレビによって世界中の中継映像が見られるようになった、まさにそのとき、カール・ルイスが登場してきた。「ジェシー・オーエンス以来の四冠」に挑戦すると注目されていた彼は、'84ロサンゼルス・オリンピックを前に、すでにこれまでオリンピックで金メダルを獲得してきたアスリートたちとは異なったポジションにいた。'12ストックホルム大会において、五種競技と十種競技で優勝するも野球のマイナー・リーグでプレーしていたことが大会後に発覚して金メダルを剥奪されたジム・ソープ。'36ベルリンにおいて「褐色のカモシカ」と言われ、一〇〇、二〇〇メートル、走り幅跳び、そして四〇〇メートルリレーのすべてで優勝したが、「黒い身体」を嫌悪するヒトラーが走り幅跳びの表彰式で握手を拒んだジェシー・オーエンス。彼はその後、馬と競走するショーを企画して各地を興行している。そして、'60ローマ大会のボクシング、ライトヘビー級で優勝するも故郷ルイビルのレストランで黒人であることを理由に入場を断られたため、金メダルをオハイオ川に捨てたとされるモハメド・アリ。彼はその後、徴兵を拒否したためにタイトルやライセンスを剥奪されながらも、王座奪還を懸けて戦い続けるとともに、黒人運動に継続的に関わった。さらに、'64東京大会で一〇〇メートルを一〇・〇六で駆け抜け、「黒い弾丸」と称されたのち、アメリカン・フットボールのプレイヤーに転向して稼ごうとしたボブ・ヘイズ。

こうした金メダリストたちは、人種に対する偏見と差別に対して戦い、運動を繰り広げてきた歴史でもあるが、一方で、カネへの執着を露わにし、階級とその位置を想像させるような言動を見せた者もいた（詳しくは井上論文参照）。

しかしながら、ルイスはメディアに大きく登場してきた当初から、これまで「黒い身体」のアスリートが表象してきたものとは異なった雰囲気を醸し出していた。それは、アスリートという資本を元手にビッグ・ビジネスを展開していけるシステムが整ってきたことを示しており、アスリートの間に、あるいは競技種目の間に大きな格差が生まれて行くとともに、企業戦略がモノを生産することよりもイメージを作り上げ、それを中心にして地球規模で事業を拡大していくようになったことを表していたのだった。「ロゴ」の身体が一気に増殖しはじめたのだ。

6　カール・ルイスの背景

カール・ルイス（本名、フレデリック・カールトン・ルイス）は、一九六一（昭和三六）年七月一日、アラバマ州バーミンガム（アトランタまで二百数十キロ）に高校教師である両親の間に三男として生まれた。彼の両親は、公民権運動の最盛期にアラバマで生き、マーティン・ルーサー・キング・ジュニア牧師とともに行進し、二人の兄はキング牧師から洗礼を受けていた。ルイスは、母親から警官隊に殴り倒され、消火ホースで水を浴びせられた人々のことを聞いていたし、一九六三年九月一五日には、父の友人の娘たちがバプティスト教会で人種主義者による爆破によって命を落とす事件を身近で体験している（ルイスら1991:23）（黒人運動については、山本論文参照）。

この事件後、ルイス家は、その年の終わりに、母の姉妹が住んでいるニュジャージー州フィラデルフィア郊外の静かな住宅地、ウィリングボロに引っ越した。それは日常生活において、公民権運動とそれに対抗するなかで起きる暴力を直接体験することはなくなったことを意味した。ルイスは、以下のように述べている。

僕たちの家にはベッドルームが四つと大きな裏庭があった。ルイス家は、教会に行き、リトル・リーグで野球をし、近所の人たちと仲良くつき合い、夕食のテーブルを囲んでお喋りをし、笑い合う、ごく普通のアメリカの中流家庭になった。（同、24）

二人の兄と'84ロサンゼルス・オリンピックの女子走り幅跳びの全米代表に選ばれるようになる妹の活躍に比べると、背も低く、やせた上半身と細い脚のルイスは、ハイスクールの二年生までは目立った選手ではなかった。しかし、幼い頃の思い出として残っているのは、ジェシー・オーエンスとの出会いだった。

彼が一〇歳のとき、フィラデルフィアでの「ジェシー・オーエンス・ミート」という名の陸上競技大会に出場した。そこで、父がシカゴにいた際、ドライ・クリーニング・チェーンの地区責任者として働いていたオーエンスを知っていたこともあり、紹介してくれたのだ。ルイスは、母の教えるハイスクールの最終学年、一九七九年に行われた年齢別の全米選手権で一〇〇ヤードと走り幅跳びに好成績を残す。有数なジャンパーの一人となったルイスは、オーエンスが'36ベルリン・オリンピックで受けた差別や経済的な困窮状態についての知識をもって、再びオーエンスに再会し、深くつながった（同、40）（ジェシー・オーエンスについて、詳しくは伊藤論文参照）。

7 「NIKE」との契約

一躍注目される存在となったルイスは、「PUMA」や「adidas」などとつながる大学コーチやエージェントに勧誘される。そして、「adidas」のバックアップで、ヨーロッパの大会に出場するように誘われなかで、大会のプロデューサーによる出場料（アピアランス・マネー）がヨーロッパの陸上競技界を支配していることを知るのだ。

結局、優秀なトム・テレズコーチのいるヒューストン大学に進学し、彼のもとで「ダブルヒッチ」（空中遊泳三歩半）をマスターすべく練習に励む。一九八〇（昭和五五）年、初参加のNCAA（全米大学競技協会）の室内大会で八メートル四センチを跳び、全米大学記録を手にし、その三ヵ月後の屋外選手権では八メートル三五センチで連続優勝。

ルイスは、テレズ・コーチの旧知のコーチ仲間であるジョー・ダグラスを紹介され、彼がコーチをしているサンタモニカ陸上クラブのメンバーとして、ヨーロッパに夏期遠征する。NCAAの規定に違反することを知りながら、最初に契約した「adidas」から五〇〇〇ドルを受け取っていたが、すでに旅費を提供され、大会に出場しただけで多額の出場料を受け取ることが当たり前の状況だった。

ルイスは、八〇年の後半になると「adidas」から'84ロサンゼルス・オリンピックを含めた四年契約で、年間八〇〇〇ドルプラスボーナスを提示されるようになったが、自分を走り幅跳びのトップにランク付けしていない「adidas」のオファーを蹴り、自分から「NIKE」と契約を結びに動く。一九八一年一月、NCAAにおいて違反行為であるにもかかわらず、覚え書きを交わしている。

年間五〇〇〇ドル。年四回の遠征費用のほかに、ワールド・カップ優勝、世界記録のたびに五〇〇〇ドル。以下、屋外記録に二五〇〇ドル、室内記録に七五〇ドル、NCAA選手権優勝で五〇〇ドル（同、56）。

そのときすでに、アメリカに住むルイスは、自分がどのように陸上競技をビジネスとして一年間過ごせばいいのか分かっていた。春先の室内、屋外のNCAA競技会でいい成績を残し、高額の出場料が保証される夏期ヨーロッパ遠征へ、そして秋の世界で注目されるビッグ・イベントで記録を更新する。移動、顔見せ、競技、さらに移動、顔見せ、競技……ロゴの身体が地球規模で動き回る。

しかし、彼は自分がアメリカにおける陸上競技の歴史的コンテクストの上に生きていることも忘れない。八一年NCAA屋外選手権一〇〇メートルを九・九九秒（追い風参考）で優勝したあと、ウィニングランをしながら、あの質問が来るぞとしっかり準備しているのだ。記者たちが聞くのは、ジェシー・オーエンスのことだと。ルイスは答える。

百メートルは僕にとって特別のものなんです。僕の人生の中で、これ異常の興奮はありません。ジェシーは競技場だけでなく、僕の人生の中でも偉大な人物でした。彼のような選手は永遠に讃えられるでしょう。その選手を僕と同等に扱ってくれるなんて光栄です。ジェシー・オーエンスは僕の夢なんです。（同、60）

ルイスがオーエンスに見るのは、どのような夢だったのか。アメリカ人であり、黒い身体であり、それゆえに両親や自分がアラバマで体験したこととその記憶、ニュージャージーの郊外で育ったこと、オーエンスが受けた体験……。しかし、ルイスはこうした記憶とそれに関わるエネルギーをビジネスに転化させたように考えられる。そして、その成功の大きな要因は、ルイスを見ている世界中の人たちがオーエンスやルイスの背景にあったことを忘却したからではなかったか。身体のフォルムに魅了されたのだ。

彼の走るフォルムは、指先まできれいに伸び、バランスがとれ、脚と手が前に出されていき、下あごや頬の力が抜けていた。五〇メートルを超えると、ターボがかかったようにすーっと伸びていき、ほかのアスリートたちを置き去りにした。そして、あるときはそのフォルムで助走したのち、悠然と空中を三歩半かいて遊泳した。豪快と形容されるものではなく、実に調和のとれた「美しい」と形容するしかないものだった。身体的なイメージ感覚が非常に優れているゆえの美しさが現実のフォルムとなって現れ、それを実現させる彼からは少しのプレッシャーも感じさせない、伸びやかさがあった。

この「美しい」と形容してしまう技芸があるからこそ、そしてこれを資本にしてビジネスすることに、さまざまな体験と記憶のエネルギーを変換して注いだからこそ、イメージ戦略を中心に据えようとするグローバル資本の企業戦略に乗ることができたといえよう。

オーエンス以来四五年ぶりに、八一年のNCAA屋外選手権と二週間後の全米選手権で走り幅跳びと一〇〇メートルの両方を続けて制覇したルイスは、「NIKE」と'84ロサンゼルス・オリンピックを含む、八五年まで四年契約を結ぶ。ルイスは、以下のように言っている。

僕にとって陸上競技はビジネスになった。……僕はナイキからビジネスを教わった。（同、65）

8 '84ロサンゼルスとそれ以後

一九八三（昭和五八）年六月の全米陸上選手権で一〇〇、二

〇〇、そして走り幅跳びで三冠を達成し、その年八月のＩＡＡＦ主催第一回世界陸上競技選手権大会（ヘルシンキ）で一〇〇、走り幅跳び、そして四〇〇メートルリレーと再び三冠を達成する。

そして、'84ロサンゼルス・オリンピック。四冠を狙う大スターとしてのルイスは、両親と走り幅跳びの代表に選ばれている妹のキャロルとともに、選手村から離れ、二階建て、居間に暖炉、庭にプールつきの高級一戸建てに宿泊し、そこで母の手料理を食べ、家族と一緒に過ごした（阿岸 1984:12-15）。

ルイスは、八月三日から一一日までの九日間に一〇〇メートルを皮切りにして、走り幅跳びと二〇〇メートル、さらに四〇〇メートルリレーと四冠を達成する。

以後彼は、益々ビジネスで世界を文字通り駆け回ることになり、一ヵ月後の九月一四日には、テレ・プラニング・インターナショナルによって企画された「ライオン八カ国陸上」で来日する。その頃には、「NIKE」や「FUJI XEROX」のＣＭ契約のほかに、「SUNTORY」のスポーツドリンク「NCAA」のＣＭ契約、さらに自動車メーカー、オイル会社、クレジット会社などのＣＭ契約が進行していた（文藝春秋社 1984:75）。オリンピック前にアメリカで発売されたシングル・レコード「ゴーイング・フォア・ザ・ゴールド」も日本でリリースされた。

しかし、ルイスが活躍すればするほど、本人が述べている「カール・ルイス・バッシング」が激しく展開された。「カールは自分が誰よりも優れていると思っていて、それを誇示するのが大好きだ。カールは薬を使っている。カールはゲイだ。（ルイスら 1991:87-88）」メディアはそうした情報にすぐに飛びつき、アスリートの間でも噂された。そして、四冠を達成したことによる「NIKE」からのボーナス、招待される競技会への出場料、企業ＣＭへの契約料など、常にカネの問題が取りざたされていた。一九八五年、ルイスは、ジェシー・オーエンス賞を受けるためのレセプション後、以下のように思ったのだった。

記者たちは僕をジェシー・オーエンスと比較したかっただけではない。僕にジェシーであれ、と望んだのだ。彼は貧しく、物静かで、言われたことは黙ってやった。だが、それはおそらく、彼が競技をしていた時代のせいだ。当時の黒人は貧しく、もの静かで、言われたことは黙ってやった。そういうことになっていた。でも、僕はジェシーではなかった。一九三〇年代に生きているわけでもなかった。僕は貧しくもなかったし、物静かでもなかったし、言われたことを黙ってやるタイプでもなかった。僕は中流家庭に育ち、言いたいことはどんどん発言するようにと教えられ、両親が身をもって体験した公民権運動についても教育を受けて育ったのだ。（同、127）

先にも述べたが、ルイスは身体のフォルムを資本にして、黒い身体のもつ記憶とそれゆえのエネルギーをビジネスへと転嫁させた。ルイスは、確かにアスリートとして、ロゴを身にまとい、美しい技法を発揮して、スポーツ・ビジネスのなかを生きた。だが、その先に何が見えたのだろうか。アスリートという商品である自分の生き方をどのように思っていたのだろうか。ましてや彼は、以上のようなイメージを不信に思った「*NIKE*」から突然、契約を打ち切られてしまうのだ（同、148）。

以後、ルイスは「*Mizuno*」と契約し、「*NIKE*」はマイケル・ジョーダン（バスケットボール）、アンドレ・アガシ、ピート・サンプラス（テニス）、タイガー・ウッズ（ゴルフ）、さらにブラジル代表チーム（サッカー）など種目ごとにトップアスリートやチームを選び、テクノロジーを駆使した映像を作り上げ、そのイメージを全世界に振りまいている（カッツ 1996）。

表象のテクノロジー、すなわち映像メディアと言説の融合による現実やイメージの形成を基盤にしたグローバルな（ヴィジュアル）資本主義と商品化のプロセスは、次々と登場する「身体のフォルム」が生成する差異によって、消費の欲望を生み出す。このプロセスを繰り返しながら、「美しい」と感じさせる身体のフォルムを映像表現するグローバル企業に対して、アスリートは、そして私たちは何ができるのだろうか。アスリートも、私たちも、そのプロセスのなかでグローバル資本企業の、すなわち網の目に分け入るような資本主義のエージェンシー（行為体）に過ぎないのだろうか（アスリートの人生を描写することについては、有元論文を参照）。

9　ベン・ジョンソンの「九・七九」

陸上競技男子のスプリント系（一〇〇、二〇〇、四〇〇メートル、一一〇ハードル、四〇〇ハードル、走り幅跳び）において、オリンピックの歴代優勝者はほぼ「黒い身体」をもつアスリートで占められている。'83世界陸上選手権大会から'92バルセロナ・オリンピックまでの一〇年間におけるオリンピックと世界陸上選手権大会における歴代優勝者とその記録は表2のとおりであるが、黒い身体と言えないのは、この一〇年間においてもショーンレベ（Schönlebe）だけである。

「黒い身体」は、より優れた練習環境を求めて国境を越えて移動する。そこでは、シューズやウェア、そして遠征費などを支給する「*NIKE*」や「*adidas*」などが経済的バックボーンである。

'84ロサンゼルス・オリンピック以降、オリンピックはアスリートの身体を媒介にしたイメージ戦略を繰り広げるグローバル資本企業のビジネスツールとして、より一層重要な場になった。こうしたビジネス・システムが構築されれば、なおさらアスリートはオリンピックで金メダルを獲ろうと必死になるのは当然だ。彼ら彼女たちは、出自を含めた記憶と体験を内在させながら、ロゴを身にまとって日常を練習と競技会に費やし、世界をツアーする。

表2　陸上競技男子短距離界の10年（1983～1992年）

	'83世界陸上	'84ロス	'87世界陸上	'88ソウル	'91世界陸上	'92バルセロナ
100m	Carl Lewis 10.07	Carl Lewis 9.99	Carl Lewis 9.93	Carl Lewis 9.92	Carl Lewis 9.86	Linford Christie 9.96
200m	Calvin Smith 20.14	Carl Lewis 19.80	Calvin Smith 20.16	Joe DeLoach 19.75	Michael Johnson 20.01	Mike Marsh 20.01
400m	Bert Cameron 45.05	Alonzo Babers 44.27	Thomas Schönlebe 44.33	Steve Lewis 43.87	Antonio Pettigrew 44.57	Quincy Watts 43.50
110mハードル	Greg Foster 13.42	Roger Kingdom 13.20	Greg Foster 13.21	Roger Kingdom 12.98	Greg Foster 13.06	Mark McKoy 13.12
400mハードル	Edwin Moses 47.50	Edwin Moses 47.75	Edwin Moses 47.46	Andre Phillips 47.19	Samuel Matete 47.64	Kevin Young 46.78
走り幅跳び	Carl Lewis 8.55	Carl Lewis 8.54	Carl Lewis 8.67	Carl Lewis 8.72	Mike Powell 8.95	Carl Lewis 8.67

●単位は、走り幅跳びがメートル、そのほかは秒。
●参考までに国籍に関して述べれば、Linford Christie：英国、Bert Cameron：ジャマイカ、Thomas Schönlebe：（旧）東ドイツ、Samuel Matete：ザンビアの4選手以外は、すべてアメリカ合衆国。
●世界陸上の開催地は、83年ヘルシンキ、87年ローマ、91年東京。
●Moore, Kenny. 1992. "Speed to Burn", Sports Illustrated, 77-3：78-87, Mark Mulvoy. を参考にして作成した。

そのなかにベン・ジョンソンがいたことを忘れてはならない。'84ロサンゼルス・オリンピックで三位になっていた彼は、'87世界陸上（ローマ、当時IAAF会長ネビオロの母国）で、カルビン・スミスが保持していた世界記録を〇・一秒上回る九・八三を出して優勝した。

そして、'88ソウル・オリンピック男子一〇〇メートル決勝で、ベン・ジョンソンは、九・七九を出してつかの間の金メダルを手にするのだ。

彼は知ってのとおりドーピング違反で、金メダルを剥奪されたのだが、その彼が禁止薬物ステロイドを一九歳からやっていた（ルイスら 1991:327）ことをなぜ取り締まることができなかったかを考えてみる必要があろう。ルイスらアスリートたちは、彼の様子が尋常でないことは、ツアーをしていて分かっていた。アスリートたちは、不正を取り締まって欲しいと思っていたに違いないが、連盟の役員ほか競技関係者が不正を取り締まることをせず、黙認している可能性が事態を複雑にしていた（同、165）。世界陸上競技大会やオリンピックといったメガ・イベントは、すでに陸上競技界に莫大な収入を得させ、さまざまなビジネス契約の都合上、アスリート、そして陸上競技連盟を含む、陸上競技界のイメージを失墜させるわけにはいかない、すなわち誰も不正を口に出せない構造を生み出していたのだ。もちろん、ベン・ジョンソンの身体で、薬物に犯された身体を元手に何人もの人間が生活していたことは想像できる。ベン本人、家族、コーチ、専属医、エージェント、契約企業、そしてそれらの家族たち……。

スポーツ・マーケティングが構築され、オリンピックは今後益々ビジネスツールとして注目されるのかもしれない。しかし、その構造が抱える問題について、口を閉ざしてはならないし、そうした状況にある人々を私たちの日常から想像しなければならないだろう。

10 グローバル資本企業と私たち――想像し、回路を開くこと

一九六一（昭和三六）年に生まれ、八〇年代を陸上競技界のチャンピオンとしてビジネス化の最先端をプロフェッショナルになる野望をもって、走り、そして跳んだルイスからは、オリンピックが大きな問題を抱えつつ、なおそれをバネにして時間と空間を移動しながら現在まで続いてきたことが分かる。

アスリートたちの身体のフォルム、その技芸の「美しさ」は、テレビ・メディアを通してでなければ見ることはできず、それゆえ「*NIKE*」や「*adidas*」をはじめとして、さまざまなグローバル資本企業がアスリートの身体や技芸に着目し、ヴィジュアル・テクノロジーを駆使した映像を作り、そのイメージを中心にしたマーケティング戦略を押し進めている。また、そうした身体を作るアスリートやコーチたちの日常は、スポーツ用品メーカーや企業の支援が不可欠の状況になっている。記録を伸ばすためには、テクノロジーを駆使して、身体を改造したり、最先端の用具や水着を含めたウェア、さらにシューズをメーカーの研究所と一体になって取り組んでいるのも事実である。

そしてまた、アスリートたちは、ナショナリティでもなく、黒／黄／白の身体や民族でもなく、ときとしてロゴが彼ら彼女たちの身体を表象し、それによって移動が可能になりもし、ある共同体を形成する契機にもなっている。

しかしながら、「*NIKE*」や「*adidas*」などグローバル資本企業がイメージ戦略を中心に展開し、そこに資金を集中投下するがゆえに、生産の現場を軽視し、過酷な労働を子どもや女性たちに強いていることも事実である（アジア太平洋資料センター 1998、クライン 2001）。人件費の高い場所で製造を避けるグローバル資本企業の戦略は、多くの失業者と労働意欲を低下させることにもつながっていると考えられる。スポーツ界にあってもビジネス化されたシステムが張りめぐらされ、いくつものイベントが用意されているために、アスリートの顔見せと競技は過密になる。アスリートの身体に大きなプレッシャーをかけ、心身に疲労を与え、さまざまな障害を起こし、早期にリタイアする例は数多く見られる。

ならば、オリンピックをボイコットすべきなのか？　「NO LOGO」の運動をし、グローバル資本企業に対して抗議運動を貫徹すべきなのか？

オリンピックをボイコットすることは、あるいは見ないでいることは可能かもしれない。しかし、もう少し答えを出すのを

躊躇してみたい。私たちの皮膚を覆うロゴをイメージすることから、多面体としてのオリンピックを自分たちがアイデンティファイする社会運動につなげて考えられないだろうか。私たちが日常思っている問題――人種、階級、ジェンダー、セクシュアリティなどアイデンティティ・ポリティクスの表現や、環境、動物擁護、ベジタリアニズム、反核や反戦、メディアや消費社会が抱えていること――に対してどのように思い、実践しているのかということをオリンピックのさまざまな問題につなげて考えようとする回路を開くことはできないだろうか。アスリートの、そして私たちの皮膚を日常的に包むロゴは、そうした回路をつなぐキーだと考える。

　オリンピックを世界の人々とその環境を想像する機会であると捉え、ロゴからアスリートや世界中で働く人々の日常を想像し、そのことから自分たちの日常を捉えなおし、行動を起こす契機にしたい。オリンピックにおける抗議運動を見る限り、やはり「参加することに意義がある」のではなかろうか。

注

1　一方で、夏冬あわせて三五競技種目のアスリートにしかオリンピックに出場する機会が与えられていないことに注意を払わなければならない。そのほとんどがヨーロッパに起源を置くスポーツ種目であり、相撲、剣道、弓道など武道や武術のほか、ソフトテニスやセパタクローといったローカルな空間で形成されてきた数多くのスポーツは除外されている。創始からしてオリンピックには、ヨーロッパの身体文化を優越する思想が根深くあることを考えなければならない（詳しくは、ヘニング・アイヒベルク論文参照）。各種目ごとのルール改正についての政治性もこの点から分析していく必要があろう。

2　オリンピック大会の招致運動に絡んだ招致委員会とIOC委員との間の贈収賄、エージェントの暗躍については、一九九八（平成一〇）年一一月に'02ソルトレークシティー冬季大会招致委員会がIOC委員の縁者に「奨学金」を提供したという情報に端を発して、九九年一月には'98長野冬季大会の招致活動が問題になった。帳簿が焼却済みとされ、実態はヴェールに包まれたままだが、その後開催を予定していた'00シドニーや'02ソルトレークシティー冬季大会関係者は、オリンピックというブランド・イメージが急降下することによって、さまざまなビジネスに下支えされた財政基盤が崩壊するのではないかという危惧を抱いた。IOCでは、'96アトランタ大会以降に立候補した都市について調査をし、数十名のIOC委員が処分されている。（大谷 1999）

3　日本に限って言えば、日本体育協会が企業CMに選手の写真とオリンピック・マークの使用を許可したのが一九七九（昭和五四）年。八二年には、オリンピック・キャンペーン事業「がんばれ！ニッポン！」が開始されている。その翌年、IAAFにならって、日本陸連理事会が競技者基金の取り扱いを了承している。一九八六（昭和六一）年には日本体育協会が「スポーツ憲章」を施行しているが、タイトルからはアマチュアの文字が消えている。JOCが財団法人化されたのは、一九八九（平成元）年である。

4　'36ベルリン・オリンピック、陸上競技で四冠を達成したジェシー・オーエンスは、当時すでに「*adidas*」のシューズを履いていた。自社のシューズをトップアスリートに着用させる現在では当たり前になった販売戦略は、ドイツに本拠を置く「*adidas*」の創始者、アドルフ（アディ）・ダスラーによって築かれた。そして、息子ホルスト・ダスラーがそれを引き継ぎ、一九六〇年代には東欧諸国や発展途上国にシューズやウェアを提供していた。（坂崎 1998:151）

参考文献

相川俊英 1998『長野オリンピック騒動記』草思社。

阿岸明子 1984「超人カール・ルイス——㊙密着レポート」『Number』5-19:12-18、文藝春秋社。

アジア太平洋資料センター・編 1998『NIKE: Just DON'T Do It——見えない帝国主義』月刊オルタ増刊号、アジア太平洋資料センター。

江沢正雄 1999『オリンピックは金まみれ——長野五輪の裏側』雲母書房.

大谷昌子 1999「ＩＯＣ疑惑」中村敏雄、清水諭・編著『現代スポーツ評論』1:180-185、創文企画。

坂崎、ジャック・Ｋ 1998『フェアプレイ——ワールドカップを売った日系人』、日経ＢＰ社。

ジョンソン、ウイリアム・ムーア、ケニー（北代美和子構成）1988「造られた男ベン・ジョンソン「偽りの九秒七九」『Number』9-21:8-11、文藝春秋社。

須田康明 2002『37億人のテレビンピック——巨額放映権と巨大五輪の真実』創文企画。

谷口源太郎 1992『堤義明とオリンピック——野望の軌跡』三一書房。

広瀬一郎 2002『新スポーツマーケティング——制度変革に向けて』創文企画。

—— 2003「スポーツという名の巨大ビジネス」『Right Now!』税務経理協会。

文藝春秋社 1984「金メダル四個を四〇億円に〝換金〟したカール・ルイスの営業報告」『Number』5-25:74-75、文藝春秋社。

町田和信 1991『ドキュメント志賀高原・岩菅山の2000日——冬季オリンピックと自然保護』新日本出版社。

Bette, Karl-Heinrich und Schimank, Uwe. 1995. *Doping im Hochleistungssport: Anpassung durch Abweichung*, Suhrkamp Verlag.（木村真知子訳 2001『ドーピングの社会学——近代競技スポーツの臨界点』不昧堂出版）

Chernushenko, David. 1994. *Greening Our Games: Running Sports Events and Facilities that Won't Cost the Earth*, Centurion.（小椋博、松村和則・編訳 1999『オリンピックは変わるか——Green Sportへの道』道和書院）

Glader, Eugene. A.. 1978. *Amateurism and Athletics*, Leisure Press.（四国スポーツ研究会訳 1986『アマチュアリズムとスポーツ』不昧堂出版）

Hardt, Michael and Negri, Antonio. 2000. *Empire*, Harvard University Press.（水嶋一憲、酒井隆史、浜邦彦、吉田俊実訳 2003『帝国——グローバル化の世界秩序とマルチチュードの可能性』以文社）

Hetherington, Kevin. 1998. *Expressions of Identity: Space, Performance, Politics*, Sage.

Jennings, Andrew and Simson, Vyv. 1992. *The Lords of the Rings: Power, Money and Drugs in the Modern Olympics*. Simon and Schuster.（広瀬隆・監訳 1992『黒い輪—— 権力・金・クスリ——オリンピックの内幕』光文社）

Jennings, Andrew. 1996. *The New Lords of The Rings: Olympic Corruption and How to Buy Gold Medals*. Simon and Schuster.（野川春夫・

監訳 1998『オリンピックの汚れた貴族』サイエンティスト社）
Tomlinson, Alan and Whannel, Garry ed. 1984. *Five Ring Circus: Money, Power, and Politics at the Olympic Games*. Pluto Press.（阿里浩平・訳 1984『ファイブ・リング・サーカス――オリンピックの脱構築』柘植書房）
Katz, Donald. 1994. *Just Do It*, Adams Media Corporation.（梶原克教訳 1996『ジャスト・ドゥ・イット――ナイキ物語』早川書房）
Klein, Naomi. 2000. *No Logo: Taking Aim At The Brand Bullies*, St. Martins Pr.（松島聖子訳 2001『ブランドなんか、いらない――搾取で巨大化する大企業の非情』はまの出版）
Lewis, Carl and Marx, Jeffrey. 1990. *Inside Track: My Professional Life In Amateur Track And Field*, Simon and Schuster.（山際淳司訳 1991『カール・ルイス――アマチュア神話への挑戦』日本テレビ放送網株式会社）
MacAloon, John, J.. 1981. *This Great Symbol: Pierre de Coubertin and the Origins of the Modern Olympic Games*, The University of Chicago Press.（柴田元幸、菅原克也訳 1988『オリンピックと近代――評伝クーベルタン』平凡社）
Sontag, Susan. 1961. *Against Interpretation: And Other Essays*, Farrar, Straus & Giraux.
Strasser, J.B. and Becklund, Laurie. 1992. *Swoosh: The Unauthorized Story of Nike and The Men Who Played There*, HarperCollins Publishers.（白土孝訳 1998『スウッシュ NIKE――［裏社史］挑戦と危機と革新の［真実］』祥伝社）

2

グローバル、ポピュラー、インター・ポピュラー
――市場、国家、市民社会にまたがるオリンピック・スポーツ

ヘニング・アイヒベルク　有元 健 訳

1　ブーメラン

二〇〇〇年シドニー・オリンピックの準備にあたって、その組織委員会は大会のロゴマークの中央にブーメランを据えた。植民地化以前から伝わるこの投擲の道具は、「多文化主義的な大会」「一つの調和的社会における文化的多様性、しかしその多様性は愛国心で結ばれている」という観念を象徴するものとして呈示されたのである。オーストラリアのアボリジニたちは、その大会の「イメージとアイデンティティ」に参画すべきであるというわけだ。この目的のために国家先住民顧問委員会が設置され、アボリジニやトレス海峡の島民たちの代表がそのメンバーとなった。ロゴマークだけでなく、オーストラリア先住民は、オリンピック芸術展やオリンピック・セレモニー、聖火リレー、メダルのデザインにおいても一つの役割を演じるべきであり、またネイティヴのアスリートのために特別なスポンサーがついたトレーニング・キャンプも設置されるべきだ、とされた。

しかしながら、象徴的な表象のレベルから離れて具体的な身体活動に目を向けてみると、オリンピックのスポーツ種目にブーメランの投擲が含まれていないことは明らかだ。オリンピック・スポーツは象徴的行為のアリーナであるばかりでなく、「実際」のスポーツであり、そしてこの活動領域にアボリジニが参入できているとはいいがたい。オリンピックは西洋のスポーツである。「他者」の不在は、（ブーメランなど）特定の道具やそれを用いた具体的な行為の問題だけではなく、スポーツ的な運動のより深いパターンの中にその発端がある。一般的なアボリジニのゲームやダンスと同じように、ブーメランの投擲はスポーツの基本的な記録達成パターンに適応しないのだ。こういうわけで、アボリジニの人々はオーストラリアの英―西洋的スポーツに参加可能であるが、その一方で彼ら自身の運動文化はオリンピック型のスポーツとして認められることはない。アボリ

ジニのスポーツをめぐる反人種主義的な歴史記述でさえ、植民地化やスポーツ化、あるいは抑圧や解放について語ってはいても、ブーメランについては何も語らない（Tatz 1995）。スポーツの観点からすれば、このアボリジニの伝統はスポーツではないのだ。

こうした不平等・不均衡は、スポーツや運動文化におけるイデオロギーと組織化、社会的─身体的実践との関係についていくつかの問題を提示する。そして、オリンピック型スポーツ内部における矛盾について、また植民地化と現実に生じたグローバリゼーションとの歴史的関係についても。こうしたことすべてについて、各事例は方法論的な考察を必要とするだろう。オリンピック・スポーツのような複雑な身体文化の現象をいかにして分析することができるのだろうか？

2　運動の矛盾──跳躍の場合

オリンピック・スポーツのような社会的現象は、一つのシステムとして考えうる統一体というだけでなく、矛盾に満ちた領域でもある。差異と摩擦は、知識の特別な源泉として現れるかもしれない。これは身体運動の非常に「基礎的な」レベルで見て取ることができる。

一九世紀の終わりに、あるデンマークの体操教師がイングランドチームとフィンランドチームの間で行われた跳躍競技について、次のように記述している。

イングランドの選手たちは、たった一つのことしか考えていなかった。それは、どのようなやりかたであろうが、ただロープを越えることである。跳躍を行おうと力むときに生じる身体の激しい動きを彼らはまったく隠そうとしなかったし、そのために観衆たちは、高いロープをクリアするには何らかのトリックが必要なんだという印象を受けた。彼らはロープに対して斜めに位置し、両手と両足でもって着地した。対照的にフィンランドの選手たちは、ロープに対して正面から助走し、ロープをクリアするやいなや身体を真直ぐに伸ばし、膝が若干曲がるぐらいで着地し、しかもまるで何事でもなかったかのように、すぐに直立の姿勢になるのだった。（Knudsen 1895: 46; Bale 2002:180も参照のこと）

この記述において、そしてこの競技会において、二つの異なる運動のモデルが対比されている。イングランドのスポーツモデルは、計測され数量化される結果を導き出すための効果に重点を置き、かたや北欧の体操モデルは左右対称的な身体姿勢、そして全体的な動きの流れという美学を強調する。スポーツとしての跳躍は、「より速く、より高く、より強く（citius, altius, fortius）」といった序列づけで客観化される競争的な記録生産のために組織化されたシステムの一部である。他方で体操としての跳躍は、調和や個人のフィットネス、矯正、そしてすべての参加者の平等性をできるだけ高いレベルで強調する教育的規則のシステムに属している。言いかえるならば、生産的活動——つまり結果の生産——としての跳躍、あるいは健康やフィットネス、社会的統合を強化する再生産的訓練として、跳躍を行うことができるというわけだ。

しかしながら、このスポーツvs体操という二元的パターンに当てはまらないような跳躍の形態も存在する。それらは記録の向上のためでも、規則の完遂のためになされるのでもない。メラネシアにあるヴァヌアツのペンテコステ島では伝統的に、儀礼的祝祭において、村人たちの歌、足踏み、そしてダンスが鳴り響く中、男たちがつる草を身体に結びつけ、高い塔の上から地上へと跳躍する。この太平洋の「地上ダイビング」は一九七〇年代から八〇年代にバンジージャンプを着想する源となった（Muller 1970）。インドネシアのニアス島のいくつかの村落では大きな石造建築物が見られるが、これはかつて儀礼的な跳躍のために用いられていたものである。またルワンダでは貴族的な宮廷儀式において、高く備えつけられた置物を若者たちが飛び越えるという伝統があった（Bale 2002）。そして現在においてさえ、メキシコの先住民たちは、高いポールの周りを人間が「飛ぶ」、エル・ボラドーレスというゲームに魅了されている（Bertels 1993）。こうしたイベント、あるいはこれらに類似した各種のイベントは、儀礼的・民俗的祝祭に関係していた、もしくは現在も関係しているのである。ヨーロッパの民俗文化もまた、芸術的な跳躍だけでなく、サーカスのピエロがおこなうコミカルな跳躍を知っている。子どもたちも飛び跳ねて遊ぶのだ。一九七〇年代から八〇年代にかけて、バンジージャンプは国際的にリスク・スポーツとして、また心理的な自己試練や境界的経験を得る手段として広がった。そしてまた、ヒップ・ホップのダンサーたちも彼ら自身のやりかたで跳躍している。

人間は飛びたがっているのだ。そしてそれは、夢であるばかりでなく、一つの実践なのである。人々の実践における豊穣な世界。とりわけ跳躍はそうである（Behringer, et al. 1991; Trangbak 1991）。

したがって、記録達成モデルvsフィットネスモデルの二元論を超えたところに、祝祭と身体経験、すなわち対話的実践としての運動というモデルを見出すことができる。遊びやゲームによって、人間は「それ」（すなわち結果）を生産するだけでもないし、また主体的な「私」としてのみ行為するだけではないのだ。人間はまた、他者との関係においてコミュニケートする。つまり「あなた」に出会うのである（Eichberg 2002）。人々の間の身体的な対話による出会いとコミュニケーションの相互行為において、「私たち」としてのアイデンティティが生産されるのである。

3 集合的同一化の矛盾——スポーツにおいて「私たち」と言うこと

それに対応して、運動文化の諸矛盾はアイデンティティ構築のレベルにおいても見て取ることができる。人々がゲームを行っているとき、彼らは「私たち」(自分たち)が何者であるかを表現する社会的パターンを形成する。アイデンティティは、「これが私たちである」という集合的同一化によって発展する。

スポーツにおける集合的同一化は、無害なものだけではない。それはまた、サッカーのフーリガニズムや暴力の源泉にもなっている。一九九〇年代のバルカン半島において、スポーツのファンクラブは虐殺を行う殺人部隊へと変貌した。ゲームを行うことは、無垢なものではないのだ。

したがって、より慎重な差異化が必要とされるだろう。スポーツと自己同一化は、さまざまな仕方で結びつきうる。デンマークのスポーツにおいて「私たち」が語られる三つの異なる状況が、それを示している。

最初の状況は、デンマークが優勝した一九九二年のサッカー・ヨーロッパ選手権の後に、十二才のデンマークの少年が記述したものである。

僕たちは試合が始まる何時間か前にコペンハーゲンに向かったので、市役所の広場に設置された大きなスクリーンの前の結構よい席を取ることができました。最初はアスファルトの上に座ってローリガンたち(訳者注:デンマークのサポーターは、フーリガンでなく、落ち着いたという意味の語に由来するローリガンと言われている)が歌っているのを聞いていました。ですが、あとになると僕たちは立たなくてはなりませんでした。なぜならどんどん多くの人々がやってきたからです。試合開始から一九分たって、最初のゴールが決まりました。ムードはとても盛り上がって、喜びの渦はどんどん広がりました。ハーフタイムが来ると雰囲気はちょっと落ち着きましたが、お祭りと熱狂のムードはずっと続いていました。後半の三一分になって二点目のゴールがスクリーンに映し出されると、ムードは本当に料理の火のように燃え上がりました。まったくのむちゃくちゃな騒ぎになったような感じで、群衆の中で倒れたり蹴り倒されたりしないように注意しなければなりませんでした。もうさんざんな思いでようやく僕は立っていたのでした。でも、たとえ最後には危険な状況になったとはいえ、これは僕の人生の中で最も素晴らしい経験の一つになりました(Malte Eichberg in a school composition, 1994)。

このサッカーの勝利、そしてとりわけドイツを相手にその決勝戦を勝利したという事実は、デンマークの国民的な出来事となった。この勝利チームがコペンハーゲンで何千人ものサポーターに歓迎されたとき、彼らは市役所のバルコニーからこう叫んだのだった、「ドイツ、ドイツ、すべては終わった、すべては終わった」と。この出来事の重要性はスポーツという限界をはるかに越え、スポーツにおけるこの勝利を同年の国民投票に関連づけた研究者もいた。この年、多数のデンマーク人はＥＵのマーストリヒト条約に「反対」の票を入れたのだった。

二つ目の物語はデンマーク体操という、まったく異なるタイプの運動をめぐるものである。一九三一年、デンマーク体操の主導者ニルス・ブク（Niels Bukh）は彼の体操チームとともに世界一周ツアーを組織した。以下は彼が韓国で経験したことである——とはいえ、当時韓国は日本の軍事支配化にあったが。

中国と韓国のよい思い出といえば、奉天やソウルの駅でたくさんの群集が集まりデンマーク国旗が掲げられたこと、そしてそこで少年たちの合唱団がデンマークの歌を唱ってくれたことです。私たちはソウルのスタジアムで体操を披露し、三万五〇〇〇人もの人々が驚きながらデンマークを称賛するその前で旗を振り降ろしました。そして、学生たちの大規模な合唱団が「キング・クリスチャン」（デンマーク国歌）を歌っていました。そのとき、私たちは皆、いかにデンマーク人であることが素晴らしいか、そしてデンマークに仕えることが素晴らしいかをかつてないほど強く感じたのでした（Krogshede 1980: 210）。

ニルス・ブクの体操は、民主主義的な農民たちのフォルケリ（民衆の）体操にその源があったが、その新たな形態においてファシズム下のイタリアやナチス・ドイツ、そして日本で非常に好意的に受容された。ニルス・ブク自身は、正確にはナチ党員ではなかったが、彼は一九三三年のドイツに魅了されており、彼はそれをデンマークのモデルだと考えた。

三つ目の状況は、スポーツ的パターンや体育的パターンと根本的に異なっている。それは、一九三八年コペンハーゲンにおける労働者たちの「職業祭」である「フェイエネス・フェスト」のハイライトとなった綱引き大会についてのものだ。デンマークの「ソーシャル・デモクラテン」紙は、この時の様子を次のように描写している。

それは壮大なパフォーマンスだった。鍛冶屋チームはパン屋チームをあっという間に負かし、仕立屋チームは少なくとも二倍の体重をもつ石炭運びチームに対して長く耐えることはできなかった。しかし、凄かったのは日雇い労働者たちとビール工場の労働者たちとの試合だった。そして、禁酒の扇動者たちにとっては非常に残念だったが、勝ったのはビールだった。決勝戦はビール職人たちと石炭職人たちとの間で行われたが、ビール職人たちは「砂塵を噛む」しかなかった。石炭職人のキャプテンはこういった。「全然驚くことじゃないさ、君たちはビールを運ぶだけだが、それを飲むのは俺たちなんだ。」（Hansen 1991: 115より引用）

「職業祭」は、フランスやドイツの同じようなフェスティヴァルに触発されて、デンマークの労働者運動連盟が毎年行うスポーツ祭として一九三八年に始まり、スポーツイベントと祝祭的な競技とを結びつけたものだった。例えば、バケツとたわしを持った使用人たちの競争や、頭の上に何枚もの皿を乗せた陶器職人たちの競争、鍛治屋のハンマー投げ、コース中にシュークリームを食べる社会主義者たちの障害物競争などである。しかし、このゲームは上の記述が示しているようなふざけた側面を持っていただけではない。第二次世界大戦中ナチス・ドイツがデンマークを占領したとき、フェイエネス・フェスト（職業祭）は国民的連帯を誇示する方向へと発展したのである。そうしたものとしてこのフェスティヴァルは、その歴史の中で最も多くの観客を獲得したのだった。

4　運動による生産、統合、出会い

上に示した三つのスポーツの事例において、まったく異なる自己同一化、集合的同一化のパターンが見て取れる。それは、それぞれ異なるかたちでの「私たち」の構築と帰属のあり方である。これらは異なったパターンでの身体の提示に関わっており、またそれは先に述べた跳躍の対話的三元論（trialectic）を想起させるかもしれない。

第一のパターンは「競争と結果」によって特徴づけられ、そこから生じるのは「生産のアイデンティティ」である。記録達成のスポーツは、センチメートル、グラム、秒、得点、ゴール、ランクを表すメダル、そして勝利者の名前の中に「商品」を生み出し、またそれらが「私たちは何者であるか」を示すものだと考えられる。自己同一化をこうした記録・結果に結びつけることによって、スポーツにおける競争的な出会いは、つながりや連帯の感覚を呼び起こす。スポーツの結果や記録は、代表、すなわち集合的な結果だと考えられる。「2—0で私たちの勝ちだ」というわけだ。そうした結果は、強烈な感情を開放しうる――「私たちは勝った」、あるいは「私たちは負けた」。このモデルは、ほとんどの近代スポーツ、とりわけオリンピック・スポーツや（その結果として）スポーツのメディア受容において支配的である。

二つ目のパターンは、「統合されたアイデンティティ」という目的のために「規律訓練とフィットネス」を強調するものである。体操は結果の測定と一線を画すことにおいて、スポーツとも一つでよい。それは集合的アイデンティティの印象とコミュニティ感覚とを生じさせるのである。ここでは競争は必要とされないし、またチーム対照的である。そこでは競争は必要とされないし、またチームも一つでよい。それは集合的アイデンティティの印象とコミュニティ感覚とを生じさせるのである。このケースでは、「私たち」という感覚の提示や生産は、規律訓練と集合的なフィットネスの誇示によってなされるのだ。ダイナミックな若者たちのチームが、旗と賛美歌とともに列をなして動く。そのときその集合的な力と正確さによって、「私たちが何者であるか」が照射されるのである。

三つ目のパターンは、「祝祭と遊び」を中心とするものであり、それは「ポピュラー（民衆的）アイデンティティ」の形態を導く。民衆の祝祭やダンス、遊び、ゲームにおいて、すべての人々が参加することができる。若者も老人も、男性も女性も、また異なった民族的出自や言語を持つ人々も、そしてトップ・アスリートから身体に障害を持つ人々まで、すべての人々である。そこでは「私たち」という感覚は出会いによって、すなわち、人々の参加を通じて一時的に形成されるコミュニティの中での遭遇によって生み出される。こうした状況においては、伝統と驚き、競争と笑い、心地よい酔い、ロールゲームと変装とがミックスされるのだ。地域の諸協同組合は民衆的スポーツを存続させる要素として機能するかもしれないが、祝祭における「出会い」は重要な出来事である。それは、今ここにおける断絶や驚きの瞬間、そして「ハイ」になる瞬間なのだ。集団の中の差異は、合理化されたり統一化されるのではなく、むしろしばしばグロテスクで祝祭的な仕方で提示され、誇示されることさえある。民衆文化の風変わりなあり方は、「相互的コミュニケーション」の論理、すなわち真実はこちら側にあるのでも向こうにあるのでもなく、その間に存在する、という論理だ。

5 国民的アイデンティティは一つではない

さまざまなタイプのスポーツは、それぞれ異なるタイプの政治的アイデンティティを表現することが可能であり、それは明確な自己同一化によって表現される。

最初のモデルは「生産のナショナリズム」であり、これは「市場の論理」にしたがっている。競技スポーツのモデルは、結果と生産、成長と拡張を指向するタイプのナショナリズムと相互関係にある。国民は一つの経済的ユニットと考えられ、市場において他の国民と競争し、ローカルなレベルからグローバルなレベルへと一歩一歩歴史的に進歩していくというわけだ。このナショナリズムとそれに対応するスポーツは、「非イデオロギー的」であるかのように見え、表立ったナショナリズムの理論を必要としない。歴史的にこのモデルは、特に英語圏の国々とそのスポーツ文化において発展してきた。

二つ目のモデルは「統合のナショナリズム」であり、これは「国家の論理」にしたがっている。愛国主義的な体育はスポーツよりもずっと「イデオロギー的」に見える。それは統合のナショナリズムに呼応しており、すべての市民の国民教育的統合を強調する。このタイプの国民形成において、スポーツは国民的表象の手段として用いられるかもしれない。またそれは、一方において外部に対しては国民教育の道具としてのデモンストレーションとして、他方で内部における規律訓練として機能するかもしれない。

日本の軍国主義とドイツのナチズムを魅了したニルス・ブクの体操は、権威主義的かつ協調主義的な発展の可能性を示した。しかしながら、統合のナショナリズムはより大きな意義を担っており、それは領土的な国家―国民とその公共秩序の合理性の論理にしたがっている。そうしたものとして、規律訓練的な国民的自己同一化と統合的な運動文化は、フランスのジャコバン派やソヴィエトのスパルタキアードにおいても見られたのである。

国家と市場の間の緊張関係は、(ポスト)近代社会の唯一の軸、あるいは少なくとも重要な軸だとしばしば考えられている。だが、フェイエネス・フェスト(職業祭)の事例で見られたような民衆文化は、アイデンティティ構築にとって重要なアンダーグラウンドの次元を示唆している。その社会心理学的な力学は、しばしば見過ごされてしまう。

三つ目のモデルは、「民衆的アイデンティティ」あるいは「市民的ナショナリズム」であり、これは「市民社会の論理」にしたがっている。民主主義と国民形成は市民社会の活動であり、人々の下からの活動、デンマーク語で言えば「フォルク(folk)」の活動である。実践的な活動の中での革命、協同、連帯は、「私たちは人民(people)である」と声を上げることによって近代の政治的アイデンティティを構築してきた。第三世界においては、人民の反植民地的闘争が同様の成果を上げてきた。

ヨーロッパでは、民主主義における人民は一七八九年から一八四八年の革命的民主主義の初期段階に初めて劇的なかたちで立ち上がった。そしてこれが、近代体育・近代スポーツの誕生と一致していることは偶然ではない。新たな波は一九〇〇年から一九二〇年の革命的動乱の時代に生じたが、ここでもそれと一致してスポーツは大衆的(mass)活動として爆発的に普及し、いまや若い世代の生活の一部に浸透したのだった。さらなる進展は、一九八九年から一九九一年の東ヨーロッパと中央アジアにおける民族的アイデンティティの革命的噴出とともに生じた。タタールスタンにおける春季国民祭典の復興やモンゴルのレスリング祭、またバルト諸国の「歌う革命」に見られるように、スポーツと文化の祝祭は政治的アイデンティティの変化を徴づけた。

デンマークでは、協同組合の文化とスポーツの祝祭は一九世紀初期の「フォルケリ」運動、宗教復興、そして一八四八年の革命前後の民主的自己組織化にまでさかのぼる。これらの運動は、協同的な生産の雰囲気を形成し、その道程を整えた。それらは各自由協同組合において施行されるフォルケリ体操やオルタナティヴな教育としてのフォルケホイスコーレ、すなわち自由民衆学校などである。まさしく近代の国民は、下から作られたのである。

こうしてスポーツのさまざまなモデルは──そして同じくさまざまな自己同一化と国民形成のモデルは──まったく異なる方向に向かう。スポーツは一つのものではない。スポーツにもさまざまなオルタナティヴがあるのだ。アイデンティティ構築にも根本的な心理学的差異がある。国民形成もまた、一つではないのだ。

しかしながら、こうした異なったモデルもまた相互に結びついている。それらの配置は、かつて一七八九年において近代民主主義の革命的理想を特徴づけた自由、平等、友愛という組み合わせに例えることができる。競争と記録生産の「自由」は市場の論理に対応する——適者生存、そして（ドーピングを含めた）極限化への権利——すなわち「重要なのは記録達成だ」というわけだ。また、規律訓練と統合の「平等性」といえば、国家と公共秩序の合理性——「私たちはすべて統合されている」——が想い浮かぶ。私たち共通の問題である国家に対して責任をもつために、同じ規則のもとで連帯し、集団で整列して立ち並ぶのである。最後に、祝祭と協同組合の「友愛」は市民社会の基礎である——民衆の自己組織化と自発的な活動の中での出会い、そして対話の中での他者との出会いがある。

したがって自由、平等、友愛というスローガンは民主主義の調和について語っているだけではない。それはまた対話的三元論の矛盾を示しているのでもあり、その矛盾は、まったく様相の異なる近代のモデルに導いてくれるかもしれないのだ。

6　オリンピズムをどう分析すればよいのか

アイデンティティの諸矛盾に焦点を当てることによって、私たちはオリンピズムを批判的に分析することができるだろう。二〇年ばかり前にも、オリンピック中心のモデルにオルタナティヴなモデルを対峙させることによって同様の試みを行ったことがある（Eichberg 1984）。だが、現在では近年の歴史的証拠によって、また三元論の諸矛盾を考察することによって、私たちは現実の傾向がどのようなものであるかを自己批判的なあり方で探究することができる。

分析のプロセスは、諸観念や諸制度、そして経済的組織といった上部構造から、徐々に身体的文化実践という下部構造へと段階的に進んだ。それは以下のようなものである。

一方において、オリンピックのモデルは危機を示してきた。制度的なレベルにおいて、オリンピック・スポーツという主流のモデルは、西洋の強欲な委員たちによって支配された独占的な性格をもつ寡頭的、排外的な組織によって代表されてきた。経済的利益がこの組織とスポーツ用品業界、メディア業界という商業的諸団体とを結びつけた。オリンピック大会の実際のプログラムは、西洋のスポーツ規範によって支配された。それらは西洋的な産業的達成を指向する特殊な行動パターンと社会的配置を表象している。化学的な諸操作、プロ選手のような激しいトレーニングによる子どもたちの虐待、そして社会学者たちがスポーツの全体化と呼ぶトップ・スポーツの現実的な過剰は、まったく偶然のものではなく、こうした生産主義の論理的帰結なのである。

他方において、オルタナティヴな事例を探求するとき、その当時、一九七〇年代のポストコロニアル状況において目覚めた諸国民に何らかの期待がかけられることとなった。一九五五年からの「バンドンの精神」にしたがって、第三世界やユネスコのラディカルな政治は脱植民地化とアイデンティティの権利を重要な議題として位置づけた。新国際秩序――他の場面同様スポーツにおいても――は現実的なものと考えられ、世界の諸地域間の新たなバランスを形成したのである（Galtung 1982）。こうした文脈の中、土着の民衆的ゲームが新たな注目を集め、新しい国民的・地域的・世界的な力学を発展させたのである。そしてまたヨーロッパにおいてもそうした動きが生じた。オリンピックの競争モデルに対する反発はまた「自然」の名のもとに生じ、アウトドア・ライフや「グリーン・スポーツ」がエコロジカルな特質を発展させた。ダンスやモダン体操などの表現活動が西洋の前衛演劇の影響によって立ち上がり、それはアフリカやアジア、ラテンアメリカの音楽文化と対話的関係をもった。ヨガや太極拳、シャーマンの身体実践といった瞑想的な身体技法は、西洋世界のさまざまな環境に浸透した。それらは、精神的な要素と結びついたにせよ、そうでないにせよ、西洋とオリンピックの典型的な傾向である身体と精神の分割を疑問に付したである。

こうしてオリンピック・スポーツの危機とそのオルタナティヴを見ると、オリンピック・モデルの「衰退と完全な失墜」というふうに結論づけたくもなるだろう（Galtung 1982: 143のように）。たとえそこまで言わないにしても、何らかの変化を期待することはできたわけだ。オリンピック・スポーツの遺物がショービジネスと娯楽メディアというサーカスでの来るべきチャンスを持っていた一方で、身体文化の民主主義は多元主義と多様性、そして相互認識を生産しようとしたのである。

実際にその次の一〇年間は、多くの傾向によって一九八〇年代初期に描かれた青写真が確かなものだとされていた。サマランチ政権のもと、オリンピック委員会の腐敗は公然の秘密となった――それはスポーツの結果の偽造からオリンピックの組織的犯罪への関与にいたる（Jennings, et al. 1992; Jennings 1996; Jennings, et al. 2000; Kister et al. 2000; Werge 2000）。また同時に、この企業の経済的収益は爆発的に跳ね上がった。非西洋の豊穣なスポーツ界からは唯一テコンドーだけが大会のプログラムに折り込まれたが（二〇〇〇年シドニー）、世界テコンドー連盟は韓国の情報機関の一部であり、独裁政権とマフィアの手下として活動し、サマランチの部下たちと親密な関係にあったことが暴露された（Jennings 1996: chap. 9-10）。また、オリンピックにおける少女虐待についても詳しく報告されている（Ryan 1995）。記録達成型スポーツの科学武装は、ドーピングを新たな次元にまで押し上げたが、東西の競争は一九八九年のベルリンの壁崩壊以降影をひそめるようになった（Hoberman 1992）。また、反オリンピック運動が反グローバリゼーション運動の一部として、局地的に、また世界的に生じた（Lenskyj 2000）。

しかし、主流派対オルタナティヴという二元的なパースペクティヴは、非常に限定されたものだということが明らかになった。ＩＯＣとユネスコの初期の緊張関係は、決してオリンピックと文化的オルタナティヴとの世界的な対立としては展開してこなかった。その明らかな対立は、第三世界における反植民地勢力の弱体化と時を同じくして消失した。バランスの取れた新国際秩序は、今日では過去の思い出話でしかない。そしてそのかわりに、一つの権力の中心からなる新世界秩序が、不服従を示す世界のほかの地域に対する戦争を公言している（Galtung 2002）。スポーツの世界では、オリンピック・モデルは、それと同じように強力であるように見える。実際に、オリンピックの記録達成型スポーツにはあてはまらない運動文化の諸実践は広く波及しているが、それらをオルタナティヴとして「あれかこれか」という二元的パターンで描くことは、一九八四年当時より難しくなっている。私たちはより大きな多様性に直面しているのだ。

二元論の欠点は、批判的研究にのみ関わるのではない。一方でグローバルな主流のスポーツを語り、他方で「抵抗」の事例を語る、より肯定的な観点もまた修正されなければならない（Guttmann 1994）。そうでなければ、一方で全体として勝利し、他方で消失していく「スポーツというもの」のパラドクスで終わってしまうからだ（Nielsen 2002; Maguire 1999）。

さらに私たちは、一九八九年以降の主流派の予言がどのようにして生じ得たのかを真剣に考えなくてはならない。すなわち、壁の崩壊とスポーツにおける東西陣営政治の終焉はドーピング・レースの過熱化を終息させ、また将来における自由な個人は彼ら自身の諸前提にしたがって競争するであろうという予言である。そして私たちはまた、この予言がいかに外れてしまったかも真剣に考えなくてはならない。それは、「歴史の終わり」という予言と同じほど誤ってイデオロギー的に構築されたものだったのだ（Fukuyama 1992）。ウルリッヒ・ベックやアンソニー・ギデンズの知的な試みにもかかわらず、「個人的なもの」とは一つの安易で非社会学的な構築物なのである。そのかわりに、私たちは社会的関係と諸矛盾の歴史的な変遷を認識する必要があるのだ。

7　市民的論理、公共的論理、商業的論理の間の歴史的推移

オリンピック・スポーツは、さまざまな歴史的段階を経てきた（Hoberman 1995）。これらの諸段階は、市場、国家、そして市民社会という三つの論理をめぐる権力の（非）バランスに関係づけることができる。

国際オリンピック委員会（ＩＯＣ）は、ピエール・ド・クーベルタンの時代に、理想主義的な教育観念に導かれながら貴族階級の論理として、すなわち一つの市民的自己組織化としてスタートした（Alkemeyer 1996）。その理想主義的な国際主義は、赤十字やボーイ・スカウト、またエスペラント語運動のような他の市民運動に比すことができるだろう。（しかしながら、それらは共通して潜在的に人種差別的な性質を持っていたのだが。Hoberman 1991を参照。）

しかし、オリンピズムの創設者たちの国民的かつ政治的意図

は、その植民地的文脈とともに、公共的イベントとしてのオリンピック大会を準備することになった。この第二の段階において、また国家的合理性のインパクトのもとに、オリンピックは半ばファシズム的な祭典となった。一九三六年のベルリンでは、ナチ政府がオリンピック大会を政治的表象の手段として用いた。公共的かつ国家政治的インパクトは、第二次世界大戦とともに終息したのではなく、東西陣営政治の時代に持ち込まれた。オリンピック大会は、こちら側の反共産主義的でネオ植民地的戦略、そしてあちら側の「社会主義的」かつ反植民地主義的戦略との間の裂け目に陥った。公共の論理は、エリートスポーツの技術的で科学的な「全体化」を(Heinila 1982)、そして組織的なドーピングの使用やボイコットという政治戦略を推し進めた。

下からの運動として、第三世界の反植民地運動やオルタナティヴな身体文化の実践が一九六〇年代からオリンピック・スポーツの地位を脅かし始めた。オリンピック・モデルは支配的だったが、それは至る所にあるものではなかった。市民社会は一つのジョーカーであり、運動文化においてもまたそうであった。

こうした圧力のもと、オリンピズムは市場システムと同盟関係を結んだ。オリンピズムの新たな段階は一九八〇年代に可視化し始め、特に一九八九年ベルリンの壁崩壊以降それは顕著になった。アントニオ・サマランチの指揮のもと、オリンピック運動は、公共の金を私的な財布の中に——すなわち多国籍企業やメディア産業、そしてマフィアに——運ぶ一つの強力な機械となった。オリンピズムは、逆さまのロビン・フッドになったのだ。放映権や公共のサポートを通じて貧乏人から金を奪い、それを金持ちに与える。オリンピック・スポーツは、商業的合理性に従いながら、グローバリゼーションの一企業として機能したのである。

この歴史が変化の物語として読まれるならば、それは私たちに、簡潔にオリンピック・スポーツの植民地主義を新植民地主義として、そして現実のグローバリゼーションとして考察するように警告しているはずだ(Heinemann, et al. 2001: 12)。歴史的時代のさまざまな地平は、それぞれ真剣に考えなければならない。オリンピック・スポーツの様式は、国家帝国主義から市場論理へと変わったのである。

8　オリンピズムのシナリオ

このグローバリゼーションの時代において、オリンピック・スポーツの新しいパノラマとはどのようなものだろうか? 私たちが現実に出会うのはさまざまなシナリオである。仮説的なものもあれば、より具体的なものもある。

(1)「個人的競争」。個人化の仮説は、孤独なアスリートという想定に基づいている。オリンピック・スポーツは、人々の文化的結びつきとは関係なく「個人的な人間」を構築し、あるいは発展させる。あなたは自分自身の幸運の製作者なのだ——これはネオリベラリズムと市場の論理に対応している。

グローバル化されたスポーツは、とりわけ「ニグロにスキーをさせる」ことによって（ポスト）植民地的な問題を解決しようとしている。一九九〇年代には、ケニアのランナーたちがスキー選手になるためにフィンランドに連れてこられた。実際に、一九九八年長野でそのうちの一人はオリンピックを経験したが、メディアがその好奇心を満たし終わるとすぐにスポンサーはそのプロジェクトを廃棄した（Vettenniemi 2001/2; より一般的には Bale, et al. 1994を参照のこと）。

その文化的な結びつきを解かれた個人的なアスリートは、かつてフランツ・ファノン（Fanon 1969: 167）が植民地権力の「心理的な切断」について述べた記述を想起させる――「地平線もなく、境界線も、肌の色も、家も、根源も守り神もない人間」。これは個人化と疎外の関係を特徴づけている。

経験的には、孤独で自己沈着なアスリートという仮説は抽象化を含んでおり、国歌や国旗、またそれに伴うエスノ―ポップがもたらす集合的なスポーツ表現と対照的である。そうした集合的な表現は、いまだ習慣的に行われているし、拡大してさえいる。勝者が国旗を持ってスタジアムを一周するヴィクトリー・ラップが一般的な儀式になったのは、ほんの最近のことである。だが同様に、例えばツール・ド・フランスにおけるように強力な経済的協賛を受けているチームは、個人化の仮説がイデオロギーであることを明らかにしている。アスリートは、世界の中で孤独ではないのだ。だが彼女あるいは彼は、誰とともにあるのだろうか？　その一つの答えは、「人種」である。

(2)「『人種』の競争」。特定の陸上競技におけるアフリカ人選手、そしてアフリカ系アメリカ人選手の強力なプレゼンスは、特にアメリカにおいて（Hoberman 1997; Entine 2000）、スポーツにおける「黒人」と「白人」をめぐる新たな論争を生み出してきた。中国では、専門家たちはメダルをとるための戦略として、黒人アスリートたちが支配的なバスケットボールやボクシング、スプリント競技といった部門への非効率的な投資を避けている。血液型や同様の生物学的要素に関する科学的な仮説のもと、スポーツは異なる「人種」タイプによって分類化されている。

近代は、何世紀にもわたって皮膚の色に関係のないスポーツの夢を見てきた。これがいまや異議を唱えられているのだ――皮膚の色に関係のない《カラーレス》スポーツは幻想なのだろうか？

いずれにせよ、「黒人と白人」という二分法をともないつつ広がる実際の「人種的フォークロアのグローバリゼーション」（Hoberman 1997）の起源は、かつて古典的な植民地主義が念入りに編み出した「部族的」な差異化区分以前にさえ遡るのである（Bale 2002）。実際にケニア人ランナーの成功の事例について詳しく見るならば、それがケニア社会内部の民族的（エスニック）な差異を表していることが分かる（Bale, et al. 1996）。とすれば、私たちは今新しく生じつつある民族的（エスニック）な「部族化」について考察しなければならないということだろうか？

(3)「部族的競争」。一九八九年には、「我々は一つの民族である！」という革命的な運動が東ヨーロッパ、中央アジア、そしてバルカン半島に広がった。国家という大きな政治的単位がソヴィエト帝国の崩壊によって分解し、より小さな民族という単位がスポーツにおいても日の目を見るようになった。私たちはスロベニアやマケドニア、ベラルーシやエストニアのオリンピック委員会の誕生、あるいはウズベキスタン、ラトビア、そしてトルクメニスタンのチームの誕生を目撃しただけではない。西洋においてもまた、同じような動きがあった。一九九二年バルセロナ大会ではカタロニアの「部族的」アイデンティティ・ポリティクスが支持された（Hargreaves 2000）。スコットランドや他のケルトの国々は、自分たちのスポーツ・アイデンティティを発展させている（Jarvie 1999）。私たちはやがて東ティモールやコソボ、そしてチベットやバスク、クルディスタン、ケベック、チェチェン、コルシカ、ブルターニュなどのチームやオリンピック委員会と出会うのだろうか。おそらく、現在の私たちにとって、未来の国民たちを知ることは難しいだろう。

こうした新たな部族化は、文化的な多様性や豊穣さ、自律性や解放という基調をしばしば持っている（Maffesoli 1996; Blecking 2001）。しかし、部族の争いはもう一つの可能性を持っている。ルワンダにおけるフツとツチの間の虐殺は、過去に位置づけられるのではなく、また閉じられたものでも終結したものでもない（Bale 2002）。

したがって、古典的な国民国家とそのイデオロギー的な相関物である「個人」は、市場（国家横断的な協賛チーム）によって異議を唱えられるだけではなく、それ自身の公的な論理によって、より大きな単位である「人種」、さらにより小さな単位である「部族的」な新—国民へと向かう両傾向によっても、異議を唱えられるのである。それと同時に、オリンピック・スポーツの論理の外部では他の諸実践が発展しており、公共の戦略は福祉と統合に向かって進もうとしているのである。

9 ……そしてポスト・オリンピズム

(4)「福祉スポーツ」。身体文化が健康や社会統合をめぐって組織化されることがますます増加している。古典的な体操のモデルが延命する過程で、新たな実践は一方において個人のフィットネスの願望に、他方において公衆衛生への国家—政治的関心に訴えている。公共性はさらに「周縁的集団」の社会的統合に関心をもっている。例えば、オーストラリアの「調和的社会、その愛国心における統合」のプログラムなどである。シドニー大会の例は、いかに福祉スポーツがオリンピズムによって包含されるかを示しているが、それにもかかわらず序列的な記録達成というオリンピック・モデルと、平等性という福祉的モデルは、いまだ緊張関係にある。

(5)「アンチ・スポーツ」。オリンピックというシステムのまったく外部では、軍事的、アンチ・スポーツ的な身体のポリティクスの諸傾向が展開されてきた。エジプト・イスラム同朋団のような初期のイスラム主義は、英国の植民地的スポーツやアメリカのＹＭＣＡ型のスポーツを模倣しようと――そしてそれゆえに対抗しようと――しなければならなかったが、現在のイスラム原理主義のある一派では、そうしたスポーツが拒否される傾向にある。ピューリタニズムの特殊なタイプであるワハービ主義の伝統も幅を利かせている。またアフガンのタリバーンは、アンチ・スポーツの方向性を音楽やダンス、そして新年の民衆的祝祭「ナウロズ」（Nawroz）を禁じる暴力的な政策に結びつけた（Rashid 2000）。

したがって、グローバル化する禁止の戦略は、オリンピック・スポーツと民衆的なオルタナティヴ両方に対して向けられているのである。この傾向は市民社会から生じているものだが、抑圧的な公共政策の方向へと舵を進めている。そして、そこには明らかなジェンダー的偏見が含まれている。新たな、驚くべきアイデンティティがこうして市民社会から育っているのだが、それらが無害なものだとはまったく言えないのだ。

(6)「民衆の祝祭と非スポーツ」。市民社会のもう一方の側面では、すでに一九八四年に観察されていたように、「非スポーツ」の波が拡大している。民衆の祝祭、遊び、そしてゲームは、新たな広がりを示し、新しい組織的枠組みを持つようになった。古いゲームの中にはいまや「新たなゲーム」になり、第三世界で注目を集めているものもある（Larsen, et al. 1985; Fates 1994）。西洋の国々では、それらが国境を越えて新たな祝祭文化を生み出している（Barreau, et al. 1998, 2001）。その結果、市民社会における遊びやゲームに研究者たちの関心が高まっている（Pfister, et al. 1996; Pfister 1997）。そして、移民たちが集まる（旧植民地）本国の内部では、土着的な祝祭やゲームが疎外という心理的で文化的な問題に対処する一つの方法だと考えられている（Emmendorfer-Brossler 1999, Emmendorfer-Brossler, et al. 2000）。

アウトドア活動もまた発達してきた。ハイテクを用いたリスク・スポーツから「痕跡を残さない」ソフトな活動まで、それらは自然をさまざまな仕方で用いている。スカンジナビアの伝統である「自然とアウトドア活動（natur-og friluftsliv）」はこうした運動の一つである（Pedersen 1999）。

近年ではさまざまな表現活動も発展しているが、とりわけ土着的なダンス文化や武術、そしてそれらの混合から発展している場合が多い。インドネシアの「ペンカック・シラット」は、最初の国際大会をウィーンで開いた（Cordes 1992; Patzold 2000）。ブラジルの「カポエイラ」は、デンマークの田舎にあるフォルケホイスコーレで行われている（Borghall 1997）。民衆的祝祭としての体操は、多くの参加者と観客を引きつけており、南アフリカのズールー族兵士のダンスもその一例である。

表現活動が民衆運動の外に向かう方向性を表象する一方で、内側へ、すなわち人間の心理へと向かう活動もある。この身体文化の内側への転回は広範囲に見られ、リスク・スポーツは、瞑想、治癒的な精神集中、恍惚とするドラムの響きなどと歩みを共にしているのだ。バンジージャンプはその一例である。メラネシア、バヌアツにおける「地上ダイビング」という民衆的祝祭を出発点として、それはニュージーランドのアウトドア活動に変容し、ネオ植民地的かつ商業的な枠組みに収められ、さらに広くアドベンチャー・スポーツとして、またリスク・テストとして世界的規模でのバンジージャンプになった。こうした文化的「翻訳」によって、バンジージャンプは「西洋の脱中心化」と呼びうる一つの事例になっているのである（Maguire 1999: 216）。

こうした変化には、何らかの総合的なパターンがあるのだろうか？　あるいは私たちは、何がしかについての一つのパノラマを見出すだけなのだろうか？　新たな方法論的問いが立ち上がっている。下からの、身体からのグローバリゼーションを分析するとき、運動をアイデンティティとの関係から分析するとき、そして身体文化を矛盾という観点から分析するとき、そのあり方は、たくさんの種類の中からいくつかのパターンを見つけ出すという方向に開かれている。市場、国家、市民社会の間の権力（非）バランスというテーマは、一つの確かなアプローチのあり方であろう。

10　重要な議題となるアイデンティティ

ポスト・オリンピックの変化の社会的背景を探究するとき、とくにここ数十年で生じてきた高齢者のスポーツ参加を見過ごすことはできない。増大する高齢者のスポーツ参加は、スポーツ実践のパターンを変え、そのために若者たちの競争的なスポーツ——より速く、より高く、より強く——は、人々のスポーツの全体像を代表することがますますできなくなっている。また同時に、一九八〇年代後半以降のデンマークのデータが示しているように、テレビスポーツの観戦は減少しているようだ。量的にも実際の参加が、メディアによるスポーツ消費を超過する傾向にある（Larsen 2002, 2003）。これは歴史的に新たな状況である。テレビスポーツは、オリンピックのパターンを継続させているが、それが人々のスポーツ実践を映し出す度合いは、ますます減っているのである（Schultz Jorgensen, et al. 2002; Eichberg 2000）。スポーツやツーリズムの市場はすでに早くから、この「非スポーツ的スポーツ」に注意深く対応し始めた（Dietrich, et al. 1989）。人々の新たなニーズは商業的利益を約束するが、それらの市場はほとんど、オリンピック的競争の世界の外部に拡大している。

いずれにせよ、オリンピック・スポーツをめぐる実際のシナリオと、その内部および外部の諸矛盾についての批判的な分析は、唯一の主流——すなわちオリンピック的生産主義の継続的拡張——へと向かうのでも、単一の支配的な二元論に向かうのでもない。フラクタル幾何学の用語でうまく表現できるのだが（Mandelbrot 1982）、私たちが出会うのはスポーツの「スムーズな」秩序——あれかこれか——だけでなく、フラクタルな諸矛盾の世界でもある。これらのスポーツにおけるフラクタルな特質は、まず第一に市民社会から、すなわち民衆の生活世界から立ち上がってくる。そしてそれらは、結果の生産をめざすオリンピック・スポーツによって儀礼的に象徴される支配的なパターン、あるいは我々が「生産の一神教」と呼びうるものを疑問に付すのである。

私たちはこれらの矛盾とその歴史的変化を跳躍の事例で表現することができる。近代はそのまさに最初に体操的跳躍の拡大をもたらした。しかし、一九世紀にはすでに、結果達成をめざすスポーツ的跳躍が発展し、支配的な地位を持ち始めた。しかしながら、これは歴史の終わりを表したのではなかった。メラネシアの民衆文化の深みから現れたバンジージャンプの出現によって、新たなモデルが登場したのだ。リスクと自己試練、心理的経験の結びつきは、古典的な近代の記録達成パターンの外部に広がっているのである。

それらの新たな諸矛盾やシナリオが指し示している方向性がどれほど異なったにしても、それぞれの跳躍、そしてそれぞれのポスト・オリンピック的シナリオが意味するのは、社会的アイデンティティが新たに構築されており、それもさまざまに異なるあり方でそうなっているということだ。跳躍に則して言うとすれば、人々はかつて国民の平等性において跳躍し（体操によって）、生産者の序列づけに参入するための記録を求めて跳躍し（スポーツによって）、村への帰属を示すために跳躍し（メラネシアの地上ダイビング）、そして、リスクの自己試練のために跳躍するのである（バンジー）。人々はさまざまなタイプのアイデンティティを跳躍している。そして、オリンピックの跳躍はその一つにしかすぎないのだ。

これは先に示したシナリオにも関連づけることができる。自分自身の記録・結果の個人的生産者だと考えられる「個人」——それはグローバル市場における個人的な消費者によって補足される——は、こうしたアイデンティティの一つにしかすぎず、またその内的で揺るぎない一貫性——（私自身の）生産者である私——は、そうした他のアイデンティティのあり方によって取って代わられようとさえしているのである。自己同一化のその他の選択枝は、「人種」と「部族」である。これらは国家が発行する「IDカード」の中に固定されているとはいえ、伝統的な国民的アイデンティティに異議を唱えるものである。「信者」vs「異教徒」という図式のネオ‐ピューリタン的な構築はますます活性化しており、おそらくイスラム原理主義に限定されるものではなくなっている（Galtung 2002）。さらに私たちは、福祉社会において「標的となる集団」である。そしてまた、「伝統的」であろうが「グローバルな新部族」であろうが、私たちは民衆文化に生きる人間なのである。

言いかえるならば、私たちが経験しているのは世界的に生じている、そしてまた私たち一人一人の内部においても生じている、さまざまなアイデンティティの衝突なのだ。そして、これらのアイデンティティは、一つとして単にイデオロギー的なのではない。それぞれのアイデンティティは、社会的な身体的実践、すなわち運動文化に結びついているのである。

さらに、こうしたアイデンティティは、それ自身孤立したものだと考えることはできない。アイデンティティは、関係論的なものである。ちょうど、身体が根本的に間-身体《インターボディ》として(Eichberg 2002)、出会いにおける運動実践と結びつくのと同じように。人々のアイデンティティは他者のアイデンティティとの関係を抜きにして考えることはできない。私たちが考えなければならないのは、その「間《あいだ》」である。この「間《あいだ》」は、間-国家的関係という意味での国際的なものにも、また、異なる市場セクター間の商品とサービスのグローバルな移動にも限定されるものではない。それは、市民社会という次元をも持っているのだ。民衆スポーツや民衆文化における間《あいだ》は、民衆と別の民衆との出会いであり、デンマーク語でいう「メレムフォルケリ」、間-民衆的《インターポピュラー》なものなのである。

いずれにせよ、ポスト・オリンピズムをめぐる社会学的な問題は、次のようなアイデンティティと集合的同一化の根本的な問題へと繋がっていく。スポーツを担う人々とは誰なのか？グローバリゼーションの諸前提のもと、民主主義を担う人々とは誰なのか？

そしてそれは、社会的実践という「物質的下部構造」に関する根本的な問題へと我々を導く。明らかに、ブーメランをロゴの中に置き、ステージで多文化的セレモニーを行い、エスニシティに対する承認を約束することは、スポーツにおける実際の実践を変えることよりも容易なのである。

11　誰のキャシーなのか――そしてどの民族なのか？

二〇〇〇年シドニー大会において、アボリジニのアスリート、キャシー・フリーマンは聖火台に火を点し、女子四〇〇メートルで金メダルを獲得した。オーストラリアの「もう一つの」側面に公然と対抗しながら、彼女はその大会でオーストラリアの著名人となった。

キャシー・フリーマンは、そのチャーミングで笑顔に溢れたイメージをオリンピック・スポーツに貸し与えただけではなかった。オリンピックの個人競技で勝利した最初のアボリジニという立場を利用して、彼女は大衆の関心を、そのほとんどが貧困状態にあるおよそ三八万六〇〇〇人のアボリジニの境遇へと導いた。すでに彼女が最初の成功を収めた一九九四年の段階で、フリーマンは当時まだ論争の最中にあった赤と黄色と黒のアボリジニの旗をもってヴィクトリー・ラップを走ったのだった。そのときフリーマンが特別に問題視していたのは、一〇万人のネイティヴの子どもたちが一九三〇年代と一九六〇年代にオーストラリア政府によって強制的に家族から引き離され、以来故郷への帰還を許されていないという事件だった。フリーマンの祖母は、この「盗まれた世代」の一人だったのである。オーストラリア政府が公式謝罪を拒否したとき、フリーマンはその関係者たちを公然と非難した。

シドニーオリンピックにおいて、キャシー・フリーマンのあげた成果は、オーストラリア人の熱狂的な叫びを引き起こした――「オージー、オージー、オイ!・オイ!・オイ!」。彼女は四〇〇メートルで優勝したあと、オーストラリアの国旗とアボリジニの旗の両方を振った。このとき、オリンピックの多文化主義が現実において表現されたようにも見えた。

しかしそれはまた、次のようにも考えられるのだ。それは、「ハリウッド映画のオーストラリア版が思いつくような和解である……あたかも我々が、先住民保護区にきらびやかなカジノをもう一つ建てて、これで貸し借りなしだというようなものだ」(あるオーストラリア人の観戦者がオリンピックのフィナーレについてコメントしたもの。Blinebury 2000)。

「私たちのキャシー!」と、オーストラリアのメディアは見出しをつけ称賛した。だがそれは誰のキャシーについて語っていたのだろうか？　そしてそのときの「私たち」とは誰なのだろうか？

いったい「私たち」とは誰なのだろうか？

参考文献

Alkemeyer, Thomas. 1996. *Körper, Kult und Politik. Von der „Muskelreligion" Pierre de Coubertins zur Inszenierung von Macht in den Olympischen Spielen von 1936*. Frankfurt/M.: Campus.

Bale, John and Maguire, Joseph eds. 1994. *The Global Sports Arena: Athletic Talent Migration in an Interdependent World*. London: Frank Cass.

——and Sang, Joe. 1996. *Kenyan Running. Movement Culture, Geography and Global Change*. London: Frank Cass.

——2002. *Imagined Olympians: Body Culture and Colonial Representation in Rwanda*. Minneapolis: University of Minnesota Press.

Barreau, Jean-Jacques and Jaouen, Guy eds. 1998. *Éclipse et renaissance des jeux populaires*. Karaez: FALSAB, 2nd ed.

——and Jaouen, Guy eds. 2001. *Les jeux traditionnels en Europe. Éducation, culture et société au 21e siècle / Los juegos tradicionales en Europa. Educación, cultura y sociedad en el siglo 21*. Plonéour Ronarc'h: Conf édération FALSAB.

Bauman, Zygmunt. 1998. *Globalization. The Human Consequences*. Cambridge: Polity.

Behringer, Wolfgang and Ott-Koptschalijski Constance. 1991. *Der Traum vom Fliegen. Zwischen Mythos und Technik*. Frankfurt/M.: S. Fischer.

Bertels, Ursula. 1993. *Das Fliegerspiel in Mexiko. Historische Entwicklung und gegenwärtige Erscheinungsformen*. Münster: Lit.

Blecking, Diethelm. 2001. *Polen, Türken, Sozialisten. Sport und soziale Bewegungen in Deutschland*. Münster: Lit.

Blinebury, Fran. 2000. "Freeman fulfills hopes of her people in Sydney" *SporstLine*, 25.9.2000 — http://cbs.sportsline.com/

Borgh ll, Johan and Nestor Capoeira. 1997. Capoeira: Kampdans og livsfilosofi fra Brasilien. Odense: Odense Universitetsforlag.

Brownell, Susan. 1995. *Training the Body for China: Sports in the Moral Order of the People's Republic*. Chicago, London: University of Chicago Press.

Cordes, Hiltrud. 1992. *Pencak Silat: Die Kampfkunst der Minangkabau und ihr kulturelles Umfeld*. Frankfurt/M.: Afra.

Dietrich, Knut and Heinemann, Klaus eds. 1989. *Der nicht-sportliche Sport*. Schornorf: Karl Hofmann.

Eichberg, Henning. 1984."Olympic sport — neocolonization and alternatives" *International Review for the Sociology of Sport*, M nchen, 19-1: 97-106.—Reprint in: *Body Cultures*. London: Routledge 1998.

—— 1990. "Forward Race and the Laughter of Pygmies: On Olympic Sport" In Teich, Mikulás and Porter, Roy eds., *Fin de siècle and its Legacy*. Cambridge, Cambridge University Press, 115-31.

—— 1998. *Body Cultures: Essays on Sport, Space and Identity*. London: Routledge.

—— 2000. "Life cycle sports: On movement culture and ageing" In Hansen, J rn and Nielsen, Niels Kayser eds., *Sports, Body and Health*. Odense: Odense University Press, 89-104.

—— 2002. "Three dimensions of playing the game: About mouth pull, tug-of-war and sportization" In Møller, Verner and Nauright, John eds. *The Essence of Sport*. Odense: University Press of Southern Denmark, 51-80.

Emmendörfer-Brössler, Claudia. 1999. *Feste der Völker. Ein multikulturelles Lesebuch*. Ed. Amt für multikulturelle Angelegenheiten. Frankfurt / M.: VAS.

—— et al. 2000. *Feste der Völker: Ein pädagogischer Leitfaden*. Ed. Amt für multikulturelle Angelegenheiten. Frankfurt / M.: VAS.

Entine, Jon. 2000. *Taboo: Why Black Athletes Dominate Sports and Why We're Afraid to Talk About It*. New York: Public Affairs.

Fanon, Frantz. 1961. Les damnés de la terre. Paris: Maspero. New ed. La découverte 1985.—In German.1969. *Die Verdammten dieser Erde*. Reinbek: Rowohlt.

Fatès, Youcef . 1994. *Sport et Tiers-Monde*. Paris: PUF.

Fukuyama, Francis. 1992. *The End of History*. London: Hamilton.

Galtung, Johan. 1982. "Sport as carrier of deep culture and structure" *Current Research on Peace and Violence*, Tampere/Finland, no.2-3: 133-143.

—— 2002. "September 11 2001: Diagnosis, prognosis, therapy" In Galtung et al. *Searching for Peace: The Road to Transcend*. London: Pluto, chap.1:3.

Also: http://www.peace.ca/September11byjohangaltung.htm

Guttmann, Allen. 1994. *Games and Empires*. New York: Columbia University Press.

Hansen, Jørn. 1991. "Fagenes Fest: Arbejderkultur og idræt" *Idrætshistorisk årbog*, 7: 113-34.

Hargreaves, John. 2000. *Freedom for Catalonia? Catalan Nationalism, Spanish Identity and the Barcelona Olympic Games*. Cambridge: Cambridge University Press.

Heinemann, Klaus. 1998. "The cultural secrets of sport. Globalization or national identity?" In Møller, Jørn and Andersen, Jens Sejr eds. *Society's Watchdog—or Showbiz' Pet? Inspiration for a Better Sports Journalism*. Vejle: DGI, 83-102.

—— and Schubert, Manfred eds. 2001. *Sport und Gesellschaften*. Schorndorf: Hofmann 2001.

Heinilä, Kalevi. 1982."The totalization process in international sport"

Sportwissenschaft, 12: 235-254.

Hoberman, John. 1991. “Olympic universalism and the Apartheid issue” In Landry, Fernand et al. eds. *Sport... The Third Milennium*. Sainte-Foi: Les Presses de Universit Laval, 523-534.

—— 1992. *Mortal Engines. The Science of Performance and the Dehumanization of Sport*. New York: Free Press.

—— 1995. “Towards a Theory of Olympic Internationalism” *Journal of Sport History*, 22-1: 1-37.

—— 1997. *Darwin’s Athletes: How Sport has Damaged Black America and Preserved the Myth of Race*. Boston, New York: Mariner.

Jarvie, Grant ed. 1999. *Sport in the Making of Celtic Cultures*. London, New York: Leicester University Press.

Jennings, Andrew and Simson Vyv. 1992. *The Lords of the Rings: Power, Money and Drugs in the Modern Olympics*. London: Simon and Schuster.

—— 1996. *The New Lords of the Rings*. London: Simon and Schuster.

—— and Sambrook, Clare. 2000. *The Great Olympic Swindle: When the World Wanted its Games Back*. London: Simon and Schuster.

Kister, Thomas and Weinreich Jens eds. 2000. *Der olympische Sumpf: Die Machenschaften des IOC*. München, Zürich: Pieper.

Knudsen, K.A. 1895. *Om Sport: Indtryk fra en Rejse i England*. Copenhagen: Frimodt.

Krogshede, Kristian. 1980. *Minder fra Ollerup og Gerlev*. DK: Delta.

Larsen, Knud. 2002. “Effects of professionalisation and commercialisation of elite sport on sport for all and sports consumtion in Denmark” *Proceedings of the 9th IOC “Sport for All” Conference*. Arnhem, Nederland, October 2002. Also in: www.ifo-forsk.dk

——2003. *Idrætsdeltagelse og idrætsforbrag i Danmark*. Århus: Klim.

Larsen, Niels and Gormsen, Lisbet. 1985. *Body Culture: A Monography of the Body Culture among the Sukuma in Tanzania*. Vejle: DDGU.

Lenskyj, Helen Jefferson. 2000. *Inside the Olympic Industry: Power, Politics and Activism*. Albany: State University of New York Press.

Maffesoli, Michel. 1996. *The Time of the Tribes*. London: Sage.

Maguire, Joseph. 1999. *Global Sport: Identities, Societies, Civilizations*. Cambridge: Polity.

Mandelbrot, Benoît B. 1982. *The Fractal Geometry of Nature*. San Francisco: Freeman.

Mangan, J.A. ed. 1996. *Tribal Identities: Nationalism, Europe, Sport*. London: Frank Cass.

Muller, Kal. 1970. “Land diving with the Pentecost Islanders” *The National Geographic Magazine*, December, 799-817.

Nielsen, Niels Kayser. 2002. “Alting har sin tid: idr ttens afsked med 1900-tallet” In Hauerberg, Carsten ed. *Idrætshøjskolen i Sønderborg 50 år*. Sønderborg, 30-53.

Pätzold, Uwe Umberto. 2000. *Blüte, Frucht und Kern: Bewegungsformen und Musikstile im Bereich des Pencak Silat in West-Java und West-Sumatra*. Bonn: Holos.

Pedersen, Kirsti. 1999. *“Det har bare vært naturlig” Friluftsliv, kjønn og kulturelle brytninger*. Alta: Høgskolen i Finnmark.

Pfister, Gertrud, Niewerth, Toni and Steins, Gerd eds. 1996. *Spiele der Welt im Spannungsfeld von Tradition und Moderne*. 2nd ISHPES Congress Games of the World. Sankt Augustin: Academia.

—— ed. 1997. *Traditional Games*. Special issue of *Journal of Comparative Physical Education and Sport*, 19-2.

Rashid, Ahmed. 2000. *Taliban: Islam, Oil and the New Great Game in Central Asia*. London: Tauris.

of Elite Gymnasts and Figure Skaters. New York: Warner.

Schultz Jørgensen, Søren et al. 2002. *Industry or independence? Survey of the Scandinavian sports press*. Copenhagen: Monday morning, special print.

Tatz, Colin. 1995. *Obstacle Race: Aborigines in Sport*. Sydney: University of New South Wales Press.

Trangbæk, Else. 1991. “Kunsten ‘at svæve’: Akrobatik, videnskab og drømme” *Idrætshistorisk Årbog,* Odense, 7:48-60.

Vettenniemi, Erkki. 2001/2. “Kato neekeri hiihtää! Kiista modernen urheilun leviämisestä”(Negroes on the skis! The controversy over the diffusion of modern sports starting) *Finlands Idrottshistoriska Förenings årsbok*, Helsinki, 151-166. With English summary.

Werge, Lars. 2000. *Den olympiske bombe*. Århus: Klim.

ヘニング・アイヒベルク（Henning Eichberg）

ヘニング・アイヒベルクは、一九四二年シレジア（現ポーランド領）に生まれた。大学で歴史学、ドイツ語学、文学を学び、ルーアにおける軍事工学史で博士号を取得（ボーフム大学）、七六年にはインドネシアにおける身体文化に関する研究で大学教授資格を得ている（シュツットガルト大学）。デンマークのゲアリュウ・イドゥレットホイスコーレ（スポーツ民衆学校）に付属するスポーツ・文化・市民社会研究所（ＩＦＯ）の研究員を経て、現在は南デンマーク大学教員。

彼は、デンマークにおける対話的民主主義を体現しながら、民衆学校を育んできた独自の文化的コンテクストに派生する身体文化とその政治性に関心をもち、儀礼や祝祭、ダンス、体操、スポーツ、さらに協同組合運動などを歴史学、言語学、さらに民衆運動の視点から思考し、実践している。その超領域的な思考は、欧州をはじめとするさまざまな言語による多数の著作に表されている。最新作に、Eichberg, Henning. Jerzy Kosiewicz and Kazimierz Obodynski (eds.), 2007. *Sport for All as Form of Education*, Poland: University of Rzeszow. がある。

3

オリンピック男爵とアスレティック・ガールズの近代

田中東子

女性解放運動は女性たちにより多くの機会を要求し、ステレオタイプを打ち破り、彼女たちの身体を取り戻し、力をつけるよう進め始めた。（Mary Jo Festle）

女性アスリートたちはフェミニズムに、運動をばらばらにし続けてきた人種、階級、そしてセクシュアリティによる痛烈な分割を横断するための基盤を与え続けている。(Leslie Heywood)

1　復活

〈一八九六年、アテネにて〉

オリンピック史の本に必ず掲載されている、印象的な一枚の写真がある。現代アスリートのピンと張り詰めた肉体を見慣れたわたしたちの目には、いささか奇異に映る男の写真。第一回アテネ・オリンピックの終盤を飾ったマラソン競技で勝利したその男は、スピリドン・ルイスという名のギリシアの農夫だった。

街路からの喧騒は雷のように鳴り響き、段々と近づいてきた。スタジアムのシートに座る人々は、外の群衆が口々に叫んでいる言葉を聞こうと耳を澄ませた。［……］マラソンコースの沿道に並ぶ群衆は、ランナーが通り過ぎるたびに大きな喝采を上げていた。群衆の叫び声が細波のように観客席の方へと運ばれてきたその時、馬に乗ったひとりの男が競技場に入り、王室専用のボックス席に駆け寄った。彼はギリシアの王と女王に何事かを伝えた。するとただちに、その男のスリリングな報告が観客席に広がっていった。「ギリシアだ！　ギリシアが勝ったんだ！」（Kristy 1995:6）

ラジオによる実況もテレビによる中継もない時代のマラソン競技について想像してみるのは面白い。スタジアムに集った一〇万人近い人々はだれひとりとして、三時間におよぶ競争の経過を知ることなく、待ち続けなければならなかったはずだ。しかし不安と期待に満ちたギリシアの観客たちは、最終的に国家的英雄を獲得する。オリンピック期間中、その「発祥の地」と

図1――スピリドン・ルイス
（Kristy, 1995: 6）

しての名誉を与えられていたにもかかわらず、思うようにメダルを獲得することのなかったギリシアの人々の不満は、ルイスがゴールした一瞬の間に昇華されてしまった。かくして、ひとりの農夫が「ギリシア」という国家を具現するものとなり、ルイスの名前は人々の記憶に刻まれることとなった。

しかし、同じ「記念すべき」第一回アテネ・オリンピックでの出来事であるにもかかわらず、次の話は意外と知られていない。

一八九六年、アテネ。メルポメネ（Melpomene）という名のギリシア女性が、マラソン競技に参加したいと懇願したが、その出場は国際オリンピック委員会ＩＯＣ（International Olympic Committee）によって拒否された。そこで彼女は、異議申し立てのために競技場に押しかけ、非公式な参加ながらもマラトンからアテネまでの四〇キロのレースを、四時間三〇分で走りぬいたという（Hargreaves 1994:210; Lopiano 2000:117）。この逸話の真偽のほどは判らない。ただ確実に言えるのは、彼女の名前は人々の記憶に残らなかったし、彼女が「英雄《ヒーロー》」となることはなかったということだけだ。

さらに、こんな話もある。近代オリンピックの復活を、その貴族的な手腕と恐るべき妄想の力で成し遂げた男爵クーベルタンが、アテネ・オリンピックの開催期間中、オリンピックの組織委員会から完全に無視されていたという話である。クーベルタンとギリシアの間に起こっていたこの抗争をアラン・トムリンソンは、「近代オリンピックのごく初期に、近代オリンピック精神の確立者が、最初の開催国のナショナリスティックな野望によって脇に退けられた」（1984:180）と記している。

これらのエピソードが示していること。それは、近代オリンピックがその端緒から、政治的なるものを折り込みながら成立していたということではないだろうか。参加するものと参加しないもの、包摂と排除のラインは、偶発的なものであるかもしれないが、決して偶然に引かれるわけではない。オリンピックはまさに、近代の成立条件を構成している排除的包含という原則のもとで、その姿を現していた。

2　矛盾

〈複数の復活オリンピック〉

現在わたしたちが「オリンピック」として認知しているものは、一七世紀以降あいついで行われてきたオリンピック復活プロジェクトのヴァリアントの一つにすぎない。それらのうちでクーベルタンにヒントを与えたのは、一九世紀の復活オリンピックである。

一八三四年には、ルンド大学のグスタフ・ヨハン・シャルタウ教授がスウェーデンのレムロサで、古代オリンピック大会を記念して全スカンジナヴィア・スポーツ大会を主催した。そこではレスリング、高跳び、棒高跳び、綱登り、体操、長距離競走、短距離離競争が行われていた。一八四九年以降になると、イギリスのブルックス博士によって年に一度、シュロップシャーで「マッチ・ウェンロック・オリンピック大会」が開催されることになった。この大会は四〇年以上に渡って毎年行われ、クーベルタンも実際に視察したことがあるという記録が残っている（グットマン 1997:142; マカルーン 1988:296-303; トムリンソン 1984:173）。

また、一八五九年と一八七〇年に、ルーマニア在住のギリシア人豪商エヴァンゲロス・ザッパスによって行われた復活オリンピックもよく知られている（Hill 1992:15-17）。第一回目は成功から程遠いものであったが、ザッパスの死後も一八八七年、一八八九年の二回に渡って、彼が残した財産を元に「オリンピック競技会」が行われていた。

これらのオリンピックは地域主義的もしくは一国中心主義的であるという理由から、クーベルタンの夢想するオリンピックのような影響力と広がりを持つことはなかった。逆にいうなら、こうしたローカリズムからオリンピックを引き剥がすことによって、クーベルタンのオリンピックは成功したともいえる。

そして、彼とオリンピックについてのその考え方は、人々に「受け入れられた」ものとして考えてみるよりも、当時の風潮を程よく表示するエージェンシーとして捉えてみるほうが面白いかもしれない。だがその前に、クーベルタンが生きた時期のヨーロッパとフランスの様子を少しだけ見てみることにしよう。

〈ナショナルな「共和」主義〉

近代オリンピックの特徴について考えてみるときに必要なのは、一九世紀末のヨーロッパにおける社会的な要件についての考察だろう。イギリスの歴史学者ホブズボームは一八七五年から一九一四年の時代、一般にはベル・エポックとして知られる時代を「帝国の時代」と名づけ、資本主義の発展が孕んでいた様々な矛盾が顕在化する時代として捉えていた。近代オリンピックの生成期は、まさにこの「帝国の時代」と伴走していたのである。

一八六三年に生まれ、一九三七年にジュネーブのとある公園で死んだクーベルタンの生涯は、偶然にもフランスの第三共和制（一八七一年―一九四〇年）の期間とほぼ重なっている。この第三共和制の時代は、共和主義に基づいた自由の拡大と教会からの政治権力の離脱（ライシテ）が進められる一方で、対外的には植民地の獲得と占領が次々に行われていた時期でもあった。グザヴィエ・ヤコノは、一六世紀以降のフランス植民地帝国の歴史を、大きく三つの時期に区分し、一八三〇年から一九三〇年までの第二期を、「帝国主義と植民地革命の一世紀」と呼んでいる。

とりわけ、第三共和制の成立を境にして、植民地の拡張を支持する勢力が反対派を凌駕するようになっていった。一八九〇年代には、議会だけでなく民間会社の内部にも、植民地活動を積極的に押し進める党派が結成される。このように、対外的な侵略を行うことによって内部的な安定と同一性を保とうとする、ヨーロッパ中心的な共和主義が受け入れられていた社会のもとで、オリンピックは「再発見」されたのだ。

フランス革命百周年を記念する一八八九年のパリ万国博覧会がこうした背景のもとで盛大に開催され、後に「パリ植民地主義万博」と呼ばれるようになったということは、しばしば指摘されている。けれども、この万博こそクーベルタンのオリンピックの重要なモチーフとなっていたのである。少し長くなるが、この博覧会の様子について引用しておく。


会場内に植民地集落が再現され、連れてこられた原住民たちが展示させられていった。彼らは、必要な食料や生活用具を与えられ、数ヶ月に及ぶ博覧会の開催中、昼も夜も柵で囲われた集落のなかで「生活」させられていくのであった。[……]原住民たちは家族単位で連れてこられていたが、それぞれの家族が同一部族に属しているとは限らなかった。たとえば、セネガル人集落の場合、八家族は、プルプ族、バンバラ族という、それぞれ文化的伝統の異なる部族の出身者で構成されており、同じ「集落」の者同士でも互いに言葉を通じさせることができなかったという。それにもかかわらず、彼らは単一の「未開人」として、本当は自分たちに馴染みのない儀礼やふるまいを観客の前で演じることを強いられたのである。

(吉見 1992:185-186)


このような展示を、クーベルタン自身も目撃していたはずである。しかし、彼が目を輝かせて喜んだのは、「入場行進、国旗掲揚、国家斉唱、開会宣言」(マカルーン 1988:279)などの、自国フランスの政治家や軍人たちによって行われたパフォーマンスだった。これらのパフォーマンスは、博覧会からオリンピックへと転用される。たとえば、「開会式と閉会式でのセレモニー、勝者の宣言、オリンピックの輪、旗、後には宣誓、聖火」(Muller 2000:43)といった形で。

こうした逸話から考えられることは、クーベルタンの理念としてしばしば持ち出されるインターナショナリズムや普遍的なものの追求といった言葉が、当時のヨーロッパの白人たちによる、植民地侵略やその思想的道具である人種差別主義への「無関心」そして「無配慮」と背中合わせに生産されていたということではないだろうか。

確かに、クーベルタンの理念や記述の中に、あからさまな人種差別的思考を見つけることはむずかしい。彼の言葉の多くは人種や植民地の問題に触れていないだけでなく、そうした問題への関心と配慮を消し去ることによって、スポーツの場面に浮かび上がる政治的な問題を不可視の側に押しやっている。その結果、スポーツは非政治化された空間として定立されてしまう。けれども、そうした定立から引き出されているにもかかわらず、オリンピックのその後の歴史はつねに彼の予想を超え、政治的な問題を孵化しつづけていったのである。

たとえば彼は、同時代のほかの復活オリンピックとは異なり、ひとつの地域、ひとつの国家の内部にとどまることのない「インターナショナル」なイベントとしてオリンピックが開催されることを、つねに求めていた。[1] しかし彼が要求したそのインターナショナルな舞台で起こる実際の出来事は、いつでもその「天真爛漫なスポーツ観」を完全に裏切っていく。舞台こそインターナショナルな体裁を整えていたかもしれないが、そこで競技することを余儀なくされているアスリートの身分保証を国家にのみ求めることによって、彼のオリンピックは皮肉にも、熾烈な「国家間競争」を生じさせてきた。人々は国家主義的な感情に基づく競争心ゆえに、クーベルタンのオリンピックに熱狂したのである。

〈未来へと向かう古典主義〉

クーベルタンの時代、ヨーロッパの人々は、前のめり的な外部世界への拡張を志向すると同時に、新しい科学技術への信仰を深めてもいた。ジュール・ヴェルヌの『海底二万里』(1869)や『十五少年漂流記』(1888)、ヴィリエ・ド・リラダンの『未来のイヴ』(1886)、H・G・ウェルズの『タイムマシン』(1895)や『宇宙戦争』(1898)といった、空想科学小説が次々と生み出された時代。こうした未来志向的な科学技術を描く物語は、「非-ヨーロッパ人」への敵意と恐怖をスパイスにしながら、外部世界の探検と植民への欲求をよりポピュラーな形態で表明する装置でもあった。

確かに、有名なオリンピックのスローガン、「より高く、より速く、より強く」を可能にしたのは、「計量による競争」の成立であったといえるかもしれない。機械化によるスピード感覚の変化、労働効率と賃金の交換を計るための時計の普及など、技術革新による生活のリズムの変貌こそが、オリンピック競技会で要求される人間の身体の動きの質と連接されていたのではないだろうか。

けれども、こうした科学技術による新たな神話が普及するのと同時に、別のベクトルにも時代の関心は向かっていた。そうした事例の一つとして、一八八八年から一八九二年にかけてヨーロッパで最高頂に達していた、古代オリンピア熱を上げることができるだろう。ドイツとフランスの競争的な発掘調査はある程度の成果を上げ、ギリシア・ローマといった古典への道を辿ることを容易にしていた。ギリシア・ローマという古典古代に向かうベクトルと、未来の科学技術へと向かうベクトルの奇妙なランデブー。

クーベルタンもまた、このような時代に青年期を過ごし、オリンピアとデルポイで行われていた汎ギリシア的なゲームに注がれる人々の関心に気づいてもいた。「ヨーロッパ文化」という共有可能な古典的ルーツのもとでスポーツを普及させようとするクーベルタンの戦略について、彼を紹介するある文章の中では、このように書かれている。

古代の祭典が熱望していた目的へと自分の［スポーツ普及］運動を定めることによって、とりわけ、いまだスポーツに馴染みのない人びとのあいだでその威信を確実にしようと、クーベルタンは努力しつづけた。ヨーロッパ諸国との調和の琴線に触れ、そして一つにまとまることを助長するような古代へのアピール、それはおまけに新世界の関心も喚起するものだった。(Muller 2000:37)（［ ］内の補足は筆者による）

古典古代への郷愁と渇望を未来へと向けるこの時代に特有の感覚は、いったい何を求めるものであったのか。それは、古典古代に範を取る古い肉体を、科学技術が作り出す計量可能な新しい身体イメージへと節合する試みであり、そうした試みがさまざまな身体技芸を近代スポーツたらしめる転換の支えとして機能したのではないだろうか。オリンピックに代表されるスポーツを通じた「身体の再発見」は、一見したところ科学技術の支配によって失われた肉体への回帰を目指すプロジェクトであるかのようだが、オリンピック競技会を通して実際に行われていくのは、「人間身体の機械化」というプロジェクトであった。こうしたことは、その後のアスリートの変貌の歴史が図らずも示している。

古代ギリシアの男性裸像を理想として想像され、クーベルタンにとって普遍性を象徴していたこの古い肉体は、現実には「ヨーロッパ」の調和的統一のシンボルでしかなかった。むしろ、その肉体の持つ物質性は、ヨーロッパによる外部への侵略という出来事の知覚を妨げる障壁ですらあった。

〈オリンピック「再発見」への道〉

クーベルタンのスポーツへの情熱のモチーフには、イギリスのパブリック・スクールの情景があった。彼が熱望して止まなかったのは、トマス・ヒューズの小説、『トム・ブラウンの学校生活』での男子校を舞台にしたホモ・ソーシャルな世界である。その男子校——ラグビー高校では、家父長的ではあるが教育熱心な校長のトマス・アーノルドを中心に、スポーツを通じた学校生活における自己鍛錬と男性化のプロセスが理想的な形で行われている。

マカルーンによれば、クーベルタンは一八八六年にイギリスで学校教育とスポーツの関係について視察した際、トマス・アーノルドの墓で一つの啓示を得たという(1988:119)。それは、彼がアーノルドの遺産と考えたものをフランスに持ち帰る――つまり、「スポーツ教育」のフランスへの移植であった。

帰国後の彼は、ジュール・シモンを委員長とする「肉体運動普及委員会（ジュール・シモン委員会）」を結成（一八八八年）し、フランスの学校教育にスポーツを導入し普及させることを検討し始めた。スポーツ教育のフランスへの導入、それは教育を通じた「フランス国民」の身体の近代化を目指すものであった。クーベルタンの胸中には、いかにして「男らしい」帝国国民を作り上げるかという問題があったのである。

当時スポーツの国家的教育への導入方法とその効果については、いくつかの考え方があり四つのグループが形成されていたとマカルーンは考察している（同:217-218）。一つは、衛生学を研究する医者、生理学者、教師などによるグループであり、彼らは運動の形態よりも肉体の健康に関心を持っていた。二つ目は、体操の普及を目論んでいたグループであり、組織化され、規定通りの動きをする、非競争的な肉体運動を信奉する人々から形成されていた。三つ目は、スポーツや体操を、軍事教練に生かそうとする軍部の上層部からなるグループであり、四つ目が、クーベルタンも支持していた、競技スポーツを社会と教育過程に普及させることによって、人格を陶冶し、自由意識に目覚め、男らしさを形成していこうとする人々であった。この四つのグループは、その主張も社会的な立場も様々であったが、スポーツ教育を通じて「男らしさを訓育する」という点では同一平面上に並んでいた。

一八九〇年四月になるとクーベルタンは、ジュール・シモン委員会とは別に、フランス・スポーツ競技連盟（ＵＳＦＳＡ：Unions des sociétés françaises de sports athlétiques）を結成し、その理事長に就任する。一八九二年一一月のＵＳＦＳＡの五周年記念に際し[2]、彼は着々と準備を進めていた古代オリンピックの復興を提案するが、いずれの理解も得られず失敗に終わった。

しかし、彼はめげることなく、次のチャンスを狙っていた。それは、一八九四年六月にソルボンヌ大学で開かれた一三カ国の代表によるパリ国際スポーツ会議において到来した。その会議の中で彼が再びオリンピック競技復活を発表すると、一九〇〇年にパリで最初の近代オリンピックを開催するという決定がなされることとなった。しかし、第一回大会開催まで六年もあるのは長すぎるという不満が出たことで、二年後の一八九六年にアテネで第一回オリンピックを開催することが決められた。

このようにして復活が決められた近代オリンピックであるが、当初、今日わたしたちが知るような姿として現われていたわけではなかった。ＩＯＣの委員長をクーベルタンが務めていた時期（一八九六～一九二五年）には、彼自身の嗜好が強く現れていた。クーベルタンは、ジョン・ラスキンにならって、美的なものこそが普遍的な精神を示していると考える傾向にあった（Muller 2000:42）。とくにアートは、オリンピック競技や日々のスポーツにおいて重要な役割を果たすべきものであると考えられ

（ibid:43）、スポーツとアートとを結びつける試みがいくつかみられる。

たとえば「芸術、文学とスポーツ」が中心的な議題となった一九〇六年のオリンピック会議では、近代スポーツの理念を反映している建築、彫刻、絵画、文学、音楽の五つの分野における作品を表彰するための競技会を設置することが提案された（ディーム 1962:83-84）。ロンドン（一九〇八年）とストックホルム（一九一二年）のオリンピック競技会では、なんと「芸術競技会」の導入が図られ、それは一九四八年まで部分的に続けられることとなった（ibid:43）。

もちろん、スポーツと芸術の混在、そして儀式と競技の混在は、現在のオリンピックにも、より希薄化し拡散した形ではあるが残存している。開会式でのマス・ゲーム、色とりどりのパフォーマンスや荘厳な音や歌声などを思い浮かべて見ればいい。

こうしたクーベルタンのスポーツの美的・芸術的側面への関心は、一九三六年のナチ・オリンピック（ベルリン大会）とも通底していた（伊藤論文参照）。クーベルタンの美学がベルリン・オリンピックにまで影響を与えていたという点を、ノルベルト・ミュラーは指摘している（ibid:48）。ミュラー自身は、それに対していささかの価値判断も下すことなく、単なる事実の指摘としてしか書いていない。しかし、その記述は、ある時代に特有の美学が政治的な現象とつねに絡まりあったものとしてしか存在しえないということを、示してもいるのだ。

3　参入

〈締め出される女性〉

ヨーロッパによる対外的な侵略の問題に言及することなく、インターナショナルな競技会の開催を呼びかけたクーベルタンの視界に、スポーツをする女性たちの姿はどう映っていたのだろうか。彼が残した文書の中には、女性への言及が度々なされている（1901=1986(1)：261-267など）。

オリンピック競技は男性によって保有されるべきであるとわたしは感じている。（1912=1986(2):705）

男性の参加しているすべてのフィールド競技への女性の参加を禁止する。（1930=1986(1):636）

これらの主張は、クーベルタンの独特の美学と結びついている。彼自身は、女子スポーツを自然の法則に逆らった、人間の目が捉えるものの中でもっとも醜悪なスペクタクルであると考えていた（Hargreaves 1994:209）。彼にとって、「より高く、より速く、より強く」躍動するアスリートの身体は、男性に特有の美であり、その美こそが普遍的な価値を持ち、人間の模範となるものだった。

それに対して女性にあてがわれるべき美は、どこか他の場所にあると考えられていた。クーベルタンの中では、オリンピック競技会の英雄こそが、「四年ごとに更新される、新しい世代の象徴的なイメージ」（Muller 2000:44）なのであり、そこには「女性の英雄《ヒーロー》」などという語義矛盾を引き起こす存在は必要とされていなかった。死の直前にも彼は、スポーツの場における女性の役割は男性の勝者に冠を授けることであると書いている。

したがって、女性たちのほとんどをフィールドやトラックから締め出す一方で、一九二〇年代以降、オリンピックの勝利者に対して開催国の若い女性にメダルなどを運ばせる（マカルーン 1988:301）という形や、テニス、水泳、フィギュアスケートなど「女性に適した」競技への限定的な参加は認めるという方法で、女性の「身体美」の切り取りと、その「適材適所な配置」を行っていったのである。

それに対して、現在有効なオリンピック憲章では、[3] オリンピックと女性についての、最小限の規定がなされている。第一章オリンピック・ムーブメントの二節「ＩＯＣの役割」には、「適切な手段により、あらゆるレベル及び組織において女性スポーツの促進を強く奨励する。とりわけ国内並びに国際スポーツ団体の執行部においてこれを推進し、男女平等の完全実施を目指す」と表記されている。また、同じ章の三節「オリンピック・ムーブメントへの帰属」には、「人種、宗教、政治、性別、その他に基づく、国もしくは個人に対するいかなる形の差別も、オリンピック・ムーブメントへの帰属とは相容れないものである」と記されている。

残念ながら、このような規定は最近になって書き足されたに過ぎない。クーベルタン自身はつねに揺らぐことなく、スポーツ競技の場から女性と女性アスリートを締め出すことを主張し続けていたし、オリンピック競技会に女性が参加するという現実を目の当たりにする機会があったにもかかわらず、彼の信念は生涯変わることはなかった。また、クーベルタンが後見人を務める間、基本的にＩＯＣもオリンピックへの女性の参加に反対し続けた。

けれども、このような主張を行ったのは、彼ひとりのことではない。当時の科学や生物学に依拠する知的言説もまた、彼とその仲間たちの背中をあと押ししていた。ジェニファー・ハーグリーブスは、一九二五年におこなわれたあるカンファレンスでの報告（のちに「運動競技への女性の参加」というタイトルで報告書が出版された）を例にあげている（1994:212）。その報告は、医学的な見地から「男性競技者と女性競技者の間の差異、女性の生態の限界、そしてとりわけ女性の生殖能力への運動による潜在的に有害な影響」（ibid）について述べられていた。当時、こうした報告が、女性が穏やかなエクササイズのような運動を超えてスポーツ競技に参加することを制限するための「科学的な正当化の理由」（ibid:213）を、国際アマチュア競技連盟ＩＡＡＦ（International Amateur Athletic Federation）やＩＯＣのような国際的なスポーツ協会に与えていたのである。

近代オリンピック競技会が復活した頃、ＩＯＣのメンバーになることからも、女性たちはもちろん締め出されていた。しかし、彼女たちは指をくわえてそれをただ眺めていただけではなかった。第一回アテネ・オリンピックで男性ランナーたちの脇を走り通したメルポメネにならって、女性アスリートたちは時に公式的に、また時に非公式的に、競技への参加の余地をもぎ取ろうと闘い続けてきたのである。[4]

いったい、彼女たちはどのようにして、競技への参加を進めていったのだろうか。ハーグリーブスが言うように、オリンピックは「女性たちの様々な闘争、その失敗と成功」(1994:209)の歴史でもある。

〈より高く、より速く、より強く…〉

オリンピックを再発見し、その創造／捏造を成し遂げるときに、クーベルタンはまさに、一九世紀末の自由主義的諸価値を実現する一個のエージェンシーであった。同様に、この時期の女性たちもまた、彼が参照していたのと同じような諸価値によって押し上げられた「リベラル・フェミニズム」のゆるやかなウェーヴの中に位置し、「新しい女性」の像をめぐる日常的で小さな闘いに直面していた。ここで活動の余地を持っていたのは、特定の階級とごく僅かな地域に帰属していた女性だけだったという事実には十分注意するべきだろう。すべてというわけではないにしても、当時スポーツに参加することのできた女性たちの多くが、欧米の特権的な家柄の出身であり、参加するための十分な時間と財政的資源を持っていたのだから。

けれども、次のように想像してみることは可能だろう。クーベルタンが生きたこの時代と場所においてだけでなく、それ以外のどの時代と場所においても、女性にとってのスポーツは、男性に対してそれが持つのとは異なる意味をもたらすのではないかと。それは、より自由な身体所作を与え、活動する空間的範囲を拡大してくれるものである。「より高く、より速く、より強く」という言葉が女性たちの耳に届くとき、それは家父長制社会との闘争を呼び起こすスローガンとして響いたに違いない。自分たちを囲い込む力に対して、より高く飛び越え、より速く逃走し、より強く闘え、という魔法の言葉として。

確かにスポーツは、一九世紀末のヨーロッパとアメリカにおいては、自由な空間の拡大を「運動」という語の持つ二重の意味(スポーツ競技としての運動とフェミニズム運動としての運動)において、可能にするものであった。ホブズボームは、この時代にスポーツと接することが女性たちに与えた意味を、次のように記している。

スポーツは若い男女が家族と親族の枠の外で、仲間として出会うことを可能にしただけではなかった。女性は、少数とはいえ、新しい旅行クラブや登山クラブの会員となったし、自由のためのあの偉大な動力源――自転車――が女性を解放した度合いは男性の場合よりもはるかに高かった(ホブズボーム 1998:54)

近代オリンピック競技への女性の参加の制限が謳われ続けた背景に今日わたしたちが見るべきなのは、女性差別を貫徹しようとする、当時のより広い社会における諸々の規範であるかもしれない。制限と禁止はしかし、異議申し立てを通じて反転されるときに、変化を引き起こすための象徴的な武器と化す。だからこそ二〇世紀にスポーツが広く普及する中で続けられた女性たちによるオリンピック競技への参入の試みは、「女性の権利の進展と、他の文化的諸制度における女性の参加の進展の中で、その進展と平行し、時には指導的な役割を演じてきた」(Lopiano 2000:117) と考えられる。

〈オルタナティヴ・オリンピック・ムーブメント〉

第二回のパリ競技会(一九〇〇年)では、女性の参加は全参加選手の一パーセントにも満たないわずか一二人だった。しかも、公式種目に参加を認められたのは、たったの二名(ゴルフとローンテニス)。第三回のセントルイス(一九〇四年)では、アーチェリーとローンテニスに非公式ながら八人が参加した。第四回のロンドン・オリンピック(一九〇八年)においても、アーチェリー、ローンテニス、フィギュアスケート競技に四三人の女性の参加が許されていたに過ぎない(Hargreaves 1994:219; Kristy 1995:81)。しかも当時の女性アスリートの地位は低く、公式種目として認められていた競技であっても、IOCはメダルの代わりに賞状を一枚渡しただけだった(ハーグリーブス 1984:123)。クーベルタンとIOCが女性アスリートの参加に断固として反対していたにもかかわらず、その組織と権威はいまだ厳密にオリンピックを支配しているわけではなかった。ようするに、ドサクサに紛れて、女性たちは参加していったのである。

二〇世紀最初の一〇年は、西欧諸国において女性スポーツ組織が形成し、スポーツを行う女性が可視化されその可否が問題となり始めた時期でもあった。満場一致で女性の参加に反対していたIOCのメンバーと違って、新たに結成された国際競技連盟IF (International Federations) の中には、女性スポーツの発展を積極的に進めようとする男性たちもいたのである。IFが成長しその数を増加させるにつれて、女性スポーツへの人々の支持も増えることとなった。IOCは対抗上、その権威をオリンピックへと再び持ち込むことになる。この時期の様子を、ハーグリーブスは次のようにまとめている。

典型的な性差別主義と反動的なスタンスでもって、IOCは女性(参加)の進行を体系的に阻み、公式的なプログラムの外側で「女性に適した」いくつかの種目だけを行うよう促した。しかも、女性たちの種目が公式的に行われている場合でさえ、男性の競技者とは同等の地位を一九二四年まで与えることはなかった。[……] 女性アスリートをめぐる論争がピークに達していた一九二〇年代こそ、女性たちの参加にとって

分水嶺となっていた。（1994:210）

一九一二年のオリンピックから再び女性アスリートの締め出しに力を入れ始めたクーベルタンとIOCに対抗するために、女性アスリートたちはオリンピック参加を目指した運動を大々的に展開し始めた。まず、一九一七年にクーベルタンと同じフランス出身のアリス・ミリア（Alice Milliatt）を代表者に立て、フランス女性スポーツ組織を結成する。そして、この組織を通じて、一九二〇年のオリンピックへの女性参加を要求するために、IOCに対して圧力をかけていった。

図2――スザンヌ・ランラン（1926年女子シングルスと混合ダブルスで金メダルを獲得）

また、一九二一年にはヨーロッパとアメリカの女性アスリートたちが、モンテカルロで会合を開き、女性アスリートによる女性アスリートのための国際的な組織、国際女子スポーツ連盟FSFI（Federation Sportive Feminine International）を創設した（Hargreaves 1994:211）。この組織を中心として、一九二二年には、自分たち自身のオルタナティヴな競技会である、「世界女子オリンピック」をパリで開催したのである。

当時の様子を伝える『シカゴ・トリビューン』紙は、アメリカからやってきた「オリンピック・ガールズたち」[5]の様子を数日に渡って報道している。[6]

休養を兼ねた観光とショッピングの後で、アメリカ合衆国からきた一三人の少女たちからなる世界女子オリンピック・チームは、昨日の朝、パーシング・スタジアムでヨーロッパ初の練習を行った。通常の練習は今日から始まる。これ以降、チームのメンバーは、この大きな国際的試練のための準備で忙しくなるため、別の余暇に費やす時間はなくなるだろう。（八月一〇日「オリンピック・ガールズたち、巨大スタジアムで練習」より）

チーム全員での夕方からの行事に出席するとき以外［……］残念なことにチームの全員が、九時ごろにはベッドに入って眠ってしまう。「たまんないなぁ」と、チーム内のひとりの少女が、『トリビューン』紙の記者に呟いた。「あたしたちみたいな若い連中が、まるで保育園の園児みたいにさっさと寝なくちゃいけないなんて」（八月一一日「あっという間に眠ってしまうの――オリンピック・ガールズの試練」より）

アメリカ選手団には、一六、七歳の少女たちもいたという。この一連の記事からは、パリやその近郊で開会を待つ間、付き添いの年配女性たち（シャペロン）の監督の下で選手たちが練習を重ねる一方で、観光やショッピングなどの余暇も楽しんでいたことがうかがえる。もちろん報道の中心は、厳しい競争に向けた選手たちの鍛錬と緊張を伝えることにある。しかし、シャペロンが選手たちのコンディションを慈しむような眼差しで話すありさま、そして滞在期間中に誕生日を迎えたシャペロンのために選手たちがパーティーを開いたといったエピソードからは、長い旅程を通じて、チーム内の若い女性アスリートたちと年配のシャペロンたちとの間に、シスターフッド的な連帯の感情が芽生えていたことが読み取れる。

　結果的に、このパリ競技会は二万人とも三万人とも言われる多くの観客を魅了し、大成功を収めることとなる。ＩＯＣが「オリンピック」という語の独占的な使用権を主張したため、名前を「世界女性競技大会（Women's World Games）」に変えざるをえなかったが、女性によるオルタナティヴなオリンピック・ムーブメントとして、この競技会はこの後も続けて三回開催された。一九二六年にはイエテボリで、一九三〇年にはプラハで、そして一九三四年にはロンドンで開催されると、ヨーロッパ、イギリス連邦とコモンウェルス諸国、北アメリカを中心とする多くの女性アスリートの参加を得ることとなった（有元論文参照）。

　クーベルタンは、高まる女性のオリンピックへの熱気に対して、一九一二年には厭味な調子でこのように書いていた。

> 女性テニスプレイヤーや女性競泳者がいるばかりでない。女性フェンシング選手、女性騎手、おまけにアメリカには女性のボート競技者がいるというではないか。将来はきっと、女性ランナーや女性サッカー選手さえいるのだろうね？　女性によって行われるそうしたスポーツに、オリンピックのために集まっている観客たちを魅了するようなスペクタクルを創り上げることができると思っているのか？　わたしにはそうした要求を満たすことができるとは思えない。（1912=1986 (2):705）

　またもやクーベルタンの予想に反して、運動競技に参加する女性アスリートは毎年増え続けた。そして女性アスリートのパフォーマンスは、年々多くの観客たちを魅了するようになっていった。ＩＯＣ内部でも、女性の参加についてもはや全会一致の禁止を決定することはできなくなり、ＩＡＡＦの男性たちが女性の種目を管理することに同意する場合に限って、オリンピック競技のためのスポーツとしての地位が認められることとなったのである（Hargreaves 1994:212）。

〈その後の女性アスリートたち〉

フェミニストのスポーツ社会学者であるハーグリーブスは、ブラック・アスリートの叛乱が吹き荒れた一九六八年メキシコ（山本論文参照）でのあるエピソードを、若干の皮肉をこめて紹介している。

開会式の国旗手を女性が務めることに反対して、アメリカのオリンピック重量挙げ選手はこう言ったそうである。「旗手は男でなければならぬ。強い男、戦士でなくてはならぬ。女は家の中にいるものだ」（1984:138）

このような発言は、現在もなお繰り返されている。確かに女性アスリートたちの身体とパフォーマンスを、男性によるヘテロセクシュアルな欲望を満たすための鑑賞物に切り詰める傾向が消える気配はない。

けれども、ここ数年の間に出版されたオリンピックを主題とするスポーツ社会学の本では、最近のオリンピックに関する新たな側面について語られ始めている。特に、一九九六年のアトランタでの競技会は、フェミニストのスポーツ研究者によってオリンピックにおける「女性の年」だったと評価された。

一九九六年は、オリンピックにおける「女性の年」だった。『スポーツ・イラストレイティッド』誌の予告記事のカバーでは女性を、特にバスケットボールチームのアフリカン・アメリカンの五人の選手たちとそのコーチをフィーチャーした年だった。女性アスリートたちが記事の半分を、そして広告の半分を占拠した年だった。ハードル競技のキム・バッテンが一ページ目を飾り、マイケル・ジョーダンはその次のページだった。（Heywood 2000:99）

このアトランタの大会を機に、コーチと女性アスリートの間に起こるセクシャル・ハラスメントや性的虐待の問題が話題になる一方で、オリンピックでの女性アスリートたちの活躍がメディアを通じて好意的に伝えられ、スポーツをする女性たちへのポジティヴなイメージを普及させるようになった（ibid:115）。特にアメリカではアトランタ以降、女性スポーツのプロ・リーグが成功を収め、その結果、女性スポーツの視聴者が男女を問わず急増している。また、女性スポーツ雑誌が売り上げを伸ばし、男性によるスポーツを楽しむ女性ファンや、プロ・スポーツの商品やライセンス品を消費する女性ファンも増加しつつある。

一九世紀の末、女性アスリートたちが、おそらくはフェミニズムの運動によって作り出されてきた言葉や方法を支えにして自分たちの活動の空間を獲得してきたのに対し、今日ではフェミニストたちが、女性スポーツの抱える問題について考えるという作業を通じて、「自分たちのイデオロギーと主張を、ひとめを偲んで行われるフェミニズムのようなものとして提起し続けている」（ibid:114）。メディア表象とマーケットにおける商品価値の増加によって形成されたネットワークによって撒布される、女性アスリートの形象とパフォーマンスが、今日では女性たちが社会的な活動の中で抱えているフェミニズム的な問題を可視化させ、人々の認知を高めさせ、問題解決に向けた関心を動員するための契機となっているというのである。

アスリートたちは必然的に自分たち自身をフェミニストであるとみなすわけではなく、多くのフェミニストたちもまた自分たち自身をアスリートであるとみなす訳ではない。[……] しかし、今日、九〇年代の文脈においては、状況は逆転した。いまや、フェミニズムが女性アスリートを必要としている。(ibid:112)

すでに述べたように、スポーツはわたしたちの身体や動きを規律化する側面を強く持つと同時に、その自由の空間を押し広げるための潜勢力をも内包している。だからこそ、スポーツは「フェミニスト的な諸問題が生起する場」(ibid:112)となる。女性アスリートの形象とイメージは、社会における女性イメージの変化や転換と相互に支えあっているのだ。

4 輪廻

〈百年後のオリンピック〉

一九二九年三月六日、パリ一六区の区長の求めで、クーベルタンはオリンピックに関する講演をしたと言われている。その講演の中で彼は、一つのエピソードを紹介していた。

わたしはつい最近、次のようなことを口にして、スポーツ関係の聴衆を深く悲しませたことがある。もし輪廻というものがあって、それによって百年後に再び生まれてくることが出来るなら、わたしは、現在のわたしが築きあげておいたものを打ち壊すことに努力を傾けるだろう。[7]

クーベルタンがオリンピック復活を夢想したその時から、百年の時が過ぎ去った。その生成期の内的矛盾をすべて包含しながらも疾走し続けるオリンピックという恐竜は、いまだ消えることなく、わたしたちの時代にも生きながらえている。

果たして彼が壊したいと願った「百年後のオリンピック」は、自分が創ったものとはすっかり様相を異にしてしまったオリンピックのことだったのだろうか。それとも、自分が創ったものからまったく変質しようとしない「進歩なき」オリンピックであったのか。

一九世紀末のアテネ・オリンピック、そしてパリ・オリンピックから百年のちのアトランタとシドニーでは、クーベルタンの視界には決して入ることもなかったであろう人間たちが参加している。そうした人々は、彼が理想の男性像として想い描いたアスリートの姿とは完全に異なる存在でもある。女性たち、そして国家の境界線を移動する人々——たとえば旧植民地諸国から旧帝国諸国への移住者たちの子孫たち——が見せる、力強さ、美しさ、格好よさは、今日わたしたちを魅了して止まない。一九九〇年代には、世界の女性人口の約四分の一を占めているイスラム教徒の女性たちにスポーツを奨励するための新たな運動も展開され始めた。一九九六年ローザンヌでおこなわれた女性とスポーツに関するIOCの国際会議では、オリンピックにイスラム圏の女性たちが参加できるようにするために、性別ごとの開催場を公認するよう申請されている。また可能な範囲で、イスラム風のスポーツウェアでオリンピックに参加できるよう交渉する動きもある（Hargreaves 2000:71）。これらの動きは、女性アスリートたちによる参加獲得の経験にも、複数性があるということを物語っている。

その一方で、百年の時を経ても変わることなく続く側面もある。国家対抗の競争主義やアスリートの身体の国有化といったナショナリズムの問題は、いまだ潰えることなくオリンピックを象り続けている。

〈その先に見えるのは？〉

ここまで、クーベルタンの理念を男根主義という側面から概観し、その主義主張を超えようとする参加に向けた運動とその活動の一部をわたしたちは見てきた。そして、こうしたことについて考える際、わたしたちは直ちに以下の形象を呼び起こしてきた。女性アスリート、女性スポーツ普及のパトロン、女性のスポーツファンと女性スポーツのファン。

しかしそれですべてだろうか。そこには、忘れられている人々はいないのだろうか。わたしたちもまた、クーベルタンと同じ「無関心」による罪を犯してはいないだろうか。

アスリートたちが履き、脱ぎ着し、使用している衣服や道具を作っているのは、だれであるのか想像してみよう。資本とマーケットの恩恵を受けている先進国のスポーツファンたちが、その愛を証明するべく購入するライセンス製品やグッズの多くを作っているのは果たしてだれなのかということを。

世界最大のスポーツイベントであるオリンピックの競技場に、おそらく足を踏み入れることもないだろう第三世界、そして第四世界の多くの女性たち。彼女たちもまた、その指先が産み出す製品を媒介にして、オリンピックとの係わりを持っているのだとするならば——それはまさに、近代を条件づけている排除的包含という原則が、現在も継続中であることの証左となるだろう。

注

1 一九〇六年ごろ、オリンピック開催を恒常的にギリシアで行いたいと申し立てたギリシアの人々に対して、クーベルタンは頑なに各国もちまわり制での競技会を主張し続けていた。

2 実際には発足から五年経っておらず、「徒競走協会」の発足時点から起算して五周年と称していたに過ぎない。

3 オリンピック憲章については、http://www.joc.or.jp/olympic/charter/で配布されている日本語版を参照している。ここで参照しているのは、二〇〇三年七月四日以降有効なものである。

4 初の女性役員が認められたのは、一九八一年のことである。

5 Chicago Tribune, European Edition:Paris, August 10, 1922, p.6. の

見出しより
6　以下、二つの引用はChicago Tribune, European Edition:Parisより。
7　鈴木良徳（1982）より引用

参考文献

Coubertin, Pierre de, 1901,"L'education des femmes" in *Textes Coisis*: Tone 1, pp.261-267.

——. 1912, "Les femmes aux Jeux Olympiques" in *Textes Coisis*: Tone 2, pp.705-706.

——. 1930,"La Charte de la reforme sportive" in *Textes Coisis*: Tone 1, pp.636-637.

——. 1986, *Pierre de Coubertin Textes Coisis*: Tone 1+2. Comite International Olympique(ed.), Weidmann: Zurich

Hargreaves, Jennifer, 1994, 'Olympic Women : a struggle for recognition'in *Sporting Females : critical issues in the history and sociology of women's sports*. Routledge: London, pp. 209-234.

——, 2000, *Heroines of Sport: The politics of difference and identity*, Routledge: London.

Heywood, Leslie, 2000, "The Girls of Summer: Social Contexts for the 'Year of the Women' at the'96 Olympics" in *The Olympics at the Millennium*, pp.99-116.

Hill, Christopher R., 1992, "Baron Pierre de Coubertin and the revival of the Games" in *Olympic Politics*, Manchester University Press: Manchester, pp.5-30.

Kristy, Davida, 1995, *Coubertin's Olympics: How the games begin*. Lerner Publication Company: Minneapolics.

Lenskyj, Helen Jefferson, 2000, *Inside the Olympic Industry: power, politics, and activism*. State University of New York Press : New York.

Lopiano, Donna A., 2000, "Women's Sports: Coming of Age in the Third Millennium" in *The Olympics at the Millennium*, pp.117-127.

Muller, Norbert, 2000, 'Coubertin's Olympic' in Norbert Muller (ed.) *Pierre de Coubertin 1863-1937 Olympism?*: Selected Writings, International Olympic Committee?: .

Schaffer, Kay + Sidonie Smith (eds.), 2000, *The Olympics at the millennium : power, politics and the games*. Rutgers University Press : New Brunswick.

ディーム、カール 1962『ピエール・ド・クーベルタン　オリンピックの回想』大島鎌吉訳、ベースボール・マガジン社。

グットマン、アレン 1997『スポーツと帝国――近代スポーツと文化帝国主義』谷川稔＋石井昌幸＋池田恵子＋石井芳枝訳、昭和堂。

ハーグリーブス、ジェニファー 1984「フェミニズム」、（トムリンソン、アラン＋ガリー・ファネル編、『ファイブリングサーカス――オリンピックの脱構築』阿里浩平訳、柘植書房）一一六―一四五頁。

ホブズボーム、E・J 1998『帝国の時代：1875―1914　2』野口建彦＋長尾史郎＋野口照子訳、みすず書房。

マカルーン、ジョン・J 1988『オリンピックと近代――評伝クーベルタン』柴田元幸＋菅原克也訳、平凡社。

高山宏 1986「男爵ピエール・ド・クーベルタンの世紀末――スペクタクル論覚え書」『現代思想』14（5）、青土社、一四三―一四七。

トムリンソン、アラン 1984「貴族主義」（トムリンソン、アラン＋ガリー・ファネル編、『ファイブリングサーカス――オリンピックの脱構築』阿里浩平訳、柘植書房）一七二―一八七頁。

鈴木良徳 1982「クーベルタン断章」『花絆』第6号田尾文庫刊。

ヤコノ、グザヴィエ 1998『フランス植民地帝国の歴史』平野千果子訳、白水社。

吉見俊哉 1992『博覧会の政治学――まなざしの近代』中公新書。

column

「世界」からの呼びかけ

――『クール・ランニング』とジャマイカ・ボブスレー・チーム

鈴木慎一郎

椰子の木の横を滑降するそりの絵。ヘルメットの下からドレッドが風になびく。キャプションは"Hottest Thing On Ice"――そんなTシャツの売上に資金不足を助けられつつ、結成後わずか数ヵ月のジャマイカ・ボブスレー・チームは、一九八八年のカルガリー冬季五輪に出場。四人競技のレースで優れたスターティング・タイムを出しながらも、コントロールを失って派手にクラッシュ。この実話を基に作られたのが九三年のディズニー映画『クール・ランニング』。映画はカルガリーでのクラッシュで終わっているが、ネルソン・クリスチャン（クリス）・ストークス『クール・ランニングとその先へ』（アメリカン・ブック・ビジネス・プレス、二〇〇二年、邦訳『クール・ランニング物語』、日本放送出版協会、二〇〇五年）は、チームの黎明期から最近までの展開を辿り、かつそれを教訓に、ビジネス・マネジメントについても説くという、いささかハイブリッドな本である。陸上選手であった著者は、ボブスレー未経験なのに急遽カルガリーへ呼び出されて四人競技に参加して以来、九八年までジャマイカ・チームの選手を務めた。兄はジャマイカ・チーム結成当初からの選手、ダッドリー・タル・ストークス。

クリス・ストークスは合州国の大学のMBAも持っており、現在はカリブ海地域の有名な金融機関の副社長。その経歴ゆえか彼の本には、映画では割と簡単に片づけられていた資金繰りの苦労話が満載である。ジャマイカにボブスレー・チームをというアイデアは、島に長く滞在していたアメリカ人ビジネスマン、ジョージ・フィッチが、キングストンのクラブでラムを飲みつつ別のアメリカ人ビジネスマンと意気投合した産物だった。当初の資金はジャマイカ政府観光局とフィッチが援助するが、八七年十月のブラック・マンデーで彼は少なからず損失を被る。そこでフィッチに思い浮かんだのがスーヴェニアTシャツの販売。相当のやり手だったらしい彼は、カルガリーでは四人競技用のそりを他国チームから買いうけるために、クラブでパーティーを開き一夜で現金をかき集めたことも。フィッチはカルガリー大会終了までに計九万USドルを投入しており、その一部でも回収したいと思っていたため、映画化のオファーを歓迎した。九〇年代以降も、ジャマイカの観光局、酒造会社、ホテルなどのスポンサーがチームを支えたが、実際のコースを有する北米やヨーロッパの国々へ何度も遠征して練習を重ねるには充分ではなかった。ソルトレークシティー五輪に向けて日本のハイテクベンチャー企業がスポンサー契約を交わしたこともあったが、ITバブル崩壊がその関係を直撃。近年ではアメリカの企業もなかなかスポンサーにつかないそうで、かれらは他国のチームを援助して非愛国的とみなされるのを避けているのではないか、とも同書には述べられている。

『クール・ランニングとその先へ』はさらに、著者自身が多くの企業や団体と交渉した経験から、ジャマイカ・ボブスレー・チームに期待されてきたイメージとは、決して勝つことはないものの困難に挑み続ける、愛すべき永遠の負け犬であると分析する。考えてみればその困難は、ジャマイカが暑い国でボブスレーが氷上の競技である限り、取り除くことができないものである。南国の愉快でのん気なナイス・ガイ、といったステレオタイプは、愛すべき永遠の負け犬という像と相補的な関係にある。しかしあくまで北米経営哲学流のポジティヴさに貫かれた著者によれば、スポンサー企業がジャマイカ・チームに見いだすのは、強大な相手から時に勝利をもぎ取る者、さらには、成功を導く高度なパフォーマンス、といったイメージへと徐々に変化しつつあり、そうした期待に応えていくこと自体がチームに課せられた挑戦であるという。

変化する状況に対処し臨機応変に課題を解決していく主体。ここではスポーツはビジネスの換喩でもあり隠喩でもある。

この本と同様に映画のほうも、努力や不屈の精神を称えつつ、そうした努力が何のためのものであるのかを問う視点までは含んでいない。「世界」が近代オリンピック共同体と同一視され、その舞台に小国が（冬季競技においても）対等に参加する——それが善であることは自明視されている。映画の中のある選手は、島国ジャマイカとそこの人間たちが厭でたまらず、オリンピックで有名になったら島を出て「宮殿」に住むことを夢見ている。ジャマイカから脱出するためにジャマイカのそりに乗るというこの緊張はしかし、後半では前景化されることなくいつの間にか消えてしまう。「がんばっている人は美しい」的な、こうした抽象化された努力への称賛ゆえ、この映画には「元気が出た」「癒された」という類いの感想がいかに多いことか。それがかき乱されないためには、ジャマイカ・ボブスレー・チームは参加し続けなくてはならないだけでなく、愛すべき永遠の負け犬という役目がかれらに割り当てられ続けなくてはならない。まさに感情労働の国際分業である。

久しぶりに観た『クール・ランニング』の中で目に留まったのは、大会中に各国の選手たちで賑わうカルガリーのあるナイトクラブの場面である。大声を上げたジャマイカ選手に東ドイツの有名ボブスレー選手が苛立つ。「ジャマイカ！　ここはおまえらの場所じゃないぞ」。ジャマイカという国名で呼びかけられた側は、いったんは謝る。しかし相手がさらに、「ボブスレーは本当の男たちに任せて、おまえら観光客は故郷へ帰れ」と挑発してきた時にはこう言い返す。「おれだって本当の男だ……」。「世界」からの呼びかけに応答する主体は、国民化されかつジェンダー化されている。ちなみにそのクラブにはなぜかカントリー&ウェスタンの生演奏が入っていて、西部劇ファッションの白人たちに混じってドレッドのジャマイカ選手がぎごちなく踊るという場面もある。これなど、ジャマイカのホテルやクラブでレゲエ・ダンスに興じる外国人観光客のカリカチュア？　とも思ってしまった。

Ⅱ　ナショナルなものの想像力

4 アメリカン・イメージの構築
——'32ロサンゼルス大会の前史とアメリカニズムの変容・持続

井上弘貴

絡めとられたアリの沈黙

一九九六年、アトランタ・オリンピック。アメリカ合衆国で開催された通算して四回目のこのオリンピックは、一八八六年に薬剤師のジョン・ペンバートンによって発明されて以来、二〇世紀のアメリカン・ウェイ・オブ・ライフを象徴する商品となったコカ・コーラの発祥地で開催された。南北戦争に翻弄される人々を描いた『風と共に去りぬ』の舞台であり、マーティン・ルーサー・キング牧師の生誕地でもあるアトランタ。コカ・コーラやCNNといったアメリカを代表するビッグ・ビジネスの本社があるジョージア州のこの州都は、過去と現在の南部の、そしてアメリカ合衆国全体の歴史を幾重にも織り込んできた。

そうした、さまざまな歴史的重なり合いのなかでアメリカを代表するアトランタでのオリンピックの開会式、聖火の最終ランナーとして姿をあらわしたその男を、一九六〇年代というあるひとつの時代を、直接にであれ一種の憧憬を含みつつ間接的にであれ知るものは複雑な思いで見守った。モハメド・アリ、聖火の最終ランナーはかれであった。「おれはベトコンには何の文句もねえ」と言いベトナム戦争への徴兵を拒否することによって、アメリカ国内の公民権運動を世界的な反戦運動へと節合していく契機をつくり、一九六〇年代の渦中にカウンター・ムーブメントの象徴となったかれが、三〇年の時を隔て、パーキンソン病におかされながら、オリンピックの開会を告げる聖火台への点火者として、われわれの前にその姿をあらわしていた。難病と闘う自らの身体をさらけだしつつ無言で聖火を運ぶかれの姿を、マス・メディアを通してわれわれはただ見つめた。

ある者の身体が、われわれ全体の苦難を引き受けるかのように苦しみに耐えているとき、そこには大いなる荘厳さが生まれ出る。われわれが聖火を点火するアリから感じた率直な感情は、そうした荘厳さから生じるものであったのかもしれない。だが、こうした荘厳さが政治的な力線の網の目のなかにあらかじめ絡めとられていたということに、われわれは即座にとまどいをも感じざるを得なかった。アリはかつてそうであったように、アメリカ国内のさらには国境を越えて、構造的な不正義にさらされている人々に連帯を促す象徴としてではなく、アメリカの一体性を想起させるナショナルな統合の象徴として、アメリカのナショナリズムのもつ力強さをオリンピックの場で証し立てる証人として、今度はわれわれの前に帰ってきたのである。複雑な思いはまさにここに由来した。

アリがアトランタ・オリンピックで証し立てたアメリカのナショナリズム、それはしばしば「アメリカニズム」と呼ばれる。だが、フレンチイズムやブリティッシュイズムが成立しないにもかかわらず、アメリカニズムという表現が成立するのは何故なのだろうか。多くの論者がしばしば指摘するように、アメリカのナショナリズムには、他のネーションにたいする自己優越的主張とともに、体系的なある信念が常にすでに結びつけられてきたと言える。ピューリタンたちによる植民地の建設以来、道徳的にあるいは宗教的に腐敗そして堕落したヨーロッパ人たちから自らを隔絶し、「神によって約束された大地」のうえに世界の模範となるような国家を建設することが、自分たちに課せられた使命である、そうアメリカ人たちは伝統的に考えてきた。マサチューセッツ植民地の初代総督となったジョン・ウィンスロップが、アメリカは世界の目が注がれる「丘の上の町」にならなければならないと演説したのはその典型である。一八世紀の「大覚醒」以来しばしば見られる信仰復興運動(リバイバリズム)のように、自分たちの宗教的純粋さを取り戻さなければならないと回顧的な運動が表出される場合であっても、そのなかには千年王国論的な未来志向の信念が一貫して垣間見られてきた。アメリカ人にとって過去には常に、約束へのプロジェクトとしての未来が折りこまれてきたのである。

世界の模範としてのアメリカというこうした信念は、伝統的な孤立主義を伴いながら維持され、一九世紀にあってはアメリカ人たちをフロンティアの開拓へと邁進させた。だが一九世紀末から二〇世紀初頭にかけて、この信念はアメリカの例外性という核心を維持しつつ、大きく読みかえられていくことになる。一八九八年の米西戦争や第一次世界大戦への参戦に見ることができるように、世界の他の国々にたいしてアメリカが積極的に果たさなければならない特異な役割という使命へと、アメリカニズムは転化されていったのである。こうした新たに読みかえられた使命が、これ以降のアメリカのナショナリズムに熱狂的な原動力を付与してきた。さらにこうしたアメリカニズムは第一次世界大戦以後、一九二〇年代のアメリカ社会の大衆化のなかで消費文化と結びつき、いわゆるアメリカン・ウェイ・オブ・ライフに積極的な承認を与えていくことになる。

いずれにせよここで重要なことは、アメリカのスポーツ史あるいはオリンピック史を考察する多くの論者たちがすでに指摘をしているように、近代オリンピックへのアメリカの参加もまた当初から、こうしたアメリカ独自の使命の意識と無縁ではなかったということである（Pope 1997: 41; Dyreson 1998: 35）。アメリカニズムの変容と持続のプロセスを、近代オリンピックと関連させて跡づけること、さらにこのプロセスをどのような集合的イメージが担ったかを明らかにすること、これが本章の課題である。

アメリカの近代オリンピック参加の歴史的背景

フレデリック・ジャクソン・ターナーが宣言したように、一八九〇年代にフロンティアの消滅を迎えた一九世紀末のアメリカは、資本主義の急激な発展によって建国の父たちが想像もしなかった劇的な社会変動を経験しつつあった。経済活動の中心に大企業が位置するようになり、「新移民」と呼ばれる南・東欧やアジアからの移民労働力が、劣悪な労働条件のもとでアメリカの産業発展を支えた。ニューヨークやシカゴの大都市化はめざましい勢いで進展する一方、さまざまな都市問題が噴出し、ボス政治家が移民層の日々の生活ニーズを満たすかわりにかれらの票を買う、いわゆる「マシーン政治」が横行していた。

こうした一九世紀末から二〇世紀初頭のアメリカでは、急激な社会変動によってもたらされた社会問題に対処しようという動きが、支配層の側からも労働者の側からも、そして知識人を中心とした中産階級の側からも生じた。社会の各層から生まれたこうした社会改革の——相矛盾した力関係を内包する——複数のモーメント、それらは今日一括して革新主義と呼ばれる。

たしかに革新主義の時期にあって、経済活動に一定の枠組みが必要であることを痛感していた大企業の要請を受け、産業の進展に見合ったアメリカ社会の法的再編制を連邦政府が自らを拡大しつつ主導していくというモーメントが、結果的に優勢であったことを否定することはできない。だが、世紀転換期の社会変動は当然ながら、社会の流動化にともなってアメリカの伝統的精神を維持してきた知的あるいは道徳的ヘゲモニーを掘り崩すものであったがゆえに、こうしたヘゲモニーの再編制という別のモーメントもまた、軽視できないだろう。スチュアート・ホールらがイギリスの文脈で示してみせたように、世紀転換期の西洋諸国は「リベラリズムの危機」というかたちでネーションの再形成、つまりナショナルな再統合という課題に直面していた（Hall 1988）。この点ではアメリカも例外ではなかった。

アメリカの知的ヘゲモニーを中心的に担ってきたプロテスタントの聖職者たちは、革新主義の時期に先立つ南北戦争後のいわゆる「金ぴか時代」に、社会の流動化やダーウィン主義の流入によって、つまりモダニズムの波によって真っ先に社会変動を経験し、その対応を模索し始めていた。個人の魂の救済を越えて、教会はより広範な「社会」の問題に対処しなければならないと主張するソーシャル・クリスチャニティがリベラルな聖職者のなかで形成され、教会はアメリカ社会のなかで積極的に民衆の協働を生み出していく社会的動力に今こそならなければならないことが主張されるようになった。

ソーシャル・クリスチャニティからは、社会的ダーウィン主義とも結びついて富者の経済的蓄積を正当化する「富の福音」といった考え方も派生していく一方で、社会科学から得られる知識の普及によって地上における神の王国の実現を目指すソーシャル・ゴスペル（社会的福音）といった思想運動も生み出された。たとえばソーシャル・ゴスペルの代表的な論者のひとりであるワシントン・グラッデンは、社会改革の武器として社会学をとりわけ念頭に置きつつ、キリスト教と社会科学の結合を雄弁に語っている。「真の神の共和国がひとびとのあいだで打ち建てられたあかつきには、キリスト教と社会科学はもはやふたつのものではなく、ひとつになるだろう」（Gladden 1976(1886): 247）。神は文化のなかに内在し、人間性は社会的進歩を通じて獲得されると考えたソーシャル・ゴスペルは、革新主義期の社会改革運動に影響を及ぼしつつ、アメリカにおける社会科学の発展に暗黙の規範的前提を提供していくことにもなった（Kuklick 2001）。

そうしたなかで、グラッデンもそうであるが、この時期の聖職者や知識人たちはスポーツのなかに、アメリカ社会の安定にとって不可欠な道徳が生み出される新しい苗床をみていた。「個人的に告白すれば、筆者はよく覚えているが、ある少年が二〇歳になってキリスト教への転向を心中思いめぐらしたとき、かれはこの変化が野球の犠牲バントによってもたらされたものであり、それゆえ野球は高潔なゲームだと考えていたのである」（Gladden 1976(1886): 253）。

このグラッデンの指摘にもみることができるが、ソーシャル・ゴスペルの立場に立つ聖職者や知識人たちは、とりわけ野球のなかに地上における神の王国の理想をしばしばみていた。かれらは野球のチーム・プレイのなかに、個人が自らの能力を最大限に発揮しつつ、同時に全体の利益に貢献する宗教的理想をみてとった。それゆえスーザン・カーティスがすでに指摘しているように、たとえば宗教教育協会とシカゴ大学出版局は、共同で大量の日曜学校の本を作成して配布し、ソーシャル・ゴスペルにとって野球がいかに有意義なものであるかを広く宣伝したのである（Curtis 2001: 24）。産業化の著しいアメリカ社会のなかで、新しい道徳と社会的協働の可能性は野球に代表されるスポーツのイメージでもって語られたが、近代オリンピックへのアメリカの参加もまた、こうしたアメリカ社会の変動とヘゲモニーの再編制を背景に考察しなければならない。

アメリカ人の身体とオリンピックの陸上競技

アメリカは第一回のアテネ・オリンピック（一八九六年）から参加していたが、当初からナショナルチームを編成したわけではなかった。アメリカ・オリンピック委員会は一八九三年に創設されていたものの、アメリカ選手団はクーベルタンの考えに共鳴していた歴史学の教授ウィリアム・ミリガン・スローンのいたプリンストン大学と、ボストン競技協会に所属する選手からなるごく小規模なものであり、しかも陸上競技を中心とした、限られた種目――陸上競技と水泳、射撃――の選手たちによって構成されていた。[1] 一九世紀末、アメリカの大学は聖職者を養成する機関から、世俗的な教育と研究を行なう機関へと移行しつつあり、のちにアイヴィー・リーグと呼ばれるようになる名門大学群が東部に確立されていったが、一八八〇年代から一八九〇年代における大学のこうした改組や新設は大学スポーツの興隆をもたらし、初期のオリンピック選手団も、大学スポーツの選手たちが中心を占めることになったのである(Dyreson 1998: 41)。

このアテネ大会で、アメリカ選手団の実質を担った陸上競技の選手たちは、ロバート・ギャレットやジェームズ・コノリーをはじめ多くが好成績をおさめた。陸上競技における一一個の金メダル総数のうちアメリカは九個を獲得し，それ以外では射撃で二個の金メダルを獲得している。もちろんその他の競技種目に選手がほとんど参加していない以上、アメリカ選手の活躍はあくまでも部分的なものにすぎなかったと言えるが、陸上競技種目での好成績はアメリカの勝利というかたちで合衆国本国に伝えられた。陸上競技にたいするアメリカ人の特別な思い入れは、こうしてアテネ大会以来徐々にそして着実に形成されていったのである。

パリ・オリンピック（一九〇〇年）もまた四年前のアテネと同じように、アメリカの大学スポーツの選手たちが選手団を構成した。プリンストンにつづいて、イエール、ジョージタウン、シラキュース、ミシガン、シカゴ、ペンシルバニアといった各大学が選手を送り、選手団は総勢三五名を数えた。さらに、この頃からアメリカのオリンピック参加は徐々に組織的な支援を得ていくようになる。この支援の背景には、アメリカ・アマチュア連合（AAU）の事務局長であったジェイムズ・エドワード・サリバンの存在が大きい。[2] サリバンは一九一四年に亡くなるまでアメリカのアマチュア・スポーツ界に君臨した人物であり、アメリカ・アマチュア連合の有力者たちとともに、アメリカ・オリンピック委員会を実質的に掌握して自分たちの愛する陸上競技を全面的に後押ししていくことになる（Dyreson 1998:60)。

このパリ大会はパリ博覧会の付随的開催という位置づけが強く、フランスはオリンピックの運営に積極的とはいえない側面があった。そのため開催の運営と実行には、不備が少なくなかった。こうした不備の結果として、米仏間で「安息日」論争が生じた。七月一四日の土曜日であった革命記念日を避けるため、フランスは日曜日の陸上競技種目の開催を提案していたが、アメリカの抗議によりこの提案は撤回された。しかし、最終的にフランスは日曜日の開催を強行し、これに抗議したアメリカ選手の半分以上が、日曜日がキリスト教の安息日であることを理由に当日の出場をボイコットする事態となった。当時のアメリカ選手たちの多くが、いかに強い信仰心を有していたかを示すエピソードだろう。それでもなお、アメリカは陸上競技の各種目で金メダル総数二五個のうち一六個を獲得して陸上競技での強さをあらためて示し、アメリカと陸上競技は今や切り離し難い関係を作り上げつつあった。

そうしたアメリカ人たちにとって、第三回のセント・ルイス大会（一九〇四年）は、自国で開催されるはじめてのオリンピックであり、アメリカ的オリンピックを発信する絶好の機会が訪れたことになる。大会は当初、シカゴでの開催が予定されていたが、同時期にセント・ルイスで開催されることになっていたルイジアナ博覧会にあわせて、セオドア・ローズヴェルト大統領の判断でセント・ルイスでの開催に変更がなされた。

ところで、この一九〇四年の博覧会でもっとも人気のあった展示のひとつは、フィリピン人の居留地であった。アメリカは一八九八年の米西戦争でスペインの植民地であったフィリピンを獲得して領有することで、ヨーロッパ列強と同様に植民地支配の道を歩み始めていた。国内的には革新主義の時期のアメリカは、国外的にはフロンティアなきあとの対外進出の時期でもあった。フィリピン人たちの激しい抵抗を鎮圧しての植民地化は、かれらにはいまだ自治能力が欠けているがゆえにヨーロッパ人の支配からアメリカ人はかれらを守らなければならないという論理によって正当化がなされていった（Strong 1900）。セント・ルイス・オリンピックもまた、こうしたアメリカの新しい帝国主義と無関係でいることはできなかった。

「人類学デー（the Anthropology Days）」の開催は、このセント・ルイス大会の特筆すべきエピソードである。その当時、人類学者たちのなかでは、世界各地の先住民族は高い身体能力を生まれつき有しており、自然のアスリートであるという仮説が真剣に議論されていた。そこでこの仮説を実際に検証すべく、アメリカの人類学者ウィリアム・J・マギー（McGee）の指導の下で、先住民族とセント・ルイス・オリンピックの出場選手たちとを陸上競技で実際に競わせるという実験的試みがなされたのである。先住民族としては、ネイティヴ・アメリカンにアフリカの各民族、くわえて日本から博覧会のために移送されていたアイヌ民族などが含まれていた。結果はオリンピックの陸上競技の選手たちの勝利で終わることになったが、この結末は皮肉にも人類学者たちを失望させなかった。むしろ文明にたいするかれらの信頼を一層強めることに作用したのである。なぜなら、博覧会の暗黙のモティーフである文明の優位性、それゆえに文明化された身体の優位性を「人類学デー」の結果はものの見事に証明したからである（Dyreson 1998: 85）。

セント・ルイス・オリンピックは、アメリカ大陸での開催ということでヨーロッパからの選手団は規模の小さいものであり、英仏も選手をほとんど派遣しなかった。このためアメリカは、陸上競技を中心に各種目でほぼ独占的な勝利をおさめ、マラソンでも初勝利を獲得した。ヨーロッパ諸国のなかば無関心な選手派遣とは裏腹に、アメリカ人たちのオリンピックにたいする関心は、この大会からナショナルな規模で高まりをみせ、セント・ルイス・オリンピックは文字通りアンクル・サムのオリンピックとなったのである。しかし、この大会が国際大会として成功であったかといえば、それはやはり疑問の余地が残るものであった。

それゆえ一九〇八年の大会開催を待たずに、一九〇六年に暫定大会がアテネで開催されたことからは、近代オリンピックの理念が存続できるかをめぐって、クーベルタンに深い憂慮の念があったことをうかがわせる。一九〇〇年のフランスでのオリンピックが運営と熱意に課題の残るものであり、一九〇四年のアメリカでのオリンピックが、運営と熱意は堅固であったにしても国際大会としての体裁を欠くものであった以上、中間大会というかたちでオリンピックをアテネに差し戻すことによって、オリンピックの精神を定期的に取り戻す必要があるとクーベルタンは判断した（Schaap 1975）。

この一九〇六年の大会から、アメリカの選手団は統一したユニフォームを着用し、予選はまだ行なわれなかったものの過去の活躍を考慮したオフィシャルなチーム編成がなされるようになった。この大会でも、アメリカは陸上競技種目で一一個の金メダルを獲得している。一九一〇年の大会は実現せず、四年に一度のオリンピックのあいだにアテネで中間大会を開催するというクーベルタンの構想は実現しなかったものの、一九〇六年の大会はしっかりとした運営のもとで国際大会として成功をおさめ、近代オリンピックの理念を維持するというかれの意図に充分かなうものであった。

ヴェスビオ火山の噴火（一九〇六年）によって、一九〇八年の開催地はアテネに次ぐ文明の発祥地ということでクーベルタンが候補地として強く希望したローマから、最終的にロンドンへと変更された。ロンドン開催の背景には、オリンピックへの参加に必ずしも熱心でなかったイギリスを積極的に取り込みたいというクーベルタンの思惑が働いたことも、おそらく否定はできない。この一九〇八年のロンドン・オリンピックから、アメリカの選手団は、国内で開催される予選を経て選抜されることになり、また、アメリカ・アマチュア連合とアメリカ・オリンピック委員会は寄付を募ることで資金を集め、選手団に経済的な援助を与えるようになった（Dyreson 1998: 135）。

このロンドン・オリンピックは、開会式からイギリスとアメリカという新旧列強間の衝突で始まった。イギリス側の不注意により、開会式のスタジアムに飾られた国旗のなかに合衆国旗がないというアクシデントが発生し、それに憤激したアメリカ選手団の旗手を務めるラルフ・ローズが国際的な外交儀礼を無視し、国王の前を通る際に国旗を高く掲げたまま通過した。

競技が実際に開始された後も、判定や運営をめぐって英米はしばしば対立した。とりわけこの対立は、皮肉にも陸上競技種目に集中した。四〇〇メートル走において、アメリカのJ・

C・カーペンターがイギリスのウィンダム・ハルスウェルを進路妨害したとして、イギリス人の審判によって失格とされた。また、マラソンにあっては、先頭でスタジアムに戻ってきたもののゴール直前に半昏睡状態となったイタリア選手、ドランド・ピエトリをイギリスの大会役員が手助けをしてゴールさせたことによって、アイルランド系であるアメリカのジョン・ヘイズは勝利を逃すことになった。結局のところ、競技終了後にピエトリは失格となりヘイズの勝利に変更されたものの、英米間で競技ルールをめぐる激しい論争が巻き起こることになった（Dyreson 1998: 145）。

こうした個々のエピソードを通して浮かび上がってくることは、一九〇八年までにオリンピックとナショナリズムとの結びつきは、もちろん当初からクーベルタンの近代オリンピック構想のなかに含みこまれていたとはいえ、新聞などのメディアを通じてより広範かつ大衆的なものになりつつあったということである。メダルの数でイギリスはアメリカを越えていた――イギリスは総計で五六個の金メダルであったのにたいして、アメリカは二三個――にもかかわらず、アメリカのメディアは陸上競技の結果――アメリカが一六個の金メダルであったのにたいして、イギリスは八個――をもとにして自国の勝利をまたもや喧伝した。わずか一四年のあいだにオリンピックは、アメリカでメディアの不動の支持を得るようになっていった（Pope 1997: 48）。

さらに一九一二年のストックホルム大会にいたると、アメリカのオリンピック運動は、サリバンのリーダーシップのもとで、たいへんな威信を享受するようになっていた。アメリカ・オリンピック委員会の副会長たちには政財界の大物が名前を連ねるようになり、予選は東部、中西部、西部の三地域にわけて細かく行なわれるようになった。

ストックホルムからは、チリや日本といった新しい国々が参加し、一九〇〇年のパリ大会からゴルフやテニスといった一部の競技でのみかろうじて認められていた女性の参加――クーベルタンは女性の参加に決して賛成をしなかった――も、徐々に拡大していくようになった。水泳と飛び込み競技であらたに女性の参加が認められたが、サリバンの強い反対によってアメリカからはどちらの競技にも女性の選手は参加しなかった（Guttmann 2002: 33）。また、アメリカの選手団の人種構成にも変化が見られた。黒人選手はすでにセント・ルイス大会から参加していたが、このストックホルム大会では、一名の黒人選手にくわえて二名のネイティヴ・アメリカンと一名のハワイ出身の選手もはじめて参加した。

このストックホルムでアメリカの英雄になったのは、ネイティヴ・アメリカンのジム・ソープであった。ソープは十種競技と五種競技で驚異的な好成績をおさめて金メダルを獲得し、アメリカを代表するアスリートとして賞賛を集めた。しかしソープが、一九〇九年と一九一〇年の夏にノース・キャロライナのマイナー・リーグでプレーをし、お金を得ていたことが明らかになると、オリンピックの精神であるアマチュアリズムを汚したとして激しい非難にかれは一転してさらされることになった。国際オリンピック委員会はかれのメダルをはく奪し、成績はオリンピックの公式記録から抹消された。

ソープが名声を獲得していたあいだ、かれはアメリカの英雄として認知されていたのにたいして、その名誉がはく奪されるや、かれにたいする批判はネイティヴ・アメリカンという人種的カテゴリーを媒介にして徹底的になされた。ソープ自身も人種的スティグマを積極的に引き受けるように、つぎのような弁明の言葉を残している。「自分は世の中のことにあまりかしこくなかったんだ。自分はインディアンのスクール・ボーイだし、悪いことをしていたなんて知らなかったから、ゆるしてもらえたらと思う」(Schaap 1975: 125より引用)。しかし、一八八八年にオクラホマで生まれたこのネイティヴ・アメリカンの青年の名誉回復はついにならなかった。

スポーツマンの共和国とスポーツマンの帝国

マーク・ディアソンが指摘するように、革新主義の時期にアメリカでは、共同体としてのナショナリズムの再構築のなかにスポーツマンの共和国(sporting republic)という理念が組み込まれていった。この理念の構築に、チーム・プレイを体現する野球とはまた別のかたちで、オリンピックにおける陸上競技は貢献していったと言える。すなわち、オリンピックにおけるアメリカの陸上競技選手に象徴されたスポーツマンシップは、メルティングポットのなかで融合されるアメリカのシティズンシップを体現するものとしてイメージされるようになっていった。ディアソンはフェア・プレイの精神とゴスペルの融合を、こう指摘している。「アメリカの思想家たちは、フェア・プレイのゴスペルを、自分たちのネーションは『丘の上の町』であるという古きアメリカの信念を強化するために用いた。かれらにとっての想像上の機会の競技地において、才能は民族、信条、肌の色に関係なく勝利をおさめるのである。かれらは、衰退した旧世界という自分たちのヴィジョンと対比させて、こうした物語を語った」(Dyreson 1998: 123)。

しかしながら、陸上競技の選手たちが作り出すアメリカ人の身体の優位性というイメージはその一方で、対外的にはアメリカ合衆国それ自体の優位性を証し立てるものとして転位されていったこともまた事実である。セント・ルイス大会の「人類学デー」がまさに示しているように、陸上競技が体現するアメリカ人の身体と文明化された身体の優位性とは固く結びつけられていった。それゆえに、オリンピックの陸上競技を通じて喧伝されたアメリカ人の身体的優位性というイメージは、フィリピン人たちにたいする家父長的な庇護と結びつくことによって、スポーツマンの共和国は対外的にスポーツマンの帝国主義へと即座に転化することになったのである。

もちろんこうした身体を媒介とする人種主義は、国内的にも隠然たるかたちで貫徹されていた。実際にはアフリカン・アメリカンやネイティヴ・アメリカンたちは、スポーツマンの共和国のなかには稀にしかあらわれてこなかったのが実情である。かれらの参加は徐々に認められていったもののそれはあくまでも周縁的なものでしかなく、かれらの勝利がアメリカの栄光として語られる際も、人種的な分断線は消滅したのではなく一時的に不可視のものにされただけで、ストックホルム大会におけるジム・ソープの事例が端的に示しているように、なにかの拍子に分断線の越えがたい裂け目は即座にその口を開けるのであった。革新主義期のアメリカと近代オリンピックとの結合は、一見して幸福なようにみえたものの、そこにはさまざまな矛盾が顕在化していたのである。

第一次世界大戦とアメリカにおけるスポーツの変容

ストックホルム大会まで順調に続いた近代オリンピックは、第一次世界大戦の勃発によって一九二〇年のアントワープ大会まで中断を余儀なくされたが、この第一次世界大戦はアメリカ人にとって、革新主義の頂点であると同時にその崩壊をもたらすものでもあった。革新主義の知識人たちの多くは、第一次世界大戦へのアメリカ参戦を熱狂的に支持していった。というのも、この戦争はかれらにとって世界に新しい秩序をもたらす歴史の一大契機のように思われたからであり、また、この歴史の契機にアメリカは積極的にかかわり、戦争がもたらす新しい秩序に方向性を与えていくことこそが、アメリカの使命であると思われたのである。

たとえば、革新主義を代表する知識人であるジョン・デューイは、アメリカにおけるデモクラシーのもっとも真摯な擁護者のひとりであるにもかかわらず、否、アメリカン・デモクラシーの真摯な擁護者であるからこそ、つぎのように平和主義者をこの時期に批判していた。「この戦争がもたらす再組織化への強いはずみを認識しないこと、この戦争が必然のものにする真の国際的な団結の緊密さとその範囲を認識しないことは、軍国主義者が戦争を偽装した高貴な祝福として構想するのともっぱら同じくらい、愚かなことである」(Dewey 1929: 584)。デューイらにとってこの戦争へのアメリカの参戦は、旧大陸の人々にたいして新大陸が培ってきたデモクラシーを示す絶好の機会に映った。

こうしたデューイら革新主義知識人の楽観的な判断に、かれのかつての弟子であったランドルフ・ボーンのような一部の者は猛然と反発をした。「戦争を望むことは、それに組織的に組み込まれているすべての悪を望むことを意味する」(Bourne 1964: 41)。ボーンは遺言のようにこう書き残し、当時流行したスペイン風邪(インフルエンザ)によって夭折した。

デューイの予想は裏切られ、ボーンの予言通りに歴史は推移した。というのも第一次世界大戦それ自体が凄惨な総力戦であったのはもちろんのこと、アメリカの参戦はまた、国内に抑圧的な戦時統制体制をもたらすことにもなったからである。革新主義者であったジョージ・クリールを委員長とする広報委員会（CPI）が言論統制と積極的なプロパガンダ活動を行ない、議会は一九一七年に防諜法を可決し、さらにこの法律を一九一八年には一層強力に拡充した。これら一連の法律は、戦争に反対する出版物の郵送を郵便当局は差し止めることができると定めていたために、政府に批判的な言論を実質的に封殺することが可能となった（Gary 1999: 22）。こうしてアメリカの市民生活は戦争遂行に組織的に組み込まれ、その自由は大義の前に脅かされたのである。

さらに戦後のアメリカ国内では、ロシア革命の余波もあいまって一九一九年から一九二〇年代初めにかけて、レッド・スケアと呼ばれる左翼思想を有する外国人の逮捕や急進的な労働組合の弾圧が徹底して行なわれた。一九二〇年代には、移民制限法が制定され、クー・クラックス・クランが支持者を急速に拡大していき、さらには禁酒法が施行されるなど、アメリカ社会の反動的保守化はとどまるところをしらなかった。

しかし他方で一九二〇年代のアメリカには、ラジオや映画といったマス・コミュニケーションのテクノロジーの急激な発展と同時に、都市化と産業化によって新たに勃興してきた中産階級の支える消費文化が鮮やかに花開いていった。電気、水道がひろく都市の家庭に普及し始め、自動車をはじめとするさまざまな大衆消費財が、中産階級の生活に新しい様式を与える一方、こうした消費財を宣伝する広告の技術と広告産業が確立されていった。

一九二〇年代にはまた、大衆的娯楽のためのさまざまな文化活動が生み出された。移民の制限によって生じた都市での労働力不足のため、南部から多くの黒人が北部に移り住んだが、ニューヨークのハーレムに集住するようになった黒人たちの音楽がハーレム・ルネサンスを生み出していったのは、周知のことだろう。この時期が「ジャズ・エイジ」と呼ばれるゆえんである。一九二〇年にアメリカにおける農村と都市の人口比が逆転したことからも見てとれるように、大草原の丸太小屋に住む独立自営の農民たちという古きよき「コモン・マン」のアメリカというイメージは、名実ともに過去のものとなっていたのである。

こうした大衆文化と都市的生活の勃興を前にして、革新主義アメリカのスポーツもまた、大きく変容していくことになる。すなわち、この時期のプロ・スポーツの確立によって、そこで活躍するスター選手のなかからスポーツ・ヒーローと呼ぶことのできる民衆の新たなイコンが登場するようになったのである。野球のベーブ・ルース、フットボールのレッド・グレンジ、ボクシングのジャック・デンプシーがこの時期のスポーツ・ヒーローとして、即座に名前を挙げることができるだろう。かれらはハリウッドのスターたちと同様に、その私生活までもが注目される存在となっていった。

こうしたスポーツ・ヒーローたちの登場は、アメリカ社会におけるスポーツの位置づけを大きく転換させていくことになった。革新主義期においてスポーツが果たしたナショナリズムの再構築という役割、あるいはスポーツマンシップとシティズンシップとの啓蒙的な結びつきは、もはや消滅していた。スポーツはスポーツ・ヒーローたちの華やかな私生活を媒介として消費と結びついていったのであり、またプロ・スポーツの観戦は、日々の生活の労苦から一時的に逃避するためのスペクタクルとして受容されていったのである（Dyreson 1989: 274-275）。

こうしたスポーツの変化のなかで、これまでスポーツと結びついてきたアメリカの使命感は消滅してしまうのではなく、変容しつつ持続していったと言わなければならない。たとえばソーシャル・ゴスペルは、この一九二〇年代に豊かさや消費による自己実現を正当化するアメリカ文化を賛美するという方向へと向かっていった。先述のカーティスが述べているように、ソーシャル・ゴスペラーたちは、資本主義の批判に向かうのではなく、アメリカ社会で花開いた消費文化が約束する物質的豊かさを福音の達成としてとらえかえすことによって、消費への信念を創造することに今度は貢献していったのである（Curtis 2001: 278）。

戦後における近代オリンピック／アメリカの参加の変容・持続

戦後最初に開催されたアントワープ大会（一九二〇年）は、準備期間と資金の不足によって設備の面では不備が目立ったものの、大会自体は盛会となりオリンピックは順調に再開されたと言える。ただし、オリンピックの陸上競技種目にこれまで圧倒的な力でもって君臨してきたアメリカに、陰りが見え始めていた。たしかに一〇〇メートル走における当時最速と言われたチャールズ・パドックの活躍などはめざましいものであったが、金メダルの数ではアメリカが九個にたいしてイギリスが五個、フィンランドが八個を獲得し、アメリカは依然として陸上競技種目における強さを誇示したものの、その独占はすでに大きく崩れていた（Guttmann 2002: 39）。とりわけフィンランドのパーヴォ・ナーミの活躍は圧倒的なものであった。

つづく一九二四年のオリンピックは、クーベルタンの引退を記念して、ローマでの開催を主張するイタリアの反対をおしきってパリで開催された。この一九二四年のパリ大会でも、パーヴォ・ナーミの率いるフィンランド勢の陸上競技における活躍には目を見張るものがあった。アメリカが陸上競技で一二個の金メダルを獲得するなかで、フィンランドは一〇個を獲得し、アメリカを猛追した。アメリカ選手としては、後に映画俳優となり『ターザン』に出演した水泳のジョニー・ワイズミュラーの活躍が挙げられる。第一次世界大戦後、アメリカは陰りのみえた陸上競技を補うかのように、水泳での活躍が目立ち始めるようになった。

周知の通り、一九二四年の大会からははじめて、冬季オリンピックが開催された。冬季大会の独立開催を主張するスウェーデンやノルウェーにたいして、アメリカはすべての国がスキーやスケートに適した気候条件を有しているわけではないとして反対したが、オリンピックを刷新すべきとの声の高まりに冬季オリンピックの開催が決定されたのである。

こうした冬季オリンピックの開催を含め、一九二〇年代は、近代オリンピックがそれまで排除してきたものを内部へと包摂していかざるを得ない、そうした転機の時期であったと言える。一九二五年には労働者オリンピアードが開催され、労働者の祭典として近代オリンピックとはまた別のスポーツの国際主義を模索する動きが出始めていた。あるいは、段階的な参加が認められてきたものの、いまだ陸上競技種目での参加が認められていなかった女性アスリートたちは、オリンピックとは別に女子オリンピックの開催を実行にうつした。こうした動きをうけて、ついに一九二八年のアムステルダム大会(冬季はサン・モーリッツ)からは、陸上競技種目への女性の参加も正式に認められるようになったのである。

こうした包摂によって、近代オリンピックはより開かれたものになりつつあったと肯定的に理解すべきなのだろうか、それとも近代オリンピックは自らの寛容さを巧妙に演出しつつ、スペクタクルとしての完成度を高めていったと否定的に理解すべきなのだろうか。おそらくは、この両方を含んだ両義的なモーメントとして、今や明確に近代オリンピックは姿をあらわし始めたのかもしれない。こうした両義的なモーメントの高まりは、アメリカとスポーツとの関係についても同じように言えるだろう。そうした一九二〇年代における近代オリンピックの転換、さらにアメリカ社会とアメリカ・スポーツとの結びつきの変化の到達点として、一九三二年のロサンゼルス・オリンピック(冬季はレイク・プラシッド)は位置づけられる。

一九三二年のロサンゼルス・オリンピックは、その四年後にドイツで行なわれた一九三六年のベルリン・オリンピックに比べて主題的に論じられることは少ない。それは、ナチ・オリンピックと呼ばれる一九三六年のオリンピックがもつスペクタクルの壮大さやその政治的含意に比べて、一九三二年のオリンピックはたしかに華やかなものではあったにしても、政治的な意味づけを与えるにはあまりにも平穏無事に見えるためかもしれない。

実際に一九三二年のロサンゼルス大会は、西海岸のあざやかな陽射しのもとで開会され、成功裏に幕を閉じた。一九二九年にはじまった大恐慌の只中であるにもかかわらず、カリフォルニア州の基金から施設の建設資金を拠出することが州民の特別なレファレンダムによって承認された(Rader 2004: 214)。これによって一〇万五〇〇〇席のスタジアムや一万二〇〇〇人の収容能力を有する水泳施設が建設され、くわえて、大会期間中に選手たちが宿泊するための「オリンピック村」がこの大会ではじめて建設された。表彰台のうえにメダルを獲得した選手が立ち、国旗の掲揚と国歌斉唱がおこなわれるようになったのもこの大会からである（Guttmann 2002: 50）。

また、この大会では、ハリウッドのスターたちによるオリンピックのPR活動がボランティアでおこなわれた。フレデリック・マーチやマルクス兄弟といった当時の有名な映画俳優たちが大会の前に選手たちのもとを訪れ、選手たちと記念撮影をしている（Pieroth 1996）。他にもゲイリー・クーパーやビング・クロスビー、ケイリー・グラントといったハリウッドのスターたちが開会式にもかけつけ、大会の盛り上がりに一役買ったのである。アメリカの大衆文化を今や象徴する映画産業が、オリンピックの宣伝に積極的に協力をしていったのである（Guttmann 2002: 51）。

アメリカの選手のなかでは、女性選手や黒人選手の活躍が目立った。とりわけ、参加が認められるようになって日がまだ浅いものの、女子選手の活躍には目を見張るものがあった。陸上競技では、ベイブの愛称で親しまれたミルドレッド・ディドリクソンが、八〇メートルハードルとやり投げで金メダル――高跳びでも銀メダル――を獲得している。水泳でも、ヘレーヌ・マディソンやエレノア・ホルムを中心にアメリカの女子選手の活躍はめざましく、多くのメダルを獲得した。黒人選手では、エディ・トーランが一〇〇メートル走と二〇〇メートル走で金メダルを獲得しているのが特筆されよう。とくに二〇〇メートル走では、独特なスタイルの眼鏡をかけたトーランが二位以下の選手を圧倒的に引き離してゴールする姿に観客は強い印象を受けた。

アメリカの豊かさ、そしてなによりも大恐慌のなかでもなおアメリカ社会にみることのできる活気は、訪れた外国人たちの目に穏やかにそして強く印象として残った。あるフランスの参加選手が、そうしたアメリカの印象をつぎのようにスポーツのイメージでもって述べているのはきわめて興味深い。「アメリカ人たちはゲームのなかでスポーツをしているだけでは単にない。かれらはあらゆることのなかでスポーツをしている。かれらの生活全体がフェア・プレイの理念によって治められている」（Hamby 2004: 98より引用）。革新主義の時期以降、アメリカが自覚的に追い求めてきたスポーツによるアメリカニズムの自己イメージ化は、第一次世界大戦後のアメリカ社会の大衆化あるいは消費文化の興隆のなかで消失してしまったに思われたが、さまざまな変容を被りつつなお、あるフランス人の目に映ったようにオリンピックの只中で持続していたのである。

一九三〇年代という困難な時期における大会の明るく平穏な成功こそが、一九三二年のロサンゼルス・オリンピックの特異性そのものであった、そう結論づけることができるかもしれない。この一九三二年のオリンピックにおいて、ディドリクソンやトーランといった女性選手や黒人選手の活躍によって、アメリカの陸上競技における強さは復活を遂げた。こうした陸上競技の復活は一九三二年だけのものではなく、一九三六年におけるベルリン大会の黒人陸上選手、ジェシー・オーエンスの活躍へと持続的に受け継がれていくことになる。

一九三二年は、フランクリン・ローズヴェルトの大統領当選によってニュー・ディールが開始される前年であった。この年にアメリカは、陸上競技を通して、そして陸上競技選手の身体という象徴的媒介を通して、そのナショナルな統合の潜在力を前もって証明していたと言える。もちろん、こうした統合がどれほど実質的で平等なものであったかはべつである。一九三二年を新たな画期として、アメリカにとって近代オリンピックは潜在的な政治的コンフリクトを不可視化させてしまうスポーツ・スペクタクルとして、むしろ積極的に機能し始めた、そう言えなくはない。だとするなら、ロサンゼルスの穏やかな明るさのなかで、一九三六年のベルリン・オリンピックがもつ「民族の祭典」よりも洗練された統合力を、アメリカは静かにみせつけたと言えるのではないだろうか。こうした位置づけがもし正しいのなら、一九三二年のオリンピックの静かな成功は、ファシズムの時代を超えて戦後に続く長い射程をすでに獲得していたと言える。このアメリカの統合力の強靭さとしたたかさ、それを批判するものも評価するものも、等しくその存在自体を認めるところから出発しなければならない。

第二次世界大戦後のオリンピックにおける、アメリカの陸上競技での女性選手や黒人選手の活躍は、もはや言うまでもないだろう。一九八四年の二回目のロサンゼルス大会を中心に活躍をしたカール・ルイスや一九八八年のソウル大会におけるフローレンス・ジョイナーなど、代表的な選手の名前を即座に挙げることができるだろう。このように女性やエスニック・マイノリティを新たに統合しつつ、オリンピックのたびにアメリカのナショナリズムは、「USA」コールのなかでその持続力を顕在化させてきた。しかし、こうした選手たちの活躍はその身体を媒介として、権力関係の対称的な社会的統合をアメリカが達成しているのだろうか。あるいは少なくとも達成しつつあることを証明しているのだろうか。そう結論することはおそらく難しい。バスケットボールにおけるアメリカのドリーム・チームをひとつとっても、「カラー・ライン」とよばれる国内の人種的な社会的分断線を横断して、アメリカの一体性を熱狂的に再確認させるスペクタクルは機能することを決してやめないのが、実際であると言わなければならない。

だが、一九六〇年代、とりわけアリが孤独に始めた徴兵拒否や一九六八年のメキシコ・シティ大会における黒人選手たちのボイコット運動のように、このスペクタクル化された統合のメカニズムを白日のもとに曝し、その根源的な変容を試みようとした運動が、たしかにアメリカにはあった。これら運動のもっていた可能性と限界を見極めること、それがアメリカニズムの持続と変容を近代オリンピックという視点から検討する際の、重要な導きの糸になるかもしれない。ソープを、そしてアリをわれわれは忘れてはならない。

一九三二年、ジム・ソープはロサンゼルスにいるところを発見された。オリンピックを観ることもできない貧困のなかにかれはあった。かつての友人たちはかれにお金を送り、かれの名誉回復を再び訴えた。しかし、合衆国オリンピック委員会はこの訴えを聞き入れなかった。この強固な反対者のひとりは、アベリー・ブランデージ――一九一二年のストックホルムでのソープのチームメイト――であった。

ソープは一九五三年に亡くなった。かれは亡くなる直前、オリンピックの記憶をこう回想している。「あれは自分の人生で最高の時だった。だから、絶対に忘れることはないよ」（Schaap 1975: 135より引用）。

注

1　一〇名の陸上競技選手と一名の水泳選手、二名の射撃選手の計一三名から構成された。なお、当時多くの陸上選手を擁していたニューヨーク競技クラブはまったく関与しなかった。

2　サリバンは、ニューヨークの公衆レクリエーション委員会の指導者として、あるいは公立学校競技連盟（Public Schools Athletic League）の創設者として知られる。なお、AAUの指導者として、グスタブス・カーヴィ、ジュリアン・W・カーティス、競技器具メーカーの有力者であるA・G・スポールディングとウォルター・スポールディング、カスパー・ホイットニーが挙げられる（Dyreson 1998: 60）。

参考文献

秋元英一・菅英輝 2003『アメリカ20世紀史』東京大学出版会

有賀夏紀 2002『アメリカの20世紀（上・下）』中公新書

五十嵐武士・油井大三郎編、2003『アメリカ研究入門（第三版）』東京大学出版会

岡田皓一、2004『非常事態とアメリカ民主政治』北樹出版

平田美和子、2001『アメリカ都市政治の展開――マシーンからリフォームへ』勁草書房

古矢旬、2002『アメリカニズム――「普遍国家」のナショナリズム』東京大学出版会

Bourne, Randolph. 1964. *War and the Intellectuals: Collected Essays 1915-1919*, edited, with introduction by Carl Resek. Hackett Publishing.

Carter, Paul A. 1975. *The Twenties in America*, Second Edition. Harlan Davidson.

Croly, Herbert. 1989(originally published 1909). *The Promise of American Life*. Northeastern University Press.

Curtis, Susan A. 2001. *Consuming Faith: The Social Gospel and Modern American Culture*. University of Missouri Press.

Dewey, John. 1929. *Characters and Events: Popular Essays in Social and Political Philosophy* 2vols, edited by Joseph Ratner. Henry Holt.

Dyreson, Mark. 1989. "The Emergence of Consumer Culture and the Transformation of Physical Culture: American Sport in the 1920s" in *Journal of Sport History*, vol.16, No.3 Winte.

――. 1998. *Making the American Team: Sport, Culture, and the Olympic Experience*. University of Illinois Press.

Gary, Brett. 1999. *The Nervous Liberals: Propaganda Anxieties from World War I to the Cold War*. Columbia University Press.

Gladden Washington. 1976(originally published 1886). *Applied Chris-*

tianity: Moral Aspects of Social Questions. Arno Press.

Goldberg, David J, 1999 *Discontented America: The United States in the 1920s*. The Johns Hopkins University Press.

Guttmann, Allen. 2002. *The Olympics: A History of the Modern Games*, Second Edition. University of Illinois Press.

Hall, Stuart. 1988. *The Hard to Renewal: Thatcherism and the Crisis of the Left*. Verso.

Hamby, Alonzo L. 2004. *For the Survival of Democracy: Franklin Roosevelt and the World Crisis of the 1930s*. Free Press.

Karl, Barry D. 1983. *The Uneasy State: The United States from 1915 to 1945*. The University of Chicago Press.

Kuklick, Bruce. 2001. *A History of Philosophy in America 1720-2000.* Oxford University Press.

Mrozek, Donald J. 1983. *Sports and American Mentality 1880-1910*. The University of Tennessee Press.

Pieroth, Doris H. 1996. *Their Day in the Sun: Women of the 1932 Olympics*. University of Washington Press.

Pope, Steven. 1997. *Patriotic Games: Sporting Traditions in the American Imagination 1876-1926*. Oxford University Press.

Rader, Benjamin G. 2004. *American Sports: from the Age of Folk Games to the Age of Televised Sports*, Fifth Edition. Prentice Hall.

Riess, Steven A. 1995. *Sports in Industrial America 1850-1920*. Harlan Davidson.

Schaap, Dick. 1975. *An Illustrated History of the Olympics,* Third Edition. Alfred A. Knopf.

Strong, Josiah. 1900. *Expansion under New World-Conditions*. The Baker and Taylor Company.

5 規律化した身体の誘惑——ベルリン・オリンピックと『オリンピア』

伊藤 守

規律・訓練的な権力体制のなかでは、処罰の技法は、罪の償いをも、さらには、正確には抑圧をも目指すわけではない。その技法では、以下のはっきり異なる五つの操作が用いられる。人々の個別的な行動・成績・行状をある総体へ、つまり比較の領域でもあり区分の空間でもあり拠るべき規則原理でもある或る指示関連させること。個々人を相互の比較において、そうした全般的な規則との関連において差異化すること——その規則を最小限の出発点として、もしくは尊重すべき平均として、または接近が必要な最適条件として機能させなければならない。個々人の能力・水準・性質を量として測定し価値として階層秩序化すること。その価値中心の尺度をとおして、実現しなければならぬ適合性に含まれる束縛が働くようにすること。最後に、すべての差異との関連での差異を、規格外のものについての外的な境界を定める限界を描き出すこと。

（M・フーコー『監獄の誕生』一八六頁）

1 ベルリン・オリンピックと『オリンピア』

はじめてのメディア・オリンピック

一九三六年に行われた第十一回オリンピック夏季大会のベルリン開催が決定したのは一九三一年である。第一次世界大戦後、国際的なスポーツ大会から閉め出されていたドイツは、二八年のオリンピックでようやく復帰を果たし、三〇年に公式の誘致の意志を表明、三一年にバルセロナで開催されたオリンピック委員会で開催権を獲得した。三三年一月に政権を獲得した総統ヒトラーは、政権を奪取する前には、オリンピックは「ユダヤ主義に汚れた芝居であり、国家社会主義の支配するドイツでは上演できないだろう」と批判し、開催に消極的であった。しかし、宣伝大臣のゲッベルス、ナチスのスポーツ指導者オステンらの強力なはたらきかけで、このオリンピックを政治的に利用することを選んだ。この国際的なイベント全体を「平和を愛するドイツというイメージを提示することに奉仕する」絶好の機会ととらえたのである。一〇万人収容の大スタジアム、一万六千人収容の水泳競技場が建設され、ギリシアからベルリンまで聖火を運ぶ聖火リレーの計画も立案される。またアメリカを中心とした人種差別国家との批判をやわらげるべく、ドイツ選手団のなかにあえてユダヤ人選手を入れ、この大会の開催期間中は人種差別のスローガンを街頭から消し去ることもおこなった。こうしたなかで諸外国からも共感を得られるこの国際的なイベントの映画化が決定されたのである。監督を委嘱されたのは、ダンサーとしてデビューした後、当時のドイツ映画の一つのジャンルであった山岳映画で女優をつとめ、その後監督となり、三三年秋のナチ党第五回全国大会の記録映画『信念の勝利』、三四年の同じく第六回大会を描いた『意志の勝利』の監督を任されたレニ・リーフェンシュタールである。

レニ・リーフェンシュタールに関する詳細な研究を行ったライナ・ローターによれば、リーフェンシュタール自身、この映画が「IOCに委嘱された仕事であって、彼女自身がプロデュースし、芸術的責任も自分一人が負っており、党からはいっさい財政支援を受けておらず、そこにはイデオロギー的機能など何もないと飽くことなく強調してきた」(Roter, 2000:125)。だが、各種の資料からいえるのは、ヒトラーと当時IOCの第十一回大会組織委員会事務局長であったカール・ディームの両者から説得をうけて監督を引き受けた、というのが真実のようである。監督就任後、三五年十二月に帝国国民啓蒙宣伝省の偽装会社であったとされる「オリンピア映画有限会社」が設立される。国策映画であることを隠すために設立されたこの会社は、帝国の資金によって設立され、映画制作のための資金もすべて帝国から配分された。すべての資金は宣伝省から出ていたのである。その当時、豪華な劇映画を製作できる一五〇万帝国マルクという潤沢な資金のもと、リーフェンシュタールは、ハンス・エルトル、ヴァルター・フレンツ等選りすぐりのカメラマン四〇人あまりを召集、三六年春には撮影技術を試すために会場を訪れ撮影準備に入った。

採火式と聖火リレーのスタートを撮影するためにギリシアへの旅にはじまり、八月一日の開会式、翌日から一六日まで二週間にわたって行われた競技、そしてプロローグ用のために九月にバルト海沿岸で行った撮影、そしてその後の編集作業と追加撮影や音楽効果を入れる作業まで、ほぼ三年半にわたりリーフェンシュタールは集中的にこの映画の制作に没頭した。三八年三月にようやく完成し、封切が迫るなか、ドイツ軍のオーストリア進駐、ウィーンにおけるヒトラーのオーストリア併合の宣言という混乱した状況のなかで上映は延期され、最終的にはヒトラーの誕生日四月二〇日、もっとも格式のある劇場ウーファ・パラスト・アム・ツォーで、ヒトラーの列席のもとに上映されたのである。「それは史上もっとも豪華なプレミアであった」という。

この映画にはドイツ映画最高の栄誉として、「一九三八年度ドイツ国家賞」が与えられる。リーフェンシュタールは、今やドイツでもっとも著名な監督としての地位を不動のものとした。

彼女はその後、合計五つの外国語バージョンをつくり、アテネからパリまでヨーロッパの大部分を回り、「ドイツ映画のもっとも効果的な大使として営業ツアーをおこなった」。ヨーロッパ各地はいうまでもなく、アメリカそして日本（一九四〇年に上映）でも上映された『オリンピア』は、アメリカをのぞいて、各国で人気を博し、最大の賛辞を受ける。そして、イタリアのヴェネチア映画祭でもその年の最高賞を授けられたのである。

ヒルマン・ホフマンは「リーフェンシュタールのオリンピア――政治的演出の美への示唆」のなかで、ベルリン・オリンピックがラジオ中継放送、写真、そして映画を通じて大会の様子を世界中の人々が聴き、見ることができた最初のメディア・オリンピックだったと指摘している（Hoffmann, 1993:s.38）。四年前のロサンゼルス大会でもラジオによる中継放送がすでに行われていた。だが、なによりもリーフェンシュタールの映画こそ、全世界的な規模で、オリンピックを回想的に再現する機会を提供し、ベルリン大会の神話化・伝説化に大きく貢献したのだ。またそれ以上に、「単純にナチ的であるとは形容しがたい特質が備わっていたがゆえに、ほかに例がないほど、ナチズムの肯定的なイメージを国際的に普及させること」（Rother, 2000:141）に成功したのである。

スポーツする身体の映像美

「過去に撮られたスポーツ映画のいかなる作品と比較しても、最高の一本ではないかもしれないが最高の映画のひとつである」と評価され、「映画美学的には、モンタージュ、コラージュ、編集テクニックにおいて構造を規定するものであり、今日に至るまで、スポーツ報道のみならず、劇映画および政治的レポートにおいても、映画のつくり方に影響を与えている」（Hoffmann, s.155）と指摘されるこの映画は、いかなる映像美を構成しているのだろうか。円盤投げ、槍投げ、三段跳び、棒高跳び、そして一〇〇メートル競走、四〇〇メートル競走など陸上競技を中心に編集された第一部『民族の祭典』、体操、ヨット競技、ホッケー、サッカー、自転車、馬術、水泳競技、飛び込みなどを編集した第二部『美の祭典』、この二巻から構成された『オリンピア』は、高速度撮影、光量の少ない夜景を撮らえるレンズと高感度フィルム、極端なクローズ・アップを可能にする望遠や倍率の高いズーム・レンズなど、ドイツの写真光学や映画技術の粋を結集して制作されたものだった。さらにいえば、瀬川が詳細な分析を加えているように、大会中に実際に行われた競技のみならず、事前の練習中の映像や事後の再現シーンの映像、観客の応援や歓声の映像の使い回し、さらにはサッカーのオーストリア・イタリア戦の二度のゴール・シーンを同一のゴール映像で処理するなどの大胆な編集、さらに美的リズムを生み出すスローモーションとリズミカルに切り替わる映像シーンのコラージュ、アスリートを直接映像に登場させず、選手の影によって表現する技法、あえて逆光でアスリートをとらえることで身体のフォルムを際立たせる技術など、彼女の美的才能と映画技術を駆使して、「身体の完璧性の美学」「身体のリズムからなる美」が表現されたのである（瀬川 2001:13-37）。

冒頭のプロローグは、「場合によっては『オリンピア』のもっともすばらしい場面は「プロローグ」だ、と評価されることもある」（平井 1999:168）、この映画のハイライトのひとつをなしている。雲のショットが現れ、巨大な岩石が現れる。この幻想的なシーンに続いて、オリンピアの廃墟の神殿の映像がながれ、次に天にむかって聳え立つようにパルテノン神殿の内部の列柱がローアングルから撮らえられる。「野蛮」から「文明」へ、その歴史のプロセスが荘厳な雰囲気のなかで表現される。つづいてヴィーナス像が映され、円盤投げの石像が現れ、その石像が生身の男の裸像の姿に変わり、円盤を投げる美しいフォルムがスローモーションで撮らえられる。冒頭部をかざるにふさわしい美しい場面である。一転してふたたび雲が映し出され、輪になって球を投げあう女性の手から輪になって踊る裸体の女性の姿へ、さらにそれが女性の影絵に移行し、聖火が登場する。ここまでのシークエンスで表現されるのは、ギリシアの文明とそこで花開いた身体の造形美と、円盤を投げる裸体の男性の身体そして舞踊する裸体の女性の身体とを、それぞれ重ね合わせながら、ギリシアでひとつの頂点に達した身体の美とスポーツする鍛錬された肉体の美を同一のものとみなす視線だろう。ギリシアの復興、二〇世紀における偉大な文明の再興である。

次のシーンは、裸の男がトーチに聖火を点じてクロノスの丘を下るシーンである。聖火ランナーのバトンタッチの映像はヨーロッパの地図にかわり、七ヵ国約三〇〇〇キロのコースを聖火が通過するようすを地図で表示する。そしてついにドイツに達すると映像は曇り空を、ついで十万人収容の主競技場、競技場で熱狂する観衆、ナチ式敬礼をする観衆を映し出し、観衆をロングショットでとらえた映像で終わる。この映像の意味は、誰の目にも明らかだろう。それは聖火ランナーの通過を辿ることではない。ギリシア文明の聖火がドイツにもたらされたこと、二〇世紀における偉大な文明の再興の担い手が第三帝国ドイツにほかならないことが象徴的に表現されているとみるべきだろう。そこではギリシアとドイツをむすぶ地政学的な構図がはっきりと示されるのである。

この映画の特徴が現れるいくつかの競技シーンをみておこう。最初の競技は円盤投げである。冒頭のギリシアの円盤を投げる石像のシーンが思い起こされる。まずアメリカのカーペンターが、つづいて優勝最有力候補のドイツのシュレーダーが、ついでギリシアのシラス、アメリカのダン、スウェーデンのベルクがつづく。その映像はアスリートを至近距離から撮らえることで、かれらの鍛え上げられた肉体、強靭な筋肉、回転しながら円盤を投げる身体のフォルムの美しさ、そしてアスリートの緊張感が、スローモーションをまじえた映像処理によってきわめて印象深く映像化される。

一〇〇メートル、二〇〇メートル、走り幅跳び、そして四〇〇メートル・リレーで優勝したベルリン・オリンピック最大のスター、黒人アスリート、ジェシー・オーエンス（アメリカ）を撮らえた映像は、この映画のなかでも最も優れたもののひとつといえる。一〇〇メートル準決勝のシーンでは、スタート前の彼の緊張した顔がクローズ・アップで収められている。そしてスタート。他の選手とは明らかに異なる彼の並外れた脚力、その美しいフォームは感動的ですらある。しかし、彼をとらえた映像のなかでは走り幅跳びのシーンがより優れている。

図１――飛び込み競技の場面、『美の祭典』より

この競技は、ドイツのロングとオーエンスのふたりの戦いだった。オーエンスの跳躍、リズミカルな助走と力強い踏み切り、空中を舞う美しいフォーム、躍動感に溢れた映像で撮らえられたオーエンスの跳躍は七メートル八七。つぎのロングも見事な跳躍で七メートル八四、つぎの試技ではオーエンスに並ぶ七メートル八七、スタンドの大観衆の歓声と拍手の映像に切り替わる。最後の跳躍をロングが失敗。その後のオーエンスの跳躍で決まる。映像は助走路に入ってから上半身を前屈みにして頭を垂れ、なかなか助走しないオーエンスの姿をカメラは撮らえる。アスリートの緊張感、いまにも俊敏な動きにはいろうとするしなやかな身体、その「静」が「動」へと切り替わり、一転して走り出し舞い上がるオーエンスの姿。記録は八メートル〇六。身体の躍動・リズム・力が、映像の力をつうじて見事に表現されている。

この映画のもうひとつのハイライトは、第二部『美の祭典』の最後におかれた男女飛び込み競技のシークエンスである。カメラマンは半年前に開催された冬季オリンピックのジャンプ競技を撮影したハンス・エルトル。ローアングルから空を背景にして、逆光のなかで空中に舞うアスリートをとらえることで、時にはしなやかに曲線を描く身体、時には美しいフォルムを描いて回転する身体のシルエットが際立つように撮影されたシーン、逆に大型クレーンを用いて飛び板より高い位置からアスリートがプールに水しぶきを上げて着水する瞬間をとらえたシーン、これらが交互に繰り返し映し出され、リズミカルに編集される。最終のシーンではさながら「人間飛行機」のように、飛び板を離れて選手たちが自在に空に舞う姿が次々に登場する。その美しい身体のフォルムをとらえた映像は「美の祭典」を締

図2——ジェシー・オーエンス

めくくるにふさわしいものだ。

そして最後の場面は、ライトアップされたスタジアムの全景である。スタジアムからは何本もの光線が垂直に夜空に向かって放たれている。崇高、厳粛な雰囲気がかもしだされる。そして最後にこれら何本もの光線は天空で一点に交わり、太陽の光にも似た強い光の束となる。

プロパガンダ映画？　優れた芸術作品？

この映画をわたしたちは今どう位置づけうるだろう。典型的な批評のスタイルは次のようなものだ。

ひとつは、第一部『民族の祭典』第二部『美の祭典』と題されたこの映画が、ヒトラーの政権下で行われた大会の、しかも国家から全面的な支援をうけて制作された映画であり、ナチのプロパガンダとして利用されたとの理由から、ファシズム美学の典型として批判するスタイルである。第二は、プロパガンダとして利用された事実はふまえつつも、アスリートの鍛練された身体と力強い動きをこれまでにはないアングルで撮らえた優れた作品であるとして、その映像の美的価値を賞賛するスタイルである。この映画はスポーツを芸術の領域にまで高め、身体とその動きを美として描き切った映画であり、リーフェンシュタールとは天才的監督なのだ、というわけである。

こうした批評の身振りをどう考えればよいのか。たしかに、この映画は、ドイツ選手の活躍の映像に片寄ることなく、各国の選手の姿を映し出すことで、ヒトラー政権下のドイツが人種差別などない平和国家であるかのように制作されている。

とりわけ、当時「褐色のカモシカ」とニックネームをつけられたオーエンスの傑出した活躍とその映像は、この映画の政治的位置を考える場合に、きわめて重要な位置を占めている。ナチのイデオロギーにとって「アーリア的なるもの」の対極にある「黒の身体」の活躍にヒトラーやナチの幹部は嫌悪感を隠さなかった。しかしリーフェンシュタール自身の美的感覚は、アスリートとして彼が生み出す身体運動の卓越性とその美を排除できなかったし、「黒の身体」だけでなく、ナチにとっては劣等人種でしかなかった「黄色い身体」を映像化することにも躊躇しなかった。三段跳びで活躍した大島、田島、原田の日本人三選手、棒高跳びで活躍した西田選手をとらえた映像が示す通りである。規律・訓練的な身体文化と競技スポーツの身体性が折り重なった地点に生成する「美」、そこにリーフェンシュタールはこだわり続けたといえる。しかし、この映画のオープニングを飾るシーンに「黒の身体」も「黄色い身体」も登場しているわけではないことも確かだ。この映画には明らかに、身体が「ネイション」と「人種」の階層秩序に組み込まれて描かれてしまう人種的構図が存在しているのであり、オーエンスの映像を単純に「美しい身体」ととられるだけではすまない。

だが、一見するとナチの民族主義を超えた映像であるがゆえに、プロパガンダとして卓越した効果をもちえたと批判する一方で、プロパガンダであること以上の芸術的価値をもつものと評価するという捩れた関係が生まれ、現在に至までそうした評価が続いてきたのである。

だが、いま示唆したように、そうした単純な切り分けで、この作品の複雑な、そしてより深い問題を把握できるのだろうか。

この作品の映像には、作品自身を生み出したドイツの政治的、文化的な文脈が複雑に折り重なり、その重層的な歴史的文脈の政治性が凝縮されている。その複雑に絡まりあった位相を解きほぐすことを通じて、はじめてこの作品の根源的な問題性が露になる、そうした性格の作品なのだ。だとするならば、いま必要なのは、折り重なった位相を解きほぐし、問われるべき問題自体を露にすることだろう。

では根源的な問題とはなにか。結論を先取りして言えば、身体の規律化をめぐる問題であり、その身体を「ネイション」と「人種」と節合する「美」の政治空間の問題、文化権力の問題である、ととりあえず述べておこう。

2　権力作用の焦点としての身体／身体文化

ドイツ・ナショナリズムとギリシア

この映画を理解するためには、映画自体の分析にとどまらず、この映画が製作された当時の複雑な文化政治的な文脈に眼を向ける必要がある。身体文化、スポーツする身体、に焦点を当てながら考察を加えよう。

映画の冒頭で提示されたギリシアの神殿や聖火リレーの映像。オリンピック大会を記念する映画であるかぎり、オリンピックの発祥の地であるギリシアを表象することになんら不自然さを感じずに鑑賞するのではないだろうか。しかし、当時のドイツが置かれた状況に眼を転じるなら異なる姿が垣間みえてくる。

一九世紀後半、ドイツ国内では文化的偉人や王侯たちの記念碑や像が次々に建設され驚異的な増加を見せた。こうした事態の成立は、記念碑の増加という事態にとどまらず、記念博物館や美術館の建設ラッシュというかたちでも顕在化した。当時、記念建造物の多くはギリシアの陶器や彫刻といった古典古代の美術品を収容するために建設されたのだが、この建物自体がギリシアの建築様式を模倣した擬古典主義様式を採用したものだった。なぜこれほどの規模で、歴史を記憶し、記念するための施設や記念碑が造形されたのか。三島によれば、それは、近代国家の形成が遅れたドイツにあって、記念碑、ギリシア風の擬古典主義様式を模した建築物の造形は、共通の起源、共通の記憶を作為的に設定し、「国民」の創出とその社会的統合力を強化しようとする欲望の現れであった。各種の記念建造物は、生活空間全体の歴史化を進める強力な文化装置として卓越した機能を発揮することを期待され、建造されたのである。では、なぜドイツの歴史を記念するに際してギリシア文明が参照されたのか。なぜギリシアでなくてはならなかったのか。

プレスナーは、こうした生活空間の歴史化を、「遅れてきた国民」たるドイツが急速な富と権力の増大のなかでナショナル・アイデンティティを追い求めたものと見なしている。富と貧困の格差の拡大、都市的生活の不安など近代化が抱える矛盾を前に、過ぎ去った過去への憧憬がロマン主義的心情の高揚を伴いながら膨らんでいったのである。そしてドイツの歴史の起源がはるかギリシアにまで追い求められることになる。プレスナーに従えば、それは、長年にわたるフランスとの政治的対抗関係の中にあって、ラテン世界とギリシア世界をことさらに区別し、ラテン世界たるフランスに対するギリシア世界の嫡子たるアーリア人のドイツという自己認識の帰結であった。

よく知られるように、第二帝政期における帝国旗はプロイセンの色の黒白とハンザ都市の色の赤を組み合わせることによってプロイセン中心の「小ドイツ的」な連邦国家を象徴していた。ところが、ヴァイマール共和国では社会民主主義者が黒赤金の共和国旗を、左翼急進主義者は赤旗を、市民／保守主義者は黒白赤の帝国旗を、ナチスは鉤十字を掲げたように、国民国家の分裂状況が進行する。その一方で、ヴェルサイユ条約によってマイノリティ化された国外ドイツ民族との連帯感が強化され、一二二年には「大ドイツ的」な『ドイツの歌』が社会民主党大統領のエーベルトによって国歌に定められ、国民の表象を「民族」、つまりアーリア民族に求める動きが強まっていく（高橋 2001:224）。この状況でナチスは分裂した国民の強制的同質化と「大ドイツ主義的」な「民族国家」の建設をみずからの歴史的使命としたのだ。こうした「小ドイツ化」「大ドイツ化」といった歴史的なゆらぎをともないながらも、「民族国家」としてのナショナル・アイデンティティを支えるものとして参照されたのがギリシアであった。

このような歴史的背景をみれば、『民族の祭典』の冒頭のシーンでオリンピック発祥の地ギリシアが表象されていることを単純なかたちで理解してはならないことがわかる。ギリシアのシーンは、ギリシア文明を継承するドイツ、「世界に冠たるドイツ」であることを世界に知らしめる上でなくてはならない映像であった。またドイツ人自身に向けてもアーリア人のドイツの優秀さをギリシアに由来するものとして自己表象するまたとないシーンであったのだ。そこで表象されたギリシアとは、身体の鍛練と節制、その帰結としての民族の健康と身体の美、それら一切を体現する文化としてのギリシアである。

政治的身体の構築

いま述べたように、実際、一九世紀中頃以降から二〇世紀の三〇年代にいたるまで、ドイツでは——むしろヨーロッパ、アメリカ、日本でも、というべきだろう——身体が政治の焦点として浮上し、身体の鍛練と節制が社会的そして政治的な課題のひとつとして認識されるようになっていた。ワンダーフォーゲルから「自由ドイツ青年」へ繋がる青年運動の身体文化、トゥルネン協会を中心とした身体の訓練、そしてリーフェンシュタール自身が行っていた新舞踏など、身体をめぐる錯綜した複数の文化活動がすさまじい勢いで展開したのである。

村々を歩き回り、貧しい食事を煮炊きして、夜は輪になって民謡を歌う、ワンダーフォーゲル運動はよく知られている。その組織者ホフマンは「大都市が青年を去勢してしまい、成長を歪め、自然との調和のとれた生活様式を失わせた」という反都市／反近代の思想をもち、その後をついだカール・フィッシャーも同様の思想をもっていた。都市を避け、城跡や歴史的な遺跡、中世文化のロマンティッシュな霊気の漂う深い森林地帯を旅したのは、大都市のカフェ、売春宿への反抗であり、イギリスやフランスの文化に浸っている大人が見失ってしまった古い民族の文化や自然の発掘であった。ここには「郷土作家」として知られるキルヒバッハの影響や、魂の形成過程で陶酔と熱中を享受すること、眼と耳と身体の陶酔が必要であることを主張して「郷土民俗学」を提唱したグルリットの影響があったと言われている。かれらにとって新ロマン主義とゲルマン精神と信仰こそ青年が享受すべきものだった。祖国愛は形式的な教育によってではなく、自然と郷土を旅することで得られる感覚によって体得される、と考えられたのである[1]（上山 1994:66）。この運動が一九〇〇年に入ると全国的な規模に広がり、若者の心を捉える。そして一九一〇年代に至ると節制による肉体の鍛錬と民族性の強調、さらには軍事的民族性の鍛錬を主張するグループまで登場することになる。いずれにしてもここで注目すべきは、かれらが独自の身体文化を標榜したことである。

一九一三年ホーア・マイスナー山で「自由ドイツ青年」が開催されてから、青年運動の崇拝画となったフーゴー・ヘッペナーの「リヒトゲベート」という絵画がある。この大会では、一方では政府や軍主導の内実のない愛国主義の祭典や、教会・政党・政府・軍の青年組織に反対して、「解放闘争の真の愛国心と祖国的任務」「青年の自立」を強調し、他方でアルコールと煙草そして性に対する最も良い信頼すべき武器として、スポーツと訓練による身体と精神の鍛錬の重要性を指摘した「マイスナー宣言」が出された。裸体の若者が天に両手を差し出すヘッペナーの「リヒトゲベート」は、「生命の根源としての光の希求」を表すものであり、自然のうちにある人間の調和、鍛錬さ

図3——運動するワンダーフォーゲルの青年

れた裸体の美、そして民族の健康という「マイスナー宣言」を絵画のかたちをつうじて表現するものだった。この裸体の若者という主題そして絵画の構図は、「民族の祭典」の冒頭を飾る裸の女性の姿を彷彿とさせる。両者には同じ思想が貫かれている。さらに『オリンピア』のラストシーンが光で終わったことを想起してほしい。「生命の根源としての光の希求」は、禁欲的な節制と身体の鍛錬、それにもとづく民族の健康と美を主題としたドイツの半世紀にわたる身体文化を象徴するものとして、映画の最後にぜひともおかれるべきであったのだ。

トゥネルン協会と青年男性の力強い身体

禁欲的な節制と身体の鍛錬、それにもとづく民族の健康、そして身体の美、という複数の要素の節合関係は、このワンダーフォーゲルから「自由ドイツ青年」へという流れにおいてのみ見られる現象ではない。より広範な文脈で実践された「出来事」でもあった。「体操」の制度化である。[2]

アメリカの社会史家のギリスは、ヨーロッパの一八七〇—一九〇〇年の社会の特徴を「青年期の発見」と名づけたが、それは中産階級の拡大のもとで子供の通学期間が延び、子供でも大人でもない人生の一期間が注目されるようになったこと、さらにそれが労働者階級にも広がっていったことを意味している。それはまた国家による青少年の「規律化」という側面を伴っていた。具体的には「問題児」の保護・監督・教育を内容とする青少年保護政策やすべての青少年を対象にした青少年育成事業は一九七〇年代にはじまり、一九〇〇年には保護育成法が制定された。また一九一一年に発布されたプロイセン政府の青少年育成令は「強靭な肉体、倫理的な共同精神、祖国愛をもった反社会民主主義的青少年を育成する」ことを明確に目指していた(田村 1996:56)。こうした動向の一翼を担ったのが、すでに一九世紀中頃に成立したトゥルネン運動である。

一般に近代体操の父と呼ばれるヤーンの提唱した体操運動がトゥルネン協会の結成を通じてベルリンからドイツ全土へと広まっていったのは四〇年代である。自然の中での運動を提唱した彼の「トゥルネン」は、「共同体内の男性同盟的性格に特徴づけられており」、「強靭な身体」「真の健康」を目指すとされ、トゥルネン協会の使命として「男性であるべき徳目、すなわち義務と規律、秩序と服従、勇気そして力、不屈、精錬そしてとりわけ軍事的有能性」が重視されていた。

有賀の研究によれば、各都市のトゥルネン協会の上部組織として四八年に設立されたＳＴＢが四九年に発表した「シュヴァーベントゥルネン規則」では、学校体育に関する諸規則、それとは別に一四歳から二五歳までの男子はトゥルネン教師と当該地のトゥルネン協会から許可を得たフォアトゥルナーのもとで毎日二時間トゥルネンを実施すること、トゥルネンは音楽、歌、ダンス、遊戯、教練、剣術、武器、消防、救援活動と結びつくものとされている。また軍事能力の育成は一八歳までに終了しておくとし、この段階ですべての男子が市民軍に入隊し、二五歳までに召集に備え、同時に消防団を結成することが謳われている。そして実際には、懸賞競技種目として、短距離走、高飛び、レスリング、円盤投げ、などのトゥルネンが位置づけられ、集団、徒手、軍事運動はそれらの基礎を養うべきものとされた（有賀 202:175）。

各地域の協会におけるトゥルネンの制度化と同時に、アドルフ・シュピースに主導されて学校教育の一環としてドイツ体操が始まる。それはヤーンの屋外活動を軍事訓練に酷似した屋内での器械的訓練へと変化する。「これはまさに規律や権威への無条件的服従といった政治的美徳を教化するための当局側の手段となった」のである。

3　新しい身体の自由と排除される生

ノイエ・タンツ（Neue-Tanz）における身体

こうした身体、身体運動への注目は、スポーツや体操にとどまらない。一九二〇年代にドイツで発生した新しい身体表現をめざすノイエ・タンツも、身体への注目という当時の一連の動きに連動するものだった。これまで唯一の芸術舞踊であったバレエに反対してトゥシューズをはかずに裸足で、身体の動きの自由がきくゆったりした透明な衣装をまとい、バレエの決まったステップではない自由な動き、そのなかに古典バレエとは違う感情や魂の新しい表現可能性を模索したのである。イサドラ・ダンカンによってはじまるこの運動は、その後ドイツで広く受容され、多くの舞踊学校がつくられた。そのなかでもダンカンとルードルフ・フォン・ラバンの直系の弟子マリー・ウィグマンの舞踊は注目を浴びていた。

すでに指摘したように、リーフェンシュタールは、このマリー・ウィグマンの舞踊学校に入学して、本格的に舞踊を学び、舞踊家としてデビューした。二三年、彼女が二一歳の時である。しかし禁欲的でフォーマルな様式にこだわるウィグマンの舞踊には馴染めなかったようで、一年後にはベルリンに戻り、時にはゆるやかでなめらかな動き、そして一転して激しい力強い動きへの変化、この対照的な動きとリズム、そして内的衝動や魂の表現として自在に身体を律動させる舞踊を身に着けていった。リズムとコントラストを重視する彼女の舞踊は人気を博して「当代最高のダンサーのひとり」と目された。彼女の舞踊は、最初の映画出演作品となった『聖山』の冒頭で見ることができるが、注目されるのは、荒れ狂う大海の波が岸壁に打ち寄せ、その波が曲線を描いて飛び散る映像と透き通った衣装を身に付けて彼女が激しく舞踊する映像が交互に繰り返されるシークエンスが、彼女が抱く新舞踊への理念とともに、ノイエ・タンツの理念も端的に表しているように見えることである。

当時の舞踊家の多くは、すでに述べたように、細部まで完成された既存のバレエを拒否し、「自然のリズム」から啓示を受けた自己の内面から湧き出る創造的な力を重要視していた。自然の荒々しい力、そして時には穏やかな表情を見せる自然、この自然のリズムと共鳴し、呼応する身体の動きこそがかれらの目指すものだった。そこには、自然への回帰、崇高さ、崇高なものへの敬愛――それは都市文明への批判、世俗的世界への蔑視と表裏の関係にある――、といった当時のドイツの文化の潮流がはっきりと流れ込んでいたのである。ノイエ・タンツの理論的指導者であるラバンは『体操と舞踊』のなかでこう述べている。

生から切り離された完璧な調和と美の幻想は、必要に迫られて仕方なしに行う行為同様、味気なく、虚弱なものである。しかし、自分の内部から湧き出す命の力の整然とした規則性を感じることのできる人間の場合はまったく異なる。太古から続く記憶の宝庫の中から新しい力の波が湧き上がってくる。思考の力が形をとって現れ、その血と肉体に形を与えるのだ。つねに成長を続けるフォルムの海から、生命の源から、ムーブメントから、どんなに豊かな宝が姿を現すことか。人が自然との協和的リズムeurythmischに生きていた時代にはまだこのようなことがあった。その時代はもう過去のことである。しかしその時代はわたしたちの憧れの中に生きている。われわれは、今日、この身体的鍛錬によって、新たに覚醒するための一歩を記したのだといえよう。この覚醒は、われわれ民族の運命の転変と時を同じくして実現した。……ドイツ民族は初め、古代の若々しい豊かさにおいて、凶暴な人間性と原始的な感覚の喜びに興奮を味わった。徹底して容赦のない傾向を持つわれわれドイツ民族は、その後、理想に熱狂的に傾倒し、魂の苦悩と無関心の世界を体験した。苦悩によって清められ、白い人間たちは、今や個人を超越して通用する共同体の理念を求めている。(Schmidt,1996:11)

因習に縛られた身体を解放すること、身体の鍛錬をつうじて人間の内部から湧き出る力にひとつのフォルムを与えることが目指されている。だがその「革新」の運動は、この文章からも明らかなように、きわめて保守的で、民族主義的な、共同体思想を重視するものなのだ。

波が砕け散るリズムとダンスのリズムの一致を試みた『聖山』の冒頭のシーンは、上記したノイエ・タンツの理念に照らしてみるなら、その理念を、映像をつうじて表現したものであることが理解されるだろう。さらに言えば、通俗的な男女の三角関係を描いた『聖山』のふたつの要素、聖なる山と荒れ狂う海、山を極める男と海のリズムと共鳴する女、そしてこの男と女の出合い、という構図は、ともに世俗世界を離れて、一方は山岳スポーツを通じて肉体を鍛練することで、他方は舞踊という厳しい練習を通じて肉体を鍛練することで、大いなる自然と向き合い、自然の荒々しさに打ち勝ち、自然を征服する、という当時の身体文化をめぐる基本的構図を踏襲したものなのである。

図4――「祈願」を踊るマリー・ウィグマンたち

この身体と自然という構図とともに、バックスマンの指摘によれば、ラバンの「合唱舞踊」という舞踊様式、つまり全員がひとつとなって同じ動きをする集団舞踊の様式が象徴的に示すように、この新しい舞踊運動の理念には、共同体的なそして集団的身体の創造をつうじて、近代の「孤立」「アトム化」した個人と抽象的思考や客観性を克服することができるとする、独自の思想が内包されていた。資本主義や官僚制そして都市的文化に対して、聖なる自然、その自然のリズム、そして自然と大地に根ざした共同体的なるものが復権されるべきである。伝統的なバレエの技法に反対し、革新をめざしたノイエ・タンツの一側面には、こうしてロマン主義的な、民族主義的な、バックスマンの言葉を使うなら、「神話」「共同性」「集合的意識」の再生という契機が深く入り込んでいたのである（Baxmann, 2001:ss.215-222）。

これまで述べてきたように、スポーツや体操、そして舞踊といった異なる分野でみられた、身体の鍛錬、身体の規律化を目指す一連の動向を象徴的に表現したのが国民の啓蒙を目的に制作された「文化映画」といわれるジャンルのなかのひとつ『美と力への道』である。

ヴィルヘルム・プラーガーの監督した『美と力への道』（一九二五年）のプレス資料には以下のように書かれている。

> 健全なる身体に健全なる精神が宿る、という古きギリシアのことわざは、今日でも意味を持っている。……第一次大戦前、わが国の少年たちは軍隊での教練以外に肉体的に鍛錬される機会がほとんどなかった。少女に関しては、残念なことにそのような鍛錬はおこなわれていなかった。……合理的に身体を育成し、訓練しようと努力することの価値はますます認められつつある。私たちの映画は、この目的に到達する道を提示せんとするものだ。

この映画の詳細は、瀬川の分析に譲るが、前半部分では、身体のさまざまな歪を矯正する運動として、スウェーデン体操、ヘレラウの体操舞踊学校でのリズム感を養成する教育、アンナ・ヘルマン演出の舞踊、全裸の女性がポーズをとるハーゲマン指導によるダンスが紹介され、後半では走り高跳び、短距離走、テニス、飛び込みなど各種現代スポーツの模範的な動きが描写される。そして最後は、「新時代では、屋外生活への理想的な愛が、健康および肉体の美しさに通じる黄金の道を切り拓く」という字幕とともに、近代体操の父ヤーンの肖像が提示され、数千人規模の集団体操の遠景で終わる（瀬川 2001:228）。

この映画の目的は、健康増進運動の宣伝であり、その目的を実現する手段として、体操・スポーツそして舞踊が奨励される。都市生活の弊害が強調され、自然とふれあい、身体を動かし鍛え、健康な肉体をつくりあげること、美しくあること、が無前提に肯定される。その主題、そして映像の素材、いずれにおいても、『美と力への道』は『オリンピア』の先駆的作品といわねばなるまい。

映画『オリンピア』は、以上見てきたように、一九世紀後半から続くドイツ社会における、ナショナリズム、国民の教化と体操教育、健康な身体と民族の再生、神話や集合的意識の強化と親和性をもった新舞踊の成立と受容といったさまざまな諸要素との節合関係を背景に構成された身体文化を基盤としてはじめて制作されたのである。こうした視点からすれば、リーフェンシュタールの独創性など問題ではないといえる。たしかに彼女は以前の山岳映画や『美と力への道』の映画技術を高度な映像処理や編集作業をつうじてより先に押し進めた。しかし、その映像美は、バックスマンが「国家の身体的具現」（die Verkorperung der Nation）と概念化した、身体の規律化と国民化、集合的身体への神話的憧憬といった身体をめぐるドイツの複雑な文化と政治の磁場から生産されたのであり、彼女の個人的才能から生み出されたものなどではない。身体の政治性をめぐるあらゆる要素の集合体として『オリンピア』が存在しているのだ。そして身体の規律化と国民化、集合的身体への神話的憧憬というこれら複数の動向は、いまひとつの出来事を帰結することになる。身体を焦点とする人種差別という事態である。

破棄される身体

『オリンピア』が制作される三年前、第三帝国は遺伝病子孫予防法（一九三三年七月公布、翌年三四年一月一日に施行）を制定した。一般に「断種法」といわれるこの法律によって、「身体的および精神的に健全かつ立派でないものは、みずからの痛苦を子供の身体のなかで永続させてはならない」というヒトラーの原理、そしてこの原理にそって一九三二年にナチ党中央出版所の「国民社会主義叢書」の一冊として刊行されたH・S・ツィーグラーの「第三帝国における実践的文化活動」――文化を「一民族の人種的な条件によって制約された精神的、心情的、および道義的な価値すべての、さらにはまた、これら価値から形成され、ある一民族にたいしてそれに属する創造的な個性によって贈られる諸作品すべての総括概念」と規定し、「文化の生存と繁栄のための前提は、人種にふさわしい健全さをそなえた身体」（池田 2004:226）であると明言する――にしたがって、遺伝病者とみなされる人間を選別して強制的に断種手術することが行われたのである。その数は、ナチの崩壊までに四〇万人にも上る。

さらに一九三五年九月には「ドイツ国公民法」と「ドイツ人の血と名誉を防護する法」から成る「ニュルンベルク」法が制定される。前者はドイツ国籍を有したドイツ人たるユダヤ教徒ないしナチスが「ユダヤ人」とみなした人々を新法の「ドイツ国公民」から除外し差別するものであり、後者はナチの主張した「ドイツ民族存続の前提」たる「ドイツ的血の純潔性」をまもるためにユダヤ人と「アーリア」との結婚を禁止し、婚外関係も処罰の対象とするものであった。さまざまな障害をもつ人々、劣等人種とみなされたユダヤ人、黒人は、「規格外のもの」「破棄すべきもの」として「剥き出しの生」とされたのである。鍛錬された肉体の強さと美、しなやかでしかも強靭な身体の動き、そこに民族の美と健康をみる『オリンピア』の背後には、このドイツの陰惨な現実がある。

『オリンピア』は、一九世紀後半からつづく身体のまなざし、身体に対する選抜と選択そして訓練の結果を「美化」しただけではない。健康な、健全な身体という特定の「区分の空間」への入室を拒否され、「規格外のもの」とされた人々の存在を完全に抹消した上で、その空間にたち現れたフォルムを美とみなす選別と差別の日常性を再生産しつづけたのである。

わたしたちは、それでも、彼女の映画を美的なるもの、映画芸術の最高の成果のひとつというのだろうか。

本章の冒頭で引用したフーコーの指摘にあらためて立ち返るべきだろう。そこで述べられた近代の規律的権力とは、第一に、雑然とした、さまざまな個性をもった人々の個別的な行動・成績・行状を、特定の「区分の空間」に関連づける力であった。これをフーコーは「秩序づけられた多様性へと変える生ける絵画」と言い換えた。第二は、この特定の空間の内部で、個々人の行動・成績・行状を差異化し、階層秩序化する力である。誰が優れているか、誰が劣っているか、選別し、序列化することだ。そして第三は、特定の「区分の空間」をつくる規則原理に照らして、空間に包摂しうるものと、それ以外の「規格外のもの」との境界を設定することである。階層秩序の内部にさえ入ることを許されない、文字どおり「規格外のもの」「破棄すべきもの」をつくりだすことであった。

「比較し、差異化し、階層秩序化し、同質化し、排除する、要するに規格化する」規律・訓練的な権力をフーコーは「一刻一刻を取り締まる常設的な刑罰制度」を対象に描き出した。だが、規律化する権力が発動する範域を刑罰の制度に限定して考える必要はない。規律・訓練を、文字通り身体の鍛練と訓練と言い換えよう。「区分の空間」を「刑罰制度」から、「身体制度」と読み替えてみてはどうだろう。すでにこれまでの論述から明らかなように、一九世紀末から二〇世紀にかけて、個別的な身体的な行動・成績・行状を「体力」「俊敏性」「腕力」といった計測可能な「身体能力」という規則原理において関連づけ、個々の身体を「体育」「鍛練」の空間に包摂することを通じて、身体が特定の政治的な文脈に布置化され、身体文化が国家のイデオロギー的秩序を体現するものとして機能したのである。

　リーフェンシュタールによって一九三六年に行われたベルリン・オリンピックを記録した映画『オリンピア』が製作されたのは、まさに「スポーツする健全なる身体」が賞賛され、「身体の美」が執拗なまでに求められた時代を背景とする。そして同時に、その映画は、フーコーが示唆したように、「身体の美」の賞賛の背後で、その基準を満たさない「規格外のもの」が創出され、暴力的に排除された「陰惨な」時代のただなかで製作されたのである。繰り返そう。それでも、彼女の映画を美的なるもの、映画芸術の最高の成果のひとつというのだろうか。

結び

　リーフェンシュタールは昨年の九月に百一歳で他界した。その死を伝える言説は、あいも変わらず彼女の映画の美学的成果を賞賛するものだった。日本で一九四〇年に「オリンピア」が上映された時の賞賛と比較しても、その七〇年の時間の隔たりを無化してしまうほどの評価だ。それは、わたしの心に棘のように突き刺さる。

　フーコーが指摘した規律的権力とは、そして身体をターゲットにしたファシズム＝全体主義の権力は、われわれの内側にいまだに潜在する欲望、つまり規律化されることをむしろ自己の欲望とし、鍛錬のなかに生まれる肉体の姿に美を欲望するわれわれの隠された欲望と実は相関するものなのではないか。

　規律化された身体が放つ強烈な魅惑と誘惑。そこに美を繰り返し見出してしまう、歴史的に造形されてきたわたしたちの感受性と精神性。それがわたしたちをとらえている限り、われわれはベンヤミンが七〇年も前に指摘した「美の政治化」を繰り返し、そして不断に実践しなくてはならないだろう。美とされるもの、美的なるものと感ずる人間の感性や精神の生い立ちをその成立の政治的文脈に引き戻して問い返す作業を。

　さまざまなメディア言説をつうじて、「健康」が脚光を浴び、「美しい身体」がもてはやされる今、われわれはいかなる文脈に包摂されようとしているだろうか。

注

1　ワンダーフォーゲルが火と森の民俗学を掘り起こし、そこに依拠しようとした際に参照したのが民俗学者ヴィルヘルム・ハインリヒ・リールであり、当時国内の第一級の教育学者ともくされていたルートヴィヒ・グルリットである。かれらの民族主義的なロマン主義への傾倒は、「郷土」をキリスト教に代わるものとして強く打ち出し、自然から高度な宗教的感情を得ることを主張した。この主張には、ゲルマン精神を抑圧してきたカソリック教会のみならず、文学や芸術に貢献してきた古典ギリシアの文化もドイツ民族の精神に合致しないとして批判の対象とされた。ドイツにおけるギリシア崇拝もけっして一枚岩ではなく、錯綜した文化状況にあったことを付記しておきたい。

2　本稿ではトゥルネンを「体操」と訳している。そこで注意すべきは、この「体操」が「スポーツ」とは異なる概念としてトゥルネン協会においては使われていたということである。当時の文脈において、「スポーツ」とはイギリスによって発展させられた勝利を獲得することを目指す個人主義的な行いとして位置づけられ、集団性と民族の精神を強調するドイツのトゥルネンとは異質な、批判すべき対象であった。本稿では、このトゥルネンとスポーツの節合関係がいかなる論理でおこなわれたかという問題には立ち入る余裕がないが、両者を明確に区別することはトゥルネンの本質を知る上で重要だろう。

参考文献

有賀郁敏 2002「西南ドイツにおけるトゥルネン協会運動——一八四〇年代のシュヴァーベンを中心に」『近代ヨーロッパの探求　八　スポーツ』ミネルヴァ書房

池井優 1994『オリンピックの政治学』丸善ライブラリー

池田浩士 2004『虚構のナチズム』人文書院

上山安敏 1994『世紀末ドイツの若者』講談社学術文庫

平井正 1999『レニ・リーフェンシュタール——二〇世紀映像論のために』晶文社

三島憲一 1983「生活世界の隠蔽と開示——一九世紀における精神科学の成立　上」『思想』一〇月号

瀬川裕司 2002『美の魔術』パンドラ

田村栄子 1996『若き教養市民層とナチズム』名古屋大学出版会

矢野久／アンゼルム・ファウスト 2001『ドイツ社会史』有斐閣

Baxmann, Inge 2000 *Mythos:Gemeinschaft:Körper und Tanzkulturen in der Moderne*, Wilhelm Fink Verlag.

Foucault,Michel 1975　*Surveiller et Punir: naissance de la Prison*『監獄の誕生——監視と処罰』田村俶訳、新潮社、一九七七

Hoffmann,Hilmar 1993 *Mythos Oiympia: Autonomie und Unterwerfung von Sport und Kultur*, Aufbau Verlag.

Gay, Peter 1968 *Weimar Culture:The Outsider as Insider*『ワイマール文化』亀嶋庸一訳、みすず書房、一九八七

Gillis, John R. 1981 *Youth and History: Tradition and Change in European Age Relation*『〈若者〉の社会学』新曜社、一九八五

Plessner, *Helmuth 1935 Die verspätete Nation*『ドイツロマン主義とナチズム——遅れてきた国民』松本道介訳、講談社学術文庫、一九九五

Rother, Rainer 2000 *Leni Riefenstahl:Die Verfuhrung des Talents*『レニ・リーフェンシュタール——美の誘惑者』瀬川裕司訳、青土社

Schmidt, Jochen1996 *Die neue Freiheit des Korpers: Derdeutsche Tanz in der ersten Halfte des 20. Jahrhunderts*「新しい身体の自由——二〇世紀前半のドイツ舞踊」『ドイツ・ダンスの一〇〇年』ドイツ文化センター、一九九六

6

国家戦略としての二つの東京オリンピック

——国家のまなざしとスポーツの組織

石坂友司

1　はじめに

日本とオリンピックの関係を問うとき、一九六四年に開催された東京オリンピックは一つの準拠点となる。施設、競技成績ともに最高のオリンピックと位置づけられたこの大会は、紛れもなく戦後日本のスポーツ界において、さまざまなメガ・イベントが同じ道をなぞる一つのひな形であろう。現代において東京オリンピックを問い直すことの意義はここに見出される。すなわち、日本人とスポーツを規定してきたと考えられるこの東京オリンピックが、どのような条件の下に成立してきたのかを問うことは、現代のオリンピックと日本人の関係性を問うことにつながるからである。

東京オリンピックは戦後復興を遂げた日本が、国際社会への復帰を堂々と宣言し、戦後からの脱却を謳った平和オリンピックであった。それはオリンピックの理念とともに戦後新たにつくられてきたものであろうか。そもそも「暗黒の時代」として片づけられる戦時期のスポーツと明確に断絶させられるものであろうか。

近年、山之内靖らの総力戦体制論を始めとして、戦前と戦後を単に断絶としてとらえるのではなく、むしろ戦後的なものを用意した条件として、その連続性の視点から戦前をとらえようとする視座が提示されている（戦時下日本社会研究会 1992; 山之内他編 1995; 吉見編 2002など）。このような社会科学の動向に照らせば、戦後の平和オリンピックは戦前をなぞったにすぎないと言えるのではないだろうか。

以上の視点から、本稿は東京オリンピックとその前史とも言うべき戦前のオリンピック招致活動を概観し、そこから構造的に引き継がれたものは何かを論じていく。論点を先取りすれば、オリンピック開催の二つの主体（政府、東京都、体育協会）が、それぞれどのような思惑で招致から開催へとかかわっていったのかを、国家のまなざしの変容とスポーツ組織の関係性に焦点を当てて描き出すことである。戦時体制へと突入していくある種の政治的極限状態において招致が計画され、そしてそれを引き継ぐかたちで開催された東京オリンピックが何を表出し、何を隠しているのか。その連続性が問われていくことになるだろう。

2 「幻の東京オリンピック」

一九六四年に開催された第一八回東京オリンピック大会には、前史とも言うべき一九四〇年、第一二回東京オリンピック大会の招致活動が存在する。第一八回大会の大会報告書はその顛末から始められている。

世界の歴史を大きく転換させた一九三一年（昭六）から一九四五年（昭二〇）までの一五年間は、日本人にとって永久に忘れることのできない期間である。同時に、わが国のスポーツ愛好者にとっても、やはり、忘れることのできない時代であった。何故ならば、一度は一九四〇年（昭一五）に東京開催と決まった第一二回オリンピック大会を返上しなければならなかったからである。（東京都編 1965:1）

招致を決定していながら、戦時体制へと突入していく中で返上せざるを得なかったこのオリンピックは「幻の東京オリンピック」と称されている。しかしながら、これから示していくように、このオリンピックは全く幻などではない。戦後、東京へのオリンピック招致に向けた様々な動きが「幻の東京オリンピック」と符合している。だとすれば、何が幻の彼方に浮かび上がってくるのか、その構造的に引き継がれたものとは一体何かを明らかにするのが本稿のさしあたっての目的となるだろう。まずは「幻の東京オリンピック」がいかにして幻になっていったのかをみていくことにしよう。

東京オリンピック招致の声は一九三〇年の六月、当時の東京市長永田秀次郎によって発せられた。ドイツのダルムシュタットで開催される、世界学生陸上競技選手権大会への出発を前にした総監督山本忠興に、永田がオリンピック大会招致の意向を伝え、諸外国の反応を探るように打診したのが始めである（東京市役所編 1939）。

永田は官僚としては当時最高位にあり、大臣級といわれた東京市長に二度就任し、関東大震災後の東京の復興にその辣腕をふるったが、特にスポーツに造詣が深かったというわけではない。また、東京招致が決まった一九三六年にはすでに職を辞し、牛塚虎太郎市長に後任を託していた。

永田がオリンピック招致を目論んだ動機には諸説あり、定かではないが、東京市がそれを推進していく建前となったのは以下のようなものであった。東京市による大会報告書によれば、関東大震災から復興した東京市がアジア初のオリンピックを開催することは、世界的水準に迫りつつある日本選手の競技力を誇示できるとともに、帝都東京の繁栄を招来でき、さらには建国二六〇〇年を記念することにもつながるというものだ（東京市役所編 1939:4）。一九四〇年は皇紀二六〇〇年、すなわち、伝説上の初代天皇である神武天皇が即位したとされる、紀元前六六〇年から二六〇〇年目に当たっていた（古川 1998:2）。

吉見俊哉が指摘しているように、このオリンピック招致は関東大震災からの復興を祝うと同時に、「帝都」という東京の地位をめぐる新たな自己意識と結びついていたことの表れである（吉見 1998:28-9）。それが紀元二六〇〇年の祭典と一体のものとして位置づけられていったのだが、逆に言えば、オリンピックである必然性は建前以上のものではなかったのである。

東京市議会は永田の意向を受け一九三一年一〇月、オリンピック大会招致決議案を可決した。大日本体育協会やその他の競技団体の関係者と懇談をもち、翌一九三二年、国際オリンピック委員会総会へ正式招請状を送った。

東京市によって示されたオリンピック招致案はしかしながら、当時のスポーツ界の状況に照らしてみれば突飛なものであったといわざるを得ない。日本ではオリンピックの認知度はそれほど高いものではなかった。日本人が初めてオリンピックに参加したのは三島弥彦、金栗四三らが出場した一九一二年第五回ストックホルム大会であった。時を経て、一九二八年の第九回アムステルダム大会では、陸上競技三段跳びの織田幹雄が日本人として初の金メダルを獲得する快挙を成し遂げていたものの、欧米列強に対してオリンピック新興国日本がようやくその足跡を刻み込んだにすぎなかった。

従って、このような東京市による招致活動に対してスポーツ界の反応は「きわめて冷淡かつ消極的」（橋本 1994:18）であった。ここでいうスポーツ界とは正確に記せば、オリンピック大会に選手を派遣する代表的組織として、嘉納治五郎が一九一一年に創設した大日本体育協会（以後体育協会）である。体育協会は第五回ストックホルム大会への参加を皮切りに、オリンピック大会への選手選考、派遣を一手に引き受けていた。招致案が持ち上がったとき、名実共に中心的立場にあったのは岸清一であった。岸は帝国大学時代ボート競技に情熱を傾け、卒業後は当時としては珍しく法曹界へと身を進め、日本漕艇協会の設立を始めとしたスポーツ界の発展に尽くしてきた大立者である。岸は嘉納治五郎のあとを受け会長に任命されると、持ち前の政官財のパイプを生かして体育協会を切り盛りしていた。また、一九二四年にはＩＯＣ国際オリンピック委員に任命され、同年の第八回オリンピックパリ大会から選手団を率いる活躍を見せていた。

当時オリンピックの普及・促進に邁進していた体育協会が消極的な態度を示していたのはなぜであろうか。その理由として真っ先に考えられるのは、日本が当時おかれていた物理的、経済的、競技的要因などから客観的に開催を難しいとするものである。確かに、初期段階では嘉納や岸といった体育協会の重鎮たちは消極的な考えを表明していた。また、実質的に大会運営を切り盛りすることになる高島文雄、郷隆らも悲観的な意見であった（中村 1985; 橋本 1994）。しかしながら、オリンピック大会招致に実際的に関わり、のちに大会開催の雲行きが怪しくなると、その責任を全うするように訴え続けたのは他ならぬ体育協会関係者であった（鷺田 1937a）。

そこには全く別の理由が存在すると考えた方がよい。それはまさしくスポーツ事業に関する権力的な覇権争いと体育協会内の構造的な問題である。この問題を理解するためには、体育協会がスポーツ界に占めていた位置とその体質に触れておく必要がある。

3　国家戦略におけるスポーツと大日本体育協会

国際的な競技大会への国家の介入の端緒を示すのがオリンピックへの補助金交付である。政府はオリンピックへの選手派遣に対して、一九二四年のパリ大会において初めて六万円の国庫補助を決めた。オリンピック、明治神宮体育大会、極東選手権競技大会などへの国庫補助は以後引き続き行われた。また、一九三二年のロス大会で補助金は一〇万円に引き上げられ、加えて天皇から一万円の「御下賜金」が贈られている。

戦前の国家戦略におけるスポーツの位置を論じた坂上康博によると、スポーツを奨励する天皇のイメージの流布、文部大臣の諮問機関である体育運動審議会へのスポーツ団体代表者の参加、府県体育協会及びスポーツ団体への補助金交付といった一連の動きが同時代的に始まっており、スポーツによる官民一体となったより強力な「思想善導」政策が一九二〇年から三〇年代にかけて展開されていった（坂上 1998:119）。

これにより、スポーツ組織の地位の向上は疑うべくもなく向上した。一九二四年以降顕著になる内務省、文部省の「危機意識」、「思想善導」にもとづく体育・スポーツ政策に対して、「民間組織」としての体育協会が「スポーツ行政」の補完的役割を担っていく根拠が用意されたのである（森川 1980:35）。

ところで、体育協会は官・公立出身者を中心に運営された組織であり、中でも「帝国大学運動会」出身者の発言権は絶大なものがあったといわれる。体育協会が日本のスポーツ界にもつ支配的体質は「体制的侍女」と称され、戦前のスポーツ界の歩みとともに形成されてきたものである（同:24）。体育協会がいかに官・公立出身者によって独占的に運営されていたかという逸話には事欠かない。一九二四年のオリンピックパリ大会への選手選考が不平等であるとして、私学関係者を中心に起こされた競技会ボイコット事件である「十三校問題」を始めとして、体育協会の組織改革を求める運動の多くがこれに起因している。

政府の体育・スポーツ政策強化に対して、体育協会が自律した組織として指導的な役割を果たせなかった最大の要因は財政的基盤の脆弱さにあった。森川貞夫の試算によれば、体育協会を運営する通常収入のうち、およそ半分が維持会員費（一定額以上の寄附）によってまかなわれており、そのほとんどが三井・岩崎などの財閥による少数の会員によって拠出されていた。一方で、自主財源としての大会入場料及び参加料の占める割合は一割程度であった（同:32）。

従って、体育協会は組織の性格上、政財界に強いコネクションをもった人物を必要としており、その意味で会長岸清一の果たした役割は重大であった。岸は一九二四年のパリ大会までに、一人で一万二千円もの維持会員費を捻出していた。これは財閥を代表する岩崎小彌太、三井八郎右衛門らの一万五千円に次ぐものであり、嘉納治五郎が二千九百円、副会長の平沼亮三が千三百円であったことを考えれば図抜けている（大日本体育協会編1936:144-50）。従って、いかに岸が強大な発言力をもっていたか、また、岸なしでは体育協会自体が運営できなかったかがうかがい知れる。

東京市によるオリンピック招致が提案されたのは、そのような時局においてであった。体育協会の専務理事として中心的にオリンピックの運営にあたった郷隆は、あるオリンピック座談会で、「一番責任のない連中が一番先にいきり立っ」たとして東京市を批判するとともに、「一番責任のある連中」、すなわち体育協会が重い腰をあげざるをえなかったと述べている（郷他1936:359）。この郷は岸清一の後継者と目された人物で、帝大時代は同じくボート競技で名を馳せた。財界の大御所といわれた郷誠之助をおじにもち、「体協の郷、郷の体協」とまで称された人物である。郷の発言の意図は明確である。すなわち、スポーツ政策をとりしきるのはあくまで体育協会であり、その門外漢である東京市が勝手な独走をしたとする反論である。

4 『オリンピックは日本の手に！』

招致合戦で苦戦を強いられていた日本側は、一つの奇策に打って出た。当時、次期開催が有力視されていたイタリアの首相ムッソリーニに、ＩＯＣ委員副島道正、杉村陽太郎が直接会見し、一九四〇年が紀元二六〇〇年にあたることを理由に、立候補辞退を懇請した（中村1985:107）。その結果、イタリアが立候補を辞退し、日本は最有力候補の一角に躍り出た。その背後関係は依然として明るみに出ていないが、当時の政治的情勢を考慮に入れれば、イタリアと日本の間で何らかの政治的取引がなされたとしても不思議ではない。ともあれ、政治的に中立を謳うオリンピックがＩＯＣ委員を介した直接的な政治の介入によって方向付けされたことをここでは確認しておきたい。

一九三六年七月三一日、ＩＯＣベルリン総会で第一二回東京オリンピックの招致が正式に決定した。

『オリムピックは日本の手に！』『東京に揚る凱歌！』『日本勝利！』『歴史的な劇的感激！』……新聞の節穴から窺いていると、日本全国が、日本勝った勝ったといって踊っているかのように見える。（山川1936:82）

社会主義者山川均は当日の新聞の様子をこのように表現した。そして次のように付け加えた。「新聞からこの抜き書きをしている私にしても、ひとかど緊張しないと国民の義務に反するような気がして思わず万年筆を握りしめる事になる」（同:82）。山川の言は、東京招致が決定してからの国民感情を、「手が震えるほどの圧迫感」としてストレートに描いている。

オリンピックへの熱狂が「国家の実力と国民の偉大さを承認させ、国威を宣揚し、国際的地位を高める」ナショナリズムの意識へと容易に転換しうることは山川を始めとして、評論家の新居格や室伏高信なども共通して主張している（新居1936; 室伏1936）。彼らはこの時代にオリンピックを「社会問題」としてとらえる洞察力をもちえていた。しかしながら、彼らは「スポーツの明朗」、「オリンピックの本質」という言葉で表現された理想像から逆説的にそれを判断していた。吉見が指摘するように、オリンピックの醸し出す平和思想とナショナリズムはそもそも二項対立的なものとして存在するわけではない（吉見1998:31-3）。同様に、坂上はそのような平和思想や「祭り」的開放感が、逆にそれを通じた「国家との一体感」を強めていくことを描出している（坂上1998:229）。

新居は新聞紙上の喧噪がただの雰囲気に過ぎないとしながらも、「その雰囲気が現代を動かす」とも指摘している（新居1936:134）。問題なのは国家のまなざしの強さなのではなく、自然とそこへ流されていく雰囲気の方である。

5　組織委員会の混迷、そしてオリンピック返上

東京招致の正式決定を受けて、一九三六年一二月、文部大臣平生釟三郎の斡旋で、徳川家達、嘉納治五郎、副島道正、牛塚東京市長、平沼亮三、大島又彦、梅津陸軍次官らの懇談会により、組織委員会結成のための申し合わせが行われた。その概要を示せば、第一に、建国二六〇〇年において国民精神の発揚とその実相を海外に示すこと。第二に、各方面の協力を結集し、挙国一致の事業とすること。第三に、浮華軽佻を戒め、団体精神の強化と青少年の心身鍛練に努めることが確認された。この懇談会で成立したオリンピック組織委員会は政府、開催都市、スポーツ団体三者の協力関係の必要性を大前提とし、国際オリンピック委員、東京市長、大日本体育協会会長、各省次官、東京市会議長、日本商工会議所会頭、東京市助役、大日本体育協会副会長からなる一八名で構成された。

一見すると順調に滑り出したかのようにみえる組織委員会は、実際のところ機能していなかった（最上1937）。東京市と体育協会の対立は次第に顕著になっていった。競技運営の中心となる体育協会は中心的事務にあたってはいなかった。なぜなら経済的に負担を強いられる東京市は、牛塚虎太郎市長を中心に利益の誘導をかたくなに主張し、一方で体育協会側は経済問題に遠慮をして十分な発言力をもてずにいたからである。また、文部省は静観を決めこみ、各省次官は政変ごとに異動するため、組

織委員会自体が常に流動的であった。このことを指摘して鷺田成男は「形式にのみ重きを置く官僚システムの失敗」であると断じていた（鷺田 1937b:172-3）。そしてその混乱ぶりを露呈していたのが競技場建設予定地の確保問題であった。内務省神社局、東京市の利権争い、さらには競技運営上の体育協会の主張が複雑に絡み合い、当初の明治神宮外苑から二転、三転して駒沢ゴルフ場跡に用地が決定したのは一年一〇ヵ月後の一九三八年四月であった。

この頃の体育協会は、長年にわたり会長として牽引してきた岸を失っていた。岸は東京招致が決まるのを見届けることもなく、一九三三年の一〇月に逝去していた。その後、体育協会は会長不在のまま、平沼亮三副会長を筆頭に実に三年あまり、運営を続けていた。体育協会は船頭を失い、発言力を失っていったのだった。

一九三七年七月、盧溝橋事件をきっかけに日中戦争が勃発した。それに先立つ一九三七年三月、衆議院予算総会において、政友会の河野一郎によってオリンピック返上の声が公にあがっていた。周知のごとく、河野は戦後の東京オリンピック担当大臣をつとめた人物である。河野は都合三度、オリンピック大会中止を要請する質問を議会で行っている。これに対する政府の答弁は否定、留保、そして返上もあり得る、という内容に変わっていく。この間、体育協会を始めとするオリンピック組織委員会は、関係各所への交渉を重ねたものの、オリンピック開催の決定権が全く手元から離れていたのは明確であった。

戦局の悪化と、そのことによる資材調達が困難になったことを受け、一九三八年七月一五日、政府は閣議でオリンピック大会開催の中止を確定した。かくしてオリンピック東京大会は幻と消えた。オリンピック委員会は、挙国一致のもとでオリンピックを断念することは感慨に堪えないとしながらも、次期オリンピック大会の東京招致を誓う声明を出し、その活動に幕を下ろした。

ここまで見てきたように、「幻の東京オリンピック」招致活動の裏側で展開されていたのは、オリンピックの理念とはほど遠い様々な組織間の権力闘争のあり様であった。また、同時期に始まった国家のスポーツ行政への介入に反して、オリンピックを通した国民統合の機能はそれほど表立っていたわけではない（古川 1998:125-6）。それにもかかわらず、オリンピック大会の招致は国民に熱狂的な雰囲気をもたらしていった。そのメカニズムが戦後にどう引き継がれていくのか、東京に再びオリンピックが招致されるまでを見ていきたい。

6 戦後の幕開け

戦後初めてのオリンピック大会は、一九四八年にロンドンで開かれた。このとき日本は依然として国際舞台の復帰への足がかりすらつかんでいなかった。同様に、国際大会から閉め出された日本体育協会を始めとするスポーツ界は一九四九年、ＩＯ

C委員永井松三のＩＯＣ委員会出席によりその復帰の第一歩を記した。翌一九五〇年、永井の病没により当時日本体育協会会長をつとめていた東龍太郎に白羽の矢が立った。東も帝国大学でボート漕手として活躍し、イギリス留学中は皇室との関係も深く、弟の陽一、俊郎とともに「スポーツ三兄弟」として有名であった。新たにＩＯＣ委員に任命された東の働きにより、一九五二年の第一五回ヘルシンキ大会より日本はオリンピック大会への復帰が認められた。

一九五二年五月、東京都知事安井誠一郎により東京オリンピック招致が表明された。

平和回復と国際舞台に復帰した日本の本当の姿、真に平和を希求している日本人の素朴な姿を、いかにすれば世界の人々に理解してもらえるか、ややもすれば希望を失いがちである青少年にどうすれば明るい曙光を与えることができるかと熟考した結果、オリンピック大会を東京に招致して開催することがもっとも望ましい。（東京都編 1965: 4）

ここに再び東京都の独走が繰り返された。東は「日本中がオリンピックをやるべきだ、やろうという気持ちにならなくてはやるべきではない、「八年後の日本の国力回復に自信を持って具体的に進める」べきであると述べ、「〝青写真〟と〝もくろみ書〟だけではオリンピックの招致はできない」（東京新聞 1952. 11.11）ときっぱり言い切った。東はオリンピック開催に反対なのではない。むしろスポーツ界の復興のためにはオリンピックが必要であることをこれまで繰り返し主張していた（東 1953）。戦前の招致運動と同じく、それは時期尚早であった。

東京都の目論見は明確である。後に出される「オリンピック東京大会準備促進に対する意見書」がはからずもそれを露呈している。「オリンピック・ムーブメントの精神的、教育的価値を強調するだけでは、一九六四年という年に、東京でオリンピック大会を開催する理由とはならない」のであり、「今日、首都東京が次第に失いつつある都市的機能の欠陥を、この大会を一つの目標として、回復させ充実させること」、すなわち、「オリンピック東京大会の有無にかかわらず、東京都民が求めているものは、住みよい東京都の建設」であり、「この大会を契機として事業の促進を計ること」が「都政の大道」であると（東京都編 1965:62）。戦後復興を経て、人口集中による過密化などの都市問題を抱えていた東京都にとって、オリンピックによる都市整備計画はこうした状況改善のいわば「起死回生のチャンス」だったのである。

東京都は日本体育協会、政府の了承を得て招致運動へと突入した。東京都が目論んだ一九六〇年の第一七回オリンピック大会の招致は結果的に失敗に終わったが、その活動は第一八回の招致運動へと引き継がれた。一九五八年一月、東京都、日本体育協会、政府の三者を中心に、「東京オリンピック準備委員会」

が結成された。

しかしながら、今回の招致活動においても東京都と体育協会の権力争いは繰り返された。

ＩＯＣミュンヘン総会に役員を別々に派遣するなど、その混乱ぶりは新聞紙上でもとりあげられていた。

ここで、戦後の体育協会の組織改革について触れておく必要があるだろう。大日本体育協会は戦時下の一九四二年、大日本体育会に改組し、政府の補助金を得て、その施策の協力機関の一つとして活動した。この時期を体育協会は自ら「暗黒時代」と表現し、体育協会の生命が絶たれたものと位置づけている（日本体育協会編 1963: 89-90）。

戦後体育協会は日本体育協会として再出発した。スポーツ組織の戦争責任をめぐる問題は別稿を用意しなければならないが、スポーツ組織、スポーツ界の役割が元の「体育協会の姿に返り、全体主義、国家主義体育のあり方から、自由主義、個人主義の体育に脱皮したのである。いいかえれば戦争によって抑圧され、ゆがめられたスポーツが、開放され、その自由さを取戻した」（日本体育協会編 1963: 90）と言えるほど単純な問題ではないことだけは指摘しておきたい。

東京オリンピックの開催を特徴づける巧妙に用意された戦略が東龍太郎の東京都知事就任であった。自民党の要請を受け、一九五九年に知事選に出馬した東は見事に都知事の座を勝ち取った。ここにオリンピックを政治的に利用しようとする明確な意志が読み取れる。「オリンピック知事」、「シロウト」知事と揶揄されながらも、ＩＯＣ、体育協会、東京都、そして政府の結節点に東はいたことになる。ここにオリンピック開催の究極的なフォームが完成されたとみることができるだろう。東京オリンピックは、そもそもオリンピック知事選挙の当初から「不正の上に生まれた」（森川・矢野編 1993: 67）といわれるゆえんである。

7 「東京オリンピック」決まる

一九五九年五月二六日、ＩＯＣミュンヘン総会で第一八回東京オリンピックの招致が正式に決定した。

『「東京オリンピック」決る』『「東京五輪」にわきたつ』『悲願三十年、うずまく興奮、夜空に高々と五輪旗』

当日の新聞は比較的冷静にオリンピック招致を伝えた。沸き立つ東京都、日本体育協会の様子とともに、施設・選手育成の不安が随所に見受けられるのが印象的である。東京都知事東龍太郎は「ボクひとりでもオリンピックをやらにゃならん」と決意を一言で表したといわれている（朝日新聞 1960. 9. 17. 夕刊）。

東京招致の正式決定を受け、一九五九年七月、東京都、日本体育協会、文部省の代表者からなる「三者連絡協議会」が開かれ、組織委員会の設置が協議された。

一九五九年一一月、国際オリンピック委員、東京都知事、日本体育協会会長、文部大臣、衆参国会議員、東京都議会議員、日本商工会議所会頭など三〇名からなるオリンピック東京大会組織委員会が結成された。組織委員会は文部大臣所轄下の公益法人である一民間団体という位置づけがなされていた。戦前の組織委員会と大きく異なることは、国側の積極的な援助・指導が行われたことである。すなわち、法令の制定及び行政面、財政面、人的援助という側面において政府の強い意向を受け、指導的役割が達成されていたことに組織委員会はその特徴を有していた。例えば、新設されたオリンピック担当大臣の指導のもとに、日本体育協会、JOC、組織委員会の役割分担が決められ、委員会の予算配分が東京都、国、一般寄附のそれぞれ三分の一負担として明確化された（文部省編 1965:35-49）。そのうち一般寄附を担当したのが、石坂泰三（日本経済連会長）、金子鋭（富士銀行頭取）などの財界関係者を設立発起人として中核に据えた「財団法人東京オリンピック資金財団」である。この資金財団はオリンピック組織委員会よりも先に設立の声が上がるなど、重要な役割を期待されていたといえる。財団は大会準備・運営費約五〇億円を寄附付き郵便切手の販売、たばこ広告、公営競技、そしてオリンピック一〇円募金により充当した。

国側の援助体制としてもう一つ特筆すべきは、日本体育協会に対する援助である。その柱は選手強化と財政等の援助にある。選手強化の内容は一九五九年から六カ年計画の大綱を定めて、ローマ大会及び東京大会にむけて強化選手の育成・選抜、コーチ力の強化を目指したものだった（文部省編 1965: 51-5）。選手強化には約二〇億円もの予算が費やされた。選手強化は十分な成果をあげたといえるが、東京大会の選手団は三五四人であることから、一人当たり約五六五万円、また、総メダル獲得数二九個で割れば、メダル一個当たり約七〇〇〇万円が費やされた計算になる。この国庫補助による競技エリートの育成主義は、以後のスポーツ界に継続されていく。

戦後のスポーツ競技会に対する国庫補助は、一九四六年から開催された国民体育大会の四〇万円を始めとして、第一五回オリンピックヘルシンキ大会の一五〇〇万円から、第一六回メルボルン大会の二〇〇〇万円、そして第一七回ローマ大会の五〇〇〇万円へと引き上げられた。以上のことを総合すると、スポーツ競技会への国家の介入は戦後まもなく始められていたが、その額、方法ともに突出し始めたのは、一九六〇年以降であることがわかる。これは官民一体というよりも、国家がスポーツ政策に対する強い指導力を発揮し始めたことを意味する。

8　雰囲気としてのオリンピック

東京オリンピックは、一九六四年一〇月一〇日に開幕した。参加九四カ国、参加人員五五五八人にものぼるアジア初の祭典は「完全に組織された最も偉大なオリンピック」と讃えられ、閉幕するまでの一五日間、各所で熱戦が展開された（東京都編 1965: 25）。

遂に実現された東京オリンピックをとりまく雰囲気はどのようなものであっただろうか。東京オリンピックを社会学的な視点から分析した研究報告書によれば「挙国一致オリンピックムード」が二つの段階を経て形成されていった（日本放送協会放送世論調査所 1967）。準備段階では世論のオリンピックに対する反応は低調であった。生活苦の状況でオリンピックどころではないというのが実情であり、オリンピックは「生活から遊離した事件」にすぎなかった（同:21）。しかしながら、そこに二つの傾向があったことが指摘されている。第一に、既成事実に対する追随、すなわち、来てしまったものは仕方がないとする「事態が世論を先取りする」傾向。第二に、われわれの生活はどうなるのだという「生活に根ざした感情」の噴出である。このような現象を大渡順二は次のように的確に表現していた。

オリンピック招致などという、何百億もカネのかかる大問題を、そもそも、いつ、だれが、どこで、どういう手つづきできめたのか……戒心しなければならないことは、わたしたちの大事な問題が、いつの間にか、もやもやとした空気の合成によって、心にもなく既定の事実にされていくという悪いクセである。日本の大陸政策もそうだった。戦争もそうだった。国民の事大主義とあきらめがそれを裏付けている。（朝日新聞1959. 9. 23）

ここには戦前のオリンピックにおいて新居が描出していた「雰囲気としてのオリンピック」が既成事実をつくり、「いったん引き受けた以上は」と責任論へと展開していく同じ構造が見出されよう。

そして第二の段階は大会開幕とともにおとずれた。準備段階の低調なムードとは裏腹に、大会が始まるとそれはすさまじい熱狂へと変わっていった。まさに「挙国一致オリンピックムード」が醸成されていった。オリンピックのテレビ視聴率は、「東洋の魔女」が登場した女子バレーボール「日本対ソ連」戦の六六・八％を筆頭に驚異的な数字をあげている。

華やかに開催された東京オリンピック大会の裏側で、競技施設整備や大会運営にかかわる直接的事業費として約二九五億円、道路整備や上・下水道整備などの間接的事業費として約九六〇〇億円が計上され、大会後の関連施設事業費を合わせればその額は一兆八〇〇億円にものぼる（東京都編 1965: 329）。「住みよい東京都の建設」が謳われていたにもかかわらず、実際的にはオリンピック関連行政が最優先で行われ、巨額の資金が費やされた。

スローガンとは裏腹に都民の給水問題、屎尿処理問題、隅田川の汚水問題、交通死亡者の増加といった問題が未解決のまま残されていた（森川・矢野編 1993: 63-7）。

作家の小田実は「東京をまわってみてはっきりしたことは、オリンピックに関係するところ、しないところのあまりにも明瞭な差異であった。前者には金をかけ、超近代的な建て物、道路をつくり、後者はゴロタ石のゴロゴロ道のまま。おそろしいのは、その『政治』に、いつのまにか、人々がひきずられて行っていることだろう」と評した。そしてこう付け加える。『わしがよんだわけじゃないからね』しかし、オリンピックはひとりでにかってにやってきたわけではない」（講談社編 1964: 189-90）。

　このようにオリンピック東京大会は、一瞬の熱狂と大いなる虚脱感を残して一九六四年一〇月二四日に閉幕した。オリンピックの負の側面ばかりを強調するのは公平ではないかもしれない。競技場で展開された熱戦の数々、そして選手たちがもたらしてくれた感動の数々は、それ自身否定しようのないものとして多くの日本人の記憶に刻まれているだろう。のちに東京都知事となり、ラディカルなナショナリズム発言で物議を醸すことになる作家の石原慎太郎は次のように論じていた。

> 私は以前、日本人に稀薄な民族意識、祖国意識をとり戻すのにオリンピックは良き機会であるというようなことを書いたことがあるが、誤りであったと自戒している。民族意識も結構ではあるが、その以前に、もっと大切なもの、すなわち、真の感動、人間的感動というものをオリンピックを通じて人々が知り直すことの方が希ましい。……オリンピックにあるものは、国家や民族や政治、思想のドラマではなく、ただ、人間の劇でしかない。（読売新聞 1964. 10. 11）

　しかしながら、我々はこの東京オリンピックから何を継承したのかを改めて冷静に考えてみる必要がある。冒頭で述べたように、東京オリンピックは戦後スポーツ界が同じ道筋をたどるひな形である。名古屋、長野、大阪……とどのような招致活動がそれ以後展開されてきたのかを想起してみればよい。その時影山健らの指摘が重たい意味をもつ。

> 今までのオリンピック研究に欠落しているのは、現実認識の甘さの一言に尽きる。私たちは、「なぜオリンピックが、年々矛盾に満ちたものに成長していくのか？」と問い返してみたが、つまるところ、「オリンピックそのものが矛盾の培養器であり、〝崇高〟な理念は批判回避のプロテクターにすぎない」ということであった。（影山他編 1981: 19）

オリンピックの中立性・非政治性を強調する言説、そしてそれを利用していく何らかの構造、諸権力の強さに比べれば、オリンピックが内部にもつ政治性はいくら強調してもしすぎることはない。

9　おわりに

　二つの東京オリンピックの狭間に立って考えるとき、相容れない定型化されたイメージが浮かび上がる。戦前の軍国主義的オリンピックが戦後の開放的オリンピックへ、そして政治に取り込まれるスポーツ界が自律性をもつスポーツ界へと変貌を遂げていったとするものだ。確かに、戦争へと突入する中でオリンピックがもっていた重苦しい雰囲気は開放的な特徴を随所に表すものへと変わっていったようにみえる。果たしてこのことが戦前と戦後の断絶を示しているといえるだろうか。両者に連続性を見る本稿の視点から結論を導き出せば、事態は全く逆である。一見すると自律的に見える体育協会は東京都との関係に翻弄され、国家レベルのスポーツ行政へと確実に組み込まれていったのであり、その関係は戦後においてより強化されている。加えて言えば、オリンピック開催にみられた三つの主体（政府、東京都、体育協会）は相互に干渉しながら、ある特定の形態を保持し続けている。

オリンピックの開催は、理念ではなく利念が先行して行われるといっても過言ではない。東京都はオリンピックという大義名分をもとに、膨大な予算の都市開発を断行した。オリンピックの主体的運営母体となる体育協会は自律性を確保するには至らなかった。協会内部の構造的要因が政治権力との癒着を強め、スポーツ行政における補完的役割を引き受けていくからに他ならない。そのことで財政的、政策的基盤が担保される。そして国家はスポーツ・イベントを通してその指導性と統制を強めていく。もちろん、それぞれが利害関係を共有する一枚岩のように存在しているわけではない。本稿では十分にアプローチできなかったが、それぞれが矛盾・対立を含みながら存在していることをおさえておかなければならない。

最後に重大な問題が残されている。「雰囲気としてのオリンピック」が人々を動かすという事態。その答えを出すためには、「権力装置」としてのスポーツを理論化する視点が必要である。

坂上は、スポーツが「国家儀礼と結びつけられたり、皇族や国旗、国家といったシンボル」を組み込んで「国家的な秩序への同意を強化し、国家との一体感」を強めながら巧妙に機能する「権力装置」であることを示した[1]（坂上 1998:246）。

また、入江克己は明治神宮競技大会の分析から、「ナショナルな集団や組織への帰属意識を強化するためには、たんなる強制やかけ声だけでは不可能であり、統合や従属のシンボルに心情的に癒着させる装置」が不可欠であるとし、その役割をスポーツ・イベントが担っていることを論じた（入江 1999:194）。

紙幅の関係上、詳しく論じることはできないが、オリンピックに感動する身体がどのようにつくられてきたのか、そしてそれがどのような「装置」をつくりあげていくのか、この身体と感情の弁証法的関係を歴史的に論じる視点が、これから個別事例的に実証されていかなければならないだろう。[2]

最後に、東京オリンピックを肌で感じ取った作家の大江健三郎は「消費文明ロボットの顔」と題して、オリンピックに忍び込む何らかの力を見据えて以下のように表現した。

リモート・コントロールがきれ、数しれないロボットがひっくりかえっている、倉庫の眺めを空想してください、それがわれらのオリンピック後の日本の光景かもしれません……しばらくたって、さあ、次は世界博覧会だ！　という声がリモート・コントロールから発せられると、再び、われら消費文明ロボットは夢中になって動きはじめるのではないか？　そのうちに消費文明ロボットは、電源を使いつくして、それこそ本当に虚脱してしまうのではないか？　本当の虚脱、それはもう二度と起きあがれない状態におちいることである。（講談社 1964: 179-80）

大江は現代のオリンピックの一側面を的確にとらえている。オリンピックの熱狂と、その背後で作用する「権力装置」としての側面、そこに重要な問いが隠されている。東京オリンピックが財政的、政治的にどうだと言うだけでは足りない。それを実現しようとした人々の思惑、国家のまなざし、「権力装置」としてのスポーツという多角的な視点から、構造的に描き出すことが現代に生きる我々に求められている。

注

1　坂上はそのような国家側からの強制が、完全に機能したわけではないことをデリケートな問題と表現しながらも、「国家サイドからの押しつけ」が「さまざまな集団や組織を介してなされる」のであり、「人びとが現にそうした社会的な規制のなかで生きている事実」こそが重要なのだと強調する（坂上 1998:247）。本稿はこの視点を敷衍したものである。

2　身体と感情の弁証法的関係について、理論化の一側面を提示しているのはP・ブルデューである。ブルデューは集団的身体実践が「社会的なるものを象徴しつつ、それを身体化することに貢献し、社会のオーケストラ的組織化の身体的・集団的ミメーシスによって、この組織化を強める」ものであるとし、スポーツが「精神が拒むかもしれない賛同を、身体からもぎとろうとする一つのやり方」であることを指摘している（ブルデュー 1991:289-90）。また、R・グルノーはその理論的有効性が、様々なエスノグラフィックな特殊性の中で検証されるべきであることを示している（Gruneau 1991）。

参考文献

東龍太郎 1953『スポーツと共に』旺文社。
――1962『オリンピック』わせだ書房。
池井優 1992『オリンピックの政治学』丸善ライブラリー。
入江克己 1999「近代の天皇制と明治神宮競技大会」吉見他編『運動会と近代』青弓社、一五七―九八頁。
影山健他編 1981『反オリンピック宣言』風媒社。
岸同門会編 1939『岸清一傳』岸同門会。
郷隆他 1936「東京オリムピック縦横座談会」『中央公論』一二月号、三三八―六一頁。
講談社編 1964『東京オリンピック――文学者の見た世紀の祭典』講談社。
越沢明 1991『東京都市計画物語』日本経済評論社。

坂上康博 1998『権力装置としてのスポーツ――帝国日本の国家戦略』講談社。
鷺田成男 1937a「戦争とオリムピック」『文藝春秋』十月特別号、二七〇―六頁。
―― 1937b「東京オリムピックに警告す」『中央公論』一六九―八一頁。
―― 1952「失はれた東京オリンピック――荒木文相も支持したけれど」『文藝春秋』八月号、一二二―三〇頁。
鈴木明 1994『「東京、遂に勝てり!」一九三六年ベルリン至急伝』、小学館。
戦時下日本社会研究会 1992『戦時下の日本』行路社。
大日本体育協会編 1936『大日本体育協会史』上巻、第一書房。
東京市役所編 1939『第十二回オリンピック東京大会東京市報告書』東京市。
東京都編 1965『第十八回オリンピック競技大会――東京都報告書』東京都。
東京百年史編集委員会編 1972『東京百年史』第五巻、東京都。
戸坂潤 1936「オリンピック招致の功罪」『エコノミスト』九月一一日号、一七―九頁。
中村哲夫 1985「第12回オリンピック東京大会研究序説(Ⅰ)」『三重大学教育学部研究紀要』人文・社会科学、第三六巻、一〇一―一二頁。
―― 1989「第12回オリンピック東京大会研究序説(Ⅱ)――その招致から返上まで」『三重大学教育学部研究紀要』人文・社会科学、第四〇巻、一二九―三八頁。
―― 1993「第12回オリンピック東京大会研究序説(Ⅲ)」『三重大学教育学部研究紀要』人文・社会科学、第四四巻、六七―七九頁。
新居格 1936「国際オリムピックの本質」『日本評論』九月号、一七八―八四頁。
日本体育協会編 1963『日本体育協会五十年史』日本体育協会。
日本放送協会放送世論調査所 1967『東京オリンピック』日本放送協会放送世論調査所。
橋本一夫 1994『幻の東京オリンピック』日本放送出版協会。
古川隆久 1998『皇紀・万博・オリンピック――皇室ブランドと経済発展』中央公論社。
ブルデュー、ピエール(石崎晴己訳)1991『構造と実践』藤原書店。
文藝春秋編 1988『「文藝春秋」にみるスポーツ昭和史』第一巻、文藝春秋。
室伏高信 1936「オリムピック診断」『日本評論』九月号、三六九―七一頁。
最上喜六 1937「五輪大会準備第一年」『文藝春秋』四月特別号、三〇〇―六頁。
森川貞夫 1980『スポーツ社会学』青木書店。
森川貞夫・矢野みほ子編 1993『山本正雄――人・生活・思想』不昧堂。
文部省編 1965『オリンピック東京大会と政府機関等の協力』文部省。
山川均 1936「国際スポーツの明朗と不明朗」『文藝春秋』九月号、八二―七頁。
山之内靖他編 1995『総力戦と現代化』柏書房。
吉見俊哉 1998「幻の東京オリンピック」津金澤聰廣・有山輝雄編『戦時期日本のメディア・イベント』世界思想社、一九―三五頁。
吉見俊哉編 2002『一九三〇年代のメディアと身体』青弓社。
Gruneau, R., 1991, "Sport and 'esprit de corps': Notes on Power, Culture and the Politics of the body." Landry F., Landry M. and Yerles M., eds., *Sport: The Third Millennium*, Sainte-Foy : Les Presses de l'Université Laval, 169-85.

帝国日本がはじめてオリンピックに参加した頃

——外交家嘉納治五郎と'12ストックホルム大会

鈴木康史

はじめに

嘉納治五郎東洋初のＩＯＣ委員就任、クーベルタンからのストックホルム大会参加要請、日本初の予選会、たった二人の選手による参加、惨敗、しかし輝かしい一歩。——これは日本のスポーツ史における記念すべき一ページ、日本のオリンピック史の劈頭を飾る物語である。だが、このエピソードがどのような時代のものであったかについて語る人は少ない。当時、日露戦争、日韓併合、大逆事件、辛亥革命といった大事件が勃発しているにもかかわらず、そうした時代背景を抜きに語られてきたのが、これまでのスポーツの語りであった。スポーツはそうした領域とは関係がないものだし、あるべきではない、多くの人はそう思っている。

本稿はそうしたスポーツの囲い込みに反対する一つの試みである。オリンピック初参加の物語をそうした歴史の中に置きなおしてみること、そうせねば見えてこないものを明るみに出すことがここでは目指されている。オリンピックとは歴史の中でいかなる事件であったのか。そこに関わった人々は、何を考え何を感じていたのか。まずは選手の話に耳を傾けよう。

1　金栗四三と日本帝国のオリンピック

日本のオリンピック初参加、選手は二人、マラソンの金栗四三、短距離の三島彌彦。彼らがストックホルムに向けて旅立つ日、明治四四（一九一二）年五月一七日新橋駅。その日、駅はごった返していた。白瀬矗中尉の南極探検からの帰京がたまたま重なっていたからだ。東京朝日新聞はこう伝える。「●白瀬中尉の帰京　……▲四時十分新橋駅停車場に着くと此処も三宅博士始め大変な出迎え人でプラットホームは群集で身動きもならず、盛んに万歳を浴びせ懸ける上にエム、パテーの景気付けの楽隊が一時に囃し初める」。二時間後今度は金栗たちが出発する。「●国際選手を送る　……金栗選手大森夫婦も皆小なる国旗を胸に止め……汽笛遽に起り、高師生徒が声を限りに歌う『敵は幾万』潮と群がれる見送人が帽子ハンケチを打振りて三島、大森、金栗三氏の為に唱ふる万歳々々」。隣り合わせに掲載された二つの記事。彼方から帰郷した人と、これから彼方へ出かけてゆく人との偶然の邂逅である。

勇壮なる探検家の帰還。日本帝国の最前線は今や南極に達した[1]。そしてまた日の丸を胸に旅立つ青年達がいる。万歳、軍歌に送られる彼らは出征する兵士のようである。いや、文字通り彼らは戦いに旅立つのだ。広がりゆく帝国、その最前線にて繰り広げられる勇壮な「探検」「冒険」そして「運動競技」[2]。白瀬も金栗も三島も否応なく、膨張日本を表象する一人となる。前線にはるか連なるここ、新橋駅が祝祭の空間となる。これは典型的な日露戦争後の風景である[3]。

はるかストックホルムへ、彼らはシベリア鉄道の旅をする。日本海で、ウラジオストックで、モスクワで、金栗はこのような感想を残している。「日本海と云えば七年前の海戦はどこあたりであったろうなどと心の中に地図をかいて見ると、其時の激戦の有様が地図の上に浮いて来る（金栗　1912：2-3）」「彼等は皆日本の北方発展の前哨を勤めて居る人々で皆意気盛で頗る頼母しかった。（同：3）」「多くの軍艦は満七年前に日本海の水屑と消えたので非常に寂しい（同：10）」日露戦争後に日本海、ロシアを通ってヨーロッパへ旅すること、これは先の戦争の痕跡を自ら辿ることでもある。彼らはその勝利を身に刻み込む。帝国を感じ、帝国の威信を背負いこみながら、彼らはストックホルムに乗り込んで行くのである。

此会（引用者注：オリンピック）は勿論世界のものである。世界各国民が参加する平和の戦である。威力の戦争である。国民的意気を熾にする企である。唯一人の選手と雖も国旗を背負って戦うのである。一人の勝敗は直ちに一国の勝敗の名によって喧伝せられる。其勝敗は直ちに国民の元気に関係すると同時に其勝敗の因は深く国民の体格と其練習に存するのである。（金栗 1912：27）

われわれには既視感を感じさせるこの語り、しかしこれは、それから百年間繰り返されるナショナルなスポーツの語りの、おそらくは原型なのだ[4]。われわれの既視感はこの語りの呪縛の強さを証明する。金栗のオリンピックは、日露戦争に勝利した帝国日本のオリンピックでもあったのだ。

ではここで視点を変えてみよう。本稿の主人公、嘉納治五郎にとってこのオリンピックとはどういうものであっただろうか。嘉納こそ、このオリンピック参加の中心に位置する人物である。

2　対清外交家嘉納と帝国主義

さて、本節では、従来の「スポーツの父」嘉納研究ではほとんど触れられてこなかった嘉納の一面に着目してみよう。オリンピックがスポーツの領域でしか語られてこなかったのと同様に、嘉納治五郎もスポーツの領域に閉じ込められていた。だが、嘉納はまず何よりも明治政府の中枢にいる教育官僚である。嘉納のそうした側面が、嘉納のスポーツへの関わりに影響を及ぼさないということがありえようか。しかも、オリンピックが常に国際政治の緊張の中にあることをわれわれは知っている。とするならばオリンピック参加とは、一つの外交であり、国際政治である。そこに必要なのは体育の父嘉納ではなく、外交家嘉納であることは言うを待たないであろう。

われわれはここで嘉納の外交家という側面に着目せねばならない。これも知られていないことであるが、嘉納の年譜には「かねて外交官たらんとする志望あること、および外交官としての学術素養あることを述べ（横山 1941：年譜7）」たという記述がある。数ヶ国語に堪能な嘉納の国際外交、実はこれは嘉納にとって得意分野であったのかもしれないのだ。

「国際秩序の観点からいえば、日清講和条約は東アジアの国際関係を、宗属関係の強化再編をめざす清国を中心とした国際秩序から、「国民国家システム」の国際秩序へと、最終的に移行させるはたらきをしました。（加藤 2002：126　詳細は茂木 1992）」

嘉納の外交活動は日清戦争終了直後、上記のようにアジアの新しい秩序が形作られようとしていたまさにその瞬間に始まる。明治二九（一八九六）年、嘉納は清からの留学生の教育を私塾のような形で引き受ける。文部大臣西園寺公望を通じた依頼であったらしい。これが彼と中国との長いかかわりの嚆矢となる。明治三四（一九〇一）年、三八（一九〇五）年の訪清、そして重要なのは明治三五（一九〇二）年に創設された、清からの留学生のための学校、宏文学院である。嘉納の対清活動の象徴ともいうべきこの学校を、彼は私財を投じて経営した。まさに東アジアが最も激動した時期のこの対清外交は、高等師範学校長、講道館、嘉納塾といった活動と並ぶ、いやもしかしたらそれ以上に重要な明治後半期の嘉納の仕事なのである[5]。

では、こうした活動について、嘉納はいかに考えていたか。

未開劣等の国に踏み出すの結果はただに一身を利し、本国を利するに留まらず、またもって世界文明の進歩に貢献する甚大なるものあらん。……かの憐れむべき四億の清国人を提撕誘導し、これに授くるに二十世紀の新知識をもってし、彼の蒙昧を啓き彼が天与の利源を開拓し、もって廻瀾を既倒に起すがごときあに絶大の快事にあらずや。（嘉納 1901b、引用は嘉納 1988a：197-198）

今日我が国は、東洋の先進国たり。……自国の利益上より見ても清国のために力を致さざるべからず。（嘉納 1902：引用は嘉納 1988a：210）

我が国人にして、清国に赴き、清国人と協同して事業を起すがごとき、または日本の学識あり、技能あるものの、清国に雇聘せられて、その学識技能を応用するがごときは最も望ましきことなり。（同：211）

「先頭に旗を持てるは三島選手、続いて符を持ち破顔一笑せるは金栗選手なり。其右は委員嘉納氏、左は随行員大森氏及び田島博士なり」

　ここにみられるのは、同時代としてはそれほど珍しくない帝国主義的言説である。日本における「帝国主義」論は、転向後の徳富蘇峰や、明治三一、三二（一八九八、九九）年に『太陽』に発表され、反響を巻き起こした高山樗牛の一連の「帝国主義」関連の論文が有名である（井上 2001、18-20、158-161）。嘉納の議論も、まさにこの時期急激に膨張主義的な色彩を増してゆき、先のような論文が書かれることとなるのだが、そこにあるのは、東洋の盟主、文明論による劣等国の教化の正当化、脱亜入欧、大陸への人的、経済的進出[6]など、嘉納塾生向けに咀嚼された帝国主義的思想の普及版とでもいうべきものだろう。もちろん、留学生を多数迎え入れるという教育家たるにふさわしい融和的な姿勢[7]も、アメリカの対清融和政策への対抗、ならびに中国やアメリカにおける排日運動の高潮や、また欧米諸国に沸き起こった黄禍論を抑えるための、まさに外交家としての政治的な対応と考えねば反面を見逃してしまうことになる。

　外交家としての嘉納はこのように日清戦争後のアジアの新たな秩序形成を視野に置いた対清政策からスタートした。ところが、アジア情勢の変化から、この学校経営は明治末に中断されることになる。そのとき外交家嘉納はどこに向かったのか、次節ではそれを検討しよう。

3　アジアから世界へ

　さて、日清戦後にはじまった嘉納の対清融和外交は、日露戦争後の明治四二（一九〇九）年の夏に終わりを告げる。彼の対清事業の象徴である宏文学院が閉校されるのである。この背景には、中国政局の流動化や日本政府の留学生規制などにより、留学熱が退潮していったことがあげられるだろうし、朝鮮半島の植民地化がほぼ完成し、日本のアジア政策が一画期を迎えたこと（日韓併合は翌明治四三年）は大きな時代背景としておさえねばならないだろう。ただ、嘉納自身がこの事業を中断するにいかなる判断をしたのかは詳らかではない。

　だが、ここにひとつの補助線を引くと、彼の動きを説明するおぼろげな仮説が見えてくる。実に、嘉納が「東洋初のＩＯＣ委員」に就任したのはまさにこの明治四二（一九〇九）年のことなのである。フランス大使ゼラールから外務省に打診があり嘉納が紹介されたのがこの春のことであったと伝記は伝える。春にＩＯＣ委員の打診、夏の宏文学院閉校、これは偶然の符合なのだろうか。

　当時、オリンピック自体も転機を迎えてい

た。明治四一（一九〇八）年のロンドンオリンピックにおいて、参加形態が個人単位から各国オリンピック委員会「ＮＯＣ」を中心とした選手派遣へと切り替わり、開会式での行進も国単位で行われるようになった。オリンピックにもネーションを単位とした世界秩序が及んできたのである。

その秩序の中に割って入った新興国日本。日露戦争によって、日本は帝国主義列強間のパワーゲームに参入した。東洋の盟主、文明国を自負し、東洋唯一の植民地国家になろうとしていたまさにその時期に、ＩＯＣから「東洋初」の委員選出の打診が来たということは、そうした当時の世界的な状況を抜きには考えられない[8]。そして、「嘉納」に白羽の矢が立てられたのも、高等師範学校において体育の奨励に熱心であったから、といったわかりやすい理由のみによるものではなかろう。単なる体育家でもなく、単なる教育者でもなく、そうした帝国主義的秩序に対処できる外交家でもある嘉納治五郎こそがここで必要とされていたのだ。

こうして嘉納は、自らの舞台をアジアから世界へと移してゆくこととなる。宏文学院からオリンピックへ。時間的な符合が偶然といわれればそれを反駁する材料はないが、嘉納がそのように身を処したという事実はやはり銘記されねばなるまい。当時の嘉納の心境を語る回想がある。

> オリンピックへ乗出すに就ては、私は最初から大それた考えを持っていた。之れに参加することによって国民全般の体育熱を煽るのだが、一方にはただ欧米各国の尻馬に乗っていてはいけない。日本精神をも吹き込んで、欧米のオリンピックにしたいと思った。……長い間かかってでもよいから、オリンピック精神と武士道精神とを渾然と一致させたいと希ったのである。（嘉納 1938：271）

明治四四（一九一一）年大日本体育協会設立。明治四五（一九一二）年ストックホルム大会に初参加。日本スポーツ史の輝かしいその一歩はここに踏み出された。それは日露戦後の帝国日本の世界秩序参入を抜きにしてはありえなかった一つの事件だったのである。

4　金栗の孤独なオリンピック

ここで金栗に話を戻そう。第一節で見たようにストックホルムまでの彼の旅は、膨張する日本帝国の幻影に彩られていた。だが一方、自らの力に対する不安や欧米人に対する劣等感も、また彼を苛んだに違いない。「暮色蒼然たる中に日本の土地が隠れてしまった時心細い影が犇々と身に迫って来るのを覚えた。（金栗 1912：2）」「偶々日本人が見付かると言うばかりなく懐かしくまた頼母しい心地がする。（同：4）」大会中も「日の丸の国旗はひどく人目を曳いた（同：18）」と帝国を誇る一方、「余等は唯二人毛色が変って居るので常に視線を集めていた（同：15）」と容易には乗り越えられない彼我の差異をも語る。また、他の選手たちがチームメイトと共に練習する姿に、「懸軍万里語り合い励まし合う友もなく時には無暗に寂しい時があって独りボッチの練習は頗る困難であると思った。尚且つ競走者がない為めに自然と勇気が挫け易い。（同：16）」と孤独感を語る。この孤独感はどこからやってくるのか。プレッシャーといってしまえばそれまでであるこの経験、だが、それはどのようにして選手にもたらされるものなのだろうか。

嘉納によれば、代表決定後「金栗君は未だ若かったので、遠征するのを躊躇していた（嘉納 1938：274）」という。その事情は金栗の伝記にも詳しい。自分には荷が重過ぎる、というのがその理由だ。「外国へ！　外国へオレが行くのか？（豊福・長谷川 1961：83）」「行けばぜひ勝ちたいと思うでしょう。また勝たねば期待してくれる国民諸君にも申し訳ありません。（同：84）」出場するということは、自らが帝国の物語に取り込まれることであるということを彼はよく理解していた。そして国民の望む勝利の物語、すなわち膨張日本にふさわしい勝利の物語、には未だこたえ難いということも、彼はよく理解していたのだ。

　だが、嘉納は金栗を二度にわたって説得する。「日本スポーツの海外発展のきっかけを築いてくれ、勝ってこいというのではない。最善をつくしてくれればいいのだ。……敗れた場合の気持ちも分かる。だが誰かがその任を果たさなければ、日本は永久に欧米諸国と肩を並べることはできないのだ。……金栗君、日本スポーツ界のために「黎明の鐘」となれ（同：84-85、傍点引用者）」この説得で金栗は出場を決める。その決心は「悲壮」なものであったと伝記は語る（同：85）。彼はここで「日本」の物語に自ら身を投じることとなる。帝国の誇りと、不安とに、金栗はこの瞬間から引き裂かれ始める。金栗の孤独な経験はここから始まっているといっていいだろう。

　ところが、ここに、一つ、不思議な問題がある。というのは、予選会での金栗の成績は、当時の世界最高記録を大幅に短縮するものであったのだ。嘉納は「あの際、あれだけの好成績を挙げなかったら、吾々はストックホルムの大会に参加していたかどうか分からない（嘉納 1938：274）」と語る。これはどういうことなのか。金栗の好成績が参加のきっかけだとするならば、なぜ金栗自身が躊躇し、悲壮な決意をせねばならなかったのか。ここで少し、その予選会を眺めてみよう。この予選会こそ当時の帝国日本の自意識を象徴する事件でもあるのだ。

5　参加と動員――引き裂かれる選手たち

　日本初のオリンピック予選会。諸学校を中心に選手が集められた。規則の中にはアマチュアリズム規定もあったとのことである。しかし、前節最後の嘉納の引用からも分かるように、それは、とりあえずやってみて、成績がよければ代表を送ろう、というようなものだったのだろう。まだまだそれは、黎明期の光景である。

　そして金栗は期待にこたえ好タイムを出す。が、その成績が良すぎたことが、しかも金栗に続く三位までが世界記録を更新したことが、逆に距離が間違っていたのではないかという疑念を呼び寄せてしまうのだ。測量した工学士中沢臨川は、ちゃんと軍隊の地図で測量したから間違いない、という。実際はどうだったのか。それは明らかにならないまま、嘉納のこの言葉のみが今に伝えられる。「かくのごとく三人まで世界記録を破った理由はいささか不明であるが、日本人は戦争などにて驚くべき忍耐力を発揮したのは、かくれのなき事実である。それ故に、今日の成績はそれに類する一つの現象として見ればよろしかろう（鈴木・川本 1952：44）」。先の戦争で日本の兵士たちが見せた驚くべき忍耐力――まさしくそれこそ日本人の長所とされていたもの――を金栗たちはここでも見せてくれたのだ、というレトリック。やはりここにも、日露戦争後の帝国日本が顔を覗かせている。

　選手の記録を関係者自身が疑ってしまわねばならないという事態。自らの記録をそのままには誇れない彼ら。これは新興国日本を象徴していよう。日露戦争の勝利、欧米に肩を並べ、一等国の仲間入りをした日本。しかし、この脱亜入欧の裏に張り付く西欧に対する拭い難い劣等感。そうした意識が金栗の記録を疑わせたのではないのか。これはまさに、帝国日本の引き裂かれた自意識にほかならない。金栗と同様に、ここにも、引き裂かれた人々がいた。

　それゆえに、嘉納は日本が戦った輝かしい戦争を引き合いに出して彼らを説得せねばならなかったのかもしれない。嘉納は「帝国の物語」を語らざるを得なかった。いや、正確に言うなら、嘉納によって説得されたがっていた関係者たちがそこにいたのだ。彼らは自らが納得できる物語を欲していた。そして、彼らを納得させるに足る「帝国の物語」の語り手として、嘉納以上の人物がありえただろうか。

　当時の雰囲気を嘉納はこういう。「財政的にも、又競技的にも余り見込みはついていなかった。（嘉納 1938：272）」確かに、組織も未熟で、選手たちも躊躇していた[9]。だが、「何とかなるだろう。良いことはドシドシやらなけりゃいかんと云った空気だったように憶えている。(同)」では、その「良いこと」とは何だったのか。「諸外国と競争をして、勝利を博することは、覚束ないと思ったが、いずれ百般の事に就いて世界列国と事を共にすべきであるから、運動の事のみが仲間外れとなるべきでないと考えて兎も角も参加の志を起したのである。(嘉納 1915:74-75、傍点引用者)」つまり、良いこととは、いずれ外国と肩を並べること、運動でも欧米と対等にやっていくことなのだ。まさに「事を共にすべき」であって「仲間外れとなるべきでない」という国家の論理がここでは語られている。帝国間の競争、そこに勝ち抜かねばならない日本、この「物語」が躊躇する選手たちに決断を迫る。参加し、日本の歴史の礎となれ、と。先に見たように金栗は「日本スポーツ界の黎明の鐘」になれと説得されて出場を決める。それは自らを「日本」に節合することにほかならない。

これはもしかしたら、一種の「動員」なのかもしれない。第一節で述べた「兵士」というアナロジーは、実はアナロジーでも何でもないのではないか。もちろん好んで参加する選手もあろう。だがもう出たくないという選手もなかにはあろう。そして、「競技会」というものは、そうした個人の思惑を超えて、さまざまな身体を同時に一箇所に集め競わせる、そのような暴力的なものでもあるのだ。そこに選手たちは「主体 subject」として「参加」してゆく。しかし彼らはフーコーの言うように「従属 subject」し「動員」されてしまっているのかもしれない。金栗は自らの躊躇を振り切り、主体的に代表選手となる。だがそれは同時に帝国への従属でもあった。それは金栗に誇りを与える。だがそれは彼に果てしない重圧と、孤独感をも与える。金栗にとってのストックホルム・オリンピックは、こうしたせめぎあう二つの感情が渦巻く、アンビバレントなものであったのだ。

おわりに

それから二四年後のベルリン大会、帝国日本の最後のオリンピック。嘉納は未だ健在で東京大会招致に奔走し、それを成功させる[10]。帝国の物語の語り手は、こうして自ら、オリンピックの歴史を帝国日本の歴史に節合し、人生の幕を閉じることとなる。東京大会の返上がなければ、嘉納の人生は、ストックホルムから東京までのオリンピックと日本帝国の物語と共に語り継がれたことだろう。

だが、はたして、その物語は、嘉納が真に語りたいものであったのだろうか。巨大なスペクタクルと化したベルリン大会。それは嘉納が終生批判し続けた「見世物体育[11]」であった。嘉納の理想とはうらはらに、動員の装置として見世物化するスポーツ。ストックホルム大会の時には無視同然であった帝国日本が、昭和期に入るとオリンピックを積極的に利用し始めるのを嘉納はどう思っていただろう。私財をなげうち、たった四人で乗り込んだストックホルム大会は「丸るで夢のよう(嘉納 1938:269)」な昔日のことである。

嘉納が思い描いた「帝国」と、実際の「帝国」との懸隔。嘉納の理想である「国民体育」は未だ達成されない。それどころか、スポーツによって動員され「国民」化する「大衆」、彼らを集合的に把握、管理する新しい統治のテクノロジーの出現。あくまで「個人」の「修養」=「精力善用」を説き続けた嘉納の時代はもはや過ぎ去ってしまっていたのかもしれない。

彼にとってのオリンピックもまたアンビバレントなものではなかったか。オリンピックを否定するわけではないが、それが理想でもない、と彼は微妙な立場を語らざるを得ない[12]。しかし、見世物化するオリンピックと嘉納の目指す「国民体育」、その亀裂は深まるばかりだったのだ。

だが、その嘉納が、オリンピック東京招致の中心として担ぎ出されねばならなかったのだ。「この御老体が、大洋を渡ること幾回……オリムピック日本招致のために、奮闘しているのだ。……この老を煩わさねばならない、我国スポーツ界の人物払底にも驚かされるのである。（無記名1938：422）」東京招致の際、一番腰が重かったのは体協であるといわれる。その名誉会長、老躯の嘉納治五郎もまた、必ずしも東京招致に全面的に賛成していたわけではなかった。が、その嘉納が、自ら招致活動の中心を務めねばならないという事態。これもまた「動員」の一つの形であった。

「帝国の物語」の中に生き、それを語った嘉納治五郎、もちろん彼は帝国の中枢にいた。だがしかし、彼にしても、帝国を体現し得たわけではない。いや、そもそも帝国なるものを一人の人間が体現することなど不可能である。そう考えるならば、実は彼自身も「帝国」に動員された一人にほかならない。病躯をおして出席したカイロでのＩＯＣ委員会、その帰途の船上での客死は、彼のそうした生涯をまさに象徴しているのである。

注

1　当時の探検熱、事業熱、投機熱とコロニアリズムについては中根2004を参照。そこでも引用されている以下の文章を一部引いておこう。「探検は我国が海外に活動するの先駆……我国民は探検を実行して国の内外に関する新知識を増加すると共に、艱難を堪え、事業を遂行するの鋭気を養う所なかるべからず（無記名1906：59）」

2　こうした領野は当時「壮」的なるものという同一のカテゴリーで認識されていた。すべてが「勇壮」なる「壮挙」にして「爽快」なる「快楽」なのである。詳細は鈴木2002を参照。

3　こうした日露戦後の大衆の祝祭、ショービニズムについては、成田2004を参照。

4　ただし、こうした語りは、実は一高や早慶などの学校対抗のスポーツをめぐる語りにいくらでも見出せる。高等師範学校生、帝大生であった金栗、三島たちには、こうした語りを学校名を国家名に変えて反復することはたやすかっただろう。競技そのものについての準備は非常にあやしいものであったが、ナショナルなスポーツの語り方については準備万端であったのだ。

5　ただ、ここであらかじめ述べておくなら、彼の個人的な努力は、必ずしも国家的政策としては結実してはいない。その背景には、嘉納や、嘉納が中国政策に関して私淑した大隈重信らの政策に反対する山縣有朋系の武断政策があったようである。（横山1941：160）

6　嘉納はこの後大正、昭和期に至っても海外への雄飛を夙に説く。その際の世界各地の排日運動への懸念、そのための現地人との融和は彼の年来の主張の一つである。そして講道館の柔道家たちこそが、嘉納のこの言葉を実践し、世界に巨大な柔道ネットワークを作り上げたのだ。

7　ここではこうした嘉納の帝国主義思想をとりあえず融和的と呼んでおく。高山が排他主義を鮮明にしていたのとは異なり、嘉納は以前からの主張だった融和論をこの時点でも保持するのである。この融和という言葉の正確な概念規定については今後の課題であるが、大隈重信や、倫理的帝国主義を唱えた浮田和民などとの類似性が求められそうである。また、嘉納はこれ以降再び融和的な議論を前面に押し出す傾向を持ち、これが将来「自他共栄」につながると考えられる。

8　「我が国は日露戦役に大勝利を博して欧米諸国の認識を新たにしていたことであるから……ストックホルムに開催される第五回国際オリムピック競技会に代表選手の派遣を国際オリムピック委員会会長から慫慂されたのは当然である。」（大日本体育協会　1936：16）

9　三島の場合、たかがかけっこでストックホルムまで行っていいものかと悩んだとのエピソードがある（池井　1996：21）。金栗、三島共に特別な練習もしていなかったようで、特に三島は審判で運動場に来て、飛び入りで競技に参加し優勝したのであるから、特別な練習はしていなかったとしても致し方ないところであろう。

10　東京大会の招致の詳細は、本書石坂友司氏の論文を参照のこと。また、ベルリン大会については伊藤守氏の論文を参照のこと。なお、石坂氏には本論文執筆において史料などの便宜を図っていただいた。ここに記して感謝したい。

11　見世物体育批判についてはたとえば「進んで競争するものは……一部の生徒に限り、一般の生徒は運動場にすら出でず。……運動会のために特に華美なる装飾をなし……観客の目を歓ばさんとするものあり。かくのごときはまた運動会をして、一の見世物たらしむるゆえんにして、決してその本旨に適せるものとなすべからず。（嘉納 1901a、引用は嘉納 1988a：124）」など多数ある。

12　たとえば「オリンピック大会でやる体育が最も理想的であるとは考えられぬが、ともかくもこれをやらせた方がよかろう（嘉納 1937、引用は嘉納 1988b：356）」など。

引用文献

池井優 1996『オリンピックの政治学』丸善。
井上清 2001（初版 1968）『日本帝国主義の形成』岩波書店。
加藤陽子 2002『戦争の日本近現代史』講談社。
金栗四三 1912「国際オリンピック大会参加の記」、東京高等師範学校校友会編『校友会誌』第三四号付録（正確な発行年月日は不明）。
嘉納治五郎 1988a『嘉納治五郎大系　第六巻』本の友社。
—— 1988b『嘉納治五郎大系　第八巻』本の友社。
—— 1901a「運動会」『国士』三八号　明治三四年一一月。
—— 1901b「盛んに海外に出でよ」『国士』三九号、明治三四年一二月。
—— 1902「清国」『国士』四四号、明治三五年五月。
—— 1915「大日本体育協会の事業に就いて」『柔道』一号、大正四年一月。
—— 1937「オリンピック大会東京招致に至るまでの事情に就いておよび道徳の原則に就いて」『中等教育』八四号、昭和一二年三月
—— 1938「我がオリンピック秘録」『改造』昭和一三年七月。
記者 1906「探検熱の勃興」、『成功』第九巻五号、明治三九年八月。
鈴木康史 2002「第一高等学校における『壮』的なるもの」、中村敏夫編『日本人とスポーツの相性』創文企画。
鈴木良徳・川本信正 1952『オリンピック史』、日本出版協同株式会社。
大日本体育協会編 1936『大日本体育協会史（上）』大日本体育協会。
『東京朝日新聞』1912.5.17。
豊福一喜・長谷川孝道（金栗四三閲） 1961『走れ二十五万キロ　マラソンの父金栗四三伝』講談社。
中根隆行 2004『〈朝鮮〉表彰の文化誌』新曜社。
成田龍一 2004「『国民』の跛行的形成」、成田龍一・小森陽一編『日露戦争スタディーズ』紀伊国屋書店。
無記名 1938「街の人物評論」『中央公論』五三巻五号、昭和一三年五月。
茂木敏夫 1992「中華帝国の『近代』的再編と日本」、大江志乃夫ほか編『岩波講座　近代日本と殖民地1』。
横山健堂 1941『嘉納先生伝』、講道館。

Ⅲ プレ／ポスト'64

7

日の丸とモダン──'64東京大会シンボルマークとポスターをめぐって

前村文博

はじめに

オリンピックが単にスポーツ競技の祭典ではなく、開催する都市あるいは国家の威信を示す格好の場であったということは、改めて強調するまでもないところであろう。あらゆる国の人々が参加し注目するこの大舞台は、開催国の文化や伝統を各国の人々に印象づける国際的なイベントとなる。とりわけ大会ポスターは、その重要なメディアとして機能してきた。一八九六年のアテネ大会から始まる近代オリンピックの歴史のなかで、公式ポスターが最初に登場したのは一九一二年の第五回のストックホルム大会からであるが、東京大会以前のポスターはギリシア彫刻そのままの肉体美を誇示しつつ、スポーツをする筋骨隆隆の男性像と国旗や町並みなどの開催都市を象徴するモチーフの組み合わせによる構図が比較的多用されてきた[1]（図1）。しかしそのスタイルは、一九六四年一〇月に開催されたアジア初の大会である第一八回東京大会のポスターでがらりと一新する。原則として一大会に一点だったポスターは、戦後日本を代表するグラフィックデザイナーである亀倉雄策（一九一五─一九九七）のアート・ディレクションによって、東京大会では四点が製作される。まず第一号ポスターは「TOKYO 1964」の文字に、一見してすぐに日の丸を想起させるような大きな赤い丸と五輪マークを組み合わせた亀倉デザインによる公式シンボルマークが画面いっぱいにレイアウトされ（図2）、続く第二号ポスター、第三号ポスターおよび第四号ポスター（このポスターが公式ポスターとされる）では、シンボルマークとともにそれぞれ「スタートダッシュ」「バタフライ」「聖火ランナー」という躍動的な場面を捉えた写真が効果的に使用され、極めて斬新なポスターデザインとなった。事実これらのポスターは発表されるたびに、当時のデザイン界において多大な評価を獲得していったのだ。

本論はそれまでの古代オリンピックのイメージを踏襲してきた絵画的なポスターから相反する形で登場した、徹底した抽象化がなされた東京大会シンボルマークおよびポスターの登場の背景を明らかにしていくことを目的とする。東京大会前後、一九六〇年代における日本のデザイン界の動向に関しては、近年徐々に明らかにされつつあるが、[2] とりわけ本論に直接関係する論考としては、大阪でオリンピック招致運動が高まりをみせていたちょうどその時期に、デザイン雑誌『デザインの現場』百号が「1960's日本のデザインが始まった」と題した充実した特集を組んでおり、写真図版をふんだんに盛り込みながら、シンボルマークはもちろんのこと、同時代の日本のグラフィック界の動向から勝見勝が中心になって多くのデザイナーたちが協同して取り組んだオリンピックのデザイン活動にいたるまでの流れを多岐に論じている。

図1　1948年ロンドン大会公式ポスター

図2　公式シンボルマークをそのまま用いた《第1号ポスター》

本論ではこれらの先行研究をふまえつつ、まずシンボルマークとそれをもとに展開していったポスターのデザインがどのような経緯でデザインされたかを検証し、さらにデザイナー亀倉雄策の戦前からのデザイン活動の歩みを概観しつつ、マークという形で文字通り象徴化していったかれのデザイン思想について検証していく。

1　オリンピックのデザイン／デザインのオリンピック

一九五九年五月二六日にミュンヘンで開催された第五五次国際オリンピック委員会（ＩＯＣ）総会で東京大会の開催が正式に決まり、早速九月三〇日にはオリンピック東京大会組織委員会が発足し、大会準備が本格化した。それを受けて、組織委員会のデザイン分野に関する取り組みは翌一九六〇年からスタートするのだが、その最初の重要な仕事がシンボルマークの選定であった。その直接的な理由には、同年ローマ大会以前のしかるべき時までに東京大会のシンボルマークは決定していなければならないというＩＯＣでの取り決めがあったようだ。[3]

デザイン評論家の勝見勝によれば、まず組織委員会は勝見にまとめ役を依頼し、かれがデザイナーから伊藤憲治、亀倉雄策、河野鷹思、原弘、アートディレクターから新井静一郎、今泉武治、向秀男、評論家から浜口隆一、さらにマスコミから小川正隆、松江智壽という一〇名のメンバーを推薦して「デザイン懇話会」を立ちあげ、組織委員会の津島寿一や竹田恒徳らを交えて話し合いが持たれた。その後の数回の懇談会において「すべて日本的なものを加味した国際性のあるもの、そして余計な装飾は排除して、必要にして十分なデザインをする」という東京大会のデザインの方向性を決めたうえで[4]、稲垣行一郎、亀倉雄策、河野鷹思、永井一正、杉浦康平、田中一光の六名のデザイナーに依頼し、コンペ方式でシンボルマークを決定することを決めた。そして一九六〇年六月一〇日のデザイン懇話会でのコンペにおいて約四〇点のデザイン案の中から満場一致で亀倉案が選出され、同日の組織委員会第八回会議で正式に承認された。

このマーク決定を受けて懇話会はほどなく東京大会のデザイン策定の基準を以下の三点に置くことを提案している。

●東京大会マークを一貫して用いること
●五輪マークの五色を重点的に用いること
●書体を統一すること

管見では、この懇話会のデザイン策定が具体的にいつ行われたのかは特定できていない。しかし、マーク決定の翌日の新聞記事から少なくともこの時点で、色彩の指定と一貫した使用という方向性が固まっていたことは確認できる。例えば『朝日新聞』は「正式な色は日の丸が赤、五輪と文字は金色、テレビなどに使う時は日の丸を灰色、五輪と文字は黒い色、カラー・テレビや色ずりの時には五輪マークに五色を使ってもよい。このマークは東京大会のポスター、デプロマ、入場券、メダルなどに使用される」と伝えている[5]。メディアの特性にあわせて色彩を使い分けようとする発想は、当時日本のグラフィックデザイン界で徐々に注目を浴びていたヴィジュアル・コミュニケーションというデザインのアプローチからの影響を少なからず感じさせる。結果として東京大会は、オリンピック史上初めてテレビ衛星中継を成功させ、それはのちに「テレビオリンピック」と称されるほどであった。実際にかれらの思惑は成功し、テレビを通じてマークは世界中の多くの人々の目に止まることになった。

では亀倉は、このマークをどのような意識でデザインしたのだろうか。マーク決定直後に発行された組織委員会会報では、以下のようなかれのコメントが掲載されている。

単純でしかも直接的に日本を感じさせる、むつかしいテーマであったが、あんまりひねったり、考え過ぎたりしないように気をつけて作ったのがこのシンボルです。日本の清潔なしかも明快さと、オリンピックのスポーティーな動感とを表してみたかったのです。その点、出来たものはサッパリしていて、簡素といってもいいほどの単純さです。このシンボルはそのままポスターにもなるし、バッジにも、胸につける絹製のリボンにも使えます。（中略）文字は原弘氏の選定したものが、またピタリと当てはまりました[6]。

このマークのデザインについて「考えすぎないように」と亀倉は語っているが、正確にはあまり考える時間がなかったというべきであろう。実は亀倉はコンペの締切を当日午前一一時に組織委員会の担当者から電話をもらうまで忘れており、あわてでスタッフといっしょに二時間あまりでこのデザインを仕上げている。[7]以上のエピソードだけをみるといかにもかれのデザインが付け焼き刃的なもので、それが偶然にも評価を集めて選定されたとみるむきがあるかもしれない。しかし、短時間で十分な評価に値するマークをデザインした亀倉は、実は前々からオリンピックのデザインをどのように考えるべきであるか、つまりオリンピックに関する確固としたグランドデザインを持って活動を続けていたのだ。例えばオリンピック招致のために発行された小冊子『第五四次国際オリンピック委員会総会』の表紙デザインを担当しており、その仕事を通じて当然その意識を持っていたはずである。さらに実務レベルのみにとどまらず、亀倉は当時のデザインジャーナリズムにおいて差し迫ったオリンピック開催に向けての積極的な提言を幾度も行なった。『デザイン』の一九五九年一二月号において勝見の司会のもと、亀倉、浜口隆一に加えて建築家の清家清、インダストリアルデザイナーの小杉二郎が参加し「デザイナーの社会意識」と題した座談会記事が掲載されている。議論はまずオリンピックに向けたデザイン活動に関して、画家や彫刻家が集まって利権を握ろうと画策している動きを牽制したうえで、グラフィックデザイナーや建築家やインダストリアルデザイナーなどデザインの専門家が一致団結して積極的に協同していくべきであるという主張にはじまり、東京に乱立する看板や電柱をどう整備するかといった都市の美観など具体的な問題にまで話は及んでいくのだが、浜口の「具体的にオリンピック開催にあたってグラフィックデザインの仕事としてはどのような仕事があるのか」という問いに対しては、亀倉は真っ先にシンボルマークへの取り組みを訴えている。

シンボルがあるでしょう、ポスターや入場券もあるだろうし、ホテルのなかに言葉の通じない各国の人がくるので、どうしても、視覚でわかるようにしてやらなければならない。もう一つは都電などは統一して、こういうシンボルをつけたものは、どこにいくか眼で見てわかるようにしなければならない。極端に言えば、本塩町とか四谷三丁目とか。これがどうしても消せないなら、少なくとも100とか200とか、158とかという数字で、百いくつの停留所で降りなさいと言えばわかるというように、コース・ナンバーでわかるようにしなければならない。[8]

すでに亀倉は、デザイン懇話会が組織される以前にオリンピックのデザイン活動でシンボルマークが重要になってくると認識しており、のちに懇話会が策定した「東京大会マークを一貫して用いること」というデザインの基本方針を先取りしたかたちではっきりと主張している。さらにマークに関連させて、都電などの停留所に番号をふるなど、都市計画というマクロな視点からのデザインの必要性も同時に訴えている。以上のように亀倉は、懇話会によるコンペ実施いかんに拘らず、シンボルマーク使用を基軸としたオリンピックのデザインの必要性を十分に認識していたのである。そしてだからこそ同じ座談会でのかれの「僕に相談がこない（笑）。とんでもないところに行く」という半分冗談めかした発言は、トップデザイナーとしての焦りの裏返しととれなくもない。[9]

亀倉は別の対談でシンボルマークをデザインしたときの意識について、次のように回想している。

オリンピックのマークを例に出して話したいのですが、確かに私は、あれは五分、六分でパッとスケッチをした。だけどオリンピックとは何かという思想はずうっと前から、オリンピックを日本に呼ぶときから相談を受けながらやっていた。だから、頭の中では、オリンピックとは何かというイメージがちゃんと育っていた。確固たる思想をもってできていた。[10]

コンペの締切日を忘れ、短時間のうちにデザインしなければならなかった亀倉のマークは、その制約ゆえにかえって小手先の技巧に終始することなく、日頃から育んできたデザイン思想をストレートに反映した作品になったのかもしれない。

このような経緯から誕生したシンボルマークは、決定後すぐに一貫した使用を言明した懇話会でのデザイン策定の基準のとおり一連の大会ポスターとして引き継がれていくのだが、まず第一段として亀倉の狙いどおりにシンボルマークをそのままモチーフにしたポスターが華々しく発表されることになった。

2　シンボルマークの〈ダブル〉イメージ

デザイン懇話会の座長である勝見勝は、自身のオリンピックのアートディレクションをふりかえる文章において、シンボルマークを決定し、それを一貫して使用するという方針を懇話会で打ち出した時点で、マークのデザイナーである亀倉が以後の大会ポスターを担当するというルールが「ごく自然にでてきた」と回想している。[11] さきの『デザイン』誌上での座談会をはじめとして、二人は当時あらゆる会合や審査会などで折にふれ議論を交わし、また勝見は、評論家としてデザイナー亀倉の人や作品に対する評論をたびあるごとに著しており、かれのオリンピックに対する確固としたデザイン思想についても十分熟知していたはずである。[12] そうしてみると勝見が、そのデザイン計画の基軸を担うシンボルマークからポスターの流れを亀倉に託したのも十分納得がいくところである。

一九六一年二月にシンボルマークはそのままポスターとして発行され、大会までに一〇万部が配布された。[13] 寸法は一〇一〇×五五〇ミリでB全変形の縦長のポスター。本論の冒頭でもふれたが、現在ではこのポスターを《第一号ポスター》、さらに「スタートダッシュ」「バタフライ」「聖火ランナー」の後続のポスターをそれぞれ《第二号ポスター》《第三号ポスター》《第四号ポスター》と呼んでいるが、実はこの最初のポスターが製作された時点では、正式にシリーズ化することはまだ決まっていなかった（ただし本論では、以下便宜上原則として各ポスターを号別で表記する）。

さてその膨大な発行部数が示しているとおり、このポスターは大変な人気を博した。以下、その反響をみていこう。《第一号ポスター》が発表された翌月には新聞紙上で建築評論家の川添登が「すぐれたシンボル　東京五輪のポスター」という論評を掲載している。川添はまず冒頭で、グラフィックデザインもスポーツも科学的、合理的な「型」の追求が必要であるとし、オリンピックという人種や言葉の壁を越えて開かれる場においては、そのデザイン表現においても抽象的なスタイルがおのずと要請されるとしたうえで、さらにこのポスターの持つ特質を次のように評している。

> 日の丸と五輪の、まったく単純な図形を、細心の神経をゆきわたらせながら組合せ、しかも紙一ぱいに日の丸を描いた大胆さ。それは、走る、とぶといった一つの動きにも、細心さと大胆さを集中し、あらゆる小ざかしさを捨てて裸の人間のきわめつくした能力だけを、陽光のもとに競うオリンピックに、まことにふさわしい。ポスターは縦一メートル余、横五十五センチの白紙に、日の丸を〈朱〉五輪と文字を〈金〉一色で仕上げ、あたかものぼりを思わせる。この簡素なデザインは我国を象徴していながら、日本の伝統をはるかに越え、ギリシャ的なものすらイメージさせ、高い国際性をかちえている。すぐれたシンボルとして向う三年の月日に、耐えうるものであろう。[14]

日の丸と五輪の単純なマークを組みあわせたシンプルなデザインは、オリンピックという場で展開される「スポーツする身体」を直截的に表象しているという川添の評をみると、デザイン直後に語った亀倉の「オリンピックのスポーティーな動感を表してみたかった」という意図が見事に成功していることがうかがえる。そして日の丸は〈日本的なるもの〉をすぐに想起させながらも、その簡潔なデザイン性によって国際的に通用するビジュアリティを有していると評価しているが、この点については改めて詳しく論じる。

さてこのポスターは、当然のことながらグラフィックデザイン界でも高い評価を得て、デザイン界の権威あるADC賞金賞を受賞した。歯に衣きせない論客として名を馳せていた勝見でさえも金賞受賞について、亀倉はすでに国内でいろいろな賞を受賞しており、もらい過ぎているほどであると前置きしたうえで、なおかつ「いわゆる画家の手では生み出されることのできないものであり、デザイナー、しかもきわめて円熟したデザイナーでなければ、あれだけ思いきった単純化は、不可能だったに相違ない。やはり、亀倉の金賞は、動かぬところであろう」という手放しの賛辞を寄せている。[15]

また勝見は同文において、この時すでに海外に配布された反響は予想を上回るほどであったと言及しているが、実際に海外での評価も高く、オリンピック開催から二年も経った一九六六年にこの《第一号ポスター》で、第一回ポーランド国際ポスタービエンナーレで芸術特別賞を受賞している。

では、このポスターのデザインを亀倉自身はどのように考えていたのであろうか。実はデザイナーの亀倉とそのデザインを目にする周りの人々のあいだで、微妙ではあるがしかし決定的ともいえる認識のずれがあった。川添と勝見の《第一号ポスター》への評はいずれにおいても、画面中央に大きくレイアウトされている赤い丸を当然のごとく「日の丸」とみなしており、また当時の新聞記事のいずれもが同様に「日の丸」として伝えている。[16] しかしながら先に引用したシンボルマーク決定の直後の亀倉のコメントをいまいちどみてみると、そのデザインは「日本の清潔なしかも明快さ」を目指したと語っているが、しかしそれを「日の丸」であるとは断言していない。事実亀倉にとっては、むしろ単純化された太陽のかたちという意味合いのほうが強かったようだ。

私はオリンピックのシンボル・マークに日の丸を大きく出した。これは日の丸と考えてもいいが、本当は太陽という意識が強いのである。ただ五輪のマークと赤い大きな丸のバランスに新鮮な感覚を盛り上げたかった。それによって日の丸もモダン・デザインになりうると思った。[17]

コンペの際にデザイン懇話会が出した「単純でしかも直接的に日本を感じさせる」というテーマに応じて提出されたという経緯を改めて確認するまでもなく、マークとなった「白地の中央に大きな赤い丸」そのものをみても、それを「日の丸」と認識するのは至極当然であろう。もっとも亀倉もそのことを十分に承知しているし、またそう思われても間違いはないとしている。しかしそのうえでなおかつこのマークが太陽のかたちでもあるとし、なおモダンデザインの意識からなされたことを強調している。

しかしながら、この認識のずれは各方面で大小さまざまな波紋を呼ぶことになった。亀倉は《第一号ポスター》が発表された当初、「日の丸」を冒涜しているという理由で三人くらいの右翼が連日組織委員会に抗議に押しかけたというエピソードを紹介している。[18] またこのような波紋は、当然ながらデザイン関係者のなかにおいても広がった。デザイン雑誌『広告美術』第三六・三七号誌上において写真界の重鎮である金丸重嶺を司会に、亀倉、勝見、そして駒沢陸上競技場の設計を担当した建築家村田政真が出席した座談会記事が掲載されている。その席上でもやはりシンボルマークについて話題は及んでいるのだが、まず金丸のマークに対する違和感の表明から議論は口火をきった。金丸は《第一号ポスター》を良いデザインであるとひとまず評価した後で、次のような疑問を亀倉に投げかけた。

これに少し問題を感じるのです。大体オリンピックというのは、インターナショナルなものでしょう。ですからどの国も従来は、国旗をデザインの中には使わないと思うんです。とにかくその国の国旗をメーン・マストに揚げるということが、参加者や、来朝された観衆の焦点になるわけです。それでベルリンではブランデンブルグ門、ローマではロムルス・オオカミを使っている。国旗を想像させる形が至るところに出てくると、これはインターナショナルなものに反することになって、外からきた人は不愉快になるのじゃないか。[19]

金丸はまず議論の前提として《第一号ポスター》を「国旗」としての日の丸として捉えている立場におり、オリンピックというインターナショナルな場で、日本というナショナリスティックな象徴である日の丸をメインに掲げるのは、いかがなものかという懸念を表している。

これに対して亀倉はすぐさま切り返す。

しかし、これを国旗と考える人はあまりないようです。外人が意識しているのはみんな太陽なんですよ。国旗だと白のスペースがたくさんないとそれらしくなりませんね。まあ国旗からきた太陽のイメージです。日本人が見ると新しい愛国心みたいなものを感ずる人が多いでしょうが。[20]

亀倉はポスターの画面上のレイアウトに言及し、それが太陽のイメージとの結びつきを導かせるようなデザインになっているので、日本人はともかく外国人はあまりそれを「国旗」としての日の丸に結びつけることはないと反論している。見る者の日の丸への直截的な連想をずらそうとする亀倉の造形上の仕掛けについては改めて後述することにするが、このような亀倉と周囲のシンボルマークをめぐる認識のずれは、すでにマークを決定するコンペ段階においても少なからず波紋を広げていた。

デザイン懇話会の座長として臨んでいた勝見は、同座談会でマーク選定の内情を次のようにふりかえっている。

懇話会メンバーでは、問題なく満場一致でこれがいいということになったのですが、組織委員会の中で多少異論があったわけです。そこでむしろ、日本の国旗的なイメージが入っているとか、何か非常に日本人の気持がよく出ているといういい分が、一つの潤滑油というか、動力になってこのデザインが組織委員会を通っているんですね。けれども、今までの印象を僕らがキャッチしている範囲では、日本の国旗がそこに入っているという感じよりも、やはり日本のイメージというか、朝日とか太陽とか、自然のシンボルとして連想する傾向が強いようですね。国旗を入れたいという解釈は、むしろ組織委員会の方を通すときの何かの便法というような感じなんです……。[21]

デザインの専門家が大半を占める懇話会の認識は、亀倉のモダンなデザイン意識を評価するものであったが、組織委員会での最終的な決定の段階になって多少の異論が出た。その具体的な内容については、ここで詳らかにされていないが、おそらく組織委員会が具象的なイメージを多用してきたこれまでの各国のオリンピックのデザインとは全く性格を異にした徹底的に抽象化されたこのマークに対し、いささかの困惑を覚えたのかもしれない。このような状況に対して、困惑の壁を氷解させるための方便として、このマークを「国旗」としての日の丸に結びつけようとした意見が議論の一部から出てきたということであろう。さきにふれた金丸の懸念と組織委員会の困惑は、国際的な祭典であるオリンピックという場において開催国として日本がどのようなデザインポリシーで臨むべきなのかという問題においては、両者とも正反対の方向性を持っているのだが、その論議の前提がいずれにおいてもこのマークを「国旗」としての日の丸であるという共通認識からはじまっているのは興味深いところである。

別のところで亀倉は、このマークを「国旗」としての日の丸から着想を得たものではなく、旗の形状というよりもむしろ赤という色彩を基点にして、それを太陽という具象的イメージへ、あるいはスポーツの躍動感という抽象的なイメージへ連鎖させていこうとする発想があったとふりかえっている。

日の丸の赤が日本だと思ったからである。その赤は昇る太陽を象徴していると思ったからである。私は日の丸の旗そのものを、このシンボルにとり込むという考えは最初からしなかった。(中略) 私は赤い丸を太陽にみたて、また赤い丸が画面いっぱいにどかーんと出せば、それ自身新しい感覚の造形となりうるし、その丸い形にくっつけて金色の五輪のマークを配置すると、丸と丸とが接触して回転造形を生むと計算したからである。計算はうまく図にあたって、単純な何の変哲もない形態が相乗効果を生んで、力強い現代的な造形に変貌してくれた。[22]

このようなマークに対する亀倉の言及を念頭に置きながら、以下改めて実際のポスターのデザインに目を向けてみよう。

まずは《第一号ポスター》の判型。ポスターは二対一の縦長の比率になっており、旗のような横長の形状をとっていない。また画面でのレイアウトに注目すると、そのマークの天地左右の余白はごくわずかに残された程度であり、前述の座談会などで亀倉自身が明言しているとおり、日章旗と比べると明らかに余白スペースに対する意識が異なっていることがうかがえる。やはりこの縦長という判型は、亀倉が念頭においている昇る太陽のイメージに、より活発な動きを強調するためのデザイン的判断によるものであろう。

このようにマークを《第一号ポスター》というかたちにする段階においても、「国旗」としての日の丸の形状にとらわれないデザインをしている亀倉だが、さらに後続の《第二号ポスター》《第三号ポスター》との並列掲示におけるマークの見られ方にも十分にその点を考慮してデザインしており、そこからも同様の意識がうかがえる。

一九六二年五月二四日に陸上百メートル走の「スタートダッシュ」のダイナミックな場面を写真で表現した《第二号ポスター》が発表された。寸法は一〇一〇×七二〇ミリのB全判。日本で初めてのグラビア多色刷印刷であった。当初、凸版印刷と大日本印刷がそれぞれ二万五千枚ずつの計五万枚を印刷したが、その後国内外で大変な反響を呼び、結局全部で九万枚発行された。[23]

亀倉はこのポスターのデザインをはじめるにあたり、まずシンプルかつ強いインパクトを与える自身の《第一号ポスター》をみつめながら、これを凌駕する自信がないと考えた。[24] そこで過去のオリンピックのポスターを調べ、いままで写真を使用したものがないことに注目し、大きく引き伸ばしたカラー写真による斬新なポスターを構想したという。[25] 亀倉のアート・ディレクションのもと写真の専門的な知識と経験を有していた村越襄と早崎治がそれぞれフォトディレクターとカメラマンとして参加した。相談の結果、陸上選手のスタートダッシュの瞬間を撮影することにした。撮影は同年三月中旬国立競技場で午後六時から三時間行われたが、八〇回のスタートをやり直すなどかなりの苦心があったという。[26]

さて、このようにして製作された《第二号ポスター》であったが、亀倉はそのデザインをふりかえって次のような発言をしている。

私は第一回の日の丸シンボルのポスターと並べてはられることを計算に入れて文字のレイアウトはかなり苦心した。日の丸シンボルをまったく分解して再編成したのがこのレイアウトである。日の丸シンボルのポスターを中心にして左右にこのポスターをはると大変な迫力になる。またその逆にしても迫力あるものが出来上る。[27]

つまり亀倉は《第二号ポスター》を手がける際に、いわゆる「組ポスター」のように《第一号ポスター》と並べられた光景を念

図4　《第4号ポスター》

図3　《第2号ポスター》《第1号ポスター》《第3号ポスター》の掲示イメージ

頭に置きながらレイアウトをしているのである。また亀倉は同じ文章で、撮影した六〇点あまりの写真のなかからこのカットを採用する際に、村越に対し「トリミングも人物ギリギリにしよう」と提案したとも述べている。このような指示などを考えあわせると、亀倉は《第二号ポスター》をそれ自体で完結した一つの画面としてとらえるというよりも、むしろ《第一号ポスター》のシンボルマークにむかって六名のアスリートたちが突進していくような、まるで映画のような連続するシークエンスを思い描きながら、このデザインに取り組んでいたのかもしれない。[28]

そしてすでにこの時点で、亀倉は次の展開についても思いを馳せている。

> 更に第三回目のポスターも日の丸を中心にして左に第二回目ポスター右に第三回目ポスターをはる計画も決して無駄ではないとおもう。ポスターの連続する面白さと迫力は他の芸術には見られないものである。だから第二回目のポスターを十枚ぐらい並べたら本当に面白い効果が出ると思う。[29]

《第二号ポスター》の発表を伝えた『朝日新聞』は、四号まで発行する予定があることを伝えている。[30] また翌年四月二十二日発表の「バタフライ」の《第三号ポスター》も前回と同じ三人によってデザインされたが、『読売新聞』の記事では一号から三号まで三部で一シリーズをなすもので、《第一号ポスター》を中心に向かって左に《第二号ポスター》、右に《第三号ポスター》を掲示する（図3）のがもっとも効果的であるという亀倉の談話を掲載している。[31] さて亀倉と早崎のコンビで手がけられた「聖火ランナー」の《第四号ポスター》であるが、大会開催年に製作されたこのポスター（図4）は公式ポスターという位置づけがなされていることもあり、さきの三部作とは別の単独の作品として扱われている。

ところで《第二号ポスター》は前年の《第一号ポスター》に引き続きＡＤＣ賞金賞を受賞しているのだが、『年鑑広告美術一九六二—三』に原弘がその受賞にコメントを寄せている。[32]

原はそこでこのポスターの成功の要因を「昨年にシンボルをそのままポスターにしたのと、並べて効果を意図したレイアウト」にあるとし、大いにその出来栄えを讃えているが、むしろここで興味深いのは、その文章とともに亀倉が思い描いていたような理想的とでもいうべき掲示例として、左から《第二号ポスター》《第一号ポスター》《第二号ポスター》という順番で並べられて掲載された写真図版（図5）の方である。この図版に注目してみると、亀倉のシンボルマークに対する意識がより明確になってくる。三点のポスターが並べられることによって画面が横長になり、横書きのロゴマークや選手の走り出す方向へと促されるかたちで、見る者の視線の左から右へという横への動きがスムーズに展開していき、二枚並べたとき以上に確かにダイナミックな画面の効果が生まれてくる。

図5　《第2号ポスター》《第1号ポスター》《第2号ポスター》の掲示イメージ

さらにシンボルマークに注目すると中央の《第一号ポスター》のマークは左右の《第二号ポスター》に挟まれることで、一個の単独したマークではなく、むしろ画面上で展開している選手の動きを切断し、かつ同時に繋ぎとめる役割を果たす形態としての赤い丸というデザイン・エレメントの一つとして存在しているかのような印象を与える。さらに同じ画面上で大小あわせて三つの赤い丸が大きさや高さを変えてレイアウトされている点をみると、ますますその印象を強く受ける。

このようにしてポスターのディティールにまで注意を払ってみてみると、亀倉がモダンデザインとしての日の丸という明確な意識を持って、このマークを手がけていたのかを読みとることができる。[33]

3　亀倉雄策と〈日本的なるもの〉

以上のように亀倉は、オリンピック東京大会のシンボルマークを日本を象徴する日の丸であると同時に、モダンな造形思想に裏付けられた純粋な太陽のかたちとしてとらえている。とりわけオリンピックという日本が世界各国を相手にどのように自己を演出していくのかを問われる場においては、このような絶妙なバランスをもった亀倉のデザインは大いに評価されたわけだが、それはデザインの美学的な観点においてはもちろんのこと、前述のマークの選定の場面でもみられたように広義の意味での政治的な観点においても首尾よく機能していった。

しかしながら亀倉は、自身も明言しているようにオリンピックのみを目標にしてこのような意識やそれに基づくデザイン表現をはじめたわけではない。この問題は亀倉に限ったものではなく日本においてモダンデザインを実践していくデザイナーにとって間違いなく、遅かれ早かれ自覚しなければならない本質的なものであった。川畑直道は「モダニズムと〝日本的なるもの〟」と題した論考で、その本来的な自覚が日本で生まれたのは一九三〇年代に入ってからであるとし、その代表的なデザイナーとして原弘、河野鷹思、奥山儀八郎をあげて、かれらがどのようにこの問題について取り組んでいたのかを歴史的な経緯を踏まえて周到に考察している。[34]

かれらがその自覚をもって活躍していたちょうどその頃、ひと回りほど下の亀倉はデザイナーとしてのキャリアを本格的にスタートさせているが、ドイツ帰りの新鋭の写真家名取洋之助が設立した「日本工房」への入社は、以後の亀倉のデザイン活動において決定的なものとなる。一九三七年一〇月に入社して以降、亀倉は対外宣伝誌『NIPPON』などの雑誌のデザインや外注された企業のパンフレットやポスターなどを写真を用いたモダンなスタイルで手がけている。しかし入社当時二二才の若者であった亀倉自身が、どれほど自覚的にモダンデザインにおける〈日本的なるもの〉を意識していたかは管見の限りはっきりとしない。だが、この問題と真摯に取り組んでいた先覚のデザイナー河野鷹思との出会い一つをとってみても、「日本文化を国際社会に知らしめる」という課題に写真やデザインの領域でモダンな感覚を持って取り組んでいた日本工房という場所での経験は、亀倉がのちにこの問題を自分の問題として与するときに貴重な経験になったことは間違いない。[35]

さらに日本工房での経験のなかでとりわけ注目すべきは、亀倉が戦後熱心に取り組むトレードマーク研究の端緒となる紋章との出会いである。かれはその衝撃を次のように率直に述べている。

私の青年時代は、紋章はごくあたりまえに、どこにでもあって、一種の食傷気味で、むしろ西洋的パターンにあこがれていた。それが名取夫妻によって「よく日本の紋章をみろ。シンプルで造形的で、そして新しい」といわれた。私はハッとして、目を洗われたように紋章の新鮮さに驚愕した。今の私のデザイン骨格は紋章を血とも、肉ともし得たものに違いない。[36]

名取洋之助とエルナ・メクレンブルク夫人のモダンな美意識を通して、日本の紋章のもつ造形的な美しさを知った亀倉は、伝統的な造形美をもつ紋章をいかにして自分のデザインに取り入れていくのかを、以後の多岐にわたる活動における重大なテーマの一つとして熱心に追求していくことになる。

その本格的な取り組みは、戦後になってからである。亀倉は、一九五一年の日本宣伝美術会（日宣美）の創立に参加し、また作品においても、一九五〇年代から六〇年代にかけて《ニコンポスター》や《原子力平和利用ポスター》などの抽象的なモダンデザインのポスターを数多く生み出し、自他ともに認めるグラフィックデザイン界の中心的なデザイナーとなっていった。そのような目立った活躍の一方で、トレードマーク研究という地道な仕事を続けている。そしてその成果として、一九五六年七月に『世界のトレードマーク』、またその増補版として一九六五年一〇月に『世界のトレードマークとシンボル』を刊行した。亀倉は一九五一年からトレードマーク蒐集をはじめ、五三年にはすでに約三〇〇〇点が集まりその中から約七〇〇点を選び、さらに翌年の五四年の欧米への初外遊の際に直接作家から集めた一〇〇点あまりをあわせて『世界のトレードマーク』を編集した。アメリカのポール・ランド（かれは本書の序文も手がけている）、ドイツのヨーゼフ・ビンダー、イタリアのブルーノ・ムナーリといった世界的なデザイナーのマークとともに、亀倉はもちろんのこと伊藤憲治、大智浩、今竹七郎など日本のデザイナーの作品も収録されている。銀行、菓子メーカー、航空会社に至るまであらゆる業種のトレードマークが網羅的に収録されているが、その掲載の構成は国別や作家別ではなく、鳥や魚や天使といったモチーフ別でなされており、一見してどの国のデザイナーのマークになっているのか判別できず、まさに万人が見ても理解できるようなトレードマークの特徴をアピールするものになっている。また図版とともに巻末では、「総論」「マークの歴史」「時代の流れ」「トレードマークの選定」「マークの効用」という項目立てでトレードマークの歴史や役割や効用について論じている。例えば「マークの効用」ではその汎用性について次のように述べている。

優れたマークであれば、いろいろと効果的な使用方法を発見することはそんなにむずかしくない。マークのもっている造型性とマークが表現している内容とを、広告印刷物やテレビのタイトルなどにも弾力をもって使用するのである。よいマークは表現に弾力がある。[37]

オリンピックのシンボルマーク決定直後に、ポスターやバッジなどあらゆる場面で使用できるマークであると自負した亀倉だが、この時点で優れたマークとはどうあるべきかということをすでにしっかりと見極めている。さらに「時代の流れ」では、マークというものは一度決定し採用したら永久に変えてはならないと思い込んでいる人が多いが、一方でデザインとは鮮度を大切にしなくてはならないものなので、時代の感覚にあわせて少しずつアレンジする必要があると主張している。とりわけここで亀倉が、不変であるべきとされている最たるものとして、国のマークである国旗を例にあげて論じている点は大変興味深いところである。

トレードマークも時代とずれてしまっては本来の使命に反するわけだ。それなのに三十年前のマークを国旗とおなじ考えで、神聖厳粛なものとして手にふれないことを誇りに考えている人が多い事実に驚く。マークは会社や団体の歴史の象徴だと思いこんでいるため、国旗とおなじ考え方をするのであろう。[38]

　亀倉はこれからの日本の企業や団体も欧米のように、トレードマークを積極的に用いるべきと本書全体を通じて主張する。そして「日本の紋章」という一文を本書の冒頭に置いて、日本の伝統的な「トレードマーク」としての紋章を重視し、この遺産をどのようにうまく活用するべきかを考える必要があると訴えかける。亀倉は日本の紋章が幾何学的に構成され、単純な美しさを有し、新しいデザインとしてとらえた場合でも十分な力をもっているにも拘らず、あまりにも日本人の日常の生活になじみすぎているがゆえに、その美しさや訴求力が見逃されていると嘆く。そして日本における紋章の起源を平安時代において、それ以後の時代の人々にとってどのような役割を演じてきたかをふりかえっている。亀倉はとりわけ明治以降に欧米の風俗や文化が急速に広まり、さらに第二次大戦後はアメリカの風俗が日常生活に蔓延したために、日本的なデザインである紋章が保守的な象徴として軽視されてきたとしている。そのような歴史的背景をふまえたうえで、いまこそ改めて紋章を見直すべきだとして、さらにこれからは近代的な産業形態と結びつけるかたちで紋章のモダンで幾何学的な美しさを掘り下げて研究していくべきとして論を結んでいる。

　亀倉はオリンピックが開催される以前から、シンボルマークこそがデザイン活動の中心を担うべきと主張し、結果としてコンペで自身のマークが選定されたのだが、実際にはいまみてきたようにオリンピック以前の何年も前の時点から、亀倉がマークに注目して十分に研究を重ねることによって、マークデザインの要点を的確に把握していたという前段があったことは見逃せない。つまりは亀倉にとってオリンピックのシンボルマークこそが、まさに日本という国の紋章である日の丸をモダンな感覚から作り変えた実践例であり、まさしく戦前からのデザイン活動の集大成といえる作品であったのだ。いやむしろ亀倉はオリンピックという国内外から注目を集め、さらに〈国際的であること〉と〈日本的であること〉という矛盾した問題に対処しなければならない大舞台こそが、自分のシンボルマークの仕事の集大成を披露するのにふさわしいと考えていたのではないだろうか。

　さて実はトレードマーク研究を本格化させたちょうどその頃、亀倉は日本のモダンデザインが宿命として背負わざるをえない伝統という問題を否応なく考えさせられるような体験をしている。

　一九五四年に亀倉は初の欧米旅行に出かけフランス、イタリア各国のデザイナーと交遊するのだが、最初の訪問国のアメリカのニューヨークで当時高名な雑誌のアートディレクターと面会した。そこで亀倉は抽象デザインのポスターとして日本で評判を得ていた《ニコンポスター》をそのデザイナーにみせたところ、「日本には浮世絵という素晴らしい芸術がある。それなのになぜ君は、ヨーロッパ風のデザインをしているのか。なぜ浮世絵のような伝統的なデザインをしないのか」と苦言を呈した。亀倉が「伝統を払い除けなければ、新しい時代の道は拓けないと思うのです」と答えたが、そのデザイナーは「君の作った新しいものには我々は興味ない。君が浮世絵のようなものを描くなら、ニューヨークでも仕事はあるだろう」と言い返し、議論は平行線のままであったという。亀倉は最後にかれに「浮世絵の真似をする気はみじんもありません」ときっぱり断言したと述べているが、この体験を「この浮世絵問答は、時間が経つに従って重要な意味をもつようになり、次第に私のデザイン思考を強く揺さぶり出した」とふりかえるほど、当時の亀倉にとっては間違いなく決定的な体験であった[39]。

亀倉は浮世絵のようなもの、つまり西洋のオリエンタリズムにたやすく回収されてしまうような安易なデザインを否定しながらも、一方でたとえいくら完璧に日本人が、西洋的なモダニズムのデザインを体得したとしても、それによって十分な評価は得られないという現実があることをこのとき痛感するのである。

さて亀倉は、前述したように一九六〇年六月のシンボルマークコンペの当日のおよそ二時間でそのデザインを仕上げているのだが、そのおよそ一ヶ月前の五月十二日に日本で初めての国際的デザイナーが参加して開催された「世界デザイン会議[40]」の席上、かれは「KATACHI」という意味深長なテーマでスピーチを行なっている。そこで自身の別の講演での発言を引くかたちで、日本という場所でモダンデザインを実践していくうえでの覚悟について率直に語っている。

われわれ日本のデザイナーに課せられた問題の一つに伝統がある。伝統はデザイナーにとって重荷であるが、これを拒否することはできない。われわれはわれわれの伝統を一度分解して、新しく組み立てる義務がある[41]。

ニューヨークでの「浮世絵問答」、つまり日本人のデザイナーが欧米で生まれたモダンデザインをそのまま上手く咀嚼し、それを十分に作品として表現したとしても、それはあくまで、「欧米の模倣」という枠組みのなかでの評価に終わってしまうという宿命的ともいえる問題に対して亀倉の回答は、まず日本が背負ってきた伝統を直視すること、そしてそのうえで一度その伝統を分解し、新しい感覚をもってその伝統のかけらを積み立て直すことであるというものであった。では、亀倉のいう「伝統を一度分解して、新しく組み立てる」とは、どういうことなのであったのか。

亀倉は世界デザイン会議から一ヵ月後、オリンピック東京大会シンボルマークとしてその回答を作品化した。亀倉は日本的なモチーフともいえる日の丸を採用したが、そのデザインは他のデザイナーが提出した日本の伝統的なモチーフである富士山や扇や梅のかたちの抽象化という技法のレベルを越えたところにあるデザインの根本に関わるものであった。

亀倉はまるで自らにあえて試練を課すかのように、まさに〈日本的なるもの〉の凝縮ともいえるような「神聖厳粛な」日の丸をモチーフに選び、文字通り赤い丸と白の背景に分解したうえで、改めてマークの判型、赤い丸のバランス、五輪マークとの組み合わせをデザインすることによって、「日本の象徴としての日の丸」を「モダンデザインとしての日の丸」として見事に再構築したのである。そしてこのような〈日本的なるもの〉という領域の真心から、まるで内破するようにモダンデザインを実践した亀倉の極端ともいえる振る舞いは、間違いなく日本を代表するグラフィックデザイナーとしての確固たる自信から来るものであろう。

さてその後も亀倉は、国際的なイベントのデザインをいくつか担当しているが、以後の作品においてオリンピックのデザイン以上に明確に、〈日本的なるもの〉とモダンという問題意識に立ってデザインを展開できたのかといえば、必ずしもそのように断言し難いところがある。例えば、一九七二年の札幌冬季オリンピック大会では二点のポスターをデザインしている。東京大会のポスターと同様、「スキーの滑降」と「フィギアスケート」の競技場面が写真に収められ、また画面下部に、永井一正の大会シンボルマークと「XI Olympic Winter Games」のロゴをあわせてデザインされている。それぞれスピード感のあるダイナミックな構図でモダンなポスターに仕上がっているものの、〈日本的なるもの〉の追求がいまひとつはっきりとみられず、またデザイン的にも東京大会の枠を出るものではなかった。また オリンピック以外でも、一九七〇年大阪で開催された日本万国博覧会の二点のポスターを手がけている。一九六九年に発表されたポスターでは、亀倉は日本の伝統として踊りに注目している。そこでは沢山の人々が、全国各地の郷土舞踊を踊っている場面が写真によって捉えられ、踊りの動きの速度の違いによって生じたブレを効果的に画面上に定着させて、生き生きとした躍動感を与えているのだが、札幌オリンピックのポスターと同様に写真が全面的に展開しており、東京オリンピックのポスターのデザインでみせた、マークと写真の組み合わせによる明快なデザイン表現に比べるとやや精彩を欠いてしまう。またいまひとつのポスターは、大高猛がデザインした桜をかたどったシンボルマークを中心にして、光がその周りから放射線状に放たれている構図になっており、その力強い造形は見る者に圧倒的な印象を与える。また黒地に金のマークという画面の配色にすることで亀倉は、蒔絵の色使いを思わせるようなデザインにしているのだが、それだけで〈日本的なるもの〉をすぐに想起させるには少し物足りない感がある。

ではなぜ亀倉は、オリンピック以後の仕事で明確な答えを出せずに試行錯誤を繰り返していたのだろうか。その理由の一つとしては、東京大会ではマークからポスターまでを亀倉の一貫したディレクションのもとでデザインができたのに比べ、以後の仕事では他の人のマークを生かしながら、自分のポスターをデザインするという大前提があった。また前述のように東京大会では組ポスターとして三点ポスターを制作することができ、複数の並列掲示という方法で見る者にパフォーマティブな読み方を可能にさせることができている。そして亀倉が、〈日本的なるもの〉を表象するときにその伝統に着目する限りにおいて、なにをもって日本の伝統であると措定するのかというアポリアが立ちはだかってくる。オリンピック東京大会では、事前に紋章というアイデアを熟考する準備ができていたが、以後継続してこの問題に取り組む以上、ことあるごとに万人がそれと納得するような「伝統」を発見し続けなければならないのだ。その困難さは亀倉自身の伝統に関する言説においても確認できる。デザイナーである亀倉は初めての欧米旅行をした一九五〇年代中頃からあらゆる文章やスピーチなどの言説レベルで伝統（的なもの）を歴史化し、その体系化を図っている。前述の『世界のトレードマーク』や世界デザイン会議のスピーチ「KATACHI」において亀倉は、例えば紋章や陶器を例にとって、いつの時代にどのような支配階級の下でそれらが育まれたきたのかを切々と述べている。例えば酒壷や杯について、次のように語っている。

神にささげる酒の壷とか、さかずきは白い素焼きですがその形態はゆるがすことができない単純さを持っています。それゆえ藤原期（西暦九六九年―一〇七七年頃まで）には瀬戸の陶器の工房で、この神の酒壷の形にあめ色の上薬をぬって焼き、多くの民衆の酒瓶となったのです。桃山期（一五六八年―一五九八年頃まで）には、この形のまま木製で朱色のうるしがぬられ、華麗な酒壷として巷の酒盛りに使用されました。またさかずきはひらたく作られているために、後年その形態を大きくして、家庭の皿やおぼんなどにまで発展しました。まさしく様式の根強い生命力といえましょう。それだから良質な伝統として今日の我々の生活のなかにも永らえているのです。[42]

決して長いとはいえないスピーチにおいて、具体的な年代を入れつつ論を進めようとしている一方で、論拠がはっきりしない上での展開にはやや強引な印象を持ってしまうが、とりわけここで注目すべきはその論理の粗さではなく、亀倉が酒杯の形状や使用方法の変遷をできるだけ歴史的な流れに即して、体系的に記述しようとするそのふるまいである。亀倉はそのような体系化の一方で、「しかしこういう問題は学問的な解決よりも、直感的な未解決の方を私は好みます」という言でこのスピーチを結んでおり、ここからもこの問題に向きあう際の亀倉の座りの悪さを否応なく感じさせてしまう。

さてオリンピック以後、〈日本的なるもの〉とモダンという問題意識において決定的なデザインを残せなかった亀倉であるが、当然ながらその責を全面的に、かれのデザイナーとしての才能や資質に負わせるべきではないであろう。改めて強調するまでもないが、その主な要因は問題の設定そのものにある。亀倉は日本を代表するモダンデザインの先駆者として、世界の桧舞台に立ったとき、〈日本的なるもの〉としてその伝統をなんとか自身のデザインにおいて表現しようと挑戦していったのだが、そこには極めてイマジナルな領域に属する「伝統」を一つのかたちあるデザイン表象として現前化するという試練が、どうしても立ちはだかってしまうのである。亀倉は、モダンデザインによる伝統の再構築という方法でオリンピックのデザインに挑み、国内外から高い評価を獲得したのだが、それは同時に結果として、伝統の捕捉という名の「パンドラの箱」を開けてしまうことでもあった。しかし裏を返せば、答えのない問いにそうと知りつつも真正面から対峙する亀倉の実直さを如実に表しているのではないのだろうか。また一方で、〈日本的なるもの〉の内実を直截的に「伝統」に求めようとする亀倉の心性をとらえようとする作業こそは、おのずと一九六〇年代というの時代の位相を見つめ直すことに繋がっているのかもしれない。[43]〈日本的なるもの〉の問いそのものは、当然ながらデザインの分野に限らず、あらゆるジャンルにおいて現在においても厳然として存在する問題である以上、いまいちど亀倉のオリンピックのデザインの仕事に焦点をあてて再検討することは、学問的な意義を越えて、いまを生きる我々にとって間違いなくアクチュアルな意味を持つものになってくるであろう。

注

1　例えば、一九二四年のパリ大会では槍投げの選手とサクレクール寺院、一九五二年のヘルシンキ大会ではランニングする選手とフィンランドの地図の組み合わせになっている。

2　『日宣美の時代　日本のグラフィックデザイン一九五一―七〇』（二〇〇〇年、ギンザ・グラフィック・ギャラリー）や『一九六〇年代グラフィズム展』（二〇〇二年、印刷博物館）が作品展示や関連刊行物での数多くの論考によって、当時のデザイン界の動向の詳細を明らかにしている。

3　『デザインの現場』編集部「オリンピック東京大会シンボル・マーク」『デザインの現場』一〇〇号、美術出版社、一九九八年一二月、一〇頁。

4　『TOKYO OLYMPICS オフィシアル・スーベニア』、電通、一九六四年、一四一頁。

5　「東京五輪のマークきまる」『朝日新聞』一九六〇年六月一一日朝刊九面。

6　亀倉雄策「オリンピックのシンボル」『東京オリンピック　オリ

ンピック東京大会組織委員会会報』二号、一九六〇年六月二三日号、一八頁。

7　宇田川由貴子「東京オリンピック」、日経デザイン編『てんとう虫は舞いおりた』、日経BP社、一九九五年、一四九―一五〇頁。（初出は『日経デザイン』一九九四年二月号）

8　「座談会　デザイナーの社会意識」『デザイン』三号、美術出版社、一九五九年一二月、一六頁。

9　同前。

10　中村雄二郎、亀倉雄策（対談記事）「曲線と直線の宇宙」『曲線と直線の宇宙』、講談社、一九八三年、三四七頁。（初出は『KAWASHIMA』No.3、一九八一年。）

11　勝見勝「東京オリンピックのアートディレクション――視覚言語の国際化の問題」、東京アートディレクターズクラブ編集『年鑑広告美術一九六五』、美術出版社、一九六五年、一六頁。

12　オリンピック開催までの勝見による亀倉論としては「亀倉雄策グラフィック・デザイン展」（『工芸ニュース』二一巻八号、丸善、一九五三年八月）、「亀倉雄策のヴィジョン」（『広告美術』六号、折込広告社、一九五三年八月）、「亀倉雄策の人と作品」（『デザイン』二二号、美術出版社、一九六一年六月）などがある。また亀倉の第一作品集『作品集　亀倉雄策』（美術出版社、一九七一年）にも論文「是々非々　我に似なふたつに割れし真桑瓜（芭蕉）」を寄稿している。

13　『第十八回オリンピック競技大会公式報告書　上』、オリンピック東京大会組織委員会、一九六六年、三七七頁。

14　川添登「すぐれたシンボル　東京五輪のポスター」『読売新聞』一九六一年三月二一日夕刊三面。

15　勝見勝「金賞」、東京アートディレクターズクラブ編集『年鑑広告美術一九六二』、美術出版社、一九六二年、四〇頁。

16　事実オリンピック以前にも、世界に向けて日本を象徴するマークとして日の丸が用いられている例は少なくない。亀倉がマークを手がける前年の一九五九年、竹田恒徳委員長の要請で、日本オリンピック委員会（JOC）のエンブレムを、アマチュアのデザイナーであり日本スケート連盟理事であった脇野辰夫（旧姓斎藤）が手がけているが、それは日の丸の旗の下に五輪マークを組み合わせるという構図であり、亀倉のマークに極めて「類似」している。これについてはJOCのホームページ（http://joc.or.jp/aboutjoc/embrem/index.html）を参照した。

また一九四〇年の幻に終わった二大国家イベント日本万国博覧会（デザイン＝村田一夫、一九三六年八月に懸賞公募により決定）とオリンピック東京大会（デザイン＝廣木大治、一九三七年七月に懸賞公募により決定）の公式マークの両方とも日の丸の旗をモチーフにしている。これらのマークについては川畑直道編集「日本グラフィック・デザイン年表一九二〇―三〇年代」『紙上のモダニズム一九二〇―三〇年代日本のグラフィック・デザイン』、六耀社、二〇〇三年を参照した。

17　亀倉雄策「日の丸のオリンピック」『デザイン随想　離陸着陸』、美術出版社、一九七二年、三二頁。（初出は『毎日新聞』一九六六年七月二六日）

18　同前、三三頁。

19　「座談会　オリンピック東京大会をあと二年にひかえて」『広告美術』第三六・三七号、折込広告社、一九六二年一一月、二二頁。

20　同前。

21　同前。

22　亀倉雄策「日本の赤」『曲線と直線の宇宙』、講談社、一九八三年、三二二頁。（初出は『小笠原挿花』一九八一年一月号）

23　「日の丸とオリンピック」前掲　三三三頁ではポスターの反響のすさまじさについても言及しているが　あるとき、ある女性から「スタートのポスターがほしい。家の近くの銀行のショーウインドーに飾ってあるので、夜こっそり行ってガラスをこわして盗もうと思う。ガラスをこわさせる前にポスターを送ってくれ」という手紙が亀倉のもとに届いたという。その後、亀倉は急いで組織委員会に依頼してこの女性にポスターを送った。

24　亀倉雄策「本紙表紙のポスターをデザインして」『東京オリンピック　オリンピック東京大会組織委員会会報』一〇号、オリンピック東京大会組織委員会、一九六二年七月、二〇頁。

25　亀倉雄策「制作ノォト」『亀倉雄策のデザイン』、六耀社、一九八三年、二一〇頁。

26　「第二号ポスターできる　東京オリンピック」『朝日新聞』一九六二年五月二五日朝刊一〇面。

27　亀倉雄策「オリンピック第二回ポスターについて」『デザイン』三四号、美術出版社、一九六二年七月、二頁。

28　オリンピック史上においてリーフェンシュタールの《オリンピア》と並び称される市川崑の記録映画《東京オリンピック》では冒頭、このシンボルマークが真っ赤に燃える太陽に変わるというシーンがある。また亀倉はこの作品の美術監督を務めている。これらの点については身体文化研究会のメンバー鈴木康史氏よりご教示いただいた。

29　亀倉雄策「オリンピック第二回ポスターについて」前掲。

30　「第二号ポスターできる　東京オリンピック」『朝日新聞』前掲。

31　『朝日新聞』一九六三年四月二三日朝刊一一面。

32　原弘「金賞作品について」、東京アートディレクターズクラブ編集『年鑑広告美術一九六二—三』、美術出版社、一九六二年、四八頁。

33　勝見勝「オリンピック東京大会のデザイン・ポリシー　二」『グラフィックデザイン』一八号（美術出版社、一九六五年一月）や前述の『デザインの現場』一〇〇号には実際に代々木競技場内で亀倉の意図どおりの並びで、三点のポスターがパネルで掲示されている様子が図版として掲載されている。

34　川畑直道「モダニズムと〝日本的なるもの〟」『紙上のモダニズム　一九二〇—三〇年代日本のグラフィック・デザイン』六耀社、二〇〇三年、六一—一一頁。また川畑は河野と原について、『青春図會　河野鷹思初期作品集』（河野鷹思資料室、二〇〇〇年）と『原弘と「僕達の新活版術」　活字・写真・印刷の一九三〇年代』（トランスアート、二〇〇二年）ですでに詳細な研究を行なっている。

35　亀倉は自著のなかで、幾度となく河野に対する尊敬の念を表している。例えば、日本工房時代について「青春　日本工房　時代」『日本デザイン小史』（ダヴィッド社、一九七〇年）の二二五頁で「NIPPONの表紙のなかでずばぬけて優れているものは、ほとんど河野鷹思の制作になるものばかりだった。この頃の河野の感覚の冴えはやはり歴史に残る鮮烈なものだった。」と回顧している。

36　亀倉雄策「めぐりあい　名取洋之助」『曲線と直線の宇宙』、講談社、一九八三年、九四頁。（初出は『毎日新聞』一九八〇年五月二二日）

37　亀倉雄策「マークの効用」『世界のトレードマーク』、ダヴィッド社、一九五九年（増補普及版再版）、一九〇頁。

38　亀倉雄策「時代の流れ」『世界のトレードマーク』前掲、一七八頁。

39　亀倉雄策「西洋と日本の接点」『直言飛行』、六耀社、一九九一年、八五—六頁。（初出は『クリエイション』三号、一九九〇年）

40　世界デザイン会議は異なるジャンルのデザイナーとの共同作業が行われた。多くのデザイナーたちが横の繋がりをつくるきっかけになり、共通の地盤に立ったデザイン意識を高め、結果としてオリンピックのデザイン活動の予行演習の場となった。そこでは多くのデザイナーが関わった共同作業が行われている。会議室や展示会場の設営を担当するインテリアデザインと招待状やポスターなどを担当するグラフィックデザインに大別され、前者は建築家の清家清をチーフに、インテリアデザイナーの松村勝男やインダストリアルデザイナーの野口瑠璃などが担当し、後者は原弘をチーフに、まずシンボルマークを河野鷹思が、ポスターを田中一光がデザインした。また、バッジや細かな印刷物は江島任や永井一正ら若手のデザイナー数人で手がけている。

41　亀倉雄策「KATACHI」、世界デザイン会議議事録編集委員会編集『世界デザイン会議議事録』、美術出版社、一九六一年、三一頁。

42　同前。

43　現在の日本においてもあらゆる分野で〈日本的なるもの〉は問われ続けている。例えば昨今の現代美術の領域ではその内実としてオタク文化やサブカルチャーが称揚され、海外でも高い評価を得ている。アーティスト村上隆は現代日本の社会や文化や風俗のキーワードとして「Super Flat（スーパーフラット）」を提唱している。もちろん亀倉の「KATACHI」とは全く性質を異にしているが、コンセプトを全面に打ち出す戦略はどこか似通っているといえなくもない。

図版出典

〈図1〉＝展覧会図録『オリンピック・ポスターアート展』（発行：オリンピック・ポスターアート展実行委員会、二〇〇〇年、一二頁）より転載。©国際オリンピック委員会。

〈図2〉〈図3〉〈図4〉〈図5〉＝展覧会図録『戦後文化の軌跡　一九四五—一九九五』（発行：朝日新聞他、一九九五年、一四〇—一四一頁）より転載し、〈図3〉〈図5〉については新たにレイアウトした。以上、四点とも©財団法人日本オリンピック委員会。

追記

筆者は本書刊行後、宇都宮美術館において「デザイン・日本・亀倉雄策」展（二〇〇六年一一月～二〇〇七年一月）を開催した。展覧会図録では本稿で言及した亀倉のデザイン思想について同時代の日本のグラフィック・デザインの動向を踏まえながら多角的に論じたので、参照されたい。

8

未来の都市／未来の都市的生活様式

――オリンピックの六〇年代東京

石渡雄介

今日は厄日だった。

まず、『ルブリョフ』を公開するためには、一〇分間のカットが条件であることがわかった。なんでも、以前に私がチェルノウツァンに約束したというのだ。

そんな約束をするはずがない。私が何年にもわたってこの映画のために戦ってきたのは、カットしたり、いまの構成を変えたりしないためではないか。

ひどいたわごとだ。ひどい欺瞞だ。もちろんフィルムをカットするつもりはない。

次に、日本行きが駄目になった。委員会はエキスポ'70の閉会式にわれわれを派遣しないと〈決定〉した。

明日、一一時頃、バスカーコフに会いにいく。どこで「都市」を撮影しろというのだ。連中は頭がおかしいのだろう。「都市」シーンがないと、映画はずっとつまらないものになる。新アルバート街では用をなさない！

それにまた言ってくるだろう。「未来なんていったいどこにあるんだ?」と。

なんてことだ！　こうした馬鹿な連中の欺瞞、偽善、裏切りは、いったいいつになったら終わるのだろう。

けれども、今日は何枚かいいレコードを買った。

ハイドン、バッハ、ヘンデル……。


『タルコフスキー日記』

元選手村と首都高ランプ

はじめに

あなたは「東京のまち」の印象を尋ねられたらどのように答えるだろうか。碁盤の目を基調とする、「整然とした」合衆国の諸都市を参照して、「雑然としている」と答えるだろうか。モニュメンタルな教会や市庁舎を中心として、放射状にのびる道路と、建物が一定の高さに「整然と」建ち並ぶヨーロッパの諸都市を参照して、やはり「雑然としている」と答えるだろうか。あるいは香港などのアジアの諸都市を参照して、「雑然としている」ことになにか「アジア的なもの」の共通性を見いだすのだろうか。またはイスラーム世界の都市の、迷路のように入り組んだ路地と、東京のごみごみした住宅密集地域のそれとは似ているかもしれないと答えるのだろうか。あなたが参照するのが西欧でもアジアでもイスラーム世界でも、「雑然としている」と答えるのは、あなたが「都市」を語るとき、訪れたことのないどこかの西欧の諸都市を、頭の隅に置きながら答えているのかもしれない。

あなたのなかの「西洋人」が「雑然としている」という印象をもっているこの「東京」は、一方で、八〇年頃から語られている、ポストモダン建築の世界で、映画を通して高く評価されている。このとき、「雑然さ」はプラスのイメージで語られる。あなたは若きハリソン・フォードが主人公の『ブレードランナー』や、元モンティパイソンのテリー・ギリアムが監督した『未来世紀ブラジル』を観て、「このシーンは渋谷のハチ公口じゃないか」とか、「歌舞伎町の裏通りだろう」と、なにかしらの親近感をいだくかもしれない。このふたつの映画はいわゆるSF作品であり、「東京」はこのとき、未来の都市の一典型として映し出されている。あなたのなかの「西洋人」は、この「未来の都市」が、いつ頃からできてきたのだろうかと想像したことがあるだろうか。さらに、そのできつつある「未来の都市」に住まう人びとは、どのような生活をしているのだろうかと想像したことがあるだろうか。

一九五九年五月、ミュンヘンで開かれたIOC総会において、東京が第一八回大会の開催地として選出された。決定後、一九六四年一〇月の開催までに、東京はオリンピックを開催するためのさまざまな基盤を整備しなければならなかった。外国から飛行機や船でやってくる選手団や観客が、都心へ迅速にアクセスできるようにしなければならないし、宿泊地も供給しなければならないし、その宿泊地から競技場へのアクセスも容易にしなければならない、そして、実際大会がおこなわれる競技場もあらたにつくらなければならない。つまりは東京中で大工事を行わなければならなかった。

オリンピックまでの五年間で、都市の、目に見える物理的な基盤が急ピッチで整備されていく。一方、そこに住む都民の日常的な生活の基盤も整備されていった。上下水道やゴミ処理が「改善」したことにより、都民の暮らしが変化していった。

新幹線、地下鉄、モノレール、首都高速道路、ならびに一般道が整備され、河川はますます埋め立てられ、東京の道にはコンクリートの橋げたがそびえ立ち、地面はアスファルトで塗り固められていった。本章では、現在の東京に決定的に重要な変化をあたえた、この時期の跡とともに、その後を追っていくことにする。

1 未来の都市に向かって——東京一九五九

タルコフスキーと東京

冒頭のタルコフスキーの日記は、一九七〇年の九月二二日のものである。彼は当時、一九七二年に公開されることになる『惑星ソラリス』の撮影準備段階であった。[1] この映画のなかで、以前惑星の探査隊員だったバートンが、主人公のクリスと両親がいる家にテレビ電話をかけてくるシーンがある。惑星行きが明日に迫り、主人公のクリスは、両親が住む自然豊かな「いなかの家」で親子水入らず、両親と地球への別れを惜しむはずだった。そこに両親の長年の友人であるバートンが「ソラリス」に関する情報を伝えにやってくる。バートンはクリスと口論になり、「いなかの家」を去るのだが、言い忘れたことを伝えるために、彼は「まち」へ向かう途中の車内から通信してくる。車を走らせているのは中央・総武線の信濃町駅付近から都心へ向かう首都高四号線（新宿線）の上り路線の区間である。[2] 最初に走らせている四号線だけでなく、タルコフスキーは首都高の上り下りを二階建てにして立体的に造成している地点や、三宅坂ジャンクションのような地下になっている地点を、モノクロフィルム、カラーフィルムを織り交ぜて、約四分間もストーリーに組み込んでいる。

この首都高四号線は、国立競技場や選手村への簡便なアクセスのために、オリンピック開催前につくられていた。六〇年代前半につくられた首都高に、七〇年のタルコフスキーは「未来」を見ていた。

「臭いまち」東京

この映画のなかで、一〇年前に死んだはずのクリスの妻が、ソラリスの海から何度も立ち現れてくる。ロケットに乗せて宇宙空間に飛ばしても、クリスが眠りから覚めたあとにはまたあらわれる。映画のなかの話とはいえ、ソラリスの海の物質でつくりあげられている彼女は、食物を摂取しないし（お酒を飲むシーンはある）、排泄もしない。そんな彼女のイメージは、東京オリンピック後の「東京」の劇的な変化のあとと部分的に重なってくる。

オリンピックを境にして、「東京」はさまざまな「排泄物」を覆い隠してきた。東京はオリンピックの前までは、世界で有名な「臭いまち」だった。じつは戦前も東京は「臭いまち」だったようだ。昭和七年五月に喜劇王チャップリンが来日し、半月ほど東京にいたが、「東京のご感想は?」と訊かれ、「東京は臭い。映画の題材にもならない」と答えたそうだ（柴田、1959: 134）。「臭い」原因のひとつは、トイレが水洗でなく、いわゆる「くみ取り式」だったことによる。空襲により、まちの大部分を焼き尽くされたあととはいえ、それから一五年以上経ち、当時の池田勇人首相が「もはや戦後ではない」と宣言したにもかかわらず、トイレは「くみ取り式」だったのだ。この「臭い」問題を外国の人びとが東京にやってくる前に解決しなければならない。そして、通りに出される家庭の生ゴミも、定時に素早く回収し、長い時間人目に触れることのないようにしなければならない。建設に際して出される廃棄物も、とりあえず都心から外に出さねばならない。オリンピックの前までに、見た目には「きれいなまち」にすることが当時の行政の緊急の課題だった。

一方で、「東京」は、おもにホワイトカラー労働者の住宅をより郊外へと追いやり、巨大なスプロールをうながし、東京に本社を置く巨大企業は、資本の集中の度合いを高め、そして道路や建物の建設ラッシュにより肥え太っていった。

科学技術のオリンピック

「未来」のイメージは、首都高に代表される物理的な建築物だけでなく、オリンピックそのものもまた、「未来」を予感させるものであった。東京オリンピックはデータ処理が全面的に採用されたはじめての大会であった。ローマ大会では四ヵ月を要した公式記録集の作成が、東京大会においては閉会式の終了よりもはやく完成した（オリンピック東京大会組織委員会、1965: 33）。IBM TOKYO OLYMPIC TELEPROCESSING SYSTEMというIBMの機器が使われ、計測装置や掲示装置は国産のものが使われた。さらにテレビの衛星中継がされるなど、工業技術のオリンピックでもあった。「組織に関してはその完璧さと精密さに敬意を表し、賞賛している新聞雑誌が多く、イギリス各誌は『電子計算機によるオリンピック』だとか『サイエンス・フィクション』と評しているほどであるが、他方機械化過剰を批判しているものも少なくない。その代表的なものは、『あまり機械的に組織化されているので融通性がなく非人間的である』（イタリア、イル・テンポ紙、コリエーレ・デ・ラ・セーラ紙等、フランス、ルモンド紙、フィガロ紙）」と、当時の各国のマスメディアが、東京オリンピックの競技ではない、大会運営の側面も報道した（東京都編、1965: 300）。

2　オリンピック施設と関連道路

首都高速道路とオリンピック関連道路

「未来の都市」をかたちづくっていくこの時期の建設ラッシュについて、都市計画的な観点からは、東京オリンピックの開発は戦前の計画の遺産を食いつぶすかたちでおこなわれたにすぎないという見解がある（越澤、1991a: 306ff.）。越澤はとくに当時の道路建設についてふれているが、なぜ道路を取り上げているかというと、戦前から計画していた幅の広い道路の植樹帯やオープンスペースを、車が通る道に変えてしまったからだ。

さらに越澤はこの頃の道路建設ついて、総じて「美観を損ねる道路づくり」という表現をもちいている。この「美観」と、オリンピックをひかえた当時の「美化運動」や「美観」とは、同じ表記でも「美」の意味がちがう。オリンピック当時の「美化運動」は「ゴミのない」「におわない」「風紀が乱れていない」といった意味である。[3] 現在の「美観」は、例えば、「日本橋の上に通る高速道路は美観を損ねる」というようにつかわれる。[4] 図1は『首都高速道路公団三十年史』からのもので、図2は現在の日本橋である。現在は日本橋を「昔の景観に戻そう」とい

図1　かつての日本橋。首都高４号線は「橋と一体の調和を保っている」と書かれている。

図2　現在の日本橋

う運動がある。

道路建設はオリンピックに向けての最重要課題であった。当時の道路状況と将来の交通需要から、昭和四〇年には東京の道路交通が危機的状況に陥ることがすでに予測されていた。オリンピック施設周辺および羽田空港と都心間の交通受容に対処するためには、環状七号線、放射四号線などを中心とした一般道路の整備に加え、首都高速一号線[5]、同四号線などの高速道路を重点的に整備することが不可欠であった（首都高速道路公団編、一九八九）。

実際の競技がおこなわれた各施設は、新たにつくられたものである。オリンピック前から存在していたものもあるが、それらも全面的な建て替えの必要があった。これら施設と都心とを結ぶために道路網が建設されていった。では次に、おもな施設とそれにともなう関連道路の整備を追ってみよう。

駒沢オリンピック公園

一九五八（昭和三三）年二月、東京都に第一八回オリンピック大会の開催地として招致するために設置された「オリンピック準備委員会」において、駒沢オリンピック公園を東京大会の会場として建設整備するということが決定した（東京都編、1965: 87）。翌年六月、第一八回オリンピック大会の東京開催決定とともに、国立競技場を中心とする明治公園を第一会場とし、駒沢公園は第二会場とすることが決まった（三橋、1981: 10）。その翌年の一九六〇（昭和三五）年五月、第五八次ＩＯＣ総会において競技が二〇種目と決定し、それにともない組織委員会で各会場の割り振りが協議された。

駒沢公園の当初計画（回答書）における競技種目はバレーボールとハンドボールであったが、ハンドボールは種目から除外された。また組織委員会の協議特別委員会および施設特別委員会における会場の割り振りの検討の段階で、自転車トラック競技会場を駒沢公園内に設けるかどうかという問題があった。しかし現在の敷地では建設する余地がなく、他の場所を検討することになった。後に自転車競技はおもに甲州街道を含んだ八王子地域でおこなわれた。また、ホッケーおよびサッカー会場に予定されていた都立小石川サッカー場は損傷がひどく、これを改修すれば膨大な費用がかかるので、駒沢公園を会場とすることになった。最終的には一九六一（昭和三六）年二月八日の第一五回組織委員会において、駒沢公園を会場とする競技種目として、バレーボール、サッカー、ホッケー、レスリングが決定した。

なお、公園内には木造都営住宅一四三戸があり、これらを移転させるために代替地の買収もしなければならなかった（東京都編、同：88；三橋、同：11）。工事がほぼ終了したのは昭和三九年五月であり、七月二三日に公園の竣工式が行われた。その後、手直し工事などが八月中に終わり、完成した。なお、総工費として約四六億円の巨費が投じられた（三橋、同：15）。

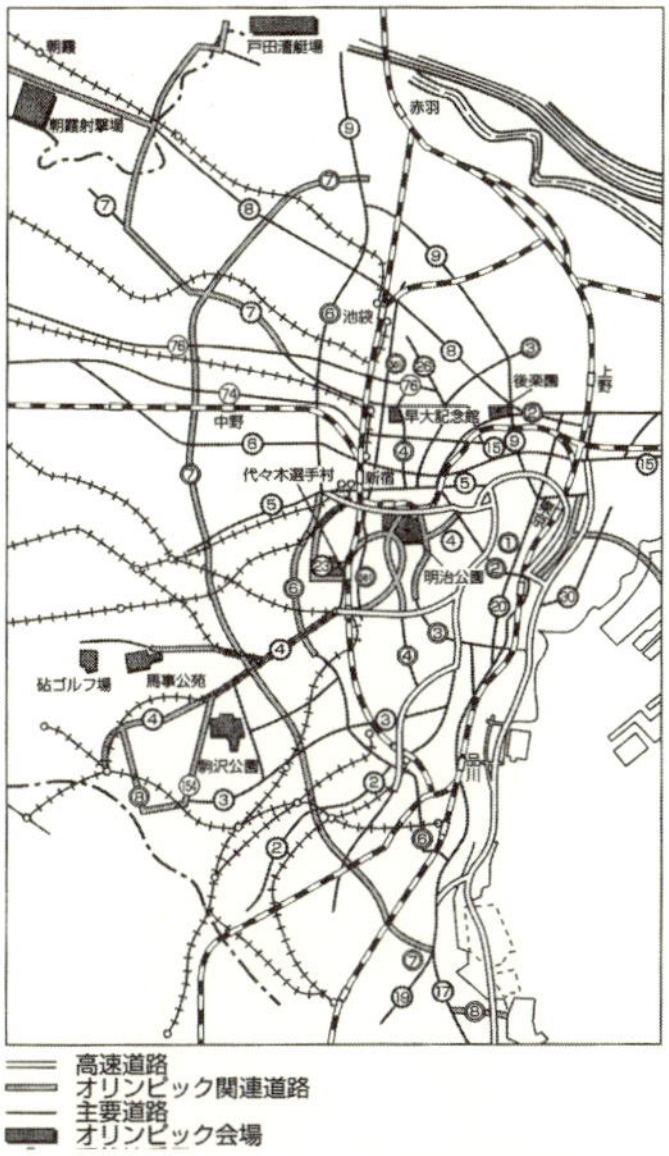

図3　オリンピックの施設と関連道路の図。出典：鈴木理生、1999、『東京の地理がわかる事典』

同時に駒沢オリンピック公園関連の道路として、放射四号線、環状六号線、放射二二号線、放射三号線、補助一二七号線、補助一五四号線、補助四九号線を整備した。放射四号線は国道二四六号線のことである。この道路は国立競技場と駒沢オリンピック公園を直結することを目的としてつくられた。通る地点としては、三宅坂の堀端を起点とし、渋谷、三軒茶屋、二子玉川を経て沼津に達する。この路線のうち、とくに未整備であった起点側から駒沢オリンピック公園付近まで、延長八キロメートルの区間を幅三〇～五〇メートルに拡幅した。環状六号線は山手通りのことである。この工事は、京王線が交差する前後の区間を地下化した。これによって新宿駅を起点に甲州街道をよぎり、さらに平行して走っていた京王線の起点から約一・五キロメートルが地下化した。さらに環状六号線とぶつかる九ヵ所の踏切はすべて立体化した。放射二二号線は六本木通りのことで、港区霞町（現在の麻布界隈）から渋谷駅の南側を通した。同路線の上には首都高速三号線（渋谷線）を走らせる立体構造にした。放射三号線は目黒通りのことで、都心と横浜、川崎方面を結ぶ幹線道路である。この道路は環状八号線に連絡することによって、交通の円滑化をはかるようにした。駒沢オリンピック公園を間にはさんで、補助一二七号線（自由通り）は東側、補助一五四号線（駒沢公園通り）は西側において、それぞれ放射三号線と放射四号線の間を結ぶ路線である。これら二本の道路は駒沢オリンピック公園の出入路線としてつくられた。なお、補助四九号線は駒沢通りである。

明治神宮外苑

一九五八（昭和三三）年に第三回アジア競技大会が東京で開

催された。この大会は二〇ヵ国、一八〇〇名以上が参加した。日本オリンピック委員会がその経験と組織力を動員して運営に当たったもので、IOC会長ブランデージ氏をはじめ、同出席役員並びに数多くの参加諸国からも「オリンピック競技大会開催の十分な能力がある」と評されるほどの成功を収めた（東京都編、1965: 9）。つまり、オリンピックの対外的な前哨戦であった。国立競技場は、このアジア競技大会のメインスタジアムとして建設された。その他同地区には昭和三四年秩父宮を記念した秩父宮ラグビー場、昭和三三年にはテニスコートが建設された。

そしてこの国立競技場は、オリンピック東京大会組織委員会によって、メインスタジアムとして使用することが決定した。開閉会式、陸上競技、馬術およびサッカーの諸競技、秩父宮ラグビー場はサッカー、東京体育館は体操競技、付属屋内水泳場は水球および近代五種の水泳競技の会場とすることに決定した。後に近代五種の水泳競技については、国立代々木競技場に変更した。東京体育館は、一九五四（昭和二九）年世界レスリング大会競技場として、七ヵ月の工期で総工費約五億一〇〇〇万円をかけて建設されていた。そして屋内水泳場は、第三回アジア競技大会に水泳競技場として、一〇ヵ月の工期で総工費約六億四〇〇〇万円をかけて建設された（東京都編、1965: 132）。

なお、公園や道路を整備するため、予定地から民家を撤去しなければならなかった。この地区は民有地が多く、民家の撤去を促進するため仮設住宅を建設し、居住者を収容することなどの措置をとり、完全に用地取得が完了したのは昭和三九年五月であった。その後、全工事が完成したのはオリンピック直前の九月になってからのことだった（東京都編、同: 132-133）。

この国立競技場周辺の道路は、環状三号線、環状四号線、補助二四号線が整備された。環状三号線は外苑東通りのことである。この道路は明治公園の東側、（当時）国鉄信濃町付近から青山一丁目を経て、さらに霞町（現在の麻布）にいたる路線である。環状四号線は外苑西通りのことである。この道路は国立競技場の西側から南青山四丁目を経て、青山霊園の西側を通り、霞町にいたる路線である。補助二四号線は、国立競技場と、選手村とを相互に連絡する道路である。さらに同路線は放射四号線（国道二四六号線）、環状四号線（外苑西通り）、環状三号線（外苑東通り）、環状五号線（明治通り）等に結ぶ重要路線で、オリンピックの運営に大きな役割を担った。

代々木公園

現在の代々木公園一帯は、明治四二年から太平洋戦争の集結までのあいだ、陸軍代々木練兵場があった地である。戦後、代々木練兵場の跡地には、米軍宿舎であるワシントンハイツが建設された。他の米軍の宿舎としては、国会議事堂前のリンカーンセンター、閑院宮邸跡のジェファーソンハイツ（現在は参議院議長公舎）、国立劇場の地にあったパレスハイツ、成増飛行場跡のグラントハイツ（現在その一部は、光が丘公園）などである。ワシントンハイツの規模はグラントハイツとならび大きく、敷地面積は二七万七〇〇〇坪、住宅延べ八二七戸で二万九九〇〇坪、公共施設が五三〇〇坪で、その内訳は使用人宿舎、給油所、変電所、診療所、ＰＸ（酒保）、消防署、学校、倉庫、教会、劇場、クラブ、管理事務所があった。このワシントンハイツを米軍から返還された跡地に、オリンピック選手村をつくることになるのだが、最初から代々木につくろうとしていたわけではなく、当初は朝霞のキャンプドレイク南地区に決定していた。朝霞に選手村をつくる予定だったので、環状七号線を改良する口実（山田、2001: 104）になっていたが、しかし、米軍は朝霞を手放さないということになった。その後事態は一変し、政府が代わりに建設するならば、代々木を全部接収解除してもいいということを米軍が突然言ってきた（山田、同）。このような経緯があり、代々木にオリンピック選手村が決定した。選手村はワシントンハイツの鉄筋コンクリート四階建てのアパート群をほぼそのまま使用した（相川ら、1981: 27）。

代々木公園に隣接するＮＨＫは、オリンピック前に建設されたものだった。昭和三七年八月になって、ＮＨＫがワシントンハイツの一部三万坪を払い下げてもらうよう、政府および都に働きかけた（相川ら、1981: 29）。青山公園の一角を解除して建設することになっていた。しかし青山では手狭だということで政府逓信族に対しねばり強く交渉し、現在の場所を手に入れた。

さらに、丹下健三が建築・意匠部門を担当した国立競技場代々木競技場もオリンピック村に隣接して建設された。この屋内競技場は「吊屋根方式」という世界に例のない建築物だった。競技場の総工費は約三一億円で、昭和三八年二月に着工した。翌三九年八月に約五四〇日余り、延べ約三六万人を動員して建設工事が完了した。オリンピック競技は第一体育館で水泳（競技、飛び込み）、第二体育館でバスケットボールが行われた。

選手村代々木競技場への関連道路の整備として、放射二三号線は渋谷区穏田町（現在の神宮前）国鉄原宿駅前付近、明治神宮表参道から神宮橋の南側で国鉄山手線を越え、代々木競技場、選手村を横切り環状六号線（山手通り）にいたる道路である。補助五三、補助一五五号線は選手村の正門を通り、選手の輸送に重要な役割を果たした道路である。渋谷一二号線は、マラソンが甲州街道を使用するので、混雑を緩和するため、バイパスとしてこの路線をつくった。

以上、施設へのアクセスをよくするためにつくられたオリンピック関連道路は、現在も重要な路線になっていることは言うまでもないだろう。

3　未来都市の都市的生活様式

生活様式の「都市化」

以上のように、東京中で道路が掘り返されていた一方で、都民の生活様式が「都市化」していくのもこの頃のことである。ここでいう「生活様式」とは、「共通・共同問題の共同処理のシステムの問題」である（倉沢、1987）。そしてそれが「都市化」することとは、「自家処理と相互扶助システムによって生活上の問題群が処理されていた村落」から、「多くの生活領域において専門機関が成立し専門的処理がおこなわれる」ようになることである（倉沢、同）。このように考えると、当時の都のゴミ処理、上下水道の整備、それに関連したし尿処理がどのように変わっていったのかをとらえることが、「都市化」をとらえることになる。では、「未来都市」にみあった「都市的生活様式」はいかにして確立していったのだろうか。

上下水道

第一次大戦後の爆発的な人口の増加は水需要を増大させたが、井戸（地下水）によって解決されていた（柴田、1976: 232）。しかし戦後になると、それではまかないきれなくなった。一九六〇（昭和三五）年、都市部で大規模な水不足がおき、その後オリンピックまで水不足がつづいた。工業用水や都民の生活用水のため、都市部の水不足を緊急に解消しなければならなかった。加えて、オリンピックの選手団や外国・国内からの競技観覧者・観光客の分もまかなわなければならない。

上水道の整備も緊急を要する課題であったが、一方で下水道の整備も都内では遅々として進んでいなかった。オリンピック以前の下水道の普及率は、山手通りの内側で三〇パーセントほどだったが、オリンピックまでに三四パーセントに引き上げた。しかし、まだよく整備されたとは言いがたい。ではなぜ下水道は普及していなかったのだろうか。

近代社会における下水道の普及は、工業化の進展したイギリスで、都市部の労働者階級の密集した居住による伝染病の蔓延にもとめられる。「マンチェスターでコレラがはやったとき、…この伝染病がせまってきたときに、全般的な恐怖がこの都市のブルジョアジーをおそった。ひとはにわかに貧民の不健康な住居のことを思い出した。そして、これらの貧民窟のそれぞれがこの伝染病の中心地となり、そこからこの伝染病があらゆる方向へ、有産階級の居住地にまで荒廃の手をひろげることがたしかであるのを考えて戦慄した」と、エンゲルスは当時の様子を記している（エンゲルス、1845）。そして伝染病の蔓延は労働力の減少につながった。労働者やその家族に貧救支出をするよりも、公衆衛生的見地から改善したほうが経費の負担は少なく、労働力の摩滅・枯渇を防げるだろうという考えがあらわれた。チャドウィックが一八四二年に「チャドウィック報告書」を議会に提出したことと、「公衆衛生法」の施行により、以後下水道の整備が進められていく（柴田、1973: 178-182）。

日本では上水道の整備が下水道の整備よりも優先されたことと、し尿が肥料として大切なものであったことなどにより、下水道整備が非常に遅れていた。[6] 下水道の不備は以上の理由で農村との関係にもとめられる。では次に、ゴミ処理の問題をみていく。ごみ処理をみていくと、下水道の問題もまたみえてくる。

ごみ処理

「わたしの家ときたら、汲取りにもう一ヵ月近くもきてくれないよ、なんとかして下さいと汲取りやさんにたのんでも、ウンそうですかって、口返事ばかり」

「わたしの町内では、ゴミや紙クズを月に一度ぐらいしか集めにきてくれないの。商店街で家も建てこんでいるし、何度も電話で催促するのだけれど、いつもきまって調べてみます、努力しましょうと同じ返事ばかり。冬の間はまだしも、夏場などとても不潔で」

「わたしの家は一寸裏通りになっているでしょ。チリンチリンが一〇日に一度くらいしか廻ってこないし、やっと来たと喜んでクズ籠持って出ると、もう遠くへいってしまって……。チップの渡し方が下手だからなんていわれるけど、なんだか清掃の人がこわくて。でも若い共稼ぎの家庭など本当にどうしているか、大変でしょうね」（柴田、1961: 3）

以上の声は、一九六〇年頃の「主婦」のものである。『東京都清掃事業百年史』によると、一九五五（昭和三〇）年ころ、家庭から出るごみは、台所から出される厨芥と、座敷や庭などを掃除して出される雑芥とに分別されて集められていた。厨芥は、路上で作業員が振鈴をチリンチリンと鳴らすのを合図に、各家庭から台所ごみを持ち出してもらい、収集車に積み込んでいた。雑芥は各戸に備えつけられたごみ箱から、作業員がパイスケ・万能・板などを用いて集め、収集車に積み込んでいた。ごみは手車であつめられていた（東京都清掃局総務部総務課編、2000: 142）。このような収集方法を「ごみ容器による定時収集」にあらためた。オリンピック開催にむけてのまちの美化を目的に、昭和三六年度から三八年度までの三ヵ年計画で、東京二三特別区全域で実施された（東京都清掃局総務部総務課編、同: 171-172）。

一方、し尿はどのように集められていたかというと、昭和三二年の時点で、収集作業全体の三〇パーセント程度がバキュームカーによるものであり、残りは桶とひしゃくによる手作業であった。

その少し後である一九六〇年には、『経済白書』に「消費革命」という言葉が登場した。好景気と所得増進による大量生産・大量消費時代がやってきたのである。この頃からごみの量が急速に増えていった。とくにこの時期は紙の廃棄の増加があげられる。さらにプラスチックの生産量の増加や家電の消費から、この後の廃棄が懸念されていた。

昭和三六年度の東京都二三区内で、都清掃局が処理しているごみは、一日平均五〇〇〇トン近く（厳密には四九二五トン）で（柴田、1961: 8）、年間で一五八万トンである。処分方法は海面埋め立てが圧倒的に多く、海面埋め立てと内陸埋め立てとを合わせると八五パーセントを占めていた（図4）。ほかの処分方法としては、焼却処理が一五パーセント、飼料四パーセント、発酵堆肥化一パーセントである。また、焼却処理後の灰も埋め立て地に送られている。

一九六一（昭和三六）年、六二年当時、海面埋め立て処分場は深川の八号地、夢の島（一三号地）の二ヵ所にあった。八号地は、昭和二年から埋め立てを行ってきたが、昭和三六年度にほぼ埋め立てが完了し、残っていた一部水路も昭和三七年一二月終了した。以後は整地などが行われ、夢の島への船舶輸送強化のため中継施設がつくられた。夢の島は昭和三二年一二月から埋め立てを開始し、四三年三月までの一〇年四ヵ月間、埋め立て処分場の役割を果たした。

しかし、昭和三六年当時は、「漁民・航行船舶の反対などで野天焼却もできぬために急速に埋め立てがすすみ、三八年の夏頃で満員となる予定である。オリンピックのおこなわれる直前に、東京の唯一最大ともいうべきゴミ処理場が詰まってしまう」と言われていた（柴田、同：8）。

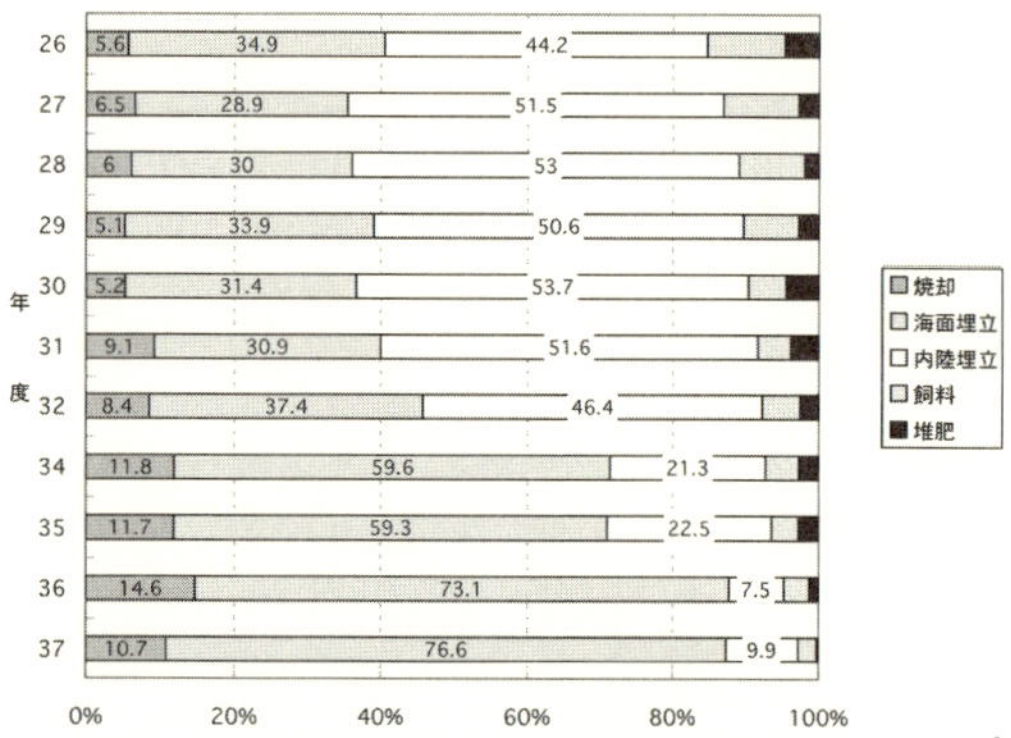

図4　ごみ処理法の変遷（『東京都清掃事業百年史』）

次に、し尿処理をみていこう。

「日本の都市の場合、明治以来戦後しばらくの間まで、問題の主たるものとして、公的に規制しコントロールする必要にせまられたものは、人体からの排泄物、すなわち屎尿であった。これが日本の場合、欧米諸都市のように下水道で処理されず、肥料という有価物として農村に還元されていた。ただこの過程で、しばしば伝染病の発生源になったりして、公衆衛生的に社会的にコントロールが必要とされ」ていた（柴田、1973: 144）。それが戦後、農地改革を契機とする農村の変貌と化学肥料の急速な普及により、都市部のし尿が余る状況になってきた。図5は、オリンピックのための建設ラッシュが始まる一九五九（昭和三四）年を境に、農地還元、すなわちし尿を発酵させて農作物の肥料として利用するものから、海洋に投棄するものに、処理方法が大きく変わっていったことを示している。オリンピックが開催された一九六四年には、し尿を農地還元する量がなくなりつつあり、海洋投棄の方式が処理量の大部分を占めるようになった。この時代に処理方法が完全に逆転していった。

処理方法が逆転したことは、都市と農村の循環が停止したことをあらわしている。戦前は陸路と水路を使い、都市からし尿を農地へ送り、農村から農作物を都市に送るという循環があった（江波戸、1997）。江波戸はその土地の人びとから聞き取りによって、かなり広範囲にわたる農作物・し尿の運搬経路を明らかにしているが、大震災前は都内でも、より狭い範囲でなされていたものもあった。たとえば目黒区では、「現在の自由が丘付近の農家は大正初期でも夜明け前三時には作物を積んだ大八車で（経済的余裕がなければ天秤棒でかついで）家を出、権之助坂を上っていまの目黒駅あるいは都心まできて朝売りさばき、それから青山・赤坂見附、遠いときには神田辺まで出て、契約してある家の下肥を汲み取り、用意した肥桶を一ぱいの集荷として夕方家にもどった。もちろん契約してある家には野菜やタクアン漬などをお礼に出した。それだけに下肥代は高く、畑の地代が一反歩一〇〇円から二〇〇円くらいのころ、下肥一車三〇円ないし四〇円もしていた」という（柴田、1961: 88）。

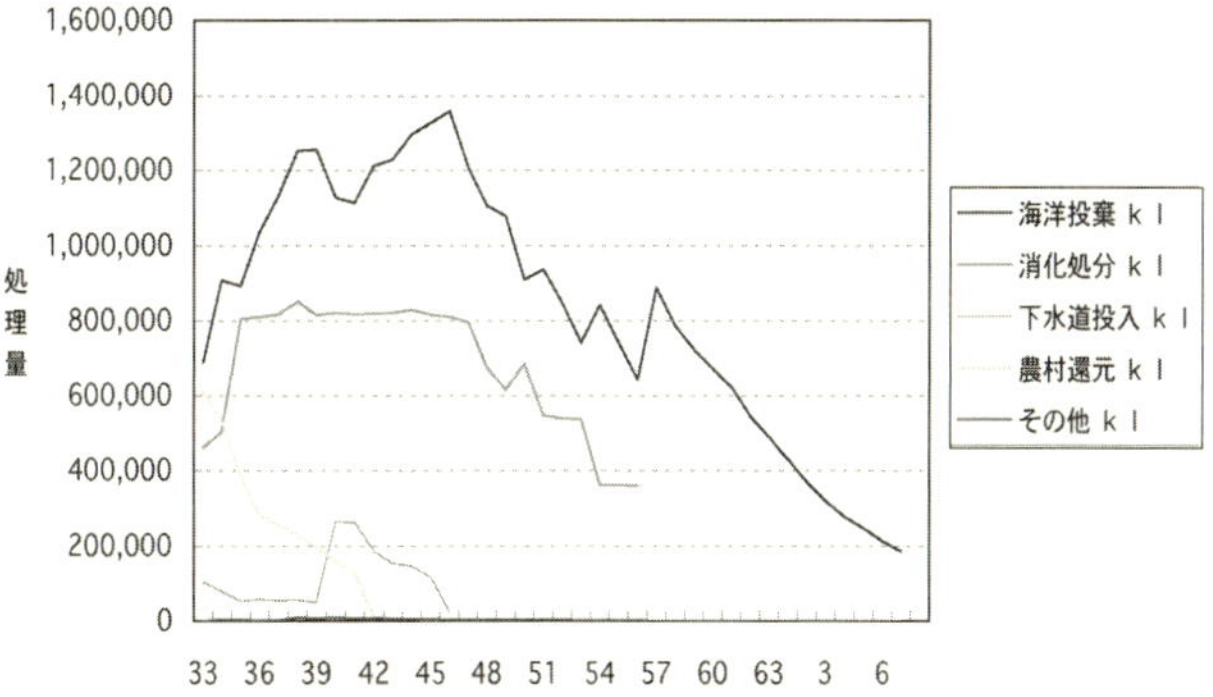

図5　し尿処理法の変遷（『東京都清掃事業百年史』）

それが「震災の前までは農家が一軒三〇銭位出して汲み取らせてもらっていたのに、震災の後では逆に三〇銭から五〇銭位もらわないと汲み取りにいかなくなった。換言すれば、下肥の値うちが下がり、それを豊富に利用できた近郊農村目黒の優位も失われて、以後急速に衰え、都市化が進んでいっている」（柴田、同: 91）というように、農地の宅地化が一気にすすむことにより、農村と都心部との関係が希薄になっていった。同時に、「周辺の人口が増え宅地化が進んだことは、それだけ屎尿を需要する農村が都心部から遠ざかり、運搬費やその労力がかさみ、都心部の汲み取り事情が悪化することを意味する」ことにもなった（柴田、同: 91-92）。

このように、近郊農村が宅地化されることによって、かつて身近だった農業と都市の関係は、しだいに遠くなっていく。以上の事例は戦前の東京の区部のうち、西部の宅地化の事例である。それが戦後を経て、オリンピック前の五年間で、より広範囲の土地が宅地化していき、農業と都市は決定的に離れていった。

4 「未来」の先に訪れたもの——問題の噴出／六〇年代後半

公害の表面化

一九五〇年代から水俣病や大気汚染などの公害が深刻化して

いた。オリンピックを開催するにあたり、大気汚染などにたいする規制が設けられた。しかし、これら「公害」がより深刻化し、表面化し、「公害」という言葉が流通していくのは、オリンピック後のことである。飯島（1979）が作成した年表を要約すると、一九六四年には、①首都圏を中心に都市問題が深刻化しはじめた。②各地でスモン病が発見された。③新潟県でも水俣病患者が発見され、四日市市では喘息患者が死ぬなど、産業公害が深刻化しはじめた。④沼津市周辺では石油コンビナート進出に反対する住民運動が阻止に成功した。これを契機に各地に住民運動がひろがっていく。⑤厚生省は公害課を、通産省は産業公害課を設置。横浜市が進出企業との公害防止協定の締結をはじめるなど、自治体の公害防止条例の制定・改訂が続いた。⑥庄司光・宮本憲一『恐るべき公害』（岩波新書）の刊行などを契機に「公害」という言葉が社会的に浸透しはじめた（船橋ら、1985: 56）。

このような「公害の時代」の幕開けともいえるなかで、オリンピックに向けて建設した高速道路や新幹線などの高速交通機関が、あらたな公害を生み落とした。このようにオリンピックは、公害が公害として社会問題化する重要な転換点になっているのである。そして「便利な」自動車が「公害」をまき散らすと考えられはじめたのも、ちょうどこの時期からである。「現在の自動車公害（排気ガス・光化学スモッグ・騒音・振動など）が、市民に意識されはじめたのは、オリンピック東京大会という『お祭りさわぎ』が一段落した後の、昭和四〇年代に入ってからのことであった。それまでは市民はむしろ、自動車の利点だけを積極的に追いつづけた」（鈴木、1989: 251-252）。こうして高度経済成長にべったりとはりついていた影が、ついに前面に出始めた。

新幹線公害

交通の問題は「東京」にかぎったものとしてとらえられるわけではない。問題は東京から線的に、あるいは飛び地的に広がっていった。

東海道新幹線の歴史は、高度経済成長の歴史と伴走してきた。一九五五年から一九七三年に至るほぼ二〇年間を高度経済成長期とすれば、東海道新幹線は高度経済成長のスタートとともに、輸送需要の増大をうけて計画され、東京オリンピックの開催にあわせて一九六四年一〇月に開業した（船橋ら、1985: 4）。新幹線の起工式は一九五九年四月であり、総工費三八〇〇億円をかけ、五年三ヵ月後の一九六四年七月に東京―新大阪間五一五・四キロの全線が完成した。そして、オリンピックの開催直前の一〇月一日に予定どおり開業することになった（船橋ら、同：6）。

「国鉄技術陣は新幹線の騒音・振動の本格的測定を開業前に行わなかった」し、「時速二〇〇キロの高速走行が、沿線の住環境にどのような影響をもたらすのか、騒音や振動の大きさはどの程度か、これらは検討すべき課題としてほとんど意識されていなかった」のである（同:9）。しかし、オリンピックを境にして、公害問題に社会的関心が集まってくるのであって、「当時、公害問題を批判し、警告を発していたのは、少数の学者や住民運動家に限られていた」（同:10）。一方、沿線住民は、「世界一の『夢の超特急』が自分の家の前をとおることを誇らしく思っていた」という（同:10）。

六〇年代も後半になると、四大公害訴訟、大阪空港公害訴訟があいついで提訴された。この大阪空港公害反対運動や横浜新貨物線反対運動などをはじめ、この時期から各地に住民運動がひろがりはじめた。そして、公害問題と住民運動の取組みはマスコミにもさかんにとりあげられるようになり、人びとの関心は急速に高まっていった。

しかし、新幹線公害問題はまだ社会問題化しなかった（同:13-14）。それというのも、「被害住民の抗議は、沿線で徐々にはじまってはいたが、彼らは相互に孤立し、お互いの存在を知らないままだった」。この時期はまだ、「抗議行動は、個別的に、散発的に行われるのみで、いまだ運動として組織化されず、そのために社会紛争へと転化しえなかった」という。抗議をくりかえしていた住民のひとりは、「その度に返事はなく、無視されるばかりだった。個人の力の限界を感じて、近隣の人々に立ち上がることをよびかけても、大国鉄を相手にするドン・キホーテと、変人扱いされるだけだった」と述懐している（同:14）。

このように六〇年代には抗議は孤独なたたかいだったが、「多数の住民が公害反対に立ち上がる住民運動として組織化」することができたのは七一年以降のことである。くわえて、この問題がマスコミなどによって、社会問題として顕在化した。

葛西ゴミ戦争

オリンピック前に東京中を改造した際に出た廃棄物はいったい、どこに運ばれたのだろうか。家庭から出るゴミと同様に、まずは「見えるところ」から外に出さなければならない。遠くまで運ぶには不経済であるので「東京」に近く、「見えないところ」が捨てるのには都合がいい。そこはいわゆる「川向こう」である葛西であった。以下は江戸川区史の一節である。少々長いが、当時の惨状を描写しているので引用する。

「葦と水と白鷺と、まだたっぷり自然を残してひろがっていた葛西海岸一帯に、いつか残土を捨てるトラックが入りこむようになったのは昭和三六年頃からであった。東京オリンピックの決定で都心は建設ラッシュ、工事現場から発生する残土類を処理する捨て場が近くにないことからこの海岸一帯が狙われ、また地主側にも土地ブームを背景に埋め立てを進める空気があって、たちまち巨大な残土捨て場と化してしまった。当初は一四人の埋め立て業者が一二二人の地主から埋め立て権を譲ってもらい建設残土で埋め立てを行っていたが、やがて残土にまじって、巨大都市東京の生産・消費生活の落とし子である膨大な量の廃棄物が入りこみ、やがてはゴム、ピッチ、プラスチックの屑、電線など消却の際黒煙や有毒ガスを発生させる産業廃棄物、引火性の強い工場廃油なども持ち込まれ、焼かれた。ゴミの面積は三四・五ヘクタールにおよび黒煙は高圧線の鉄塔をかすませ、風に流されて付近の民家の洗濯物を汚し、野菜畠の菜の色を変色させ、悪臭は四キロメートル四方におよんで、地下鉄東西線の窓をあけられないようにし、時に自然発火の炎は夜の空を赤く染めて消防車の出動をうながした。四三年九月、葛西仲町会（会長松下秀次）六二三名および軟菜出荷共同組合長（組合長西野隆太郎）一四三名からそれぞれ区議会あて問題解決の陳情が行われたが、陳情書は『最近は塵芥処理場と化し、昼夜の別なく燃え続けており、丁度夢の島の小型と化し……』とその状況を描写している」（江戸川区、1976: 549-550）。

ではなぜ、このようにオリンピックの、いまでいうところの産業廃棄物や、残土類が葛西に捨てられたのだろうか。先に述べたように、「東京」から近くにあって、なるべく「見えない」ところであった「川向こう」としての「葛西」という立地条件は、以上のような大量のゴミを捨てることができたことの一面しか説明しないだろう。もう一方である受け入れ側にも目を向ける必要がある。

右に引用した箇所にある、地主側の「土地ブームを背景に埋め立てを進める空気」とはなんなのか。葛西地区では戦後、塩害対策や荒田復活、用水確保による農業生産振興を目的とする都営土地改良区「江戸川用水幹線改良事業」が一九四八年に再開されたが、いったん耕作放棄されると経済事情から水田に復活させるよりも宅地へ転用する傾向が強まった（坪井、2003）。そこにオリンピック関連の建設現場からでる残土類で埋め立ててしまえばよかったのだ。現在の東京の区部のうち、西部は大正期に宅地化が一気に進み（石田編、1992；越澤、1991a;1991b）、戦後の高度経済成長期には、東部の水田や畑が宅地となっていった。

おわりに

本章では高度経済成長期まっただなかの、「未来」へ向かう時代の気運を背景に、東京の物理的環境と都民の生活様式の変化を追っていった。現在の東京の物理的な環境のほとんどは、オリンピックまでにできあがっていたことがわかるだろう。これまでみてきた東京の物理的な基盤の整備によって、われわれは東京のまちのすべてのスペースを、なんらかの理由で「開発」されるのを待っている、「残された部分」として見るようになった。区部には現在でも農耕地は存在する。しかし、いまわれわれはその土地に対して、「これから何が建つのだろう」という目でしか見ていないのではないか。すべては宅地や道路によって埋めつくされなければならない。さらに、葛西の産業廃棄物の埋め立てにみられるように、東京の区部のうち、東部の宅地化が加速した。これによって「東京」が広がるようになり、くわえて化学肥料の使用の加速にともなうし尿処理法の変化によって、「都市」と農業とのあいだに、まるで何光年もあるかのような、SF的な距離を生じさせたのである。

　これら物理的な環境が変化する一方で、その後、現在まで続くことになる「近代的生活」の基本的な部分もかたちづくっていることがわかるだろう。人びとの生活は「生活様式の都市化」により、上下水道の整備やごみ処理の「近代化」が達成されていく。これらは逆から考えると、自分たちの生活問題を、制度や機関へ無条件に委任することである。自分たちが飲んでいる水はどこから来ているのか、自分たちの排泄するし尿やごみはどこへ行くのか、ということについて、人びとは思いを巡らすことが少なくなっただろう。これら公共サービスは、「万人」に等しく行き渡らなければならない。等しく行き渡ったサービスは、自分たちの基本的な生活問題への関心を人びとから等しくうばう。それだからこそ、その後「ごみ処理場をどこにつくるのか」という問題が噴出するときに、人びとはそれを青天の霹靂としてしか感じられず、問題をなすりつけ合うことになる。[7]そしてなすりつけられた「負の施設」の立地しているところを地図上におとしていくと、「東京」のなかの「外部」が浮き彫りになっていくのである。

　これら「負の施設」としてのごみ処理場から出る煤煙は、等しく「万人」が呼吸する大気のなかに排出される。施設が立地する近隣の住民だけでなく、煤煙は行政サービス同様、「万人」が「享受」するものである。工場の煤煙や自動車の排気ガスや光化学スモッグなどによる大気汚染も、「万人」が等しく「享受」する。

　以上のように、「東京」が平面的に増殖していく一方で、人びとが生活問題の解決を制度や機関へ無条件に委任することの集積の結果としての「負の施設」は、平面上の点として表現されていく。しかし、どんなに「東京」の「外部」としての「負の部分」の面積を極小に抑えようと努力しても、「公害」は広く「万人」が被るものになる。生活問題は、かたちを変えて人びとに降りかかってくるのである。都市の様相がSF的になるにつれ、生活のなかから出される排泄物はSF映画のなかのように、まるで、そんなものは最初からなかったかのように視覚から、そして、嗅覚から消えていったが、逆に、ひとは大気汚染のようなSF的な「見えない敵」とたたかわなければならなくなった。

　あれから四〇年経ち、オリンピック後に噴出したいくつかの公害問題は解決に向かった。あるいは原告が高齢化、または死亡してしまったことにより、当時の問題は風化してしまったものもある。そして東京の目に見える環境が大きく変わったことにより、それ以前の物理的な環境が、写真やフィルムでしか触れられないのと同じように、当時の生活環境の多くも、視覚と聴覚でしか触れられない、メディアに記録されているものが存在するだけである。いまでは都市のなかで、砂塵が舞う、舗装されていない道を踏み歩くことはできず、当時の生活環境のさまざまなにおいを嗅ぐことはできなくなった。

オリンピックの頃までに、なにをつくり、また、なにを隠そうとしてきたのか。「東京」がこれからも存在するかぎり、これらは再検討しつづけなければならないし、再発見されつづけなければならない。

注

1 アンドレイ・タルコフスキー（1932-1986）は旧ソ連の映画監督であり、長編映画として七本の作品を残し、亡命先のパリでなくなる。『惑星ソラリス』は一九七二年カンヌ国際映画祭審査員特別賞、国際エヴァンジェリー映画センター賞受賞。なお、日本での公開は一九七七年。

2 タルコフスキーが好んで撮影したのは首都高の地下部分である。最初に映る信濃町付近の赤坂トンネルから千鳥ヶ淵にいたる途中に、弁慶橋手前の議長公舎の横を通る。高架での建設を予定していた四号線に対し、議長公邸を見下ろすなんてけしからんということで、予定が変更され、上り下り両方を地下にしようとしていた。しかし三宅坂インターの造り方が難しいということで、上りのみ地下の構造になっている（山田、2001: 87-88）。三宅坂インターは三号線（渋谷線）との相互乗り換えポイントで、地下にあるものは世界でもめずらしいということである。このように、地下化することで「美観」を守るとみられるものは、象徴的・政治的やりとりのなかで生まれている。そこに、後にタルコフスキーが「未来」を見ることになるとは、なんとも皮肉である。

3 首都美化運動のうち、都民への期待と題された第三の項目では、1吸いがらや紙くずの散らかしをやめる、2家のまわりは毎日掃く、3道路や公園などの木や花をだいじにする、4町中での放尿やたん、つばの吐きすてをやめる、5犬のふんは飼い主がしまつする、6路上に商品や車などをおかない、とある（東京都編、1965: 152）。

行政が行う、オリンピック開催期間中のごみ、し尿処理に関しては、「オリンピック対策清掃事業実施要綱」が策定され、計画的な処理にあたることになった。その主な項目と要点は次のようなものである。

①ごみ処理対策

a選手村の作業　ワシントン・ハイツ跡の選手村は、協議機関を中心として日曜も含み三〇日間にわたり、食事、安眠時間を除いて、毎日一回、集積場所に集められたごみを処理する。

b競技場所の作業　競技期間中、一〇か所の競技場に設置してあるごみ集積所およびその周辺地域からのごみは、競技が昼間の時は夜間、夜間の時は早朝に収集する。

c繁華街対策　浅草、上野、八重洲口、銀座、新橋、有楽町、渋谷、新宿、四谷、三光町、池袋の繁華街はとくに集中方式により短時間に収集する。また日曜作業も行うこととする。

d機動隊の設置　明治公園、駒沢公園、マラソンコース（甲州街道）等において、臨時に予期しないごみが散乱した場合に対処するため、機動隊を配置して、緊急事態に即応した措置をとる。

ごみ取扱所の作業　競技開催時の一〇月は、都心地域のごみ取扱所周辺の交通混雑を勘案し処理量を半減または廃止する。

e公衆ごみ容器の作業　路上に設置される公衆ごみ容器が約一万個予測されるので、実情に即応して容器内のごみを毎日または二日に一回処理する。

吸い殻収集作業　都内の主要道路などに各区や民間団体等が設置した吸い殻入れについては、その収集は区が担当し、清掃局が専属車により処理する。

②し尿処理

aオリンピック開催期間中の会場付近の汲み取り作業　オリンピック開催期間前後五日にわたり、会場付近の汲み取り作業は原則として実施せず、早溜り等特別の事情のある場合は早朝夜間に行うことにする。

船中泊の収集作業　東京港に外国船五隻の船中泊を予定している。この場合、し尿を内湾投棄して処分することが禁止されているので、これをはしけ船により収集する。

bし尿取扱所の中止　後楽園競技場および主要街路に面して現在ある取扱所、三崎、月島は一〇月一〇日から一〇月二四日まで一時中止する。

cし尿収集自動車の防臭等　し尿の収集および運搬途中における不快感を除去し、衛生的処理を期するため、し尿収集車に防臭装置を取り付ける。

d移動便所の運営　競技場周辺は多数の人手が予測されるが、既設公衆便所が少なく、仮設便所の設置も困難なので、移動便所で対処する。

③道路清掃対策

a機械力による作業　オリンピック関連道路および都心部（主として千代田区、中央区）の主要道路を対象として作業を実施する。

b人力による作業　区に執行委任して実施する。ロードスイーパーの対象外のオリンピック関連道路およびロードスイーパーの対象となっている主要道路の歩道を清掃する。

c機動班による清掃　代々木選手村、明治公園、駒沢公園等オリンピック関係施設周辺の道路で、ロードスイーパーの作業ができない道路および歩道を対象に機動班を設置する。

④路面洗浄対策

路面洗浄は、ロードスイーパーと同一道路を対象にオリンピック対象関係の作業を実施する。

⑤河川清掃対策

a主要河川の作業　都内八八河川のうち、三三河川の浮遊ごみは毎日収集するが、戸田ボートレース会場の周辺をとくに重点的に清掃する。

b上支流川の清掃　河川清掃線の航行不可能な上流、支流の堆積ごみを一掃する。

このほか、車両整備対策、指導監督の強化が大きな柱としてあげられていた（東京都清掃局総務部総務課編、2000: 208-210）。

4　注2であげた千鳥ヶ淵や千駄ヶ谷の乗馬道も風致地区として高架式にせず、地下化していると首都高速道路公団は記している（首都高速道路公団編、1979; 1989）。

5　首都高速一号線の建設のため、東京湾沿岸の漁業（とくに海苔漁）が壊滅した（東京都編、1965; 大田区史編さん委員会編、1996）。

6　柴田は、日本の下水道の整備が立ち後れた原因を五点あげている。①下水道より上水道の優先。高級住宅は一般に高台に多く、排水もよく乾燥しているから、下水道がなくてもただちに被害が発生することはない。しかし上水道が不備だと水源が汚染された場合には貧富の別なく不潔な水が給水されることになる。②し尿が肥料として重要だったこと。これは昭和二〇年代においても依然として商品価値をもった。③労働力の問題。農村から安い労働力が豊富に供給されたため、都市環境の悪化によって労働力がむしばまれても、工場経営者は労働力不足を心配する必要がなかった。さらに、低賃金で雇える出稼ぎの労働力は、資本側にとっては好都合だった。④財政の問題。市民生活を犠牲にして軍事予算に重点を置いてきた富国強兵策のもとで、政府補助金の打ち切りや、東京市会の下水道工事予算編成にたいする内務省の減額更正命令といった、さまざまな冷遇をうけた。⑤ヨーロッパ医学の潮流とのかかわり。細菌学の発展は、都市の生活環境を整備改善して病人を出さないという予防医学をおろそかにする結果をもたらし、すでに病気になってしまった患者の個人的治療が、基礎および臨床医学の重点になった。下水道建設に多額の財政支出をおこなうよりも、発生した伝染病患者を強制隔離して治療し、予防もワクチン接種ですませるほうが、政府の負担は軽く、安上がりである（柴田、1973）。

7　本論ではふれなかったが、六〇年代後半、ごみ処理施設の立地選択ついて、行政どうしがなすりつけあい、江東区議会がごみ持ち込み反対を表明した、いわゆる「ごみ戦争宣言」に発展した。

参考文献

相川貞晴・布施六郎 1981『代々木公園』卿学舎。
飯島伸子編著 1979『改訂公害・労災・職業病年表』公害対策技術同友会。
石田頼房編 1992『未完の東京計画』筑摩書房。
内山正雄・蓑茂寿太郎 1981『代々木の森』卿学舎。
江波戸昭 1997『東京の地域研究（続）――都市農業の盛衰』大明堂。
江戸川区 1976『江戸川区史第二巻』江戸川区。
エンゲルス、フリードリヒ（マルクス＝エンゲルス選集刊行会編）1951『イギリスにおける労働者階級の状態』大月書店。
大田区史編さん委員会編 1996『大田区史下巻』大田区。
オリンピック東京大会組織委員会 1965「オリンピック東京大会資料集7施設部」財団法人オリンピック東京大会組織委員会。
倉沢進 1987「都市的生活様式論序説」、鈴木広編著『都市化の社会学理論――シカゴ学派からの展開』ミネルヴァ書房。
越澤明 1991a『東京都市計画物語』日本経済評論社。
―― 1991b『東京の都市計画』岩波書店。
柴田徳衛 1959『東京』岩波書店。
―― 1961『日本の清掃問題――ゴミと便所の経済学』東京大学出版会。
―― 1973「都市と廃棄物」、伊東光晴・篠原一・松下圭一・宮本憲一編、『岩波講座現代都市政策Ⅷ都市の装置』岩波書店。
―― 1976『現代都市論〔第2版〕』東京大学出版会。
首都高速道路公団編 1979『首都高速道路公団二十年史』首都高速道路公団。
―― 1989『首都高速道路公団三十年史』首都高速道路公団。
鈴木理生 1989『江戸の川・東京の川』井上書院。
―― 1999『東京の地理がわかる事典』日本実業出版社。
タルコフスキー、アンドレイ（鴻英良・佐々洋子訳）1991『タルコフスキー日記』キネマ旬報社。
坪井塑太郎 2003「都市化による水管理組織の変化と親水事業――東京都江戸川区を事例として」『人文地理』第55巻第6号: 1-17。
東京都編 1965『第十八回オリンピック競技大会東京都報告書』東京都。
東京都清掃局総務部総務課編 2000『東京都清掃事業百年史』東京都清掃局総務部総務課。
舩橋晴俊・長谷川公一・畠中宗一・勝田晴美著 1985『新幹線公害：高速文明の社会問題』有斐閣。
三橋一也 1981『駒沢オリンピック公園』卿学舎。
山田正男 2001『東京の都市計画に携わって――元東京都首都整備局長・山田正男氏に聞く』財団法人東京都新都市建設公社まちづくり支援センター。

column

長野オリンピックと環境問題

鵜飼照喜

オリンピック発祥の地アテネで、この夏大会が開かれる。ギリシア・アテネと言えば「古代都市国家」として中学校の歴史で学んだものである。国家とはいえ、都市は都市である。言うまでもなく、国際オリンピック委員会は、開催地を「都市」で決定する。

しかし、一九六四（昭和三九）年の東京オリンピックに限らず、その後のソウルも、アテネの次の北京も、開催国の経済発展を世界に示すショーウインドウのような役割を与えられている。たとえ、それが例のベルリン・オリンピックほど露骨に国威高揚をねらったものではないにしろ、政治的色彩を強く帯びてきたことは紛れもない事実であり、オリンピックの歴史において無視できない側面であろう。

ところが、長野オリンピックはその出発点から、そうした位置づけが弱く、そのうえバブル経済のもとで発想されたうえに、長野にとって悲惨なことにはバブル経済がはじけ、国家財政も急激に悪化する時期に競技場作りや交通網整備を始めなければならなくなってしまったという、奇妙な歴史的宿命を帯びたものであった。

それとは別に、冬季オリンピックはその競技場作りが不可避的に自然破壊を伴うものであることは、専門家でなくとも常識的に理解できるものである。それゆえ、長野オリンピックは、前述のような東京オリンピックや他の事例ほど国家的行事という側面が強くないかわりに、環境問題が世界的にクローズアップされ、国内の環境運動も多面的な広がりを見せつつある時に開催されることによる、「環境オリンピック」＝「環境問題を背負ったオリンピック」という、新しい歴史的課題を背負ってしまう位置にあった。

その上、長野オリンピックの立て役者堤義明氏が長野県東部に事業の拠点の一つを持ち、独自の経営方針を貫く大手運輸・観光資本のオーナーであり、同氏がＪＯＣのトップであり、長野オリンピック組織委員会（ＮＡＯＣ）副会長であることを考えると、長野オリンピック自体が構造的に環境問題を内包するものであることは、容易に見て取ることができる。

それ故、同資本が志賀高原に持つスキー場の眼前に広がる岩菅山の山腹にダウンヒルコースを建設する計画があったことは、長野オリンピックを推進する立場からすればあまりにも当然すぎるものであった。そして、そのダウンヒル競技場建設計画が自然保護運動の側から批判の対象となったことは、長野オリンピックにおける環境問題の象徴的出来事となったのである。

さて、この岩菅山ダウンヒルコース建設計画は、地元長野の自然保護団体の粘り強い反対運動によって白紙撤回され、同じ長野県白馬村八方尾根スキー場に建設されることになった。この動きのなかで前述の堤氏は、ＪＯＣトップの座を退いた。その際、企業の代表として企業を守ることが、ＪＯＣの立場よりも重要であるという趣旨の同氏の発言は、長野オリンピックと観光資本との関係を微妙に表すものであったと言うことができる。

とはいえ、この発言でおおかたの県民は長野五輪でのダウンヒルコース問題が決着したかに思われた。

ところが、オリンピック開催直前の一九九七（平成九）年の夏も終わる頃になって、国際スキー連盟（ＦＩＳ）会長ホドラー氏が、この八方尾根コースに異議を唱え、スタート地点を計画の標高一六八〇メートル地点から、同一八〇〇メートル地点まで引き上げるようＮＡＯＣに要請したことにより、ダウンヒルコース問題が再燃する。

同コースのスタート地点は、周辺区域の環境保全を配慮して決定されたのであるが、ＦＩＳ会長が引き上げを求める言い分は、「一般スキーヤーが一八〇〇メートル地点でも滑っているから」というものであった。国際スキー連盟会長のこの要請には、その傘下にある日本スキー連盟（ＳＡＪ会長は前述の堤氏）もその要請に異議を唱える余地はない。それどころか、堤氏がホドラー氏の盟友であることを考えれば、このスタート地点引き上げの要請が、堤氏自身の意向であることは関係者にとって自明のことであった。

けれども、スタート地点を一六八〇メートル地点とする当初の計画は、ＮＡＯＣがすでに了承しているものであり、オリンピックコースとしての基準・要件を満たしているものである以上、ＮＡＯＣがＦＩＳの要請を受け入れる必要がないものであった。しかしながら、堤氏はＮＡＯＣ副会長という立場を利用し、強引にＮＡＯＣを動かし、引き上げ案に同調させたのである。

こうした動きを経て、スタート地点は一六八〇メートルと一八〇〇メートルの中間の一七五〇メートル地点に決着した。

「堤氏の勝利」とは、その時、ある全国紙がつけたこの決着の記事の見出しである。

長野オリンピックでの環境問題は、しかしこうした象徴的な出来事に留まるものではない。いわゆる「オリンピック道路」が何本も建設された。長野市から白馬村に通ずる新しい道路もその一つで、「オリンピック道路」として長野市と白馬村の距離を短くした。

他方で、その道路が通る以外は、長野オリンピックとは何の関係もないある村役場の幹部は、「オリンピックのおかげで五〇年分の道路整備ができた」と語ったものである。また、新しいオリンピック道路の周辺では、今後何年か先には、土砂災害が誘発される危険が懸念される。

ところで、これら個別の問題とともに、長野に限らずオリンピックは『公共事業のアンサンブル』であり、オリンピックが内包する固有の政治性という問題とは別に、「公共事業」をめぐる地域社会の権力構造がうごめく。そして、その動きは単に当該地域社会のみの権力構造に留まることなく、中央の資本やそのグループもそれに参入することが、長野オリンピックでのダウンヒルコース問題を通して手に取るように見ることができた。

八方尾根コース問題が地元マスコミをにぎわしている頃、オリンピック関連工事の終了とともに長野市を中心として弱小土建会社の倒産が相次ぎ、やがて長野県や長野市の財政が悪化する状況が、長野オリンピックのジャンプ競技で日本中が沸いた思い出とともに、県民の記憶なかに深く沈積していく。

参考文献：長野県地方自治センター二〇〇三年三月『長野冬季オリンピック白書』

9

「東洋の魔女」——その女性性と工場の記憶

新 雅史

1 工場跡地と二つの体育館

大阪駅から天王寺をこえ、和歌山方面へ通勤電車で一時間ほど揺れると、JR阪和線・東貝塚駅に着く。何の変哲もない郊外の駅だが、他の大阪近郊と違い、駅前に広大な空地が広がっている。この空地には一九九〇年代終わりまで、繊維会社ユニチカの工場があった。産業の空洞化が行き着くところまでいった現代の日本で、工場の空地を眼にすることは珍しくない。だが、この場所が他の工場跡地と決定的に異なるのは、その敷地の一角に、立派な体育館がそびえ立つことである。この体育館は、二〇〇四年現在、日本バレーボール協会のナショナルトレーニングセンターとして使われている。

寂寥とした工場跡地の片隅に、どうしてバレーボールのナショナルセンターがあるのか。それはこの工場が「東洋の魔女」を産んだからである。

周知のとおり、「東洋の魔女」とは、一九六四年の東京オリンピックで金メダルを獲得した日本女子バレーボールチームのアダナである。「東洋の魔女」は金メダルがかかった対ソビエト戦にて、視聴率九〇%近くを稼いだ。[1] 一方で「東洋の魔女」の特異さは、ほとんど一企業のチームだったことである。魔女の大半は、「大日本紡績貝塚工場チーム」(通称、日紡貝塚、以下略)によって固められており、「東洋の魔女」も日紡貝塚のことを意味していた。日紡貝塚は、その後、ユニチカ貝塚工場と名前を変えた。つまり前述の工場跡地は、「東洋の魔女」を産んだ(女子)バレーボールの聖地である。こうした経緯もあって、バレーボールのナショナルセンターが置かれているわけだ。

工場跡地の一角で、オリンピックに向けた練習が行なわれている光景を、企業スポーツの斜陽を象徴するものとして読み解けなくもない。あるいはそれを、東京オリンピックの栄光にしがみつく懐古的行為だと解釈することも可能だろう。ただその前に、寂寞とした空地の広大さに思いを馳せてみたい。空地にはその昔工場があり、精紡機があり、労働者がいたはずだ――。大日本紡績といえば、鐘紡・東洋紡とならんで三大紡と評されるほどの大企業であった。紡績業は、日本の産業資本主義を根底で支えつつも、それが農村出身の少女たちの低賃金によって成立していたという点で、日本近代の工業化の家父長的性格を照らし出していた。そうした点を考えるならば、悲惨な女子労働とともに存在してきた紡績業（大日本紡績）が、強力な女子バレーボール部をつくり、金メダルまで獲得した点も、「東洋の魔女」の特徴であるはずだ。

二〇〇四年二月、「東洋の魔女」の歴史を想起させる出来事が起きた。それは、「東洋の魔女」が東京オリンピック時に練習していた貝塚の体育館が解体されたというニュースだった。この体育館は、長年使われておらず、放置しておくと自然崩壊の危険さえあったという。私はこの体育館を一度見学したことがある。窓ガラスは割れ、桜木でつくられた床もほこりだらけだった。驚いたのは、「東洋の魔女」を産んだ体育館とは思えぬほど天井が低く、二階建ての高さほどしかなかったことである。日紡貝塚の監督であった小島孝治氏にそのことを尋ねた。彼によれば、日紡の体育館はもともと女子工員のための木造の食堂を改造したものだった。初期の体育館は、すぐ隣に女子工員たちの食堂があり、コートがようやく一面取れる広さだったけれども、日紡貝塚が強くなり注目を浴びていくことで、食堂のあった場所は体育館の拡張に使われ、女子工員の食堂は別の建物に移ったという。体育館のまわり、段差のある外壁から増築された跡を見出すことができた。体育館が作られたのは一九五七（昭和三二）年であるそうだが、バレーボール専用の体育館が作られること自体、この時代としては画期的なことだった。

工場の片隅にあった二つの体育館。しかし、女子工員の食堂を改造した天井の低い体育館は、もはや貝塚には存在しない。国民の欲求に応えるべくトレーニングが行われるのは、魔女の伝統を受け継ぐにふさわしい立派な体育館だけで充分というわけだ。しかし、私はあえてそこから目を逸らし、解体された体育館の瓦礫を拾い集めて、「東洋の魔女」の歴史を見つめ直したい。女子工員の存在を身近に感じたであろう、その空間の意味を問い直してみたい。このような問いを立てることは、一九六四年を基準点として「東洋の魔女」を説明する欲望から身を遠ざけることを意味する。なるほど、「東洋の魔女」は東京オリンピックという国民祭典のクライマックスであった。だが「東洋の魔女」を国民の祭典へと焦点化することは、日本オリンピック史の聖典を補強する身振り以外のなにものでもない。二〇世紀の日本女子チームと「東洋の魔女」を、オリンピックという共通項から漫然と括ってしまうことは、あの天井の低い体育館の記憶を忘却の彼方へと葬り去ることを意味する。

以上の関心から導かれる具体的な問いを列挙してみたい。なぜ、女子工員の食堂をあえてバレーボールの体育館へと建て替えなければならなかったのか。工場でバレーボールをやる意味とは何だったのか。紡績工場の女子バレーボールが、東京オリンピックで金メダルを獲得したことは、その後のバレーボールの展開にいかなる影響を及ぼしたのか。「東洋の魔女」はどこから来て、どこへ行ったのか。以上の問いを、工場を手がかりに考察していきたい。

2　工場レクリエーションから出発したバレーボール

一度紡績協会で大会を開いたらよいと思うね。鳩尾を落して、猫背で働いている紡績の従業員には、胸を張ってやるバレーは一番よいスポーツだ。雲仙袋をつけて、ガニ又で横歩きをして働いているんだからね。（「女子バレーボールの指導法（下）」『月刊　バレーボール』一九五〇年十二月号）

紡績工場とバレーボールの結びつきを論ずるにあたって、バレーボールの出自は決定的に重要である。バレーボールは、一九世紀に、アメリカのＹＭＣＡ（キリスト教青年会）が考案したチームスポーツである。当時のアメリカのＹＭＣＡは、悲惨な労働環境に置かれていた青少年たちの環境を改善することを目的に、教育プログラムの開発に取り組んでおり、そのなかで重視されたのが体育活動であった。ＹＭＣＡは体育館を先駆的にアメリカ全土に設置してゆくが、その体育館に適したスポーツとして、バレーボールとバスケットボールを考案した。

ＹＭＣＡの体育プログラム――労働による疲弊対策として身体を改善するプログラム――は、ＹＭＣＡがアジア諸国へ体育指導者を派遣したこともあって世界各国に拡がり、バレーボールもその過程で日本に入っていく。日本へと流入したバレーボールが普及したのは、ＹＭＣＡ活動をおこなっていた一部の高等教育機関と、紡績をふくむ繊維工場であった。さきほども触れたように、繊維工場は若年女子工員の主な就労先であったが、そこでバレーボールが普及したのは、それが女子に適したレクリエーションとして認知されていたからだった。

繊維工場のバレーボールは、そもそも身体を改善する目的で導入されたので、競争に必要な細かいルールがほとんど整備されていなかった。一部の学生たちはバレーボールを「ゲーム＝競技」としてとらえ、ルール整備を熱心にすすめたが、バレーボールのルール化は繊維工場ではなかなか進展しなかった。バレーボールをいったん競技として位置づけると、繊維工場としては女子工員にルールを認知させなければならないし、コート整備にも金銭がかかる。もっとも都合の悪い点は、一部の女子工員だけが競技に熱中してしまうことで、身体の改善という目的が失われてしまうことであった。ゆえに、繊維工場のバレーボールは、ながらく競技でなくレクリエーションとして位置づけられたのである。

3　バレーボールの競技化と企業チームの成立

レクリエーションの色彩が強かったバレーボールは、第二次大戦後、とりわけ三つの要因から急激に競技化をすすめていく。一点目は一九三〇〔昭和五〕年に成立した競技ルールの全国規模での浸透である。二点目は、競技ルールに適合したスポーツ空間が、工場のレクリエーション施設として急激に整備されたことである。一九四八年の社会教育法の施行から、本格的にスポーツ＝レクリエーション施設が各地に整備されはじめるが、それにあわせて各工場も職場体育の振興が迫られた。二点目は、新聞メディアによる実業団大会の整備である。戦前の実業団大会は数も規模も少なかったが、戦後の数年間で、全日本排球東西対抗試合、全日本実業団男女東西対抗戦、全国健康保険組合女子バレーボール大会、全日本労働組合体育大会と、雨後の筍のごとく大会が整備された。

バレーボールの競技化は、当然ながら繊維工場の女子バレーボールを大きく変えた。鐘紡は一事業所のみで三六ものチームを産出し、社内外問わず何らかの大会に出場する女子工員は全従業員の二割を占めたという。繊維工場の女子バレーチームの激増は、昭和二九年度の全日本総合女子選手権で五〇チーム中、「鐘紡六、日紡五、倉紡四、東レ三、東洋紡二」と繊維工場の独占となって結実した。

こうしたなか、一九五三〔昭和二八〕年、大日本紡績は会社の方針のもとに、貝塚工場女子バレーボール部を、全社的な企業チームとして再出発させる。大日本紡績は、学生時代からバレーボールをプレイしていた貝塚勤務の大松博文を監督に就任させ、高卒の新人選手を大量にリクルートし、日紡傘下の各工場から選手をかき集めた。女子工員の食堂は体育館に改築され、日夜練習できる環境に整えられた。

企業チームとなった日紡貝塚は、工場単位のチーム編成が主流であった実業団大会で圧倒的な強さを示すことになる。結成翌年の一九五五〔昭和三〇〕年に全日本女子総合選手権で優勝。倉紡観音寺、倉敷レイヨン岡山、明治生命、決勝は鐘紡四日市と、強豪チームをつぎつぎに破った快進撃であった。一九五七〔昭和三二〕年には、女子バレーボール四大タイトル中三タイトルを獲得したことから、読売新聞社から日本スポーツ賞が主将・河西昌枝におくられている〔ニチボー株式会社 1966: 555〕。

この日紡貝塚の会社ぐるみのバレーボール強化策は、繊維業界のあいだでの戦いをより激しくする。大松博文のあとをうけて日紡貝塚の監督になった小島孝治氏への聞き取り調査によれば、「倉紡と日紡の対抗試合というのは、日本選手権よりも〔観客の数や応援が〕すごかった」という。レクリエーションとしてのバレーボールと、競技としてのバレーボールの乖離は徐々に深まる。それをあらわした記事をひとつ紹介しよう。

きくところによると、この実業団の大会を前にして倉紡倉敷は同系の倉紡津と倉紡観音寺と合同合宿を行ない、朝の九時から練習をやったという。日紡貝塚にしてもやはり一日に、四、五時間を練習にあててるということだ。新興チームのヤシカ本社の幹部も「これは選手が寄宿という集団生活をしているからできるわけで、うちのチームではせいぜい三時間です」と嘆いていたが、東京のどまん中で朝の九時から練習をおっぱじめようものなら、それこそ物議のタネになるだろう。とすれば地方都市のそれも紡績工場という大きな囲いの中だからできるのだということになりそうだ。また練習のためにたとえ短期間にしても会社の仕事を犠牲にするということは、よほど会社側の理解がないとできっこない。実績があるからだともいえるが、その実績なるものがスポーツ本来のものよりも、それに付随するものの実績に会社が満足しているからだというのは、あまりにもうがった見方であろうか。（「まがり角にきたバレー」『月刊　バレーボール』一九六〇年八月号）

すなわち繊維業界は、塀に囲まれた工場内での寄宿舎生活を送っているから、日夜練習に励むことができる（繊維工場のたいていが塀に囲まれていることは有名である）。そんな練習は、繊維業界でなければ成立しえないものだ。そこまでして手に入れるスポーツの実績は、スポーツ本来の目的なのか——。こうした文章がバレーボール協会誌に掲載されること自体、レクリエーションとしての側面が強かったことをいみじくも教えてくれる。だがそのレクリエーションと競技性のあいだのバランスも、東京オリンピックが近づくにつれて徐々に崩れていくことになる。

4　大日本紡績の海外進出と「東洋の魔女」の命名

日紡貝塚は会社からの庇護によって最強の女子バレーチームになったが、このチームを「東洋の魔女」という名称とともに唯一無比の存在に仕立てたのは、やはり東京オリンピックであった。

東京オリンピックは、バレーボールの展開にとって二つの点で画期的であった。一点目は、東京オリンピックではじめてバレーボールが正式競技として採用されたことである。[2] チームスポーツがオリンピックで冷遇されていたこと、バレーボールが競技として普及していなかったことがあり、それまでバレーボールはオリンピックに採用されていなかった。二点目は、東京オリンピックをきっかけに、六人制ルールが国際的に普及したことである。バレーボールはもともとレクリエーションとして出発したために、各地で独自の発展を見せ、日本では一九三〇年から独特の九人制ルールが施行された。ただ欧米はローテーションの六人制バレーを採用していた。日本は極東ルールを世界に広めようとしたが、まったく受け入れてもらえなかった。[3]

バレーボール競技のオリンピック正式競技化と、東京オリンピックの開催決定が重なることによって、バレーボールチームの海外派遣がおこなわれることになった。女子の海外派遣の主体は、ナショナル・チームではなく、日紡貝塚単独チームであった。日紡貝塚が単独チームで海外派遣をおこなった理由はおおきく二つある。第一の理由は、むろん日紡貝塚の圧倒的な強さである。国内に敵なしとなった日紡貝塚は、バレーボール協会の勧めもあって、国内ルールの九人制だけでなく、六人制の練習もおこなっていた。第二の理由は、バレーボール協会の財政にゆとりがなかったため、単独チームの派遣にして、大日本紡績の援助にたよったことである。当時の大日本紡績は、紡績産業の凋落に対処するため、海外進出を模索していた。日紡貝塚の海外遠征は、工場の海外進出のPR活動として費用が捻出された。日紡社長である原吉平は、一九六二年の日紡貝塚の世界選手権優勝後、こう証言している。

……日本で一番になったからそれじゃ今度は世界に乗り出せということでね。海外の試合に出すのには相当の費用もいりますけれども、会社のPRもかねて海外に遠征しいい成績を収めたということですね。去年も西川（日本バレーボール協会会長）さんや前田（同協会理事長）さんや今鷹（同協会副理事長）さんがきて、是非ヨーロッパにやってくれというのですが、費用もいるし、会社も不景気になってきたので、ヨーロッパに出すのは堪忍してくれないかといったのですが、行ったら優勝するかもしれない、また日本のバレーボール協会としてはどうしてもバレーボールをオリンピックに取り入れるようにしたい、そのためには向うにいって日本もバレーボールに協力しているという誠意を見せることで、そうすればオリンピック種目として許してもらえるだろう、というように推められたのです。（「優勝記念特別放談」『バレーボール・マガジン』一九六三年一月号、括弧は引用者）

このインタビューからわかるのは、協会の関係者が大日本紡績の上層部にかけあって、日紡貝塚をヨーロッパ遠征に出すよう、協力を求めたことである。「相当の費用」がかかるけれど、会社のPRになるということで、日紡貝塚を海外に出したというわけだ。当初のオリンピック実施案では、バレーボール競技は男子のみに限られていた。男子よりもさかんだった女子バレーボールが正式競技になれば、バレーボール人気に拍車がかかり、かつ金メダルも見込めるという魂胆を協会は持っていた。そのためにも、大日本紡績に資金を提供してもらって、女子バレーボールを内外にアピールしたかったのである。

バレーボール協会のとった戦略は、予想を上回る結果として返ってきた。日紡貝塚は一九六〇年のインドネシア・ブラジル遠征にひきつづき、六一年にヨーロッパ遠征をおこない、当地のナショナルチーム相手に二十四戦全勝。オリンピックを直前にひかえたマスコミ各社は、その快進撃をソ連のスポーツ紙が「東洋の魔女」と命名したという伝聞情報とともに大々的に報じた。「東洋の魔女」というアダナは、来るべき東京オリンピックの格好のシンボルとなったのである。

日紡貝塚の活躍と、官民挙げての強い働きかけの結果、一九六二年六月六日のIOCモスクワ総会で、男子の出場枠内にかぎって女子の参加を認めることが決定された。[4] 女子の参加は、IOCにたいする日本の強い働きかけによって実現したものだった。以下の記事は、その経過が描かれていて興味深い。

六二年六月六日のIOC総会で女子バレーの東京オリンピック参加が実現した。／さきに開かれた一九六一年の総会で日本古来のスポーツである柔道とともに男子バレーの参加が正式に決定。多くのバレー関係者をしてオリンピックにつながる競技として大きな悦びを抱かせたものであったが、その喜びのなかに何か物足りないものがあったのは事実である。その全面的に喜び切れなかったのは何かといえばほとんど金メダルののぞみが薄い男子にくらべて、これがもし女子であったらということではなかっただろうか。……世界選手権のあと招待試合に来日したソ連の国際バレー連盟サビン副会長を動かして、田畑東京オリンピック組織委員事務局長に東京大会に女子バレーの参加を申し入れるように工作。バレー界がなお女子の参加をめざしている意志のあることを表明したのである。（「金メダルは女子バレーの手で」『バレーボール・マガジン』一九六二年七月号）

日本のバレーボール関係者は、男子バレーのオリンピック競技化を全面的に喜ぶことができなかった。なぜなら、男子は金メダルの望みが低いからだ。女子であれば…。この思いが、東京大会で女子バレーの参加が可能となるようIOCへ工作させたというわけである。「東洋の魔女」の女子バレーボールが東京オリンピックに登場するかどうかは、バレーボール関係者のみならず、世論の関心を集める出来事となった。そして、東京オリンピックでの女子バレーボールの競技化は、いみじくもオリンピック史上初めての女子チームスポーツの実施でもあった。[5] 繊維工場のレクリエーションからはじまった日本の女子バレーボールは、オリンピックという最高の桧舞台を獲得したのである。

5　浮上する魔女たちの結婚問題

日紡貝塚は、オリンピックにおける競技化が決定した四ヶ月後の六二年十月、単独チームで世界選手権大会に出場し、長年のライバルであるソ連を破って優勝する。日紡貝塚の世界選手権での優勝は朝日新聞で一面に報道されるなど、その過熱ぶりは国民的なものとなった。日紡貝塚は、第三回世界選手権の際にソ連に敗退したこともあって、第四回世界選手権で優勝することを目標に、日々猛練習をしていた。世界一にむけての練習は、大松監督の昇進を遅らせ、同時に主力選手たちの年齢を重ねさせた。キャプテンの河西昌枝は二九才となり、当時の初婚年齢をはるかに超えた。大松と魔女たちは、世界選手権の優勝を奪いとったあかつきに、それまで蓄積した疲労を挽回するべく、バレーボールを辞める心積もりだった。大松と魔女たちは予定どおり、世界選手権で優勝したのち、東京オリンピック出場をためらう発言をする。河西昌枝は、雑誌のインタビューに次のように答えた。

> ことしの六月、女子バレーがオリンピック種目にきまったとき、オリンピックまでやるのかどうか、が問題になりました。そのときは、そんな二兎を追うようなことはできない、まず世界選手権が目標だ、それがすんだとき、オリンピックをどうするか考えよう、ということにしていたのです。しかし、それでは世界選手権が終ったからどうだ、といますぐ聞かれても困るんです。大松先生だって、私だって、もっと考える余裕がほしいのです。ことに私の場合は、結婚の話がからんでくるので、この問題にふれることにほんとうに疲れはてています。（「五輪の栄光か、家庭の平穏か」『週刊朝日』一九六二年十一月三〇日号）

世論は沸騰する。女子バレーボールの競技採用をよろこぶと予想していた監督と魔女たちが引退をちらつかせたのだ。マスコミは、大松と魔女たちが引退を口に出した理由として、練習の壮絶さと、魔女たちの結婚問題を取上げた。魔女たちの引退問題は、女性としてのしあわせを今すぐにつかむか、猛練習に耐えオリンピックの栄光をつかむか、の二者択一の問題として世論に提示されたのである。

国民の過熱ぶりは、大松と選手の大半が、世界選手権で引退を決意していたにもかかわらず、それを思いとどまらせる結果となった。大松は悩みながらも、世間からの金メダルの期待に応えることを決意する。大松はこれまで以上に練習の鬼となった。なぜならば、「この、大切な娘たちに、わたしが現実にできたことは……ただ、オリンピックに優勝させてやること」だからだ（大松 1964: 18）。つまりオリンピックで優勝することだけが目標だったのではない。金メダルを獲得することと、魔女たちが結婚し、大松が会社と家庭に戻ることはパラレルな関係にあった。大松にとっても、婚期を過ぎようとしていた魔女たちにとっても、いまここから「解放」されるには、金メダルを獲得するしかなかった。

6　大松の女性性に対する嫌悪と血みどろの猛練習

魔女たちの結婚問題は、「東洋の魔女」という名前を普及させるきっかけとなったが、それと同様にマスコミがクローズアップしたのが、大松による壮絶な練習であった。大松が猛練習をおこなった理由は、金メダルを獲得するという目的以上のものがあった。大松はしきりに自らの状況を劣悪であると述べ、その劣悪な条件を克服することが重要だと強調した。大松のいう劣悪な条件は、およそ三点にまとめられる。一点目は、アマチュアという制約を克服することである。「ソ連の選手たちはすべてプロなの」だから、「なおかつ《(ママ)》彼らに打ち勝つ力をつけるためには」練習時間の長さが必要だった（大松 1963: 52-3）。彼はソ連の選手を「プロ」と見なしているが、それは仕事を持たずスポーツだけに専念できる人びとのことを意味している。

二点目は、人種的身体の克服である。すなわち、「わたしたち日本人は、西洋人に対して体格は劣るけれども、……どのような困難にもめげない精神力をもち、体力の限界をこえるハード＝トレーニングで鍛え、彼らにまさる技術をみにつけるならば、かならず勝て」るというわけだ（大松 1963: 71）。西洋人の体格に対抗する技術こそが、回転レシーブであり、木の葉落としサーブだった。

三点目は、女性的身体の克服である。たとえばそのひとつに、女性の生理現象があった。

> 私の方式をもってすれば、生理だからといってその選手を特別に休ませるわけにはいかない。……「お腹が痛い」と選手が訴えてきても、生理の場合は、「何言うか、出て来い！」といって他の選手と同じように練習をさせる。はじめの一年二年つらそうな顔をしているが、三年四年目になると、もう平気になってしまうらしい。（大松ほか 1963: 33）

大松は、スポーツの遂行にあたってマイナスとなる身体を徹底的に消去しようとした。彼はバレーボールを、女性的身体を保護するものとしてでなく、克服するものとして位置づけたのである。そもそもバレーボールが繊維工場に入り込んだのは、女性の身体を病理に侵されやすい存在と見なし、それを保護するためであった。だから、工場においてバレーボールが浸透する過程は、生理休暇が制度化される過程と、時期的にも論理的にもパラレルであった（田口 2003）。しかし、大松はスポーツの遂行にとってノイズである女性の生理現象を克服するため、ハード・トレーニングを選択した。現代においてスポーツは、女性の生理現象を解剖・生理学テクノロジーによって克服しようとする。その克服方法は、暴力的ではないように装う。しかし通底するものは大松の時代と何も変わっていない。そこで追い求められているのは、いつでも、どこでも実力を発揮できる身体なのである。

こうした大松の戦略は、女性の身体メカニズムを無視するものとして、議論を巻き起こす。だが、大松にとってそんな批判は痛くもかゆくもなかった。彼が女性性を否定してまでおこなう猛練習は、金メダルを胸に結婚へと旅立つという、女性のしあわせを確実にするための方策だったからだ。

その一方で大松博文は、消費にあけくれる若い女性たちに嫌悪感を抱いていた。彼は、人知をこえる過酷な体験を克服してはじめて、しあわせへの道が開けると確信していた。その確信は、彼の過酷な戦争体験に由来していた。彼いわく、ラバウルやインパールなどの最前線から日本に帰ってこられたのは、強い精神力でもって「生きのびる」ことに執着したからである。精神力がない人間は、死んでいった。その記憶が彼の人生を構成した。死の一歩手前で生まれる快楽を、大松は魔女たちに経験させたかったのだ。

南海の島から東南アジア大陸の戦線への移動では、輸送船のつごうで、マニラやシンガポールに寄ったまま、何日も無為にすごしたことがありました。おいしいものはむろんのこと、なんの遊びもない前線から、明るいにぎやかな町に、軍務から解放されているのです。ずいぶん楽しく遊んだはずです。にもかかわらず、なんにも心に残っているものはありません。／わたしには、北シナの保定《パオチン》で受けた予備士官学校での苦しい訓練、困苦と欠乏そのものの第一線での、命がけの体験だけが、いまは楽しい思い出となってつぎつぎとよみがえるのです。この実感を選手に語り、「将来家庭をもって、こどもがひとり、ふたりできたころには、なつかしく娘時代をふり返ることがあるものだ。そういうときに、たくさん思い出を残している人が幸福なんだ。……この緊張と鍛錬の苦しみを知らず、いわゆる青春を謳歌して遊び、いいかげんな花嫁修業とおしゃべりに時をすごしている人たちには、そうした深い思い出にひたる幸福はないのだ」といいきかせています。
（大松 1963: 30-32）

大松は消費に明け暮れる女性の心性を嫌悪し、それを手なずけようとした。繊維工場という閉ざされた空間のなかで、大松は女子工員でもあった魔女たちを徹底的にしごいた。戦争のさいに強いられた自己犠牲の精神を、大松は魔女たちと共有しようとした。その結果、他者の理解をこえる固き共同体ができあがる。キャプテンの河西昌枝はいう。「わたしたちは、先生のためにやっているんですよ。だって先生は、わたしたちのためにやってくれているんですもの」（河西 1965: 127）。ただし、ここで注意したいのは、大松の女性嫌悪《ミソジニー》が、強権的に魔女たちの女性性を奪い取ったわけではないことである。とくにキャプテンの河西昌枝は、大松に反抗してまで、女らしさを強調しようとする。

彼女が人一倍女らしいことは、有名である。試合中も、ツメをきれいにマニキュアし、夜はどんなに疲れていてもピンカールを忘れない。みんなのする足のサポーターを、「カッコ悪い」と、彼女は巻いたことがない。シシュウやレースあみをするのも好きだ。オリンピックが近づいたとき、食事がノドを通らなくなったり、眠れなくなったりした選手がいた。河西さんは、彼女たちを母親のようなこまやかな愛情で包んで

めんどうを見た。（「金メダルのかげの三つの愛」『主婦の友』一九六四年十二月号）

キャプテンである河西昌枝は、プレイ中に爪が割れて大ケガをする危険性があるにもかかわらず、マニキュアをするために爪を伸ばした。お正月には、週刊誌のグラビアを飾るべく、着物姿をカメラマンに披露した。魔女たちは、繊維工場で生産に従事していたにもかかわらず、マスコミの表象は生産でなく消費活動に片寄る。魔女たちの心性も、生産＝男、消費＝女、という「サラリーマン＝専業主婦体制」（上野 2003）に準拠するのである。

7　日本男児の卑屈なる矜持

「東洋の魔女」は、金メダルの獲得が約束されたヒロインとして位置づけられる。テレビジョンという新しいメディアにも、魔女たちは積極的に露出する。テレビ局はオリンピック前から、一九六二年創設のＮＨＫ杯、翌六三年におこなわれた東京国際スポーツ大会（プレ・オリンピック大会）と、半国民的イベントを仕掛けていた。注文どおり、日紡貝塚はテレビカメラの前で圧倒的な強さを見せつけ、海外遠征の強さが偶然でないことをブラウン管の前の視聴者に証明したのだった。

そして「東洋の魔女」は、金メダルを獲得する。ただ、日本国民は金メダルだけを望んでいたわけではなかった。金メダルを胸に主婦へと旅立つ、しあわせな姿を国民は期待していたのである。たとえば作家の有吉佐和子は、新聞のオリンピック観戦記で、魔女たちがいかに主婦の資質を有しているかを、バレーボールのプレイのなかから見出そうとする。

この試合は技術とチームワークがよく力を制したといえる……。魔女と呼ばれる日本チームの選手たちは、そのアダナがふさわしいと思われないほど清潔感にあふれていて、色白で均整のとれた姿は美しく、気合を掛けあう声も透きとおるようだった。……世界一と呼ばれていても、しかし日本の選手たちは、日本女性の優雅なたたずまいを忘れていなかった。熱戦でしたたり落ちる汗が床に落ちると足がすべる。そこで彼女たちはそれに気づくと、すぐに雑きんがけよろしく布で床をぬぐうのだ。それはなかなか頼もしい光景だった。この人たちが結婚したらさぞやいい奥さんになることだろうと私はほほえましく思いながら、拍手を送っていた。（有吉 1964：22）

魔女たちの女性性は、訓練に訓練を重ねたゆるぎない技術力と、大舞台にも動じない逞しき精神力と結びつけられた。そして、それとは対称的に、大松の生き様はたとえば石原慎太郎によって以下のように讃美される。

試合が終った瞬間、私は抱き合う選手たちよりも先に大松監督を見、他を忘れて彼に見入った。勝敗が決定の一瞬、彼の面に浮かんでいたのは、試合中選手たちに向けた微笑よりもややきびしい、戦いの始まる前も全く同じ、あのむなしさをすでに知った人間の澄んださびしげなほどの表情だった。……「鬼の大松」と東洋の魔女たち。そんな皮相な結びつきではなしに、この輝かしき人間たちをつなぎ結びつけたものは、何であったのだろうか。人間同士の全き信頼。われわれは現代ではとうに失われたはずの、この奇跡の宝を、勝利とともに取り戻し得たのである。（石原 1964: 17）

魔女たちのしあわせを願うがゆえに鬼となる大松。睡眠を削り、鬼となって金メダルを獲得したとしても、名声以外に彼が得るものは何もないにもかかわらず。そうした大松の禁欲的態度に、石原や三島由紀夫はこぞって讃辞を送った。それにしても、なぜ彼らは大松の禁欲的態度にこれほどまでの讃辞を寄せたのだろうか。

大松は世界をなぎ倒す技術（回転レシーブ、木の葉落としサーブ）を創りだしたが、その技術力をじっさいに発揮したのは女性であった。吉見俊哉は電器製品の広告を分析するなかで、高度成長期の家電広告のなかに、欧米のアレゴリーとして「消費する主体＝主婦」が表象されていく過程をあきらかにした（吉見 1997）。それを敷衍するならば、「東洋の魔女」の言説は、世界に誇るべき技術を生産・開発した男性と、その最新技術を男性の指導を受けつつも主体的に使用・消費していく女性、という物語構造を有していたといえる。石原慎太郎は大松から「男のむなしさ」を読み取るが、そのむなしさとは、女性嫌悪に端を発した猛練習が、国家の威信を保持しつつも、それでも結果的に消費する主体＝主婦を産出してしまわざるをえない、逆説ゆえであったのだろう。しかし石原＝大松は、女性的身体と消費する女性を嫌悪したうえで、それを一種のあきらめとして受容する。卑屈さと矜持のアンビバレントを胸に抱えつつ、石原＝大松は「高度成長」を受容し、生き抜こうとする。むろん彼らの受容は、家庭という私的領域のクローゼットのなかで、女性的身体と消費する女性を飼い馴らす（domesticate）ことを前提としてのものなのだが。

8　階級的身体の集合的忘却

国民の関心が魔女たちの結婚へ集約していくなか、そこから逸脱した評論がわずかながら存在したことも指摘しておかねばならない。文芸評論家の奥野健男は、大松と魔女たちの姿に、その昔みずからが在籍していた工場の風景を思い出していた。

バレーボールは貧乏人のスポーツである。工場のスポーツであり、昼休みの屋上のスポーツである。それは恵まれた大学生がやる、派手ではなやかなスポーツではない。大松博文が日紡貝塚工場の女子バレー部の監督になった昭和二十八年ごろ、ぼくはある生産会社の工場に勤めていた。その工場の昼休みの唯一のいこい、スポーツは、バレーボールである。いや、バレーボールとも言えないであろう。十人、十五人の男女の従業員が円陣をつくって、ボールの打ち合いをする。ボールひとつさえあればできるもっとも安い運動、キャッチボールする空地さえもない狭い場所でもやれる運動、バレーボールは戦後の貧乏な日本のあらゆる工場やオフィスで工員たちを、BG《ビジネス・ガール》たちを慰める、ささやかにもかなしい唯一のスポーツだった。……つまりバレーボールは金にケチな企業体が奨励するスポーツである。工場の、労働者の、BGの身近なスポーツであり、日紡貝塚工場チームはそういう日本のバレーボールのあり方の象徴であり、ピラミッドの頂点なのだ。(奥野 1964: 118；ルビは引用者)

魔女たちはしかし奥野の描く、階級性の残存したバレーボールから遠く離れた場所にいた。東京オリンピック当時の魔女たちは、キャプテン河西三一歳、宮本二七歳、谷田二五歳、半田二四歳。彼女たちは紡績の女子工員の平均年齢を越えていたし、国民的ヒロインとなった魔女たちもまた、女子工員というアイデンティティを捨て去っていた。大松は、魔女たちがいくら有名になろうとも、朝八時から夕方三時半までの生産活動を止めさせなかったが、それは大松の根性主義を際立たせただけであった。

繊維工場も、そして女性が労働する意味も、変容しつつあった。農村から繊維工場への集団就職はおこなわれていたものの、全産業にしめる繊維産業就業率は年々下がっていた(石田・村尾 2000)。女性の高学歴化がすすむ一方、女性の労働力化率は下がっていた。村落共同体は決定的に破壊され、都市化の進行と核家族化が急速に進展した。むろん女性が労働をやめたわけではない。ただ主婦化の進展がすすむことで、農村から工場へと集団で就職してゆき、行方もしれず都会で個々バラバラな人生をたどることが、見田宗介が「まなざしの地獄」で永山則夫について論じた哀しき構図に位置するものとして、スティグマ化されたのだ(見田 1979)。

女性は労働する身体を忌避し、消費する主体＝主婦に欲望する。その欲望の高まりとともに、「東洋の魔女」が繊維工場から生まれたという事実は、「日本人」によって集合的に忘却されるのである。

9 魔女の旅立ちとバレーボールの主婦化

金メダルを獲得した魔女たちは、東京オリンピック後、すぐに「解放」されなかった。全国各地でのルーマニアとの親善試合。中国、香港、沖縄への海外遠征。それ以外にも、テレビ番組への出演、祝賀会への参加と、ハードなスケジュールを送っていた。大松博文はオリンピック後、バレーボール部監督を引退し、貝塚工場長代理として再出発する予定だった。しかし、時代の寵児となった大松を、単なる日紡の社員として見なすものはいなかった。大松博文が出版した「おれについてこい」は、大ベストセラーとなって映画化され、佐藤栄作首相からは参議院議員への出馬を打診された。中国ナショナルチームのコーチ就任要請も舞い込んだ。周恩来首相は大松を絶賛する。「ニチボーの技術もさることながら、その練習の精神がすばらしい。その精神をぜひ中国にもとりいれたい」(『朝日新聞』一九六四年十一月二七日夕刊)。大松博文は、戦争で培った不屈の精神を世界屈指の技術力に変えた、日本を代表するテクノクラートとして、企業の枠を完全に超えたスターとなった。

こうした狂騒のなか、大松は東京オリンピック翌年の一九六五年(昭和四〇年)一月に会社へ辞表を提出する。大松は原吉平日紡社長に辞表を提出する際、退社の理由をこう語った。「肉体的な限界、家庭問題、仕事の問題を理由にバレーの監督を辞めたわけですが、私からバレーを取ったら、何も残らないことがわかったのです。」(小泉 1991: 214) 大松自身もわかっていたのだ。自分がもはや会社の人間ではなく、バレーの人間であることを。

河西昌枝によれば、大松は辞表を提出したあと、魔女たちにこう別れの挨拶をしたという。

「今日が、ワシとお前たちの最後の日や。バレーボールを離れたら、女としての幸せをつかんでほしい」。ついに大松先生からそのことばを聞いたとき、十三年間先生とともにバレーボール一筋に歩んできた私は、思わず天井を見上げて、落ちそうになる涙をこらえるのに必死でした。(河西 1992: 34)

大松の辞職は、魔女たちの大日本紡績退社を導く。大松の退社が内定した翌日、魔女を構成する六人中五人が一斉に退社を表明した。大松に女性性を否定される一方で、女性性を欲望する、そのアンビバレントがもたらした「有名性」(石田 1998) は、魔女たちの「主婦」への渇望を生み、バレーボールの現役から退くことを決意させた。退社後、魔女たちはつぎつぎと結婚をきめてゆく。半年のあいだに、半田百合子、宮本美恵子、河西昌枝が結婚した。とくにそのなかでも、河西昌枝の結婚は世間の注目を浴びた。というのも、彼女は佐藤栄作総理大臣夫人の仲介で見合いをし、陸上自衛隊二尉の中村和夫との結婚を決めたからである。結婚式は佐藤栄作総理夫妻の媒酌で取り持たれ、防衛庁長官ら要人が出席するなか、その模様はテレビの生中継(「スター千夜一夜」フジテレビ系列)で全国に放送された。

魔女たちの結婚が何を意味していたかを明瞭に現わしたエピソードを紹介しておこう。河西昌枝は、東京オリンピックから三十年近くたって『お母さんの金メダル』(河西 1992) というタイトルの書物を著す。女性として、主婦として、母として懸命に生きた自らの半生を、「金メダル」という独特のフレーズで言い表した。大松と魔女たちのゴールは、東京オリンピックの金メダルだけでは足りなかった。東京オリンピックの金メダルを胸に「お母さん」になることこそが、大松と魔女たちの真の勝利だった。

「東洋の魔女」以後のバレーボールは、階級性と工場という位相から切り離される。勝利した魔女たちは、主婦という身分のもと、バレーボールを普及するために全国各地を飛び回る。彼女たちの魔術的な力は、「ママさんバレーボール」の全国的な普及という結果をもたらす。大松監督も日紡を退社後、参議院議員を経て、「ママさんバレーボール」の普及とイトーヨーカドー（主婦と消費のつながりを想起されたい）のバレーボール創部にかかわる。「東洋の魔女」をきっかけにして、バレーボールは「労働者のスポーツ」ではなく、「家族の戦後体制」[6]の浸透とともに流通することになる。

10 ふたたび工場跡地へ

もう一度、冒頭の工場跡地へと戻ろう。二〇〇四年五月一四日、日本女子バレーボールチームはアテネ・オリンピックの予選会を見事勝ち抜き、八年ぶりの本大会の出場を決めた。それは貝塚工場の跡地でトレーニングを積んだすえの勝利であった。マスコミは日本女子チームの活躍ぶりを騒ぎ立てた。「東洋の魔女復活」（東京スポニチ）「平成の魔女」（報知新聞）――そんなフレーズがメディア上を踊った。「東洋の魔女」という集合的記憶は、日本女子バレーボールの栄光を確かめる絶対的な参照点として、「呪文」のように人びとに唱えられ、女性とバレーボールの結びつきを、その響きとともに再生産させる。

だが、体育館がいくら立派であろうともその周りは、約十三万平方メートルもある空地である。日本代表という言辞におよそふさわしくない、この寂寥とした空地こそが日紡貝塚の歴史である。ただ思い違いしないでほしいのは、私はそれを単に時代錯誤の出来事だとアイロニカルに哂いたいわけではないことだ。むしろバレーボールがメディア産業による国民共同体の商品として流通しようとも、バレーボールがいかに近代家族の物語とともに流通しようとも、工場とバレーボールの記憶がそう簡単に覆せないことを指摘したいのである。

貝塚市民は工場跡地にナショナルセンターを誘致し、その広大な跡地にスポーツ公園を設置する計画まで起きているという。[7]「東洋の魔女」のキャプテンであった中村（旧姓・河西）昌枝もバレーボール協会の強化責任者として、ナショナルセンターの貝塚設置を決定したひとりである。彼女は、貝塚にバレーボールが戻ってきたことを喜び、オリンピックで活躍して、もう一度凱旋パレードを行ないたいと述べた。[8]

国民は、日本バレーの輝かしい歴史を圧倒的な強さと驚異的な視聴率とともに、東京の「東洋の魔女」に求めつづけるだろう。だが、魔女たちの原風景は貝塚の工場にある。もはや天井の低い古びた体育館は解体されてしまった。本稿は、工場から

「東洋の魔女」を描くことによって、バレーボールがプレイされる意味の変容を、そしてバレーボールを通じた女性たちの変容を示唆してきた。ただ、そうした変容にもかかわらず、荒涼とした空地の磁場が、工場とバレーボールの関係性をわたしたちに思い起こさせる。貝塚のバレーボールにはまだ、工場の記憶が息づいている。

注

1 対ソビエト戦は、NHK総合において、視聴率六六・八%——歴代視聴率第二位——を獲得。この試合は、NHK以外にも民放で中継が行われていたため、その視聴率はあわせると、九〇%を超えたとまでいわれる。

2 一九五七年にブルガリア、ソフィアでおこなわれたIOC総会では、チームスポーツをオリンピックから除外せよとの提案がなされている(この提案は否決された)。こうしたチームスポーツにたいする冷遇は、おおきくふたつの要因がある。第一に古代オリンピックが個人スポーツしかおこなっておらず、新しい種目、それもチームスポーツを入れることにIOCの一部委員が反対していたこと。第二に、回数を重ねるたびにオリンピックの規模が増大し、開催国や参加国の費用が莫大になったためである。実際IOCは、一種目あたりの人数が多い団体競技を削減して、大会規模の縮小を考えていた(小泉 1991: 68)。

3 日本は一九五七年(昭和三二年)にモスクワで開かれた第三回世界青年友好スポーツ大会や一九五八年に東京で開かれた第三回アジア大会で、九人制バレーボールのアピールをバレーボール関係者におこなっているが、ことごとく失敗に終わっている(小泉 1991)。

4 男子を十六チームから十チームに削減し、六チーム分を女子に配分した。

5 他のチームスポーツの女子競技実施について触れておこう。バスケットボールの男子競技としての実施は一九三六年のベルリン大会、女子が一九七六年のモントリオール大会からである。以下、ホッケー男子一九〇八年ロンドン大会、女子一九八〇年モスクワ大会。ハンドボール男子一九七二年ミュンヘン大会、女子一九七六年モントリオール大会など。

6 「家族の戦後体制」という概念は落合恵美子(1997)による。落合はこの概念で、近代家族の理念(男は公共領域/女性は家内領域という性別分業体制)が戦後、階層を越えて大衆化したことを指し示した。

7 『朝日新聞』(大阪本社版)二〇〇四年五月二〇日夕刊

8 『読売新聞』(大阪本社版)二〇〇四年五月三一日朝刊

参考文献

新雅史 2003「企業スポーツとは何(だったの)か——YMCA・繊維工場・オリンピック」『現代スポーツ評論』9号、創文企画
新雅史 2004「企業スポーツの歴史社会学——「東洋の魔女」を中心に」『ソシオロゴス』28号(近刊)、ソシオロゴス編集委員会
有吉佐和子 1964「魔女は勝った」『朝日新聞』一〇月二四日朝刊
石田佐恵子 1998『有名性という文化装置』、勁草書房
石田浩・村尾祐美子 2000「女子中卒労働市場の制度化」、苅谷剛彦・菅山真次・石田浩編、2000『学校・職安・労働市場』、東京

大学出版会
石原慎太郎 1964「〈鬼の大松〉讃」『読売新聞』一〇月二三日朝刊
上野千鶴子 2003「女の戦後文化史——生産と消費の分離を超えて」小森陽一ほか編『岩波講座近代日本の文化史　問われる歴史と主体』、岩波書店
奥野健男 1964「大松監督における男の研究」『婦人公論』一九六四年一二月号
落合恵美子 1997『21世紀家族へ［新版］——家族の戦後体制の見かた・超えかた』、有斐閣
河西昌枝 1965『バレーにかけた青春——キャプテン生活八か年』、講談社
——— 1992『お母さんの金メダル』、学習研究社
小泉志津男 1991『日本バレーボール五輪秘話第1巻　東洋の魔女伝説』、ベースボール・マガジン社
鈴木裕子 1994『女たちの戦後労働運動史』、未来社
大松博文 1963『おれについてこい！——わたしの勝負根性』、講談社
——— 1964『なせば成る！——続・おれについてこい』、講談社
大松博文ほか 1963『〃東洋の魔女〃の五年間』、自由国民社
田口亜紗 2003『生理休暇の誕生』、青弓社
ニチボー株式会社 1966『ニチボー75年史』、ニチボー株式会社
日本バレーボール協会編、1982『日本バレーボール協会五十年史——バレーボールの普及と発展の歩み』、日本バレーボール協会
見田宗介 1979『現代社会の社会意識』、弘文堂
吉見俊哉 1997「アメリカナイゼーションと文化の政治学」井上俊ほか編『岩波講座現代社会学　現代社会の社会学』、岩波書店

東京オリンピックとスポ根漫画

鈴木康史

スポ根少女漫画の草分けである『サインはV！』は、東京オリンピック女子バレーボール日本対ソ連の決勝14−13の息詰まる有名なシーンで幕を開ける。日本選手がスパイク／それが決まる／審判の笛／15−13のスコアボード／日本優勝と告げるアナウンサー／コートで泣いている選手／コートで喜ぶ選手と座っている大松／大松クローズアップ、目に涙／日本の旗が上がる／表彰式、見つめる魔女たち……。スパイクが決まって日本が勝利し、選手が泣き、大松も泣く、「感動」のストーリー。

だが、実際の試合は、ソ連のオーバーネットの反則で決着しており、大松は試合直後ではなく表彰式で泣いている。微妙な脚色がそこにはある。いや、それをあげつらうためにこのようなことを書いたのではない。そうではなくて、ここで問いたいのは、なぜオーバーネットでの決着は描かれなかったのか、なぜオリンピックの決勝戦は読み替えられたのか、ということである。

映画『東京オリンピック』で東洋の魔女の試合を見た学生の感想に「勝利があっけなかった」という意見があった。まさにその通り、『サインはV！』が『サインはV！』であるためには、やはり最後は劇的にスパイクが炸裂し、そこで鬼の大松が泣いているシーンこそ描かれねばならないのだ。怒涛の熱血ビルドゥングスロマンには、それにふさわしい幕開けが必要なのである。

魔女たち引退後の実業団三強時代——ニチボー、ヤシカ、日立武蔵（漫画では立木武蔵）——を舞台にこの物語は展開する。数々の必殺技が登場し、数々の特訓がなされ、主人公たちの波乱万丈の運命は「栄光」と「死」に至る。このスポ根漫画の定番とも言うべき過剰な物語は、魔女の物語すらはるかに越える荒唐無稽な強度を持ったスペクタクルである。

ところで、少女漫画の「スポ根」物は案外に少ない。有名な作品といえば『アタックNo.1』『サインはV！』『エースをねらえ』あたりだが、このうち、バレーボールを題材としている二作品が、実は東京オリンピックの四年後、一九六八年にともに連載開始され、テレビとも相俟って大ブームを巻き起こしているのだ。これは偶然だろうか。また、バレーボール・ブームとしてセットで語られることの多い「東洋の魔女」から『サインはV！』『アタックNo.1』まで四年のブランクがあるが、これはなぜなのか。

もちろん「スポ根漫画」という形式の創出がこの時期だったと言ってしまえばそれまでであろう。たとえば、スポ根の祖、梶原一騎原作の『巨人の星』の連載開始は一九六六年、『柔道一直線』が六七年、『あしたのジョー』が六八年である。また、東京オリンピックのマラソン銅メダリスト円谷幸吉の自殺という事件が、こうした過剰な物語を導いたという分析も可能かもしれない。だが、東洋の魔女の物語の続きが、しかも同様の強度を持った続編が欲望されているにもかかわらず、現実の物語が必ずしもそれを満たさなかったこと。このギャップこそが決定的ではないのか。ソ連に勝てない全日本女子、ニチボー一強時代の終焉と三強による戦国時代。強力な物語の不在に書き込まれる過剰な物語。

『サインはV！』の冒頭のシーンは、漫画が東洋の魔女の伝説を受け継ぐという意思表明であり、同時に、東洋の魔女を超える物語への予告でもある（同様の仕掛けは、ヘーシンク対神永戦から物語が始まる『柔道一直線』にもすでに見られる）。この仕掛けによって読者は、現実の空間に物語の空間を上書きし、現実の過去が虚構の未来へと接合される瞬間に自らを定位し、自らの住む時空を非日常化してゆくのであるが、そのとき欲望される未来の物語は常に過去の参照・反復・拡大再生産にほかならず、物語は『連載』されながら何度も同じ構造（ex.対決・挫折・特訓・勝利）を反復し、一回ごとにその強度を増してゆく。それは週に、あるいは月に一度巡ってくるスペクタクルである。過剰に傷つく身体、過剰に理解しあうライバルたち、過剰にあふれ出す論理、過剰に死にゆく主人公。虚実すれすれ、いや、限りなく虚へと暴走しはじめるストーリー。しかし、たとえば梶原はこれを一言で現実に着地させる。「りくつをこえた奇跡をまき起こすのはああいう火と燃える日じゃ、根性じゃよ!!」（『柔道一直線』）大松の語りがここで反復されるのだ。

一九六〇年代、スポーツをめぐる物語は、スポ根漫画というまったく新しいエクリチュールを完成させる。そして、もはやこれは虚／実の二分法では語れない。スポ根漫画の世界にはまり込んだ少年少女が実際にスポーツの世界になだれ込む。スポ根漫画は彼らの住む世界を物語空間に変容させてしまうのだ。スポ根漫画こそ、東京オリンピックが生んだ最も高性能なアスリート再生産装置なのかもしれない。

Ⅳ

アウターナショナルな経験

10

故郷／経路　人見絹枝の旅と遭遇

――イエテボリ、アムステルダム、プラハ

有元　健

さようなら！　長い間の旅でしたね、半年も長い間つくすことのなかった姉でしたね。でも、皆んな、こんなに元気でここまでたどりついたことをお互いに祝福しましょう。代表選手という名のもとに私等は今が今まで大きな責任と堅苦しい圧迫を持っていました。しかし、もう私等はその大仕事を無事に終わりをつげたのです。さようなら！　さようなら！

（『ゴールに入る』）

はじめに――旅行記としての『スパイクの跡』・『ゴールに入る』

マレーシア沖、マラッカ海峡の美しさはその本当の魅力を夜に映し出すという。波にぶつかる無数の夜光虫の群れは夜空の星のように煌き、見るものをその深みの中へと誘惑する。一九三三年世界ランク三位、そしてウインブルドン・ダブルスで準優勝という世界的なテニス選手であった佐藤次郎は、その翌年、デビスカップの遠征中、その怪しげな光りに誘われるかのように海峡に身を投じた。その二年後の一九三六年、日本女子水泳選手団のコーチとしてベルリン・オリンピックに帯同した菅谷初穂（旧姓・松澤）は、マルセイユからの帰途、四十日間にわたる船旅の途中にちょうどその同じ場所で、日本中を興奮と歓喜に導いた金メダリスト前畑秀子がこのように呟いたことが忘れられないという――「もしベルリンで優勝できていなかったら、私も身を投げていたかも」と。

近代オリンピックの誕生はスポーツと国民国家を、あるいはより正確に言うと、スポーツ選手の身体と国民国家という共同体の想像力とを「代表選手」という特殊な形象において結びつけた。代表選手の身体はフィールドに立つやいなや個人的競技者であることから遊離し、国民を表象する特殊なシニフィアンとして機能し始める。人々は代表選手のパフォーマンスに一喜一憂し、また彼ら／彼女らの身体を媒介として自らの国民的プライドを獲得しようとする。人々のこの過剰な欲望の照射は、前畑秀子の呟きに表明されたように、代表選手に「勝利か／死か」という選択を迫ることさえあっただろう。メディアが「絶対に負けられない戦いがそこにはある」などと語るとき、それは代表選手たちの身体を物神化し、国民的物語の中で彼／彼女たちの戦いを「高価な」商品として価値付けるための呪文とな

る。代表選手の身体は「国民」という集合性を表象し、そして彼ら／彼女らがフィールド上で繰り広げる戦い、パフォーマンスは、特権的に国民的経験として記憶される。代表選手のパフォーマンスこそ、私たちの共通の経験というわけだ。

しかし代表として各国へと移動する選手たちがスポーツを通じて獲得する経験とは、フィールド上に限られたものだろうか？　たしかに輸送機関の発達した現代においては、選手達は十数時間で世界のどの会場へもたどりつくことが出来る。ホームからフィールドまでの時間と距離は物理的に短縮された。また、当地では厳格に隔離・管理されたキャンプ地において大会までの数日間・数週間を過ごす。そして競技終了後わずかの時間のうちに、自分たちのパフォーマンスを深く振り返る余裕もなく慌しく帰国する。その帰途もまた、短縮されているのである。選手たち、そしてそれをリアルタイムの衛星放送で見守る国民にとっても、経験の中心はフィールド上での出来事、パフォーマンスである。もちろん、そうした選手たちのフィールド上でのパフォーマンスを文脈化するために、その私生活がテレビや雑誌などのメディアに流通することもあるだろう。しかしそこで描かれるものの多くが、「皆に祝福される結婚、幸せな家庭の構築」、「スポーツを通じた親孝行」、「幼い頃からのライバル同士の切磋琢磨」などといった国民的道徳物語であることは否めない。メディア資本主義の中で、オリンピック・スポーツを格好の題材として国民的物語が生産され消費される。そしてその裏側で、商品としての価値を持たないフィールドへ辿りつくまでのプロセス、そしてそこから帰郷するプロセスは技術的に短縮され、表象において省略される。フィールド上の経験と国民的な記憶の特権的な結びつき、そしてそこから切り捨てられる移動のプロセス。

私は本論において、オリンピック・スポーツそのものを否定しようとは思わない。もちろん、オリンピック・スポーツが否定されるべき要因は数え切れない。ＩＯＣの金権政治や選手たちのドーピング問題、オリンピックと政治的イデオロギー、そしてナショナリズムとの結びつき、さらにはグローバルな経済構造下でのスポーツブランドの商業的競争、またそれが南北間で引き起こす経済的搾取など等。こうした問題が深刻であることは承知の上で、本論ではしかしなお、これらの問題にはただちに回収できないようなオリンピック・スポーツの経験を見出すことを試みてみたい。近代オリンピックはその本質的な一側面において、近代が可能にした身体文化を媒介とする国境を越えた人の移動、そして他者との遭遇の場であるという事実を否定することは出来ない。そうであるなら、様々な場所から様々な経路を通じて人々が遭遇するというこの特権的な契機は、ともすれば異質な文化が育んだ多様な人々の様々な結びつきを可能にする一瞬のユートピア的な煌きを放っていると考えることができるのではないだろうか。おそらくオリンピック・スポーツは、そもそもの立ち上がりから国家・民族／国民の想像力の中に回収されていくディストピア的な要素と、長い旅路の果てに相異なる他者同士が遭遇し、共存するというユートピア的な要素とをアンビバレントに内包していたのではないか。現在もあるいは過去も、フィールドの経験を特権化し国民的な想像力にスポーツの経験を回収しようとする動きが支配的である。しかし一旦フィールドの経験を脱中心化し、これまで重要とは考えられなかったそこに至るまでの道程、そしてそこからの帰途に目を向けるならば、私たちはオリンピックの経験もまた、ある特定の異郷への旅の形態であることが分かる。もしこうした旅の経験として近代オリンピックの歴史を読み直し、また選手たちの経験・記憶を読み返すならば、そこから「国民化」が脱臼する瞬間を見出すことが出来るのではないだろうか？　そしてそのとき近代オリンピックの歴史は、ナショナルな想像力をつき抜け、アウターナショナルな身体経験というその位相を垣間見せるのではないだろうか？

本論は、オリンピックを旅と遭遇の経験として読みなおす一つの試みである。私はここで、日本女子陸上界の伝説的なランナー人見絹枝の事例を取り上げる。日本人女性として初めてスポーツの分野で西洋に遠征し、また初めての女性オリンピック選手となった彼女の経験は、まさに当時の社会状況の中で西洋への女性の旅が極めて特異なものだったということ、そしてそれがスポーツというまた極めて特殊な分野での旅であったことによって、非常に稀少であり貴重なものである。しかも彼女が大阪毎日新聞社の記者であり、いくつかの自伝的作品を書き残していることによって、私たちは彼女の経験を今現在において追体験することができる。そうした彼女の著作を、ここでは旅の記録として読み解くことによって、そこからアウターナショナルな契機を導き出したいと思う。

人見はヨーロッパで三度「オリンピック」と名のつく大会に出場している。[1]最初は一九二六年スウェーデンのイエテボリで行われた第二回万国女子オリンピック大会、次は一九二八年オランダのアムステルダム・オリンピック、最後は一九三〇年チェコのプラハにおける第三回万国女子オリンピックである。人見はそれぞれの大会で素晴らしい成績を収めることになるが、大会に至るまでの生活や練習、また遠征の道程、大会の様子を非常に細やかにその著作に描いた。一九二八年アムステルダム・オリンピックから帰った後に、彼女は最初の自伝的作品となる『スパイクの跡』を著した。ここには彼女の生立ちから女学校での生活、その後社会人となって本格的にスポーツ競技に打ち込み、イエテボリの大会、アムステルダム大会を終えるまでの軌跡が描かれている。また、アムステルダムから帰国し、二年後のプラハでの女子オリンピック大会に向けた彼女の活動、その旅路、大会、帰途の情景を描いたものが、『ゴールに入る』である。人見にはその他にも著作があるが、それらは主に各種陸上競技方法の教科書的なものであるため、本論ではそれらを特に取り上げず、この二つの著作を中心に読み解いていく。そして一方でフィールドの光景と旅路の経験という対立軸をもうけ、他方で『スパイクの跡』と『ゴールに入る』とを対比的に考察することを通じて、彼女の国民的自己同一化のプロセスと、それを超越するアウターナショナルな自己成型とを明らかにしていく。

1 代表という形象——国民的自己同一化

まず始めに、人見が日本代表選手としてヨーロッパ遠征に至るまでの過程を簡単に振り返っておこう。[2] 人見は岡山に生まれ、その並外れた体格と運動能力によって女学校時代からスポーツの才能を発揮した。岡山高等女学校時代はテニス選手として学校の代表となり地域の大会を制覇した。また当時から陸上競技に参加し素晴らしい成績を収めたこともあった。彼女は岡山高等女学校校長の強い勧めで東京の二階堂体操塾（現在の日本女子体育大学）へ進学し、その頃から陸上競技に本格的に力を入れることになる。体操塾卒業後、いったん京都市立第一高等女学校に体育教師として勤務。人見がアスリートとして全国的にその名を知らしめたのは、その当時に出場した一九二五年の第二回明治神宮競技大会であったといえる。人見はこの大会で、五十メートルに七・〇秒（当時の世界記録は六・五二秒）、三段跳びに十一・三五メートル（世界記録！）という記録で優勝し、女子スポーツの花形として脚光を浴びたのである。この活躍の影響もあり彼女はその後大阪毎日新聞社に入社。当時発足したばかりの日本女子スポーツ連盟で会長を務めた木下東作（大阪毎日新聞運動部長、医学博士）らとともに、その夭折（一九三一年八月二日、二十四歳）まで、日本の女子陸上競技界を牽引していくことになる。

大阪毎日新聞入社後すぐに人見を待っていたのは、イエテボリで開催される第二回万国女子オリンピック大会への参加の要請であった。彼女にとってそれはまさに青天の霹靂であり、当初はあまりにも恐れ多いということで参加を断っていたという。なぜなら彼女はまだ陸上競技を始めて一年あまりであり、世界の名選手たちと互角に戦うことはできないと思ったのである——「苟くも日本の婦女子を代表して行くからには、こんな未熟なフォーム、技術ではとうていその大任を全うする資格はないと考えたのです」（『スパイクの跡』p.38）。だが実際に参加が決定すると、彼女はフォームの改良にとりかかり、緊張感の中で練習を繰り返した。出発前の毎日のような送別会の後、一九二六年七月八日、たった一人の代表選手を乗せた下関行きの急行は盛大な見送りのなか出発した——。

『スパイクの跡』はアムステルダム大会を終えた一九二八年暮れに、青森から浜松に至る一ヶ月に渡る講演旅行の折に、車中や宿で書かれたという（「自序」『スパイクの跡』所収）。彼女はこのときほぼ毎日のように各地の女子師範学校や高等女学校、市の公会堂などで講演を行っており、その演題はいくつかを除けばほとんどがオリンピック大会の思い出に関するものだった。[3] イエテボリではたった一人の出場で十五点を稼ぎ出し、個人では総合優勝を果たす。そしてアムステルダムでは急遽出場した八百メートルで銀メダルを獲得し、三段跳び金メダルの織田幹雄とともに日章旗をポールに掲げ、日本中を熱狂に巻きこんだ。彼女はまさに「代表選手」としての大任を全うし、誇りを持って帰国したのだった。こうした心境の中で『スパイクの跡』は執筆された。

本節では、フィールド上での活躍・経験に焦点を当てながら、『スパイクの跡』における彼女の記述を読みかえしていく。代表選手たちのフィールド上の経験がそれを見守る国民にとって重要な「国民化のプロセス」の資源であるとすれば、選手自身にとってもまた、それは国民的自己同一化へと強力に誘われる経験であった。一人のアスリートとして競技すること、「代表」という形象を引き受けること、そして「日本人」であるという自己意識。フィールド上の人見において、これらの要素が密接に結びつき溶け合っていく。『スパイクの跡』に描かれたイエテボリとアムステルダムでのフィールドの光景は、そのプロセスをまざまざと映し出している。

〈イエテボリにて〉

一九二六年八月二十七日、午後五時をまわり約二万五千人の観衆が見守るイエテボリのスタジアムで開会式が行われたとき、人見は突然哀しみの感情に襲われた――「正面スタンドに向かった時、各国のチャンピオンは一勢に元気よく挙手の礼を交わして行く。しかし……私はその作法も知らねば一人きりでする気力も無い。ほんとに淋しかった。楽隊のマーチにつれて四百米のトラックを一周する。その間私は幾度かその自分の抱いている日章旗を見上げたことか……『どうだ、私はたった一人きりの日本の選手だ。一人でもかまわない。元気にやろう、もしこの三日のうちに私が傷つくことがあったら、又いやしい行いをしたなら誰が外にこの日の丸を守ってくれるであろうか。死んでも生きてもこの御旗の為に働いて見よう。』私がここ迄考えた時はもう自分というものの考えはさらに無かった。(中略)幾度か涙が眼の中にあふれて頬を伝うのが判った。」(『スパイクの跡』p.99 強調は有元による)。膨大な数の白人の観衆・選手たちに取り囲まれ見つめられるという「人種」的な差異の体験。そして「挙手の礼」という文化的儀礼にも参与することができない疎外感。初めての西洋への旅において直面したこの疎外状況のなか、人見は途方に暮れてしまう。異郷の、しかも近代が生み出した特異な劇場空間であるスポーツフィールドにただ一人立ちすくむ彼女がこのとき見出したのは、日章旗であった。彼女はそれを何度も見上げ、そのために走り、投げ、跳躍しようと決心することによって、疎外された自己を回復しようと試みるのである。しかし逆説的にも、そうした自己の回復は、「自分」という考えをすてることによってなされえたのだった。彼女がそのとき選択したのは、「代表選手」という集合的形象に強く同一化することによって、国家という集合性の中に自己を投影していくことだった。没我の涙。この集合性というファンタジーにおいて、人見は力強く走り、投げ、跳躍することが出来る自己を回復していく。

彼女は後に発表された『女子スポーツを語る』の中で、この大会における自分の感情を次のように記している――「三日間の大会は日本を代表して、いや東洋女子幾百万の女性を代表して（私はこの代表という言葉だけは特に皆さんの前に大きな声で使わして戴きたい）世界各国の選手にまじった。一つの国を代表する選手にたった一人の参加選手は私だけであった。日本だけであった。日本人はしかし有難いことにはたった一人の淋しさで異国人の中につき出されてしかも大きな仕事にぶつかる時には十人が十人『大和魂』のあることを忘れない。『日本人は自分一人か』と思って哀の涙を滲ませる時その涙、そして恐怖におののく心は瞬間に、『何自分も日本人だ、目の玉の青い、髪の毛の赤い毛唐なんかに負けるものか、負けても負けられぬ日本人だ』という日本魂ははちきれるばかりに身をつつんでしまう。そしてよく救われる、体の小さい日本人が六尺の西洋人を向こうにまわしてよく勝つのはこの魂以外に何物もない、ほんとうに日本人はこれがあるためにえらいのだ」（『女子スポーツを語る』pp.8-9、強調は有元による）。彼女は「目の玉の青い、髪の毛の赤い毛唐」、すなわち西洋人に、身体の小さい日本人、そして東洋女子の代表として立ち向かう（決して彼女の身体は小さくなかったが）。だが彼女が六尺の西洋人に打克つためには、すぐれたフォーム、すぐれた技術では事足りない。彼女が訴えるのは、自らの劣った身体を補って余りある「大和魂」なのである。この大和魂をもって彼女はいまや勇敢に西洋の選手たちに挑むことが出来る。

人見絹枝の世界記録（5m50cm）の跳躍。第2回世界女子オリンピック大会の走り幅跳び決勝（1926年8月28日、スウェーデン、イエテボリ）。（『別冊一億人の昭和史　昭和スポーツ史　オリンピック80年』、毎日新聞社、1976年）

彼女はこの大会で、走り幅跳び及び立ち幅跳び一位、円盤投げ二位、百ヤード三位という驚異的な成績を収めることになる。人見にとってこの大会で最も記憶に残った出来事は、走り幅跳び決勝でイギリス人選手ガンと最後の跳躍まで壮絶な戦いを繰り広げたことだった。残り一回の跳躍を残してガンは五メートル四十四センチでトップに立っていた。しかも人見は前回の着地で自分の右手を六ヶ所もスパイクしていた。「国のためだからしっかりやってくれ」という郷里からの手紙、そして大阪駅で別れた木下東作の悲壮な激励を思いだし、人見は涙が止まらなくなった。そして最後の跳躍。走り出した人見の右足はその日始めて踏切版に強くあたり、空中高く彼女の身体は浮き上がった。「占めたッ、跳べた」。記録は五メートル五十センチ。ついにガンを抜いてトップに立った。ガンの最後の跳躍は、その左足が踏切版をわずかに越えたとき終わりを告げた。アナウンサーが人見の優勝を宣言し終わらないうちに、いままで静まり返っていたスタンドの観衆は一斉に立ちあがり、拍手や靴を鳴らして人見を祝福した。彼女はこの時の気持ちを次のように回想している。

『ハロー、人見、人見』の声を浴せられながら高々と日章旗はスタンドの中空高く君が代の吹奏裡に掲揚された。これを見た黒田マネージャーと私は今迄の苦しみも急に嬉しさに変わりフィールドの中で泣けるだけ泣いた。多くの白人の中にたった二人の日本人が、日章旗の下で泣いたその涙はほんとに美しいものに違いなかった。この時こそ始めて自分は日本の天皇陛下の赤子の一人に成り得たものと思った。[4]（『スパイクの跡』pp.142-143）

この回想的記述ほど、代表選手であること、そして代表選手としてフィールド上でパフォーマンスをすることが強力な国民化のプロセスを強いることを表明しているものはないのではないだろうか。彼女は代表であることの責務を負い、日本では厳しい練習に耐え、また長い旅路を経てイエテボリに辿りついた。そしてフィールドの上で一人きりの日本人選手として戦いぬき、勝利した。日章旗が君が代の吹奏とともに掲揚される。彼女のナショナル・プライドもまた火のように燃え上がり、自信をもって「天皇の赤子」であることを宣言したのだった。ここではまさに「代表選手」であることと国家という集合性がナルシシズム的に深く溶け合っていくプロセスを見ることが出来る。

だがもう一方でこの記述から読み取らなければならないのは、人見の「人種図式」とでも呼ぶべきものである。「多くの白人の中にたった二人の日本人」という描写が示しているのは、スポーツを通じた彼女の国民的同一化が、白人という特権的な参照項との関係において成立しているということである。彼女が負けるものかと喝破した「目の玉の青い、髪の毛の赤い毛唐」は、しかし、現実の政治的・経済的世界だけでなく、その身体のつくりにおいても世界を支配している「人種」なのである。白人という理想化された身体への欲望がいかに近代の日本社会において歴史的に構築・蓄積されたかについては、ここで詳しく語ることは出来ない。しかし多くの先行研究が示しているように、体育の教科書を始めとする多くのメディアにおいてミロのヴィーナス像や西洋人の写真が「美しい身体」、「完璧な身体」として表象され、人々は西洋の文明化された白い身体を欲望し、自らの身体をそこからの欠如として認識した。[5] 人見の身体認識、「人種図式」もまた、当時の社会的言説によって構築された。一つのエピソードは、そうした人種図式の中でもう一つの参照点である黒人の身体がどのような位置を占めていたかを明らかにしてくれる。人見はアムステルダム大会のために渡欧したとき、大会前にしばらくロンドンに滞在した。彼女はあるレストランでよく食事を取ったが、そこにはアフリカから来たばかりの黒人のボーイがいた。人見は下宿先の家族に「クロン坊はどこも皆真黒だ洗濯してはどうだろう」と冗談を言ったが、相手はそれに対して真面目に「そうでない、白い所もある。手なんかはイン・サイドピンク（ママ）」だと答えた。それ以来人見たちはそのボーイを「イン・サイドピンク」といってからかったという（『スパイクの跡』p.314）。ちょうど彼女が西洋遠征に出発したその頃、大阪毎日新聞では「東アフリカの旅」と題された連載記事が掲載され、非文明的な「土人」たちがいかに西洋人の手によって改善されているかということが、彼らの半裸の写真とともに紹介されている。ヨーロッパの各地でじろじろと顔を覗きこまれ淋しい思いをした人見もまた、アフリカの黒人に対してはまったく劣等意識をもつ必要がなかった。克服すべき白人の身体と軽蔑しうる黒人の身体。その中間に位置する彼女自身の、日本人の身体。フィールド上で達成された彼女の国民的同一化は、一方でこうした人種図式とも深く関係しているのである。

彼女の勝利は観衆を熱狂させた。興奮した観衆は人見を何度も胴上げした。そして日の丸と大阪毎日新聞社の社旗、そしてトロフィーを積んで競技場を出発した二台の自動車は、熱狂した群集のために何度も立ち往生したという。彼女の活躍はもちろん日本でも華々しく報道された。大阪毎日新聞は号外で人見の世界記録での勝利を伝え、また全日本陸上連盟理事長平沼亮三は人見の活躍について、「スポーツを通じ世界の婦人に日本の存在を知らしめたのは実に意義あるスポーツ外交だと思う」と称賛した（大阪毎日新聞一九二六年八月三十日）。初めてのヨーロッパ遠征における彼女のこのような活躍は、彼女自身も含めて誰も予想だにしなかったものだった。彼女にとってそれは夢のような出来事だった。人見はそれを、日本女子競技会の「一大革命」だと自画自賛している（『女子スポーツを語る』p.5）。『スパイクの跡』には奇妙にもこのイエテボリでの勝利から日本へ帰国するまでの旅程の記述がほとんどない。まさに彼女自身の至福の想いをイエテボリに置き去りにしたかのようである。彼女は次回プラハで行われる第三回大会に向けた抱負を若干記述したあと、日本の女子に、そしておそらく自分自身に対して次のように叫ぶ――「日章旗！　大和民族ならでは得がたきこの愛国心のほとばしり……奮い立て、日東の婦女子！　目覚めよ我友よ。我等の奮起と覚醒により日本女性の優越が全世界に示されるのも近くにある」（『スパイクの跡』p.175）。

〈アムステルダムにて〉

一九二八年アムステルダム・オリンピックへの参加は、人見にとって二年前のイエテボリほど孤独なものではなかった。女子の代表選手は人見一人だったとはいえ、前回のパリ大会で三段跳びに六位入賞した織田幹雄を始め、多くの日本人選手と合同の参加だったからである。しかし彼女を襲った悲しみはそれ以上だったかもしれない。人見はその前年からアムステルダム大会でどの種目に最も力を注ぐかに悩んだ結果、百メートルでメダルを狙うことにしていた。百メートル第一次予選を一着でクリアした人見は、第二次予選でドイツの強豪ユンカーと同組になった。ユンカーさえ押さえればと考えていたレースに波乱が起こる。六十メートルまで先頭を走っていた人見を背後から捉えたのはカナダのクック、そしてアメリカのロビンソンだった。九十メートル地点ではそれまで押さえていたユンカーにも抜かれ、人見は四位で予選敗退した。同じく敗退したユンカーの隣で、人見は泣くこともできず呆然としていた。大会が始まり、日本人選手はことごとく敗れている。「人見さん、貴女が日の丸を上げてくれなかったならば、もう外に日本選手には日の丸も、君が代も与えられないのだ」と竹内監督からこの百メートル予選に送り出されたのだった。試合の後合宿所に帰っても、誰も人見の敗退を冗談だといって信じなかった。涙にくれた彼女は、その翌日急遽八百メートル出場を決意した――「男子の選手等は各自の定められた種目に負けたとて日本に帰れないこともない、私にはその様なことは許されない。百米に負けました！　といって日本の地を踏める身か、踏む様な人間か！　何物かをもって私はこの恥を雪ぎ、責任を果たさなければならない」（『スパイクの跡』p.353-354）。ここで人見が言おうとしているのは、アスリートとしてのジェンダー間の差異ではない。むしろこれまで世界大会で好成績を収めていない男子選手陣と異なり、彼女の場合にはすでに二年前世界の選手たちと互角以上に戦ったという実績がある。そうした彼女の「代表」としてのプライド、責任の大きさが表明されているのである。

大会五日目、三段跳びの織田、南部、槍投げの住吉、そして八百メートル決勝に参加する人見を乗せた車が宿泊地ザンダムからアムステルダムへ至る運河を渡船で渡っていたとき、普段は無口な織田幹雄が誰に言うともなしに次のように呟いた――「おい！　今日負けて帰るのであったら、帰りにはこの河の中にはまったほうがましだぜ」（『スパイクの跡』p.363）。これを聞いた他の三人は誰も返事をすることができなかった。「代表」のプレッシャーは彼ら／彼女に重く圧し掛かっていた。

女子八百メートル決勝はまさに死闘だった。途中でコースの横に倒れ込んでしまう選手が続出し、また人見も最後の数十メートルには視界を失った。レースのあまりの悲壮さに、次大会から女子八百メートルは種目から外されることになったほどである。ドイツ人選手ラトケと争った人見は、二着でゴールに入った。三段跳びの織田と南部がゴールの脇で一時的に視力を失い倒れ込んだ人見を抱えて介抱した。女子八百メートルにおける人見の準優勝、そして三段跳びでは織田幹雄が日本人選手初となる優勝を成し遂げた。この二人の活躍によって、日章旗はアムステルダムのスタジアムに上がることとなった――「一度は世界の桧舞台に日章旗を仰いで君が代を万国民に聞かせたかった。いよいよその日が与えられたのであります。二度までひらめくこの我等の御旗に対しては、ふり落ちる涙をとどめることは出来ませんでした。しかも織田選手によって上げられた日章旗こそメーン・マストにひらめいているのです。君が代の合唱ははじまっても、肩に手をかけ合った織田、南部、私の三人は歌い出すだけの余裕すら持ちませんでした。ただ涙でありまず。三人の泣く涙！　それこそ我等日本国民でなくては持たぬものでなくてなんでありましょう」（『スパイクの跡』pp.369-370）。朝日新聞は彼ら／彼女の活躍を「わが国空前の戦績」とし、「大会場の中央に高く、うれしや日章旗翻る――邦人熱狂のあまり合抱いて小躍りす」とこのときの情景を描いた（一九二八年八月三日）。

このように、フィールド上での出来事や経験を中心に『スパイクの跡』を読むならば、そのとき「代表という形象」に埋没していく人見の姿と心情が前景に現れてくる。国家を代表してフィールド上で走り、投げ、跳躍する彼女は、それが成就されたとき、国家という集合性の中へナルシシスティックに溶解していく。イエテボリ、そしてアムステルダムの空に上がる日章旗の前で流された没我の涙は、「日本国民」という集合性の記憶の中に染み込み、そしてそうした彼女の活躍は「国民」の集合的経験・記憶となるのである。

2　経路　異文化遭遇としてのオリンピック

もし上のように人見の著作を代表選手の戦いの記録としてのみ読むならば、私たちもまた人見の努力とパフォーマンス、苦悩そして歓喜の涙に同一化してしまうかもしれない。彼女の涙を前にしたときに私たちの内面から湧きあがる国民的同一化の情動に抗することは容易ではない。フィールドに中心化された記憶は、国民的な記憶として今もなお私たちに迫ってくる。だがもし私たちが彼女の経験からフィールドを脱中心化し、西洋を旅した女性の記録としてそれを読みなおすならばどうだろうか？　そのとき、まさに人見の人生そのものがそうした国民的自己同一化を裏切り、脱臼させる経験群として立ち現れてくる。[6]

そもそも現代のように輸送機関が発達していない当時において、西洋へ旅することはまずもって再び帰ることができるかどうかという大事業だった。一九二四年のパリ・オリンピックに旅立つ日本選手団に向けられた餞の言葉は、「シッカリ頼むぜ」と同時に「きっと帰るように」であった（『オリムピックみやげ』p.3）。人見の遠征もまた、しかも彼女がアスリートであり女性であったという条件を考えると、それは極めて特異な旅の経験だった。彼女がイエテボリ大会にむけて大阪を発ったのが一九二六年の七月八日、帰国したのが同年十一月である。そしてイエテボリ大会はわずか三日間。そう考えると、彼女の四ヶ月に渡る旅程の中で、フィールド上の経験は彼女の経験全体の一部でしかない。すなわち彼女の三度にわたる欧州遠征において、その経路での様々な経験もまた、それがスポーツに関係するものであろうがそうでなかろうが、当時ではあまりにも稀少な国境を横断する旅人の経験なのである。経路という視点。本節ではこの視点から人見の著作を読みかえていく。

〈イエテボリへの旅〉

人見は一九二六年七月八日大阪を出発し、下関、プサンを経て途中ハルピンで競技会に参加し、その後シベリア鉄道によってモスクワへ向かう。ハルピンの競技会ではその入場式で六歳から十二歳ぐらいの少年少女が誰に注意されることもなく綺麗に列を作って行進する姿に感心した。そして初めて見るシベリアの景色を前に、人見は強い感銘を受ける――「晴れ渡った空に『にわかに湧いた黒雲が』と思う間もなく大粒の雨が広い平野を包んでしまう。むし熱い部屋も見る間に気持ちよくなって行く。白樺の林、落葉松の森、ロシアの娘の頭巾姿、農民のポーズ、凡て絵であり、詩である。ああ雄大なシベリヤよ、無限の広野よ……」（『スパイクの跡』p.48）。そして革命わずか七年後のモスクワでは全ロシア連邦最高体育会議所で所長・書記長と対談し、ロシアの体育の現状について情報を入手した。人見は彼らがレコード本位ではない労働者のためのスポーツを提唱していることに共感する。

モスクワからイエテボリに到着した人見は、まずそこに住む人々の体格の良さ、さらに町並みが綺麗に整備されていることに驚いている。人見の身長は当時の日本女性の中では圧倒的に高い一メートル六十八センチ程度であったとされるが（当時の日本人女子の平均身長は一メートル五十センチ程度）、その人見でさえ見上げるような人々に度々出会うのだった。人見はスウェーデン人の体格の良さを、体操家リングが提唱したスウェーデン体操の成果であると黒田マネージャーに称えている。彼女はまたスタジアムにサッカーの試合を見物に行ったこともあった。彼女はそのキックやパス、ヘディングの技術に感嘆し、スタジアムの三、四万人の観客に婦人が一人も見当たらなかったことを記している。

イエテボリで特に人見の心を捉えたのは、日曜日になると家族連れで賑わう森林公園の様子であった――「今日は日曜日なのでいつも通って帰る森林公園は人をもって一杯になっている。いつも見る市の人とはまるで別人の様に、少年達迄が新しいネクタイをして、綺麗な服で芝生の上で遊んでいる。年寄った母親を乳母車にのせて散歩している中年の女の人も見受ける。その公園に集まった人たちの様子は実にのんびりとしている。日本の人達に比べてほんとにいい事だと思った。年が年中、休みなく暗い部屋の中で、苦しい労働を続けている日本人と違って、日曜には工場、役所等は勿論、商店まで全部固く戸を閉じて、人々は大きなバスケットに食料をどっさり詰めて一家挙って公園なり郊外へ遊びに出る。日本人が一般に体が悪く欧州の人等より早死するのはこうした事も大変原因しているに違いないと思った。日本でも大都市の中央にはこうしたプレーグラウンドを作る必要があると思う。（中略）森の中で遊んでいる子供が、木の上にいるリスにお菓子をやると、リスが木の上からおりて来て子供の手の上でお菓子を食べている。何という美しいシーンであろう。日本の子供の心も早くこうした美しい心に変わってほしい。毎日の様に私はこの国の人達から尊い教訓を受ける」（『スパイクの跡』pp.74-76）。

人見のこうした経験は、彼女に日本社会のあり方を実感として相対化する視点を与えた。第一次世界大戦後、都市化・産業化が進展する日本社会において、人々がこのようにのんびりと美しい環境で生活するなど想像だに出来なかっただろう。急速に文明化が進む日本の都市において、人々は疎外感を募らせていく。人見はこの異郷ののどかな風景からそうした社会のあり方に対する批判的な視野を獲得している。

初めての欧州遠征において、人見の視線は視察団のそれに極めて近い。外国の町並み、人々、スポーツの現状や最新の競技方法を観察し、その良いところを日本に持ちかえり提案・普及を試みること。例えば『スパイクの跡』には、イエテボリ大会で出会った世界の名選手たちのフォームや練習風景、競技の合間の過ごし方などが詳細に記述されている。女子アスリートによる始めての西洋遠征。人見は単に選手として競技に参加するだけではなく、今後の日本女子スポーツの発展のために、各種競技において世界トップのアスリートたちがどのようなフォームでどのように競技しているのかを帰国後日本の人々に伝えるという責務を負っていたのである。このために人見本人が参加した以外の競技についても詳細な解説が加えられる。考えてみると、現代においては衛星放送というメディアを通じてリアルタイムで他国の選手のパフォーマンスを見ることが出来る。つまり、選手のパフォーマンスはいかにそれがオリジナルなものであろうが、メディアに流れると同時に即座に模倣の対象となる。だが人見の時代において、異国の選手のフォームその他を伝えるメディアはせいぜい新聞や本などの活字メディアだった。活字は身体的パフォーマンスを伝達するには不十分なメディアである。イエテボリで人見に託された仕事の一つは、彼女自身がまさにメディアとなって世界一流選手たちのパフォーマンスを日本に伝達することだった。人見のこうした態度は、視察団よろしく自分が日本の女子スポーツの将来を背負っているという自覚からくるものだった（三澤 1975参照）。こうして『スパイクの跡』における人見の記述は、海外視察報告の性格を強く持つようになる。

〈アムステルダムへの旅〉

一九二八年六月一日、人見はアムステルダムに向けて大阪を発った。彼女はこの時もまた、代表選手である責務を痛切に感じていた——「私は凡ての私情を棄てた。私は再びこの大阪に帰る迄は、親も社も親しい友の事も、先輩、同輩……凡ての事を忘れよう、そして唯一つのこの戦いの為に自分の最後の努力を注ごうと決心した」(『スパイクの跡』pp.291-292)。人見は再びシベリアの大地を横断してヨーロッパへ到着、アムステルダムのオリンピック大会出場の前に、ロンドンで行われる全英女子選手権大会へ参加するため英仏海峡を渡った。ドーバーからロンドンへ至る車中の中で、彼女はイギリスの牧歌的な風景に感動している――「ドーバーからロンドン迄の車中、私等は英国の田舎を見て、その長閑かさと平和さに全くチャームされました。緑の若葉に包まれた野原は緩やかな傾斜を保ち、その彼方此方にこんもりしたエルムやオークが立っていて、その下に羊が群れをなして草を食べている。誠にホイッスラーの絵其物でありますす。列車が静かにロンドンの都に入った時は、さすがに私等の胸は躍った。ロンドン!愈愈私等はやって来たのであります」(『スパイクの跡』pp.292-293)。

人見はロンドンの落ち着いた町並み、建築物、そして他人に干渉しない人々の態度にモスクワやベルリンでは味わえなかった心地よさを感じる。そして彼女はこの時、彼女の生涯の友となる盟友ガンとの親交を深めることになる。ロンドンでインター・クラブの競技会に出場したあと、人見はバスに乗ってロンドン郊外のミッジャムへ出向いた。そこは二年前のイエテボリで最後まで競い合ったガン選手の住む町だった。人見が町につくと、ガンとその母、そして婚約者の三人が彼女を出迎えてくれた。人見はガンに友禅の布をプレゼントし、ガンはそれを「大変良いマフラーだ」と嬉しそうに首に巻く。ガンの母は、「近いうちに二人が結婚して暮らす家が出来ているから見に行こう」と誘う。人見にとってなんとなく嬉しかったことに、コーネル夫妻の新たな寝室の壁紙は、日本のホウズキ提灯をいっぱいに描いた純日本模様であった。ミッジャムのスポーツクラブで共に練習したあと、人見はガンからのプレゼント「ミッジャム香油」を受け取り、それを大切にハンドバッグに入れて再びロンドン行きのバスに乗りこんだ。スウェーデン大会以来、何度か手紙のやり取りをしていたガンは人見にとって、「他国の通り一ぺんの友でなく、いつまでも睦び合いたい」友となった(『スパイクの跡』p.302)。

オリンピック大会が終了した後、人見は宿泊場所となった港町ザンダムでの別れの光景を印象深く描いている――「大変なついた子供等も今日は日本のお兄さんに別れるというので朝早くからホテルの入り口に集まって来る。お互いにアドレスの交換が行われる。(中略) 別れ! この言葉ほど淋しいものはありません。見送りに来た人々は、運河を上がってアムステルダムに向かう船が、運河の端に姿を消す迄立ち去らず見送ってくれました。ザンダムの町民等がいかに私等日本人選手のこの土地に留まった事を名誉とし又懐かしんでくれたかはこれを見ても判ります。津田さんや住吉さんの手にブラ下がったあの小さな子供達が、大きくなって後のこの日本選手の思出はどんなでしょう」(『スパイクの跡』pp.378-379)。フィールドでの成績がどうであれ、フィールドから少しだけ離れた場所で、遠い異郷から来た人々を受け入れ、もてなし、サポートするという経験は、ザンダムの人々にとって特別のものだったのではないだろうか。そして日本人選手たちにとってもまた、人見が描くように、それは異郷に暮らす人々との貴重な交流であった。大都市から離れた小さな港町に育ち、日本人選手の手にぶら下がった子どもたちの想像力の中の世界地図は、この思い出によってどのように書き換えたのだろうか?

本論はここまで、最初の二回の欧州遠征を描いた人見の『スパイクの跡』を追ってきた。要点を整理しておくならば、『スパイクの跡』に描かれた遠征風景は、一方において彼女の国民的自己同一化の契機を強く示しており、また他方においてその旅程における彼女の視察団的な視線を読み取ることができた。だが人見の遠征がこうした責務を離れた部分でたしかに旅としての性格をもっていたことも事実である。それを示すのが、彼女がその旅程で折々に詠んだ短歌である。イエテボリでも彼女は多くの歌を詠んだ。そのうちのいくつかは次のようなものである。

曇りては雨を催す北欧の　み空も同じ秋の初めは
さわがしき秋の一日もすぎゆけば　そぞろしのびぬ国の事ども
戦ひのあと十日にもせまりたり　トランプとりて占ひなどす
(「女子運動家の旅日記:秋と風呂と足とマッサージ」『大阪毎日新聞』一九二六年九月二十日)

これらの歌は彼女の日記帳にしたためられたのだろう。しかしそれは『スパイクの跡』に記されることはなかった。むしろ『スパイクの跡』において、彼女は旅路での様々な思いよりもフィールドの経験に重点を置いたのである。だが、プラハでの第三回万国女子オリンピック大会への遠征を描いた彼女の『ゴールに入る』ではそうした重点がシフトし、フィールドの光景と同様、旅路の思い出もまた多く描かれることになる。この重点のシフト、あるいはこの両著作の断絶は、彼女の自己成型において重要な意味を持つと考えられる。以下本論は、『ゴールに入る』に描かれた光景や人見の心情を追っていく。

〈そしてプラハへ〉

一九三〇年七月二十五日、他の五人の代表選手たちと合流した大阪駅では、多くの人々の見送りと新聞社のカメラのフラッシュの中、君が代が二回繰り返された。人見は「プラーグに行ったら……この人々へ対して万分一の報恩も出来るのか」と思い、胸の中には「とめどもなく熱い大和撫子の血がもえたぎっていた」のだった(『ゴールに入る』p.79)。神戸から、彼女たちは下関行きの昌慶丸に乗りこんだ。アムステルダムの後、人見はプラハで行われる第三回万国女子オリンピック大会に後輩の日本女子選手を連れていくため、その選考から合宿練習、遠征資金の調達と一人で大いに骨を折った。その結果五人の少女たちを連れていくことがかなった。今回の旅において、人見には代表という責務だけでなく、彼女たちの先輩として、「姉」としての役割が課せられていた。

『スパイクの跡』ではあまり触れられることのなかった、スポーツとは直接関係しない旅路での様々な思い出話が、『ゴールに入る』ではしばしば登場する。プサンからハルピンに向かう車内で日本観光に訪れたカナダ人一行と合流し、ありたっけの英単語を絞り出して話せない英語を話したこと。奉天で大阪毎日新聞の通信部が用意した車に乗って北陵見物にでかけ、誰の陵なのか誰も知らずに皆で大笑いしたこと。長春からハルピンへ向かう寝台車で選手のうちの一人が一夜に二度もベッドから落ちてまた皆で大笑いしたこと。また、ハルピンでは皆で商店に買い物に行き、中国靴が欲しくなったが、足のサイズが最も小さい一人の分しか見つけることができなかった。シベリアに出発する前日に人見は講演を行ったが、その夜少女たちがキャバレーを見せてくれと彼女にせがんできた。人見はホテルの女中に少女たちを案内するように頼み、「キャバレーを見る元気もなくて年よりだ」とからかわれながら一人床に入ったのだった。『ゴールに入る』ではこうした旅のつれづれの出来事が彼女の短歌とともに綴られている。ここに紹介するのはほんの一部だが、彼女は次のような歌を詠んでいる。

友よさらばいますこやかに旅立たん　祈りて給え吾が此の仕事を

キャバレーの興味も湧かず床に入る　わが心はも老ふしとぞ思う　（ハルピンにて）

（『ゴールに入る』p.92）

心配していたシベリアの長旅は思ったほどのことはなく少女たちも楽しんでいるようであったが、人見が驚いたのは、全線の町や村がこれまでになく貧窮していることだった。ミルク売りもおらず美しい花束を作って売りに来るやさしいロシア少女もいない。かわりに食に餓えた子どもや老母が食堂車の回りに集まって黒パンのくずを貰っている。昔彼女が同じ道を通ったときは、このような情景は見られなかった。過去の遠征に思いを馳せながら、人見はシベリアからモスクワ、ワルシャワの道程にまた数多くの歌を詠んだ。

産近き故郷の姉の身を思ひ　今夜も久しくねむれざりけり

山も野も皆一色に打ぬらし　いづくともなく雨走りて行き

いさかひて少女等を憎みて見もしたり　長き旅路のつれづれの間に

旅に出て早くも十日過ぎにけり　シベリヤの旅いまだつきぬに　（モスクワにて）

（『ゴールに入る』pp.94-98）

野に遊ぶ牛かう子等ものどかなり　ポーランドの空小春日にして
ざわめきの都を去りて少女等と　いまぬぐわれしごとポーランドに入る　（ワルシャワにて）　（『ゴールに入る』p.99）

プラハに到着した日本選手団一行は町の人々そしてチェコ代表選手団の歓迎を受け、当地で合流した木下東作の音頭による万歳三唱でチェコの人々に返礼をした。それから約一ヶ月、彼女たちはプラハに滞在することになる。大会の二週間ほど前、彼女たちは日本の着物を着て、国際女子スポーツ連盟会長ミリア夫人を出迎えた。イエテボリの大会以来、人見とミリアは母と娘のような信頼関係にあった。ミリアは人見が後進の選手たちを連れて来たことを大いに喜び、人見に今大会でも大きな金メダルを取るようにと激励した。現役を引退しようかと考えていた人見がプラハの大会への出場を決心したのも、ミリア夫人からの手紙のおかげだった。

フィールド上での経験はここプラハでもまた、人見にとって忘れることの出来ないものであることは疑いない。しかし興味深いことに、『ゴールに入る』において人見はそうしたフィールドの経験だけがアスリートの思い出の中心ではないのだということを、読者に訴えかけるように描いている。大会の直前に、調整をほぼ完了した日本選手たちはプラハから離れた山の中のホテルを訪れた。そのとき彼女たちは夢のような経験をする。

プラーグに到着の日から毎日毎日練習を共にしたチェッコの選手等も山のホテルに一緒の夜を過ごした。（中略）やがて枯木に火がつけられた。ガヤガヤさわいでいた選手達の顔が急にあちこちにはっきり現れてきた。三十分。一時間。そしてなお火は林の中を赤くそめて、強く強くもえつづけている。チェッコの歌が、次には日本の歌が交互に歌われて行く。夢のような集いである。大会のことなんか誰の頭にもなかった。さしもの枯木がなくなって、次第に火の色がうすくなった時は、もう十一時を余程廻った頃であった。三日月はなお静かに之等の乙女をみつめている。オリムピックの思出も深かろう。合宿の思出も深かろう。しかし私等の心にはこうした忘れることの出来ない思出が、時にふれて深く深く織り込まれていく。楽しい思出だ。夢のような、そして平和な思出だ。チェッコの山よ、プラーグの野よ！（『ゴールに入る』pp.110-111）

日本社会の因襲から解放され、夜遅くまで誰に邪魔されることもなく歌を歌う。しかもそれは異郷の友と交換される。異郷に旅し、異文化に旅し、その地において故国では考えられなかったような人と人とのつながりを経験する女性たち。人見が言うように、アスリートとしてもちろんフィールドでの数々の経験も深い思い出であるだろう。しかしフィールドから離れた場所での様々な出来事もまた、旅人としての彼女たちの心に深く織り込まれていくのである。

だがさらに重要なことに、『ゴールに入る』に描かれたフィールド上の光景が示しているのは、人見の三度にわたる欧州遠征、そしてそれを通じた経験や出会いが、彼女のフィールド上の経験でさえ再文脈化したということである。プラハの大会において、経験乏しく実力も劣る少女たちをサポートしながらも、人見は再び走り幅跳びの決勝に立った。優勝を争ったのは四年前のイエテボリ大会と同じくガン、いまやコーネル夫人であった。四年前と異なることといえば、直前のハードルで足を負傷したコーネルに人見を追い詰めるだけの力が残っていなかったということだけだった。人見は第五回目の跳躍で五メートル九十の記録を出し、それほどの苦もなく優勝を決めた。プラハの空に上がる日章旗。それは四年前と同じ光景であった。人見はこのように回想している。

> 起立したまま両目を閉じた！　油然と湧起こって来る四年前のあの日を！　ゴーデンブルグのスタンドに夕風を受けてはためいた日章旗が、頭の中にはっきりうつって来た。チェッコ語のアナウンスが終わると君が代の奏楽が始まった。一語一語肺腑をついて君が代は荘重にひびいて来る。自分の背にあたった方で君が代を歌う声が聞こえる。五人の少女等が歌っているのだ。私の名を呼ぶ観衆のどよめき。しめつけるように胸が感激にいたむ。私の両眼からはもうこらえ兼ねた涙があふれ落ちた。口の中で君が代は繰返された。二回完全に君が代の吹奏が終わると（中略）私は四年前の旧友ガン選手と再び手をとり合った。コノパスカ選手が私を抱くと両頬にあついキスをする。四年前瑞典から縁付けられた二人の友である。ガン選手と友に忘れ得ぬ異国のこの友は私の走巾跳優勝をこんなによろこんでいてくれるのだ。（『ゴールに入る』pp.156-157）

帰国後『陸上競技』に寄せた人見の回想によれば、このとき彼女はコーネルの肩にすがって泣いたという（「三度欧州に遠征して」）。私たちが注意しなければならないのは、四年前との違いである。四年前、初めての欧州遠征で優勝した人見の喜びは、イエテボリという異郷の地において、「多くの白人の中」という文化的にも「人種」的にも疎外された状況で、黒田マネージャーと「たった二人の日本人」で分かち合うものであった。そして代表選手としてのその至福の感情は国民国家という集合性の中にナルシシスティックに溶解していき、彼女は「天皇の赤子」であることを高らかに宣言したのだった。しかし、プラハの空に上がる日章旗の下で、人見の喜びは木下や五人の日本人少女たちと同じく、いまやコーネルやコノパスカといった異郷の友人たちと分かち合えるものへ変容している。イエテボリのグラウンドでは地にこぼれ、国民の記憶の染みとなるしかなかった彼女の涙は、いまや異郷の友であるコーネルの肩が受けとめてくれるのだ。彼女の勝利は、必ずしも国家へのナルシシスティックな同一化の契機ではなくなっている。彼女の旅と遭遇の経験によって、それは国家の枠組みを越え、他者へと結びつく契機ともなっているのだ。彼女の経路が、フィールド上の経験さえもアウターナショナルなものへと変容させる。

こうした文脈から考えるとき、プラハで人見を破って個人総合優勝を勝ち取ったポーランド代表ワラセヴィッチとの出会いも、また重要な出来事として現れてくる。この大会でワラセヴィッチは六十メートル、百メートル、二百メートルで優勝という素晴らしい成績を収めたが、人見にとってむしろ印象的だったのは、彼女がそれらに勝利しても少しも笑顔を見せなかったことだった。メインマストにポーランドの国旗が掲揚されても、彼女はそれを無表情に睨みつけるのだった。ワラセヴィッチは六歳のときにアメリカに移住し、この大会までずっとアメリカで育ったのである。ポーランド政府の要請によって、大会直前に彼女はポーランド代表として参加することが決まった。したがって、彼女自身がその帰属に違和感をもって競技を行ったと同様、ポーランド人の観客もまた彼女の勝利をあまり喜ばなかった（『三度欧州に遠征して』）。プラハの大会終了後、日本選手団はワルシャワでポーランドチームと対抗戦を行ったが、その懇親会の席で人見は彼女と会話をする機会があった――『ワラセヴィッチ、貴女はロスアンゼルスに出場しますか？　そのときはポーランドから？　それ共アメリカから？』『勿論出ます。多分アメリカから出るでしょう。私はもともとアメリカで育ったんですから』とすまして彼女はこんなことを言った。（中略）彼女はオリムピックに故国で働くと又育ての国アメリカに帰るのであった」（『ゴールに入る』pp.196-197強調は有元による）。人見であれば、日本人であれば「すまして」は言えない重大なことを、ワラセヴィッチはいとも容易く言ってのけたのだった。彼女が自分の代表する国を容易に、自分の意思で選択・変更するとき、そこで暴露されているのは「私」というアイデンティティと「国家」との結びつきの恣意性であった。この何気ない会話によって、人見が当然視していたはずの「私」と「国家」の必然的な結びつきは揺さぶられてしまうことになる。「代表」という形象を媒介として人見が「国家」への必然的な帰属を確認するとき、そこには国家という集合性と「私」との幸福な癒着関係が成立している。だがワラセヴィッチとの出会いによっていまやその必然性の欺瞞が明らかとなってしまうのだ。そしてプラハからの帰途、彼女はまさにそうした欺瞞の認識を強いられることになる。

3　ふたたび故郷へ――書くこと、そして自己を作りなおすこと

プラハの女子オリンピック終了後、日本選手団はワルシャワ、ロンドン、ブリュッセルで対抗試合を重ね、その後帰国の途についた。シベリアでひいた風邪はしつこく人見につきまとい、また疲労した身体をさらに酷使して日本のプライドを賭けて各

地で連戦したため、いまや彼女の身体は出発前より八キロ近くも痩せていた。しかも人見は三度目の欧州遠征で初めて航路にて帰郷することになった。彼女はひどい船酔いだけでなくインド洋の熱気によっても痛めつけられた。そうした中、神戸に向かう白山丸の船室で、今回の遠征に思いを馳せながら『ゴールに入る』の大部分は執筆された。

ロンドンからジブラルタルを経由してマルセイユに到着し、日本からの手紙や新聞を受け取った人見は、故国の人々が自分たちの成し遂げた結果（日本選手団として総合四位、人見は走り幅跳び優勝のほか、個人準優勝）をどれほど満足しているか確かめようとした。だが各新聞の記事は「気をつけろ、故国の人々は満足していないぞ」という気持ちを人見に抱かせるものだった。そして友人や先輩たちからの手紙を彼女は読み始めたが、それをすべて読み終わることができなかった。その多くは人見のパフォーマンスに対する不満や中傷だったのである。ある手紙にはこう書かれていた――「出発のときあれだけ大きなことを言って出発したクセに今度の成績はどうです？はづかしくて近所の人にも顔が合わせられない始末です。（中略）帰るときにはベールをかぶっていらっしゃい」（『ゴールに入る』p.215）。

人見はその序言で、『ゴールに入る』は日本女子スポーツ界への使命のために書かれたものではなく、ロンドンから神戸までの旅程で暇にまかせて書いたものであり、気軽に発表したものだと述べている。しかし、彼女は読者に一つの望みを託す。それはこの本を通じて、「代表選手」の本当の心中を分かって欲しいというものだ。人見は故郷からの非難の手紙を読んだときの哀しみを感情的に記述している。

私はとうとう終わりまで読み切ることが出来なかった。両眼からあつい涙が読んでいく手紙の上にハラハラと落ちて行く。持っていた手紙が床の上に落ちた。私は千仗の谷底に投げこまれたようだ。目がかすんで頭がフラフラしてきた。『そうか、あれだけやっても世間の人々はまだ満足してくれなかったのだ……ベストをつくしたのだ……と思った自己満足の不注意さが悔いられて悔いられてならない……そうだ、いくらなんと言っても再びプラーグに帰ることは出来ないのだ……勝手にするがいい、あれ以上誰が出来る？……私は故国日本帝国女子を代表したのではないのだ。人見個人としてプラーグに行ったのだ……そう考えて頂こう！　私はあれ以上は働けなかったのだ。死んでも、それ以上私に不満があったら勝手にするがいい』。私はもう立っていられない。ベット（ママ）の中にもぐって部屋の鍵を閉めると大声で泣き出した。誰が何と言ってなぐさめてくれても、もう私はこの傷つけられた心はもとのようにならない。なにが故国ぞ！　何が日本ぞ！　私はもう一度船をもとに返してなつかしい友の待つロンドンに帰りたかった。（『ゴールに入る』pp.215-216強調は有元による）

この記述から、単に故国の人々に国家の代表という重荷が理解されなかったために、人見は個人としての競技者という立場に目覚めたと考えるだけでは十分ではない。私たちがここまで見て来たように、人見の三度にわたる西洋への旅と遭遇の経験は、すでに彼女の「代表という形象」へのアンビバレントな感情を準備していたのである。「なにが故国ぞ！　何が日本ぞ！」と故郷を拒否する（あるいは故郷から拒否された）人見には、「なつかしい友の待つロンドン」が再び帰る場所として存在していたのだ。すなわち彼女の帰属は「国家」という閉塞した枠組みの中だけではなく、経路の中にも存在したのである。

人見の負ったこの心の傷について、三澤は正しくもこの傷を癒す一つの方法が「書くこと」すなわち、『ゴールに入る』をしたため、そこで自己の心を告白することだったと指摘している（三澤 1975）。本論は最後に、『スパイクの跡』と『ゴールに入る』のライティング・モードを比較することによって、人見の自己成型の変化を考えてみたい。

私たちは「書くこと」をただ単に表象する作業として考えるだけでは十分でない。書くことは「書く行為」として捉えられるとき、「それを書く自己」として「私」を形成するプロセス、すなわち書くことを通じた自己成型を考えることが可能になる。[7]上述のように、『スパイクの跡』はアムステルダム大会から帰国後、講演会の巡回の折に書かれたものである。全国を講演して回りながら彼女は女性で唯一の世界大会経験者であり、しかも世界的なアスリートの一人として、日本の女子スポーツ発展の先陣を切るという気概に満ち溢れていた。人見がその序文において、三年間の代表選手としての生活は「戦いの歴史」だったというとき、それはアスリートとしての自分自身への戦いであると同時に、いまだ因襲によって女性の身体を解放しない日本社会に対する戦いでもあった。彼女が『スパイクの跡』を書くという行為は、日本の女子スポーツ発展という目標と直接結びついていた。彼女はそれを書くことを通じて、国家の代表としての形象を力強く引き受け、そうした自己として社会に介入しようとしたのである。西洋の町並み、人々の生活、体育の振興、クラブの組織や施設、そして各選手のフォームまで、彼女は『スパイクの跡』に日本社会に伝えられるべきものを満載した。その結果、旅の過程の記述は幾分省略されることになった。彼女がいかに旅程を楽しみ、感銘を受けたとしても、彼女の個人的な思い、思い出は積極的に「日本に伝えられるべきこと」ではなかった。

一方『ゴールに入る』は、人見が故郷に拒絶され、故郷を拒絶するというトラウマ的な経験の後に書かれている。彼女にとって「代表という形象」を引き受けることが不可能になった時点で、それは書かれたのである。三澤が指摘するように彼女の「書く行為」が「自己を癒す行為」であるとすれば、書かれるべき出来事の選択もまた、それと深くかかわっている。故国からの手紙を読んだ人見にとって、「代表という形象」としての自己の経験は、深く傷ついた記憶として蘇ってくる。つまり代表という形象を引き受けざるを得ない場、すなわちフィールド上の経験は彼女にとっての深い傷となるのである。その結果彼女が選んだのは、フィールドから離れた経験を書くこと、すなわち経路を描くこと、経路にいる自分を思い出すことであった。経路での出来事、思い出。彼女はこれらを思い出し、書き記すことによって、「旅する私」として自己をつくりなおしたのである。こう考えるとき、『ゴールに入る』の記述全体が違った色調を持つようになる。彼女が詠み、そして『ゴールに入る』に書き記した旅のつれづれの短歌もまた、書くことを通じて「旅する私」を作り上げようとするプロセスの中で重要な働きを演じる。そして、プラハ郊外の山のホテルにおける人見の経験もまたそうだ。「チェッコの山よ！　プラーグの野よ！」と叫ぶ人見の思いは、フィールドにはない。フィールドの外の経験もまた選手にとってかけがえのない特別な思い出なのだと読者に痛切に訴える彼女の身振りは、「代表」という形象を背負っているとはいえ、自分もまた異郷を旅する一人の旅人だったのだと主張する身振りなのだ。こうして経路を書くという行為を通じて、人見は国民的なものの呪縛から解放されていく。国民的なものの脱臼。経路を通じて彼女はアウターナショナルな自己へと作りなおされていくのである。

　冒頭に述べたように、現代においては経路そのものが短縮され、いまや行動を細かに管理された選手たちに人見と同じような経験を望むことはできないだろう。ますますオリンピックはフィールド上の（そしてそれは巧妙に演出された舞台なのである）パフォーマンスを中心として商品化され、同時に「国民化」のプロセスに強力に結び付けられている。人見の経験そのものが、オリンピックの歴史の中でも特異なものになってしまったのかもしれない。しかし私たちが今現在においてオリンピックを批判的に検討し直そうとするとき、彼女の経験は近代オリンピックが内包する二つの相異なるモーメント、すなわちディストピア／ユートピア的モーメントを明確に示す、非常に貴重な事例なのだ。そしてそれは、私たちがオリンピックを想像し直すための重要な資源を提供しているのである。

　白山丸はもうしばらくすると、故郷へと辿りつく。長かった彼女の旅もまた終わりを告げようとしている——「誰に迎えられなくても自分の家のものだけは帰りを待ってくれているに違いない。プラーグに出発した留守中可愛がっていた猫が三匹の子を生んでいる。『お母さんの三毛ちゃんとよく似てみんなかわいいのばかりです』と家から来た手紙。ああ早く帰りたい。自分の家に行ってゆっくり落ちつくところを見つけてやすみたい。神戸はどうしてこんなに遠いところにあるのかしらん」（『ゴールに入る』pp.229-230）。

注

1　万国女子オリンピック大会と、オリンピック大会とは運営組織が異なる。当時国際オリンピック委員会（ＩＯＣ）が女性参加に理解を示さなかったため、フランスの女子体育家リスエス・ミリア夫人の呼びかけで一九二一年国際女子スポーツ連盟（ＦＳＦＩ）が作られ、同年パリにて第一回万国女子オリンピック大会が開催された。しかし第二回イエテボリ大会からＩＯＣが「オリンピック」という名称の使用にクレームをつけたため、正式には「国際女子競技会」と改称された。本論では人見自身が「女子オリンピック」という言葉を用いていることを受けて、以下女子オリンピック大会と表現し、またそれを「オリンピックの経験」として論じていく。

2　詳しくは『スパイクの跡』、また彼女の生涯を描いた作品『人見絹枝物語』（小原 1990）を参照。

3　人見の講演活動についての詳細な記録は、三澤光男（2002）を参照。

4　私は拙著「接触領域としてのスポーツ・フィールド」（有元 2004）の中でこの文章を引用し、その解釈を一時的に宙吊りにした。本論全体が私自身の解釈を示すものである。

5　当時の日本人の身体認識については、黒田（1999）、小野（1997）、有元（2004）を参照。

6　人見絹枝の人生について藤田（2000）は、彼女の経歴が当時の日本社会におけるジェンダー編成を撹乱する意義をもっていたこと、また彼女のスポーツ実践がナショナルなものに回収されず、「生涯スポーツ」の提案という「私」のためのスポーツへ向かっていたことを指摘している。本論も藤田の見解に同意するが、人見における「私」とはすでにアウターナショナルなモーメントを孕んだものであることを指摘しておきたい。本論はそれを「旅」という視点から解明する試みである。

7　この視点は、人類学の批評家ジェイムズ・クリフォードの議論から触発されたものである。『文化の窮状』（クリフォード 1988：2003、太田好信他訳　人文書院）の第三章「民族誌的自己成型——コンラッドとマリノフスキー」を参照。また、人見の経験を「経路」という視点から読み解こうとする本論全体がクリフォードの『ルーツ』（1997：2002、毛利嘉孝他訳　月曜社）に着想を得ている。

参考文献

有元健（2004）「接触領域としてのスポーツ・フィールド」『文化の実践・文化の研究——増殖するカルチュラル・スタディーズ』所収（せりか書房）。

小原敏彦（1990）『人見絹枝物語』（朝日文庫）。

小野芳郎（1997）『衛生の近代』（講談社）。

クリフォード、ジェイムズ（1988:2003）『文化の窮状』（太田好信他訳、人文書院）。

——（1997:2002）『ルーツ』（毛利嘉孝他訳、月曜社）。

黒田勇（1999）『ラジオ体操の誕生』（青弓社）。

とほる生（1931）「欧州遠征後の人見さんを訪ふ」『陸上競技』4-2所収。

菅谷初穂（1996a）「日本女子水泳選手が初参加したころ」T・L・O会編『わたしたちのオリンピック』所収（ベースボール・マガジン社）。

——（1996b）「前畑秀子さんの思い出」同書。

西沢礼子（1996）「初の聖火入場に感動」同書。

人見絹枝（1928）「女子運動家の旅日記：秋と風呂と足とマッサー

ジ」（『大阪毎日新聞』一九二六年九月二〇日）

――（1929平凡社：1994大空社）『スパイクの跡』。

――（1931）「三度欧州に遠征して」『陸上競技』4-1所収。

――（1931一成社：1994大空社）『ゴールに入る』。

――（1931人文書房：2000ゆまに書房）『女子スポーツを語る』。

三澤光男（1975）「人見絹枝考」『日本女子体育大学陸上競技部創部75周年記念誌』（2001）所収。

――（2002）「人見絹枝の講演・講習会活動――日本女性スポーツ発展への貢献」『体育史研究』第19号。

三澤光男、武田一（1997）「新人見絹枝考」『日本女子体育大学陸上競技部創部75周年記念誌』所収。

大阪毎日新聞社（1924）『オリムピックみやげ』。

藤田和美（2000）「解説」『女子スポーツを語る』所収。

column

「すずスマイル」と自己主張
――千葉すずが残したもの

稲葉佳奈子

二〇〇〇年四月、シドニー・オリンピック代表選考で千葉すずは落選した。代表選考会となる日本選手権では二〇〇m自由形の標準記録を突破して優勝し、三度目の出場が確実視されていた矢先のことだった。代表に選ばれないのは「理屈に合わない」（朝日新聞00年4月24日朝刊）と、大会後に彼女は日本水泳連盟に選考理由等の説明を求める質問状を提出した。そして同年六月、納得のいく回答を示さない水連を相手取り、国際機関であるスポーツ仲裁裁判所（CAS）へ提訴することとなった。記者会見で彼女が「選考に個人的な意見が入っている」（朝日新聞00年6月13日朝刊）と述べたことで、なおさら千葉すずと水連との確執がメディアにとって格好のネタとされるなか、提訴は日本中の注目を集めた。そして裁判は、CASがオリンピック出場を求める千葉側の主張を棄却し、水連に対して選考基準の不明瞭を指摘するという裁定で終わった。

千葉すずのオリンピックは、提訴から遡ること八年、バルセロナ大会に始まる。当時の彼女は、一六歳にしてすでに「日本のエース」（毎日新聞92年7月29日朝刊）であった。女子自由形で初のメダルが期待される実力と、「チャーミングな外見」や「勝ち気」な物言い（毎日新聞92年7月29日夕刊）が、彼女を「人気ナンバーワン」（同上）たらしめた。出場した三種目ともメダルには届かなかったものの、女子自由形で五六年ぶりの入賞は「快挙」として扱われ、メダルへの期待はアトランタへと受け継がれた。

四年後の一九九六年、千葉すずを含む日本女子競泳代表は、「史上最強」（毎日新聞92年7月22日朝刊）とうたわれた。大会直前に発表された世界ランキングと、それを受けての「メダルは五個」という水連幹部のコメント（毎日新聞96年7月10日朝刊）によって、一気に高まるメダルへの期待。ところが彼女は、得意の二〇〇m自由形で予選一〇位という、メダルどころか決勝にも進めない成績に終わってしまう。「米国修行を経てたくましくなり、十分メダルを狙える」（毎日新聞96年7月22日朝刊）とされていた千葉すずの「予想外の敗戦」（同上）。それ以降、競泳の結果を伝える新聞の見出しには「不振」の文字が何度も現れた。中高生中心の女子競泳陣で、リーダーは二〇歳の千葉すずであり、彼女には二日目にメダルを取って、チーム全体に弾みをつけることが期待されていた。それ故、期待に背いた千葉すずに向けられる目は、当然のごとく厳しくなった。「千葉すずの不振に若い選手が引きずられてしまった」（朝日新聞96年8月6日朝刊）と「惨敗」（同上）の責任を負わされ、大会前に彼女が口にした「オリンピックを楽しみたい」という言葉までもが「メダル獲得ゼロ」という結果と並べて批判的に語られたのである。

アトランタ後、引退してアメリカでの生活を送る千葉すずは、再び泳ぐことを決意する。そして一九九九年、日本選手権で日本記録の更新というシドニーでのメダルに向けて幸先のよい「復活」を果たす。しかし翌年、彼女を待っていたのは思いもよらぬ選考結果と一連の「騒動」であった。

日本では、女性アスリートは競技における「強さ」と「従順さ」「素直さ」とを両立させることで、周囲との「良好な関係」を築くことが多い。そのなかで、相手が指導者や競技団体でもメディアでも、常に言葉や態度で自分の思いを強く主張してきた千葉すずは、稀有な存在であった。特に、「すずスマイル」などのお手軽な言葉で競泳というスポーツを報道しようとするメディアに対しては、一貫して「ぶっきらぼう」（朝日新聞00年4月24日朝刊）な態度で臨んだ。彼女の言動は、いまだ男性中心の価値観が支配するスポーツ界において、さまざまな軋轢を生んだであろう。かつて「チャーミング」と併用しうる「勝ち気」という表現で容認されていた彼女の自己主張は、社会の「女性アスリート」観が定める許容範囲を超えたがゆえに、アトランタ以降は批判の対象となった。シドニーの代表落選については、選考会において「この大会は目標じゃない。九月に結果を出したい」という「従順」ではない発言が、選考委員会の心証を悪くしたとも言われる（同上）。

しかし実際のところ、千葉すずと水連との関係がどうだったのか、彼女の言動が選考に影響したのか、それらを知ることはできない。ただ明らかなのは、女子自由形「最大の逸材」（朝日新聞92年7月28日朝刊）といわれた千葉すずにとって、オリンピックのメダルは夢で終わったということだけである。

確かに千葉すずは、メダルという「結果」には恵まれなかった。だからといって、彼女がアスリートとして何も残さなかったということでは決してない。何より、二〇〇〇年のアテネ・オリンピック選考会における基準の明確化は、彼女の提訴がきっかけとなっている。それは、彼女が「自分と同じような選手をつくりたくない」（朝日新聞00年6月13日朝刊）との思いで戦った成果である。

一人の女性アスリートの起こした行動は、日本競泳界のシステムに影響を及ぼした。千葉すずは、未来につながる重大な軌跡をたしかに残した。「素直な」だけの女性アスリートには、決して成しえないことである。

11

レボルト'68——黒人アスリートたちの闘争とアウターナショナルなスポーツ公共圏

山本敦久

アイデンティティの関係は、パフォーマーが群集のなかに溶解していくような仕方で演じられる。

（Paul Gilroy）

複製技術は複製を数多く作り出すことによって、複製の対象となるものをこれまでとは違って一回限り出現させるのではなく、大量に出現させる。そして複製技術は複製に、それぞれの状況のなかにいる受け手の方へ近づいてゆく可能性を与え、それによって、複製される対象をアクチュアルなものにする。

（ヴァルター・ベンヤミン）

二つの転機——一九六八年メキシコ大会

あるひとつの身振りやパフォーマンスが、模倣や複製というコミュニケーションを通じてそれを取り巻く群集やオーディエンスに近づく時に、そこではじめてアイデンティティと差異が構築されるとするなら、メキシコ・オリンピックは、スポーツが生み出す集合性の偶発的な性格がもっともよく可視化された出来事のひとつだったといえるだろう。それは、ヒトラーやゲッペルスが率いたベルリン大会（伊藤論文参照）とは異なったかたちでのスポーツの潜在力が示された大会だった。いくつかの具体的な場面が、自明視されるオリンピックの性質を激しく揺さぶったのである。

メキシコ大会は、衛星技術の導入によって世界同時中継がはじめて可能になったオリンピックである。瞬時にして、世界中にオーディエンスが生み出される可能性が切り開かれたのである。その大会で見られたいくつかの興味深い出来事のひとつは、競技そのものの中で起きた。知られているように、アメリカのディック・フォズベリーによって発明された「背面跳び」のフォームが、衛星中継を通じて世界に瞬時に発信され、世界中で模倣され、アレンジされ、それまで走り高跳び競技を席巻していたベリーロールを凌駕していった。

これはあるスポーツの新しいフォームが世界規模で急速に普及する、という意味での伝播の速度や拡がりの革新という問題以上のものを示している。世界中に増殖していったフォズベリーのフォームの模倣は、スポーツ技芸が、かならずしもあらかじめ規定された国民性や民族性にアイデンティファイされるものではないということを示したのである。

そしてまた、このメキシコ大会では、さらに特筆すべきスポーツの重要な特徴が示された。アメリカの黒人スプリンターのトミー・スミスは、当時を振り返って次のように述べている。

大勢の観客、そしてメディアの存在を意識していました。大事なのは、メッセージを伝えることです。世界中の目が注がれる最高の舞台を利用しない手はないと考えたのです。テレビの重要性には疑いがありません。テレビによってわれわれの抗議運動は世界中に伝わり、これまで以上に効果的なメッセージを発信することができました。[1]

メキシコ大会は、スポーツを媒介にしたエンパワーメントの様式、あるいは「下から」の政治が、はっきりと目に見えるかたちでオリンピックの歴史の地表に出現した大会でもあった。トミー・スミスとジョン・カルロスの政治的パフォーマンスに象徴される黒人アスリートたちの人種差別に抗する運動は、オリンピックの持つ特徴それ自体を媒介にしながら、既存の国民や民族といったものを超えたより広範な集合性を、その内部に生み出していった。一国内のシステムの矛盾、つまり人種問題が、そこでより広いグローバルな文脈に節合されたのである。

また、二人のパフォーマンスは、その特別な可視性によって他のアスリートたちに模倣され、人種問題を他のイシューとも接触させながら、別の公共圏をオリンピックの中に拡大させていった。オリンピックのエスタブリッシュメントたちの眉をしばしばひそめさせてきたスポーツを通じたアウターナショナルな集合性は、近代オリンピックが前提としてきたものを「下から」突き上げる力によって形成される。

その時、オリンピックはもはや安定したひとつの儀礼装置であることをやめ、近代の歴史や記憶を問い直していく政治的な場へと変貌するのである。

二重性を帯びた身振り

メキシコ・オリンピック男子二百メートルで、それぞれ世界記録で金メダルと銅メダルを獲得したトミー・スミスとジョン・カルロスは、「USA」の文字が胸に刻まれたスポーツ・ウエアに身を包みながらも、スミスは黒いスカーフを首にまとい、カルロスはマルディグラのビーズのネックレスを首にかけ、シューズを履かずに黒いストッキングで表彰台に上がった。この二人のアフリカン・アメリカンのスプリンターは、合衆国国歌が演奏されている間、星条旗から目線を逸らし、うつむきながら黒いグローブをつけた握りこぶしを宙に突き上げたのである。

二人の黒人アスリートの身振りは、勝利が祝福され、国家の栄誉が称えられ、ナショナル・ヒーローとして国民に受け入れられるはずのオリンピックの表彰台を、それが前提するものとは異なる意味体系の中に持ち込んでいるように見える。では、どのような意味へと節合されたのだろうか。

よく見ると、二人の一連の身振りは、絶えず「二重性」を帯びていることに気づくだろう。ナショナルチームのウェアを着つつも、それを異化するような記号も同時に身につけている。シューズを脱ぎ、黒いソックスで表彰台に上がる。国旗を見ずに、うつむきながら黒いグローブを高く掲げる。

これらは、明確に言葉や言説として分節化されないような、内部に矛盾や葛藤を含んだものの身振りにも見える。このようなパフォーマティヴ（行為遂行的）な表現は、かならずしもパワフルなイメージとして示されているだけでなく、アイロニカルなイメージを伝えもする。希望と苦難を同時に内包したこのパフォーマンスは、見るものに両義的な感情を呼び起こすものとしても受け取れる。ここでの二人の黒人アスリートの身振りは、次の言葉を呼び起こすのである。

図1——表彰台のスミス（中央）とカルロス

> アメリカの世界、それは黒人に真の自我意識を少しも与えてはくれず、自己をもう一つの世界（白人世界）の啓示を通してのみ見ることを許してくれる世界である。この二重意識、この絶えず自己を他者の目によって見るという感覚、軽蔑と憐びんをたのしみながら傍観者として眺めているもうひとつの世界の巻尺で自己の魂をはかっている感覚、このような感覚は、一種独特なものである。……アメリカ人であることと黒人であること。二つの魂、二つの思想、二つの調和なき相剋、そして一つ黒い身体のなかでたたかっている二つの理想。……アメリカ黒人の歴史は、この闘争の歴史である（W・E・B・デュボイス、『黒人のたましい』）。

二〇世紀初頭に黒人社会学者W・E・B・デュボイスによって提起されたこの言葉は、アフリカン・アメリカンたちがつねに直面せざるをえない「二重意識」を表現している。白人という他者の目線を通じてのみ構築される主体、ひとつの身体の内部で絶えず統合することのない引き裂かれた自己を示すこの概念は、スミスとカルロスの身振りを経て、一九世紀の終わり以降のアフリカン・アメリカンアスリートたちの闘争の歴史と重なってくるのだ。

近代の視覚領域を支配する白人のレジームの中で否定的なフィギュアへと単純化され、ステレオタイプ化されたアフリカン・アメリカンにとって、スポーツは、数少ない公的な活躍の場であると同時に、人種差別が再生産される場でもあり続けた。

二〇世紀初頭に活躍した黒人最初のボクシング世界へビー級チャンピオンのジャック・ジョンソンは、その時代のアフリカン・アメリカンたちをもっとも可視化させる存在だった。ジョンソンがこの領域に出現する以前、黒人はスポーツで競争するための「身体能力」やメンタルの自己管理に欠けると、白人たちは信じていた。しかし、ジョンソンは、それまで安定して引かれているかのように見えていた「カラー・ライン（人種の線）」を侵犯した。黒人男性が、リングの中で白人男性の誇りであった身体能力を凌いだのだ。そればかりでない。リング外での派手な振る舞い、ビッグマウス、そして白人女性との交際は、人種とセクシュアリティの境界線をも激しく揺さぶったのである。

激怒した白人たちは、いくつかの州で人種間の結婚を禁止する法（マン法）を作り、ジョンソンをボクシング界から追放してしまった（Harris, 1995; マークシー 2001）。以後、二〇年以上に渡って、黒人ボクサーは白人のタイトルへの挑戦を妨害され続けたのである。

また、スプリンターのジェシー・オーエンスと、ボクサーのジョー・ルイスの黒い身体は、戦間期の世界の地政学を左右するような存在ですらあった。オーエンスはベルリン大会で四つの金メダルを獲得することで、アーリア人種の優越性の証明を破壊し、また、ルイスは民主主義のアメリカを代表する身体として、ファシスト的身体の象徴であったマックス・シュメリングを倒さなければならなかった。

二人の黒人は、人種の優越性を証明する巨大な実験室と化したスポーツ・フィールドの中で、新しい意味での黒人アスリートの国民化と帰属の象徴となったのである。ただしそれは、アメリカ国内の人種差別を一時的に背景に隠したまま、ドイツの人種差別を批判する、アメリカの捩れた反人種主義の象徴だったのである。

彼らの身体は、スポーツのフィールドの内外で、ジャック・ジョンソンの間違いを繰り返さないために、またアメリカの公的な空間（白いアメリカ）に受け入れられるために、注意深く管理された。この人種化された生政治のテクノロジーの中で、彼らの黒い身体には限られたヘゲモニーしか残されていなかった。

このように、一九世紀の終わり頃から、さらに二〇世紀の大部分を通じて、黒人アスリートはフィールドやリングでのパフォーマンスを越え、人種の代理表象であり続けた（Harris, 1995; マークシー 2001）。オセロ・ハリスは次のように述べている。

かれらはしばしば重要な社会的、政治的な諸問題、例えばドラッグ使用、セクシュアルな振る舞い、外交政策に関する見解にすら影響を与えるものである。いくつかのケースにおいて、フィールドの外でのパフォーマンスは、かれらがスポーツをする場面での成功以上に重要なものなのである。主要な社会運動や社会変化は、アスリートの諸々の形象の行為と同時に起こるものなのである（Harris, 1995）。

黒人アスリートたちの成功、失敗、かれらの競技での身体パフォーマンス、日常的な振る舞い、そして外交政策としてかれらに期待されるものは、絶えず表象関係をめぐる政治の場となり、同時に、政治や社会の変化そのものに関わるものとなる。キース・ハリソンは、そのようなアスリートたちの近代の歴史を次のように述べている。

アフリカン・アメリカンのアスリートたちにとって、歴史とは、痛み、快楽、勝利、悲劇、そして否認と機会なのである。（Harrison, 2000）

このような歴史は、スミスとカルロスによって身振りの二重性として表現されたものが、黒人身体の近代史のひとつの断片でもあることを教えてくれる。ボクシングで金メダルを獲得したジョージ・フォアマンが、合衆国当局の工作によってリングの上で小さな星条旗を振るよう説得され、「白い仮面」をつけたのも同様の歴史の中にあるのだ。

にもかかわらず、アーサー・アッシュは、歴史の転換ともいうべきものとしてスミスとカルロスの身振りをふりかえり、「黒人アメリカ選手のイメージを永遠に変えることになる」と評価している（エンタイン 2003）。では、二人の身振りの背後には何があったのか。

黒人アスリートたちのレボルト

スミスとカルロスの政治的な抗議の背景には、六〇年代のアメリカ社会、スポーツ界が抱える大きな矛盾、不穏なムード、そしてそれらを突破していこうとする気運と新しいかたちの集合的なムーヴメントがあったことを見逃してはならないだろう。二人の背後に幾重にも折り重なった分厚い後ろ盾があったからこそ、かれらの政治的パフォーマンスが可能だったともいえる。

アメリカの六〇年代、それは様々な矛盾がいたるところで噴出した時代だった。ベトナム戦争が激化し泥沼化していくなかで、徴兵の基準が下げられ、多くの黒人たちが戦場へ送り出され戦場の最前線で犠牲になっていった。公民権運動のひとつの目標であった人種統合が、皮肉にも戦場で実現されていくという矛盾を目の当たりにして、黒人コミュニティのフラストレーションが高まっていく。各地で人種暴動が繰り返される。ミシシッピ大学への黒人入学阻止と闘い、入学を勝ち取ったジェイムズ・メレデスが「恐怖に抗する行進」を始めた翌日に、銃弾に倒れる。ホワイト・バックラッシュによって白人人種主義者たちの過剰な暴力が増加していく……。

公民権運動の行き詰まりが誰の目にも明らかになる頃、その失敗と結実の双方の特徴を合わせ持った新しい黒人運動、ブラック・パワー・ムーヴメントが生み出された。Ｈ・ラップ・ブラウンやストークリー・カーマイケルといった若い黒人たちによって担われたこの運動は、かれらの〈ブラックネス〉を表現するなかで増殖した黒いプライドを反映する、よりミリタントな姿勢を強調していった。

また、スポーツの内部にも機会と否認をめぐる矛盾が明らかに見え始め、そこから大きなうねりが生み出されていく。一九六六年のＮＣＡＡ（全米大学競技協会）のバスケットボール選手権決勝で、黒人選手たちがスターターを占めたテキサス・ウエスタン大学が勝利する。一九六八年には、Ｏ・Ｊ・シンプソンがハイズマン賞を受賞し、またアーサー・アッシュが全米オープンを制覇する。陸上トラックとボクシングのリングのみならず、黒人アスリートたちがさまざまなスポーツのシーンに登場し、活躍した。それは黒人たちが公的な空間へ積極的に参入する機会として捉えられた。

しかし、スポーツ・フィールドでの華々しさとは対照的に、黒人アスリートたちは、どれだけ多くのファンに取り囲まれた人気選手であっても、リングやフィールドから一歩外に出れば、継続中の人種差別から免れることはできなかった。黒人たちは、レストランやホテルといった公的な施設から排除され続けた。黒人と白人は同じユニットとしてひとつのフィールドでプレーしても、試合の前後には、まったく違った扱いを受けていたのだ。アメリカのアパルトヘイトのシステムは維持されたままだったのである（Harris, 1995）。

また、スポーツ奨学金を得て大学でプレーする黒人たちは、かれらの身体資本が搾取されていると感じていた。人種差別の現実を覆い隠したまま、黒人参加の肯定的な印象を意図的に作り出そうとして利用されているに過ぎないと思ったのだ。国際的なレベルの選手たちは、国家の威信が賭けられたときだけ自分たちが積極的に白人社会に要求されるという矛盾に突き当たってもいた。黒人アスリートたちは、ハリー・エドワーズ（かれに関してはすぐ後で詳しく説明する）の次の言葉を理解し始めたのである。

> いったん、かれらのアスレティックな能力が加齢や怪我によって損なわれると、そこに待っているのは、ゲットーの手招きだけであり、かれらは再び、永久的に人生に横たわるだろう匿名性、絶望、侮辱的な存在としての運命を定められるのだ。（Edwards, 1969）

公民権運動の一定の成果と行き詰まりは、スポーツの中にもっともよく映し出されていた。しかし、スポーツはまた、この時代に新しいかたちで生み出されつつあった集合性の構築を牽引するひとつの重要な触媒でもあったことを見逃してはならない。ブラック・コミュニティのために、そして自分たち自身のために不正と闘う黒人アスリートたちが、声をあげ始めたのである。六八年のメキシコへと至る黒人アスリートたちのレボルトの主導者であり、スポーツ社会学者であり、元バスケットボール選手でもあったハリー・エドワーズは、一九六九年に出版された『黒人アスリートのレボルト』という著書の中で次のように述べている。

黒人アスリートのレボルトの起源は、シット・イン、フリーダム・ライド、そしてワッツ、デトロイト、ニューアークでの人種暴動と同様の種（たね）から生み出されている。アスリートのレボルトは、人種主義者の病原菌にたいする嫌悪と不満から生じている。その病原菌は、バーミンガム、アラバマの教会で祈りを捧げていた四人の少女たちを爆死させ、そしてマルコムX、マーティン・ルーサー・キング、メドガー・エヴァース、そのほかの多くの人々（マルティテュード）の殺害を企て実行した原因であるねじ曲がった精神に感染したのだ。黒人アスリートのレボルトは、ますます絶望し、暴力に満ち、不安定化するアメリカの責務の新しい意識からも現れるのだ（Edwards, 1969）。

当時、サンノゼ州立大学の講師だったエドワーズ（現在は、カリフォルニア大学バークレー校の教授）に導かれた黒人アスリートたちの抗議運動は、絶望的に根深い人種差別の淵から生まれたのである。

一九六七年、エドワーズは人権を求めるオリンピック・プロジェクト［ＯＰＨＲ］（The Olympic Project for Human Right）を組織し、そこでアフリカン・アメリカンのアスリートたちによる六八年のメキシコ大会のボイコット（小笠原論文参照）を画策した。メンバーの多くは、元アスリートや現役の大学アスリートたちから構成され、マーティン・ルーサー・キング、Ｈ・ラップ・ブラウン、ストークリー・カーマイケル、モハメド・アリら、その時代の黒人たちを代表する人物たちも名を連ねていた。

アスリートたちは、それまで表立って積極的に政治運動に参加したり、それを主導したりすることがなかったため、当初その組織は疑わしいものとして受けとめられるむきもあった。したがって、エドワーズが公衆の面前で、公民権運動の卓越した指導者のキングらと肩をならべることは重要な意味をもっていた。キングの参加は、エドワーズとＯＰＨＲに強い信頼性を与えていったのだ。

また、黒いベレー帽、ヤギ髭、黒いサングラスといったアイテムを身に着けたエドワーズの風貌は、ラディカルな黒人運動の政治的なランドスケープの中に、この組織を位置づけることに成功した（Bass, 2003）。こうして重要なブラック・パワーの組織のひとつになったＯＰＨＲは、オリンピック・ボイコット運動を公民権運動の主要なアジェンダへと固定させていったのである。

　また、モハメド・アリが、ムスリムの信仰に従ってベトナム徴兵を拒否し、反戦の姿勢を示したことは、多くの黒人アスリートたちにベトナムを意識させ、アメリカの人種問題をより広い文脈で考えさせた。この時代のアリは、ブラック・パワーと反戦運動、そしてアスリートたちの運動を節合し、アメリカを越えてその連帯意識を高めていく増幅器であった。エドワーズは次のようにアリを評価していた。

図２——OPHRの指導者ハリー・エドワーズ（右）。(Edwards, 1969)

> アリは、ブラック・コミュニティにとって、唯一の、そしておそらく今世紀もっとも偉大なアスレティック・フィギュアである。なぜなら、彼は黒人アスリートのイメージを大きく変えたからである。……この運動を牽引していったのは、もちろんトミー・スミスやジョン・カルロス、アーサー・アッシュであった。しかし、モハメド・アリがもっとも偉大なアスリートだった。
> (Harris, 1995)

　一九六七年の夏、ニューアークで行われたブラック・パワー・カンファレンスにおいて、モハメド・アリの世界タイトルが返還されない場合には、黒人アスリートたちは一九六八年のオリンピックをボイコットするという決議が通過した。また、メキシコ大会のボイコットというアイデアは、ＯＰＨＲでも二〇〇人のアスリートとその支持者たちによって満場一致で支持された（Edwards, 1969）。

　そしてＯＰＨＲは、オリンピックのボイコットをちらつかせながら、次のような具体的な要求を掲げていった。①モハメド・アリのタイトル及び、国内での試合の権利の奪還。②公的な場面で人種差別的な発言を繰り返すＩＯＣ委員会長のエイベリー・ブランデージの更迭（エドワーズは、ブランデージを「心底からの反ユダヤ、反ニグロの人格の持ち主」だと批判している）。③全ての国際的なスポーツ大会からの南アフリカとローデシアの追放。④合衆国のオリンピック委員に対する、黒人コーチと理事の増加の要求。⑤ＮＹＡＣ（ニューヨーク・アスレティック・クラブ）の人種隔離撤廃（Edwards, 1969）。

　ＯＰＨＲは、毎年二月にマジソンスクエア・ガーデンで行われるＮＹＡＣのインドア陸上競技会をボイコットし、ＮＹＡＣの人種隔離（ユダヤ人、黒人の排斥）を浮き彫りにした。ＮＹ

ACは、百周年記念大会と称して黒人アスリートの出場を大会の呼び物にしていたが、エドワーズは「黒人アスリート」を正式な会員に登録しないのであれば、競技に参加しないと宣言していた（Bass, 2003）。このボイコットは、アメリカ国内のアパルトヘイトの問題と、南アフリカの問題とを深く結びつけていく契機ともなり、OPHRの運動をより活性化させていった。

ところが、ブランデージは黒人アスリートたちによるNYACのボイコットがあったにもかかわらず、南アフリカのメキシコ大会参加を認める声明を発表したのである。それを受けて、三二の国々がIOCの決定に抗議してメキシコ大会への不参加をほのめかした（エンタイン 2003）。

当時の南アフリカは、一九七〇年にIOCから除名されるまで、白人だけのオリンピック組織を維持してきたが、それに対して南アの黒人アスリートたちは、第二次大戦以降、オリンピックへの参加を要求し続けてきた。一九六三年に、ドイツのバーデンバーデンで開かれたIOC会議では、南アの人種主義的な政策がオリンピックの規則に反するとして東京大会への参加が禁止された。

また、六〇年のローマ大会以降、植民地から独立したアフリカ諸国は、オリンピックからの南アの排斥を要求しはじめ、一九六六年にはアフリカ最高スポーツ評議会を設立した。そこでは、もし六八年のメキシコ大会への南アの参加を認めるなら、アフリカ諸国は大会ボイコットも辞さないという姿勢を示した（ラムザミー 1984）。一九六八年の二月には、タンザニア、ウガンダ、ガーナ、アラブ連合共和国（UAR：現在のエジプト）がメキシコ大会への参加を辞退するつもりがあると表明し、さらにUARはアフリカ統一機構（OAU）に、アフリカの集団的ボイコットの戦略を提案する意思があることを公表した。

このようなアフリカ諸国の状況に呼応しながらOPHRは積極的に南ア問題を包含し、当の抵抗の対象であるオリンピックと同様のインターナショナリズムを組織の内部に取り込んでいったと言えるだろう。国家間の競争が激化する冷戦期のただなかに、スポーツを通じて生み出される国境を越えた黒人たちの繋がりを拡大させたのだ。

アメリカが南アフリカ同様に、レイシズムの罪を犯しているという全世界の関心を、世界的なアリーナの中に持ち込むことをわれわれは望む。（Harry Edwards ; Bass,2003より引用）

エドワーズのこの発言には、OPHRの目指した戦略がもっともよく表されていると言えるだろう。アーサー・アッシュによれば、それは「アフリカとアメリカの黒人アスリートによる初めての重要なパートナーシップ」だった（Bass, 2003）。国際的なスポーツ大会が、人種問題をめぐって不可避的に抱える政治的な潜在力の周囲に、「黒い大西洋」の様々な断片が結びついていったのである。

オリンピックへの参加問題をめぐって生み出されたアメリカとアフリカ諸国の黒人たちを繋ぐアウターナショナルなスポーツ公共圏は、南ア参加を認めていたＩＯＣの決定を動かした。圧力を感じたブランデージは、南ア排除の路線を再び打ち出したのである。

こうしてＯＰＨＲの主要な焦点であった南アの排斥が実現すると、メキシコ大会ボイコットの計画は次第に勢いを失っていった。多くの黒人アスリートたちの間で、ボイコットへの関心が薄れていったのである。その理由は、アスリートたちは、やはりアスリートであったということに尽きるだろう。オリンピックはかれらのスポーツ人生にとって最高の舞台だ。特に、「プロ」のない陸上競技のアスリートたちにとっては特別の意味を持つ。何人かのバスケット選手たちは、大会参加を拒み続けたが、結局、ボイコットが組織されることはなかった。

八月にフィラデルフィアで開かれたブラック・パワー・カンファレンスで、エドワーズはボイコット中止を公に認め、そして「ボイコットより小さな形式」での抗議を続けると宣言した（Hartmann, 1996）。こうして黒人アスリートたちは、マイク・マークシーが述べるように、「オリンピックに参加し、それを内側から転覆する方向へ主力を傾注することになった」のである（マークシー 2001）。

増殖する模倣——ヴィクトリー・スタンドを越えて

高く揚げられた私の右手はブラック・アメリカのパワーを象徴している。カルロスの高く掲げられた左手はブラック・アメリカの団結を象徴している。それらはひとつになって団結とパワーのアーチを形作る。私の首に纏われた黒いスカーフは黒人のプライドを象徴している。シューズを履かずに黒いソックスを履くことはレイシスト・アメリカにおける黒人の貧困を象徴している。私たちの努力の全ては、黒人の威厳を奪還することだった。（Hartmann,1996）

これはスポーツ・キャスターのハワード・コーセルのインタビューに対するスミスの発言である。この言葉は、二人の身振りが一方でアメリカへの別の繋がり方を示し、他方では白いアメリカが押し付ける偏狭なステレオタイプのランドスケープを越えていこうとする身体の表現でもあったことを物語っている。スミスとカルロスは、アフリカン・アメリカンの歴史の連続性を進行させながらも、中断させ、身体化された二重意識をより政治化することで、別の近代の文脈に節合しようとしたのだ。つまり、二人の身振りは、国民的な時間や空間の内部にありながらも、その外部にアイデンティティを生み出していこうとする政治として捉えるべきものであるだろう。

スミスとカルロスは、優勝したうえでメダルを拒絶する方法も考えていた。しかし、スミスは表彰台で何かをやるつもりだとカルロスに告げたのだという（エンタイン 2003）。かれらの選択は、表彰台を拒絶するのではなく、その舞台に上がって、表彰台という象徴的な資源を使いながら抗議することだった。

スポーツの歴史家エイミー・バスが論じるように、彼らの抗議は、侮辱的な「ニグロ」アスリートから、誇り高い「ブラック」アスリートへの集合的なトランスフォーメーションを典型的に示すものであり、既存の権力の配置を変化させるため、あるいは転換するために、効果的に創り出された文化戦略だった（Bass, 2002）。かれらは国家の規範的な概念を流用し、黒いグローブのこぶしをアメリカ国旗の支配的なイメージの代わりに置き換えることで、その概念を新しい表象へと変換したのである。およそ四億人に及ぶグローバルな規模のオーディエンスの目前で、二人はアメリカの人種主義とナショナリズムを糾弾するためにその契機を利用したのだった（Bass, 2002）。

マイク・マークシーによれば、本来、個人の勝利と国家の栄誉のレトリックである表彰台は、かれらの身体表現を通じて、合衆国の放棄にも等しい団結の言語という「新しいシンボリズム」に置き換えられた（Marqusee, 1995）。二人は従来の支配的な儀礼の内部でそれを奪用し、人種の団結と「ブラック」の意識の高まりを世界中にアピールしたのだ。ただし、ここで二人の身体に象徴される「ブラック」の意識を民族絶対主義的な側面の強調だと受け取ってはならないだろう。なぜなら、この「ブラック」とは、アメリカの黒人コミュニティから始まり、植民地からの独立を勝ち取っていった各地の運動と重なりながら、グローバルな広がりをみせた〈ブラック・パワー〉の動きの中にあるものとして、また、南アの参加問題をめぐって形成されたスポーツの「黒い大西洋」のウェブの中にあるものとして理解されなければならないからだ。

それは様々な闘争を通じて構築される新しい主体の集合性であり、血や生まれや領土に還元されるものではない〈複数性〉としての「ブラック」なのである。その意味で、ステュアート・ホールの次の言葉は重要だろう。

> ブラックとは、ある歴史的モーメントの中で政治的なカテゴリーとして創造されたものである。それは、シンボリックでイデオロギー的な闘争の結果として創造されたのである。……まさに闘争こそが、意識の変化であり、自己認識の変化であり、アイデンティフィケーションの新しいプロセスであり、新しい主体の可視性の出現なのである。（Hall, 1997）

また、スリランカ系イギリス人のシバナンダンは、〈ブラック・パワー〉が、かならずしも黒人性や汎アフリカニズムに限られるものではなく、非白人や第三世界の活動を結ぶものでもあるとして、次のように述べている。

それ（ブラック・パワー）は、合衆国でも英国でも、南アフリカでもカリブの旧植民地でも、白人の権力と特権に対抗する闘争にとって必要不可欠なユニットを生み出す触媒であった。それを通じてブラックは、第三世界のアクティヴィストやラディカルたちが同一化できる政治的な色となったのだ。……〈ブラック・パワー〉とは、ブラックということばに政治的意味を持たせるメタファーだった。（Sivanandan,1982）

二人の黒人アスリートを通じて可視化された「ブラック」の意識は、ナショナルなものを超越しようとする側面を持ち合わせている。衛星中継によって世界の関心が集中するオリンピックの舞台で、二人の黒人アスリートのパフォーマティヴな行為は、一時的ではあるかもしれないが、国民化の力と脱国民化の力の間の闘争を活性化させ、黒い身体にヘゲモニーを獲得させることが可能となる位置取りをもたらしたのである。

このような誇り高い「ブラック」の主張は、一国内の人種問題をより広い文脈に配置し直そうとする戦略として読み取ることができるだろう。エドワーズは、スミスとカルロスの行為を次のように評価している。

（かれらは）、すべての黒人たちへの接近可能性と、インターナショナルな抗議のプラットホームを約束する、唯一のルートだったのだ。黒人闘争の中で、ブラック・アメリカンたちの抑圧を目の当たりにした多くの戦闘的なスポークスマンによって、長い間代弁されてきたものが、段階的に拡大されたものなのである。それは一国内の公民権をめぐる問題ではなく、インターナショナルな範囲での人権に関する法と正義の侵害を問題としたのである（Edwards,1980）（括弧内は筆者による）。

しかし、ソ連の陸上競技のコーチ、ガブリエル・コロボフは、エドワーズとはまったく違う見解を述べた。「（二人の政治的行為は）最悪な振る舞いだ。……そんなことは私たちの周囲では起こらないだろう。私たちはスポーツと政治を混同することはない」。また、プエルトリコのチームの団長は、「ニグロたちには理由があるのだろうが、政治はオリンピックの中に持ち込まれてはならない」と述べた（Bass,2000）。

表彰式を含めたオリンピックの様々なシンボルは、「非政治性」、あるいは「スポーツと政治の分離」という神話を装いながらも、既存のナショナルなアイデンティティの表明をひとつの普遍的な価値へと転換していく。スミスとカルロスの行為は、オリンピックが前提とするこのような権力の配置の中で罰せられ、その結果、アメリカ・オリンピック委員会によって、選手村を強制的に追い出された。その後、二人はエリート・スポーツの世界からも追放されたのである。

しかし、そのような措置への恐怖を尻目に、メキシコ大会の期間、スミスたちに触発された模倣者たちが続出した。男子四〇〇メートルで上位を独占したアフリカン・アメリカンのリー・エバンス、ラリー・ジェイムズ、ロン・フリーマンは、「ブラック・パンサー」のスタイルを喚起させる黒いベレー帽をかぶって表彰台に上がり、黒いグローブこそ着けなかったが、握り締めたこぶしを宙に掲げた。驚異的な世界記録を達成した走り幅跳びのボブ・ビーモンは、表彰台に黒いソックスで立ち、スエットパンツの裾をめくり上げて金メダルを受け取った。チームメイトのラルフ・ボストンは、シューズもソックスも履かずに表彰台に上がった。また、アメリカの黒人女性アスリート、ワイオミア・タイアスは、金メダルを後にスミスとカルロスに捧げたという。

このように、スミスとカルロスの行為の視覚的な抵抗の外見は、その強烈なアウラによって、想像的な等価性を拡大させ、模倣的な連鎖を生み出していった。模倣されることによって、ますますアクチュアリティを持ち始めたその挑発的な可視性は、政治的な触媒として作用し、他の政治運動をも刺激したのである。

例えば、チェコ・スロバキアの女性体操選手のヴェラ・チャスラフスカは、多くの金メダルを獲得し、表彰台に上がるたびに、顔を横にそむけて抗議行為を繰り返した。六八年、チェコ・スロバキアで高まった自由化・民主化の運動、いわゆる「プラハの春」は、メキシコ大会が開幕される約五〇日前に、ソ連ほかワルシャワ条約機構の軍事介入によって踏みにじられていった。東京大会に続いて金メダルの期待が高まっていたチャスラフスカは、ワルシャワ軍の侵攻に反対する署名運動を行い、当局に追われ森の中の粗末な小屋に身を隠していたという。練習器具を失った彼女は、なんと森の木を段違い平行棒にみたてて練習を続けた。なんとかメキシコ大会に出場できた彼女は、世界の関心が集中する表彰台で軍事侵攻に対して抗議したのである。[2]

スミスとカルロスの抗議の身振りは、アメリカ国内の人種政治を越えて、世界のさまざまな矛盾が表明される舞台へとオリンピックを変貌させた。オリンピックのような世界規模のスポーツの祭典は、近代の歴史の表舞台にかならずしも登場することのなかったアンダーグラウンドな闘争の歴史、それまでローカルに展開されてきた社会運動、また、それらが抱える個別のイシューを結び合わせ、グローバルな文脈に節合し、そこから近代の歴史や記憶を捉え返す舞台ともなりうるのだ。

継続中のムーヴメント

人種問題、南ア問題を通じてアメリカとアフリカ諸国の黒人たちを結びながら大きな力となっていったオリンピック・ボイコット運動、そして表彰台でのスミスとカルロスの抗議の身振り、さらにその模倣者たちへと拡がっていったアウターナショナルなスポーツ公共圏は、世界規模のオーディエンスを生み出すことができるオリンピックそれ自体の能力（ポテンシャル）によって引き出されたものでもある。この点を見逃してはならない。それは完全にオリンピックの「外部」に出て、そこから二項対立的に闘争を展開するものではなかった。オリンピックは、あくまでアスリートたちの祭典なのである。であるからこそ、この戦略は単純に「反オリンピック」を掲げる運動なのではなく、オリンピックの内部に複数の抗争や「外部」をもたらすものだったのだ。

だが、現在からふりかえると、それは次の時代のオリンピックの幕開けでもあった。黒人アスリートたちの「解放」のレトリックは、そこにヘゲモニーを行使する新しい勢力によってその向きを変えられていったのだ。スポーツの周囲に形成された「黒い大西洋」の繋がりと、グローバルに広がるその政治的な抵抗の象徴性の回路を、その後、何よりもうまく利用したのはグローバル資本である。スポーツを媒介に国境を越えて広がる運動の形態、そしてオーディエンスの拡大が、黒人アスリートの身体の商品化の回路と重なり始めるのである。

特に、八四年のロサンゼルス大会以降のオリンピックは（清水論文参照）、黒人男性身体をグローバルに流通する商品記号にしながら、世界に君臨するメガ・イベントに変貌した。言うまでもなく、それはエドワーズが思い描いたスポーツとはかけ離れたものになった。公民権運動の矛盾のひとつは、法や権利が獲得されても「レストランでハンバーガーを食べる金がない」という経済的貧困の現実だった。しかし、ビッグマネーを手にした八〇年代以降の優れた黒人アスリートたちは、もはや黒人コミュニティのロール・モデルを引き受けようとはしない（Harrison, 2000）。そして、黒人身体に巨額の資本を投資するのは、ナイキやアディダス、そしてメディア企業のような白人が支配するグローバル・コングロマリットである。六〇年代に黒人アスリートたちが切り開いた誇り高い黒い身体の可能性は、白人人種主義者が思い描く黒人身体のステレオタイプとさほど遠いものではなかったのである。

黒人フェミニストのベル・フックスの次の言葉は、現代スポーツの文脈から六〇、七〇年代を批判的に捉え返すための重要な視角を与えてくれる。

白人の優越性に対するラディカルで戦闘的な抵抗は、六〇年代、七〇年代のブラック・パワー・ムーヴメントに象徴される。それは黒人男性身体の抑圧から呼び出されたものであり、黒人男性身体をハイパーマスキュリンなパワー、エージェンシー、セクシュアルなポテンシーが立ち現れる場（サイト）として要求するのである。このような黒人男性身体のセレブレーションは、白人人種主義者たちが貼り付けてくるステレオタイプと結びついてしまっているのだ。（hooks, 1995）

ベル・フックスによれば、この時代の黒人たちの闘争の中では、黒人身体のマスキュリニティが過剰に主張されていたという。そしてその後、アウターナショナルなスポーツ公共圏に維持されていた「複数性」というコノテーションに破壊をもたら

図3——「増殖するポスター」（Harrison, 2000）

したものこそ、このマスキュリニティの強調であったのだ。しかし、思い起こしてみれば、マスキュリニティの強調によって破壊された「複数性」には、そもそも、黒人女性たちの場所は用意されていなかったのかもしれない（田中論文参照）。後にエドワーズは、次のように自らが組織していった黒人アスリートたちのレボルトを批判的に捉え返している。

私たちは、女性に関してなすべきことをまったくしなかった。黒人女性アスリートたちと共にオリンピックに参加していたときでさえ、私たちは彼女たちにまったく近づこうとはしなかった。今日の言葉で言うなら、私たちは、公民権運動全体に拡大されたひとつの非難、つまり性差別主義者だった。
（Harrison, 2000より引用）

エドワーズのこの言葉が示していることは何だろうか。それは黒人アスリートたちのレボルトとそのパフォーマンスが、ある問題を解決したのではなく、むしろそこに別のイシューを呼び出したということを示している。したがって、六〇年代の黒人アスリートたちのレボルトのイメージは、現在も動き続けているのだ。

あのレボルトは、別のイシューと接触しながら継続されるムーヴメントとして、捉え返していかなければならない。それは「過去」の出来事として静態的な歴史の貯蔵庫に埋没するものではなく、終わってしまった何かなのでもなく、進行中のアクチュアルなものなのだ。実際、現在もアメリカ各地の大学のキャンパスに、スミスとカルロスの身振りを複製したポスターが増殖しているという。痕跡が消えることはない。

あのレボルトが別のイシューを呼び出し、それと接触していたということを示したエドワーズの言葉を補完するかのように、キース・ハリソンは次のように述べる。

（あの闘争の）翌年に、アポロ一一号の宇宙飛行士が月面に着陸したというが、当のホームたるアメリカは、肌の色と性的差異にもとづく抑圧の問題といまだに苦闘している。（Harrison, 2000）（括弧内は筆者による）

注

1 『NHKスペシャル』「テレビはスポーツをどう変えてきたのか」、二〇〇四年三月二二日。

2 http://www.nsknet.or.jp/^cowboys/semi_other.htmlを参考にさせていただいた。

参照文献

ベンヤミン、ヴァルター（1995）「複製技術時代の芸術作品」『ベンヤミン・コレクションI　近代の意味』浅井健二郎編訳、久保哲司訳、ちくま書房。

ラムザミー、サム（1984）「アパルトヘイト」、アラン・トムリンソン／ギャリー・ファネル編著、『ファイブ リング サーカス――オリンピックの脱構築』、阿里浩平訳、柘植書房、一〇三―一一五頁。

マークシー、マイク（2002）『モハメド・アリとその時代――グローバル・ヒーローの肖像』、藤永康政訳、未来社。

エンタイン、ジョン（2003）『黒人アスリートはなぜ強いのか?――その身体の秘密と苦闘の歴史に迫る』、星野裕一訳、創元社。

山本敦久（2004）「模倣領域――複数性としてのスポーツ技芸」、伊藤守編、『文化の実践、文化の研究――増殖するカルチュラル・スタディーズ』、せりか書房、七〇―八一頁。

Bass, A. (2002). *Not the Triumph but the Struggle: The 1968 Olympics and the Making of the Black Athlete*, University of Minnesota Press, Minnesota& London.

Edwards, H. (1969). *The Revolt of the Black Athlete*, Free Press, New York.

Edwards, H. (1980). *The Struggle That Must Be, Macmillan,* New York.

Gilroy, P. (1993). *The Black Atlantic: Modernity and Double Consciousness*. London: Verso.

Hall,S. (1997). "The Local and the Global: Globalization and Ethnicity", in *Culture, Globalization and the World System*, King,A (ed.), Bringham Press, New York.

Hartman, D. (1996). "The politics of race and sport: Resistance and domination in the 1968 African Olympic protest movement", *Ethnic and Racial Studies* 19(3): 548-566.

Harris, o.(1995). "Muhammad Ali and the Revolt of the Black Athlete" in *Muhammad Ali: The People's Champ*, Elliott J. Gorn (ed.), University of ILLINOIS Press.

Harrison, K. (2000). "Racing with Race at the Olympics: From Negro to Black to African American Athlete" in *Olympics at the Millennium: power, politics, and the games*, Schaffer, K. & Smith, S. (ed.), Rutgers University Press.

hooks, bell. (1995). *Art on My Mind: visual politics*, The New Press: New York.

Marqusee, M. (1995). "Sport and Stereotype: From Role Model to Muhammad Ali", *Race and Class*, 36, 4.

Mercer, K. (1994). "'1968': Periodizing Politics and Identity" in *Welcome to the Jungle: New Positions in Black Cultural Studies*, Routledge , New York.（=1997渋谷望訳「一九六八年：政治とアイデンティティを時期区分する」『現代思想』vol.25-5）:pp.270-288

Sivanandan, A. (1982). *A Different Hunger: Writings on Black Resistance*, Pluto Press: London.

12
ボイコット
小笠原博毅

主人公は陽気である。これこそ悲劇の作者たちが見逃してきたことである
ニーチェ

序

「参加することに意義がある」。なるほど。競技性は二の次なのだ。今これを読み出したあなた方の中に、この黄ばみきった文言を心から信じている人はおそらく、一人もいないだろう。笑い飛ばすのは簡単だ。「いまさら何を言ってるんだ」と。ところが、なぜこんな絵空事が念仏のように繰り返されてきたのかを考えてみると、あながち軽視できない事情があることがわかる。つまり、オリンピックに参加することはとてつもなく難しいことなのだ。それはそうだろう。標準記録を突破し、国内のライバルを蹴落とし、地域大会で近隣諸国に、予選大会で実力の拮抗したチームに競り勝たねば、アスリートたちは参加することを許されないのだから。

いやちがう。そのレヴェルの話ではない。そもそも、国際オリンピック委員会（ＩＯＣ）加盟国全てが参加したオリンピックなど、冬季夏季ともにいまだかつてあったためしはないということ。これが問題なのだ。そして、オリンピックに参加しないという選択肢はなにもボイコットという形態だけによるとは限らない。ＩＯＣによる参加禁止の通達によって古くは一九二〇年と一九二四年にドイツが、一九四八年には日本などが門前払いを喰らっている。そしてアパルトヘイト下の南アフリカも一九七〇年以降二十年以上参加を認められなかった。

オリンピック・ボイコットが争点になり、また語られるときに決まって叫ばれる「オリンピックは参加して当たり前」、「参加すべきもの」という合意が規範化される過程で、様々な政治の領界が生成されていることを確認しよう。そもそも参加が難しいからこそ参加の意義が強調されてきたとすれば、「参加できること＝常態」という規範はまったく嘘っぱちだからだ。参加できるという事態はむしろ、例外状況なのである。例外状況が常態として理解されている。そこではどのような矛盾がまるで

解消されたかのように扱われているのだろうか？　これが、いまここでボイコットを考える際に出発点としたい問いである。本稿の目的はまず、ボイコットという現象が如実に示すように、政治的なもの（the political）とスポーツとが分離不可能であることを改めて確認することにある。そして、本来アスリート一人一人がオリンピック憲章にサインすることで（形式上は）参加資格を得るはずにもかかわらず、国家単位でオリンピックに参加しないボイコットという儀式的パフォーマンスが、アスリート個人の選択をありえないものとして作り上げてきた政治性の様相について歴史的に概観することである。

トリニダード出身の思想家、戯曲家、クリケット批評家であるC・L・R・ジェームスは、スポーツ・フィールドが「選ばれた諸個人が社会的重要性に満ちた代表的役割を演じる舞台」[1]となる文化的メカニズムを指摘していた。ジェームスにとっては植民地社会と宗主国との関係を抜きには語ることのできなかったスポーツ――特にクリケット――を現代オリンピックの、理論的にはポストコロニアルな状況に翻訳して当てはめれば、スポーツの現場がさまざまな敵対性を動力として湧きあがる政治的なものとスポーツとの間にある解消しがたい緊張感によってこそ「舞台」として生み出されるということがわかってくるのではないだろうか。この緊張感の在り処を探し出してみたい。

1　政治とスポーツ――冷戦的思考の退屈さ

ボイコットによって顕在化する政治的様相の複数性を理解するには、近年のボイコットは東西冷戦によって起きたのだ、という思考から脱却する必要があるだろう。もちろんモスクワとロサンジェルスとが最も大規模なボイコット騒動であったことは否定できないけれども、ボイコットの原因を冷戦的対立に還元してしまうと、「スポーツが政治に利用された」という、つまり政治の領界とスポーツとが相互に自立して分離されてしかるべきであるという、あの退屈極まりない、ジェームスならば一笑に附すであろうナイーブなスポーツ純粋主義に陥らざるをえない。この退屈さを、オリンピックからは少し離れたところから確認する作業から始めよう。

一九八〇年一月、スコットランドはグラスゴーの強豪サッカークラブであるセルティックは、前年のソ連によるアフガニスタン侵攻を批判するという名目で、グルジアのチームであるディナモ・トビリシとの親善試合をキャンセルすると発表した。サポーターたちは、クラブ公式ニュースレター上でこの決定の是非をめぐって論争を展開した。口火を切った投稿は「政治を忘れろ」という手紙だった。[2] それによると、

●「国籍や信念を問わずにゲームを通じて交流してきた」セルティックは、政治に巻き込まれてはならない。したがって親善試合をキャンセルすべきではない。

●クラブ経営上層部の反ソ感情の実現としてゲームを利用すべきではない。

これについては若干の説明が必要だろう。オリンピックのモスクワ開催も含めて、ソ連での大きなスポーツ・イヴェントはもともと社会主義国のプロパガンダであるという理由で西側での支持を得られていなかった。よってアフガン侵攻は単に西側に様々なイヴェントをボイコットする理由を与えたにすぎないという見方もあるだろう。作られたシナリオとしてのボイコット演出劇。セルティック上層部もこのラインに乗っているという批判である。

●ソ連を非難するならヴェトナム戦争時になぜアメリカへのプレシーズン・ツアーを中止にしなかったのか？

この投稿者はセルティックが少なくともヴェトナム戦争中二回アメリカで親善試合のツアーを行っていると指摘し、セルティックが取るダブル・スタンダードを批判している。

これらに対してクラブ側の決定を支持し讃える反―批判も掲載された。ヴェトナム戦争はソ連による占領を阻止するための自由主義による「人道的介入」だというわけだ。アメリカによる介入はソ連と中国に後押しされた北ヴェトナムの全体主義体制から民主主義を守るための政策だったから、クラブの決定は正しいと。

それぞれの主張は一見相反するように見えるかもしれないが、どちらも政治の領界内部での政治についての言説であるという点で、同じ領域で機能しているにすぎない。これこそが東西イデオロギーを賛否の基準にする論争のオチである。つまり相互に主張を繰り返すごとに、逆説的に政治の外延を表象してしまうことになるのである。冷戦構造化で盛んに応酬された、政治からスポーツを切り離そうとする構えによって政治の領域がくっきり浮かび上がるという皮肉な結果を追認するばかりの堂々巡りから少し距離を取るために、ボイコットの意味をいくつかの側面から検証する作業に取り掛かってみたい。

2　ボイコットの意味——階級政治と人種政治の掛け金として

ボイコットの意味を以下の三つの次元で理解してみよう。(1)階級政治と人種政治の掛け金として、(2)近代的原理（参加、平等、政治との分離）への対抗文化として、(3)「約束履行の政治学 the politics of fulfillment」から「変容の政治学 the politics of transfiguration」への移行の場として。これらをそれぞれ独立し相互に無関係な政治としてではなく、ボイコットという意味の領界の三角形のそれぞれの辺として解釈してみる。すると、ボイコットによる政治的様相の複数性が理解できると同時に、スポーツの国際的祭典であるオリンピック自体を可能ならしめている原理が、まさに政治そのものであることが明らかになるだろう。

かつてＩＯＣが主催者となり、国際オリンピック憲章に則って開催されるオリンピックの存在自体に対するボイコット運動が国境を越えて展開されたことがあった。一九二五年のフランクフルトを皮切りに、第三インターナショナルからの人的金銭的援助をえて一九三七年まで計四回開催された労働者オリンピアードがそれだ。これは、一九二一年、一九二七年、一九三四年のそれぞれプラハで開かれた第三インターの後見を得ない非公式大会を含めれば計七回を数える、「社会主義者のオルタナティブ」[3]として開催された。そこで、ＩＯＣオリンピックと労働者オリンピアードの対照を一種の階級政治の現出として読み取ってみることにしよう。

ナチによるユダヤ人迫害を理由として一九三六年のベルリン・オリンピックをボイコットする方針を固めつつあったアメリカとイギリスに対してナチ幹部が行ったことは、饗応と接待を中心とする説得外交であった。イギリスとアメリカのオリンピック委員会のメンバーの中からドイツに対する不信感が表明されるにつれて、ドイツとアメリカ、イギリスとの間を多くの外交官、ジャーナリスト、ＩＯＣの査察団などが行き来した。

一方はドイツの行っている反ユダヤ政策の事実と規模を暴きベルリンへの参加を取りやめる理由を固めようとし、それに対してドイツは、一九三六年二月に開催されたガルミッシュ・パルテンキルヘンでの冬季オリンピックの際に、反ユダヤ的なポスターやスローガンを書いたパンフレットなどをすべて隠すか廃棄処分にするなど英米の目をくらましたり、多額の資金を投資してＩＯＣ幹部や英米の外交官やジャーナリストに接待査察の機会を提供するなど、説得工作を必死に行っている。ベルリン・オリンピックはナチのプロパガンダであると同時に、競技者不在のブルジョア的諸価値に基づいた欧州的貴族外交の延長として、つまり前世紀以来続いてきたサロン外交の頂点としても考えられるのである。[4]

ベルリンでのこうしたブルジョワ的オリンピックに対するオルタナティブとして企画された労働者オリンピアードの中でも、一九三一年に二六ヵ国一〇〇〇人の選手を集めたウィーン大会は、一九三二年に三七ヵ国一四〇八人の選手を集めたＩＯＣロサンジェルス大会の規模に匹敵するものだった。当時組合員を中心に選手を積極的に送り出していたイギリス労働党議長フレデリック・ロバーツは、労働者オリンピアードの意義について次のように述べている。

オリンピアードは体育文化や教育的理由にとってもっとも価値のあるものであるだけではなく、様々な国々の労働者や社会主義者の代表が親密に集うことができる機会を提供してくれる。相互理解と善意を、そして各国の労働者を団結する友愛精神を強化することになるのだ。[5]

また社会主義エリートの互助団体であったクラリオン・サイクリング・クラブの声明文にも「オリンピアードはそもそもスポーツを通じて平和を達成するための国際的デモンストレーションなのだ」[6]とあるように、スポーツ大会に政治的意義を積極的に付与しようとしている。したがって労働者オリンピアードが社会主義的な政治に始めからコミットしていたスポーツ・イヴェントという指摘は妥当であろう。しかし、一九世紀末からのオリンピックの存立原理自体へのボイコットとして労働者オリンピアードを考えたとき、ＩＯＣオリンピックもまた階級政治の領域からは決して抜け出していないのである。政治の磁場は双方に作用しているのだ。

ヒトラーのベルリン大会に対抗して計画されたバルセロナ労働者オリンピアードはしかし、フランコ将軍のクーデターによって頓挫する。翌年のアントワープでの開催を最後に、第二次大戦へと進むヨーロッパの歴史の中に労働者オリンピアードの記述は見つからなくなっていくのである。反ブルジョワというよりも反ナチという目的性のはっきりしたバルセロナ大会の死産は、そもそもなぜベルリン・オリンピックが成功してしまったのかという問題を残す。資本主義諸国政府が国際労働運動と連携できるわけがないという原則はともかく、当初はボイコットをほぼ決定していたはずのアメリカは結局参加を決めた。イギリスでは、イギリス・スポーツ協会とアマチュア陸上協会の会員からボイコット案が提出されていたにもかかわらず、両協会の総会はそれを否決し、最終的には国内オリンピック委員会による参加反対派の調整を経てベルリンに選手団を派遣した。

もちろんナチ体制化の人種差別主義をイギリス国内のエリートたちが過小評価していたわけではない。在ベルリン大使フィップスや労働組合会議幹事長シトリーンらは、ドイツにおけるスポーツ活動がナチスのプロパガンダであるということを再三警告していた[7]。ドイツ国内で何が起きているかをイギリス人も十分承知していたのである。しかしむしろここでのポイントは、スポーツの自立性を信奉するブルジョワ・スポーツのアマチュアリズムが、ナチが心血を注いだ周到なオリンピック戦略の特異性から目を逸らせることになったということだ。参加こそがフェアー・プレイ精神を見せる機会であり、ボイコットではなく競技に参加しドイツを打ち負かすことによってこそナチスの政策を批判することになる。このような見解は自身ユダヤ系のオリンピック代表アスリートであったハロルド・エイブラハムによる、参加できるならば「ナチと握手することも厭わない」という発言にも読み取れるだろう[8]。

ベルリンに対抗することになるはずだったバルセロナの祭典は、フランコ軍の脅威だけではなく、ブルジョワ・アマチュアリズムが固執したスポーツと政治との分離という神話がボイコットを不可能にしたという事態によっても押しつぶされてしまったのである。とはいえ、ナチスの人種政治に対抗するボイコットとオルタナティブの創生という大きな潮流が階級政治の領界で生まれていたことは確認できる。しかし、ナチスの政治文化における「人種」政治とはユダヤ人排斥に限られるわけではない。アーリア人の身体的優越性を世界に知らしめるはずの陸上競技一〇〇メートル、二〇〇メートルで、アメリカの黒人アスリート、ジェシー・オーエンスが勝利したとき、ヒトラーは踵を返してスタンドから消えた。有色人種がスポーツと人種との複雑なスペクタクルに登場した瞬間である。[9]階級政治の挫折を経験した社会主義的なオリンピックの倫理は、デュボイスが「カラー・ライン」と呼んだ二〇世紀最大の政治争点をどこまで問題化していただろうか。そもそも「人種」は国際スポーツの争点でありえたのだろうか。この点を、一つのポストコロニアル国家がぬぐい得ないトラウマを経験しながら世界のスポーツ界と折衝していく過程を検証しながら考えてみよう。

南アフリカのアパルトヘイトはアンドレ・ゴルツが言う「南アフリカ化」をオリンピック公共圏にもたらした。「南アフリカ化」とは、極端な勢力関係の不均衡があるにもかかわらず、当該勢力集団の接触を遮断することによって双方の安全性をアピールする分離政策の帰結として理解できる。アパルトヘイト下の南アフリカは一九〇八年から一九六〇年まで白人選手のみでオリンピックに参加していた。ところがアジア・アフリカ諸国の独立とIOC加盟を受けて、一九五九年からIOC内部での反アパルトヘイト=反南アフリカ政府ロビー活動が盛んになってくる。アフリカ諸国の主張は、IOCが南アフリカの参加を認め続けることはアパルトヘイトの容認と同じことであり、それにはオリンピック・ボイコットも辞さないというものだった。[10]

これに対して当時の南アフリカ首相フォルスターは、「われわれの考えは、カラードやバンツーの中に競争するだけの力量がありその水準が高く競技に参加できるものがいればそれを可能にしようということだ」と反論しているが、アパルトヘイトによって機会、資源、指導体制などがまったく不利な黒人が、恵まれている白人と対等に競技することは不可能だったはずである。非白人にはそんなことができない、という社会こそアパルトヘイトが築き上げたものだったからだ。一九六八年メキシコ大会では、アフリカ三二カ国がボイコットを掲げて南アフリカの参加取り消しを求めた運動を進め、結局南アフリカ政府はオリンピックから選手団を引き上げることになる。結局選手、協会役員全て白人であった南アフリカは、アパルトヘイトを理由に一九七〇年には正式にIOCから除名される。

白人が支配するアフリカの国家への圧力は次第に強まっていった。一九七二年ミュンヘン大会では、すでに選手団をオリンピック村に送り込んでいた当時のローデシアを、不当な白人支配を理由にIOCから除名することに成功する。ところが、アパルトヘイト当事国を排除しただけでは、ボイコットという問題は収まらなかった。一九七六年、アフリカ諸国はモントリオール冬季オリンピックをボイコットする。理由はニュージーランドが参加していたからだ。ニュージーランドでは前年、南アフリカとのスポーツ交流を公約化していたニュージーランド国民党が総選挙で勝利し、その後ソフトボールの代表が南アフリカに遠征していた。さらにはラグビー・ニュージーランド代表のオール・ブラックスが南アフリカ・ツアーを敢行中に、いわゆる「ソウェト蜂起」が起きた。これらが理由である。アパルトヘイト当事国ではなく、交流している国の参加に抗議したアフリカ十九カ国によるボイコットは、これ以降「第三者ボイコット」と呼ばれる原則を確立した。

翌年、スコットランドのグレンイーグルスで発表された英連邦加盟国の国際スポーツ宣言と合わせて、南アフリカとのスポーツ交流凍結の流れが決定付けられた。その宣言文は明確に、「人種、肌の色、民族的起源を基盤にスポーツが組織されている」いかなる国家とも、接触もしくは競技を行わない原則を明文化したものであった。[11]

端的に言って、グレンイーグルス宣言は政府によるスポーツ公共圏への介入の余地を拡大したことになる。アパルトヘイトの南アフリカとは民間レヴェルでもスポーツ交流を認めないというものだからだ。ここにスポーツと政策過程との間に政治的なものの逗留する余白ができあがる。アパルトヘイトという政治の帰結を否定すればするほど残る反アパルトヘイトという政治が、スポーツ交流に歯止めをかけることになるからである。

3　ボイコット——近代的原理（国民の代表、参加者の平等、政治との分離）への対抗文化として

グレンイーグルス宣言は、各国のオリンピック委員会は政府の支配から独立に選手を選考し派遣するという原則を反故にした。これはオリンピック憲章第一条における「教育的利他主義」、つまり政治から分離されたスポーツを通じた「諸国民間の友愛」を築くという原則が、一定の条件下で破棄されたことを意味する。オリンピック憲章の下では、平等な参加者が国民の代表として政治から独立した競技会で切磋琢磨する。自由、平等とともに、国家の領域から独立した近代市民社会の原理となっていた友愛を、このように国境を交差して広めようとしたクーベルタンの理想は、一転国家の領域に再回収されたのである。

しかし、と、自身サッカー選手としてトットナム・ホットスパーでプレーした経験があるイギリス労働党の元議員デヴィッド・トリースマンは問う。そもそもクーベルタンの意図は「諸国民間の友愛」を築くことではなく、フランス国民若年層の肉体的衰退（degeneration）を憂いたものではなかったのかと。[12] それを端的に示すのが、一九一二年ストックホルム大会での近代五種の導入である。男子青年の（これがポイントだ）肉体的退化はその国民国家の軍事的能力に直接反映される。ダニエル・ピックがイギリスを例に描いたように、ボーア戦争でのイギリス兵士の不甲斐なさこそ、規律・訓練と肉体の鍛錬を正式な教育システムにもう一度組み込み、世紀末デガタン趣味や労働運動の影響、アナーキズムや被植民地諸民族の反乱の蔓延からの脱却を図る理由になったのである。[13]

支配されるのではなく支配する階級を。敗北するのではなく勝利する肉体を。オリンピック種目への軍事スポーツの導入は、

特定の国民への帰属と忠誠を前提として、特定の国民的身体を作り上げることを普遍の掟として共有している競技者同士のプレーが期待されていたことを示すのである。したがってオリンピックをボイコットすることは、市民社会論的な近代の諸原理とそうした諸原理に裏付けられつつ究極的には国家の領域で機能することを期待された身体のスペクタクルに対する、強力なアンチテーゼとして理解できる可能性はある。だがしかし、もう一度かつてベルリン大会をボイコットし「社会主義者のオルタナティブ」たる労働者オリンピアードを実施しようとした倫理に立ち戻ってみると、話はそれほど単純ではないことがわかる。

フレデリック・ロバーツは、この集いを「体育文化や教育的理由にとってもっとも価値のあるものであるだけではなく、様々な国々の労働者や社会主義者の代表が親密に集うことができる機会を提供」するものとし、「相互理解と善意を、そして各国の労働者を団結する友愛精神を強化すること」を目指した。[14]では、ここにある「労働者」とは誰か。「労働者」や「社会主義者」という言葉を「国民」に置き換えた時、論理的矛盾は生じない。クラリオン・サイクリング・クラブの声明は「スポーツを通じて平和を達成するための国際的デモンストレーション」としてオリンピアードを位置づけていた。ではいったい誰が誰のための「平和を達成」するのだろうか。

言いがかりをつけているのではない。一九三〇年代にこうした理想を掲げ、享受できるのは誰だったのかと問うことによって、こうした言説が意味を持つ象徴的な力として受け入れられる前提を明らかにしたいだけである。両者の言説の主体を、労働者オリンピアードが敵とみなしていた西欧ブルジョワ国家とその市民＝国民に入れ替えたと想定したとしても、これらの言説の意味が通じてしまうこと。そこを問題化したい。階級を単独の政治の磁場とみなす限り、ブルジョワ・オリンピックに抵抗したとしても、近代的原理は基層低音として共有されている。そのとき、すでに触れたように、植民地への、帝国主義の遺産へのまなざしがどの程度配慮されていたのかを検証しない限り、一方通行の、西欧的な近代の枠の中で国際主義を位置づけざるをえないのだ。

この問題を、植民地主義によって人種化されることで支配された側、敗北を強いられた側の動向から探ってみよう。近代的諸原理はどのようにアジア・アフリカ諸国のオリンピックへのスタンスに分節化されてきたのかという問題を。アパルトヘイト下の南アフリカに対する圧力と「第三者ボイコット」の原則の例から、東西冷戦のフォーマットだけでボイコットを理解することはできないということはもうわかっている。発展的近代のいわばネガであると同時にヨーロッパ近代の本源的蓄積を準備した植民地社会と帝国主義の遺産が、近代政治原理のデッドロックとしての東西対立と分節化されながら、ボイコットをめぐってどのように再現出してくるのか。デヴィッド・トリースマンはこの点についても明解だ。彼は「東西のタテ分断である冷戦体制が黒人と白人、持てるものと持たざるものというヨコの分断である南北関係に取って代わられる」状況を把握しなければならないという。[15]東西対立か南北対立かということではないだろう。両者が交差する地点、人種の政治が階級の政治の隠喩として立ち現れてくる地点。ここに着目しろということなのだ。

すでに確認したように、アフリカ諸国のボイコット戦略はメキシコとミュンヘンでは少なくとも一枚岩的な勢力として確立されたように見えた。しかし実は、モントリオール冬季大会の時でさえも、アフリカ諸国の足並みが完全にそろっていたとはいえない事情があったのだ。それはボイコット戦略がアスリートやオリンピック委員会といったスポーツ団体ではなく、あくまでも政府の政策過程における決定だったことに起因する。例えばケニア政府はボイコットを支持していたが、当のアスリートたちは参加を目指していた。一方エチオピアのアスリートたちは、少なくとも公式には政府の決定への支持を表明していた。

こうした足並みの悪さを象徴するのが、本論冒頭でも触れた一九八〇モスクワ大会である。ボイコットを国際的潮流にしようと目論んだアメリカの呼びかけを承知していながらモスクワに向かうことは、アフリカ諸国政府の正式な政治的スタンスとはかけ離れて、ソ連の外交政策を認める、つまりアフガニスタン侵攻を認めるか事後承諾するということになる。どちらの選択肢を取るとしても、いや、どちらかの選択肢を取らざるえない状況におかれてしまったということ自体が、一九六一年にベオグラードで承認された第三世界諸国の非同盟原則に反することになる。そこでアフリカ諸国が採用したレトリックは、参加できないのはアメリカの呼びかけに乗っているからではなく、オリンピックに選手団を派遣する準備ができていないという、まことに空々しいものだったのである。[16]

実際ガーナでは政情不安が起きていたのだが、比較的安定していたケニアは、むしろ積極的にアメリカ側に荷担しボイコットを決めた。対照的だったのがナイジェリアである。メキシコ大会とモントリオール冬季大会では率先してボイコットの音頭を取ったナイジェリアは、非同盟国でありなおかつイスラム教徒が多数派を占めるという意味でアフガニスタンとは類似の関係にあったにもかかわらず、モスクワに選手団を派遣した。テレンス・モニントンの指摘によれば、こうした非一貫的な対応の裏には、アパルトヘイトはアフリカ諸国にとって共通の議題となるが、冷戦対立に関しては共通見解を作りにくかったという事情があった。[17]こうした足並みの悪さは南アフリカの孤立を図る場合にのみ解消されたが、そうでない場合はアフリカ諸国自身が、世界のオリンピック委員会から孤立するきっかけともなりえたし、「アフリカ」としての集合的政治的統一性を世界にアピールする機会を失ったとも考えられるだろう。

アフリカン・ナショナル・オリンピック委員会協会（ANOCA）は、「アフリカ」としてのアイデンティティに亀裂が入ることを恐れた。そこでもう一度「アフリカ」ではなく南アフリカの孤立化を図ることが必要となった。この流れはかつて頑なに南アフリカとの国際大会のキャンセルを拒否してきたニュージーランドにも影響を与えた。オール・ブラックスの南アフリカ・ツアーが最高裁の判決で暫定的に延期させられることになったのである。アパルトヘイト下の南アフリカでゲームを行うことは、ラグビー・ユニオンの定めるラグビーのプローモーションを活動に反するというのが理由である。

アフリカ諸国が切り札としてきたボイコット戦略は、国民の代表としての競技者である限り参加することができ、参加する限りにおいて平等であるというオリンピック競技者レヴェルの原理を揺り動かすものとなる。一九八四年、若干十七歳の少女が五〇〇〇メートルの世界記録を樹立した。しかも裸足で。ゾーラ・バッドは、南アフリカ国籍である限り国際大会で世界のトップ・アスリートたちと直接競うことはできない。南アフリカ国籍の選手は国際大会での競技を禁止されているし、「第三者ボイコット」の原則は、バッドに走ることを許した国が現れ、その国がオリンピックに参加したとたんに大量のアフリカ諸国が再びボイコットを武器にすることを許すだろう。だがこの裸足の天才ランナーには選択肢が残されていた。南アフリカ人でなくなればいいのである。

このオプションを選択したのは何もバッドだけではない。しかし彼女のケースが特筆に価するのは、まずオリンピックに際してジンゴイズムやパトリオティズムを盛んに紙面に反映させていた「デイリー・メール」紙がイギリス国籍取得キャンペーンを張り、同紙がバッドをロンドンに連れてくるフライトまで用意した点。さらに、新たな国籍を与えてくれることになるイギリスの対応が極めて迅速だった。一九八四年三月、祖父の一人がロンドン生まれであることを理由に国籍を申請してからたった二週間で、バッドはイギリス人になる。オリンピックに出たい少女とメダルを一つでも多く取りたい国家の思惑は一致しているように見える。これは決して特別なケースではない。しかし、二週間という短期間、これが問題だった。

これはアパルトヘイトによる黒人弾圧に対するプロテストとして行われている、南アフリカ人アスリートとのスポーツ交流禁止という原則を換骨奪胎するものだ。国籍が変更された後、バッドが反アパルトヘイト運動の攻撃対象となったのはこういう理由からだ。たとえイギリスのユニフォームを着ていたとしても、彼女が走る限り世界は彼女を南アフリカのランナーとみなすだろう。これによって南アフリカの白人たちはバッドを支持することになり、国際スポーツからの孤立化によってアパルトヘイトの現状を世界に訴え、廃止に持っていこうとする反アパルトヘイト派の戦略に大きな穴が開くことになる。

この「アパルトヘイトが生んだイギリス人」は一九八四年ロサンジェルス大会の女子三〇〇〇メートルで一躍世界に名を知らしめる。勝利者としてではなく悪者、卑怯者として。優勝候補、地元アメリカ代表のメアリー・デッカー＝スレイニーと接触したあの場面を覚えている人も多いだろう。倒れながら前を走るバッドのゼッケンを引きちぎるデッカー＝スレイニー。彼女はゴールできず、レース後バッドが足を引っ掛けたと主張。バッドは失格となる。後に失格措置は撤回されたが、メダルどころか入賞にも届かず、国籍を変えてまでこだわったオリンピックは、バッドのアスリート人生を大きく変えた、と思われた。

バッドのアスリートとしての選択が近代オリンピックの原理を根底から揺るがす可能性を秘めていたのは、何も国民としての帰属を決定的なものではなく、変更可能であるということを示したことだけにあるのではない。まずイギリスをターゲットとする「第三者ボイコット」がなぜ適用されなかったのかということを考えねばなるまい。ニュージーランドとイギリス。英連邦の筆頭国と南半球の小国。この勢力関係の差なのだろうか。また、参加しても南アフリカ国籍のアスリートと直接同じピッチに立つことはないから、アフリカ諸国はボイコットを唱えなかったのだろうか。バッドはあくまでもイギリス人であると。原則的にはありえる話だ。しかし、オリンピックをめぐるもっと大きな原則が変容している時期に、バッドの登場はちょうど重なっていたと見ることもできる。

ロサンジェルスである。結果的に共産圏諸国は多くが不参加だったけれども、モスクワの際のボイコット騒ぎを繰り返しては「政治と分離」されているはずのオリンピック自体の存続危機にも発展しかねない。またすでに述べたように、ＡＮＯＣＡは前回モスクワの時に亀裂が生じたアフリカの政治的一貫性をもう一度回復することを目指していた。そしてなによりも、オリンピックはヒーローとヒロインを必要としていた。平等な競技者として、実力だけで争うアスリートとしてピッチに立っていたとしても、メディア化されたオリンピックはもはや参加者全てに平等性を認めない。古きよきジェントルマン・アマチュア主義は、膨大な広告料と放映権料によって成功を義務付けられたロス大会とは、倫理的に相容れることはないのである。そしてバッドの持つドラマ性——裸足の十七歳、南アフリカ生まれの白人、国籍変更者——は、メディア力によって巨大なスペクタクルであることを強制されるロスのトラックに見事に当てはまっていた。悲劇のヒロインとなったアメリカン・ダーリン、デッカー＝スレイニーの涙と、とまどいながらも淡々とトラックを去っていったバッドの後姿は、スペクタクルにスパイスを加える見事なコントラストだったのである。

バッドが優れたランナーであることは証明されている。だからこそ、ロスのレースの後、国際レースには出場しないと表明した彼女に対して、南アフリカのメディア、政治家、スポーツ・エリートたちは決定を変えるように訴えたのだ。あくまでも「南アフリカ」の選手として。南アフリカ人バッドの象徴的な重要性は、国際社会からの孤立を覆す資源として機能することを期待されていたのである。

しかしバッドはイギリス人として走り続ける。一九八五年には三〇〇〇メートルのヨーロッパ・チャンピオンとなり、五〇〇〇メートルでは世界記録を塗り替えた。八六年にはインドアでの三〇〇〇メートルで世界記録を樹立。また、両年に渡って世界クロスカントリーで優勝している。むしろロス以降のレースでバッドのスピードは爆発しているのである。しかし一九八六年に英連邦大会への出場を認められなかったことをきっかけに、バッドは南アフリカへの帰国を決める。二年後に故郷のブルムフォンテインに戻り、バッドは再び南アフリカ人になるのである。

4 ボイコット――「約束履行の政治学 the politics of fulfillment」から「変容の政治学 the politics of transfiguration」への移行の場として

ボイコットの第三の側面に移ろう。参加、平等、非政治的という近代オリンピックの諸原理は、実際参加するしないにかかわらず、ボイコットを掛け金として、つまりオリンピックに参加することをめぐる政治の契機として、深い危機に直面している。この事態は、参加を前提として西欧的合理性に則り、オリンピックの当事者として近代的諸原理の達成をめざしてきた立場が自明ではありえないことを示している。バッドはこの危機を具現化していたのだ。彼女の選択とアパルトヘイトとの関係を結び付けて善悪を判断するのではなく、ボイコットという選択が世界に残されている限り、直接の当事国に属していようと「第三者ボイコット」原則を適用されようと、どんなに優れたアスリートであっても参加を保証されることはありえないことを確認することが肝要だ。

このことを確認した上でバッドの選択を考えてみる。バッドは、競技するアスリートの身体と特定の国家の代表であることの間に必然的な照応性を求めてきたオリンピックの公共圏の外部に別の公共圏を想定し、世界のスポーツ・アリーナにおける価値基準を変容させる可能性を秘めていた。もちろんオリンピックに出たいという理想が一人のイギリス人を作り出したのだとしても、バッドはアスリートの身体と国籍との間には必然性を持たない照応性しかないということを示したのである。

国家やアパルトヘイト、また反アパルトヘイトを目指すボイコットがどんな制約を課してこようと、一人のアスリートとしてオリンピックに参加したい。この欲望は個人を覆う政治からバッドを脱出させたのだろうか。それとも、どうしてもロスで走りたいがために国籍を利用したバッドは、アパルトヘイト下の南アフリカ人国籍を変更までして出場し、結果的に国際スポーツの場での南アフリカへの制裁を換骨奪胎してしまったのだろうか。だからアパルトヘイトの現状を認めることになってしまうような事態を生み出したという意味で、オリンピックを政治的に利用したことになるのだろうか。

政治的か脱政治的か。おそらくバッド自身の中でこの問いは意味を持たないだろう。なぜなら彼女は一貫していたからである。ロスの前も、ロスの後も。その一貫性が、彼女をして世界トップの実力を持つ南アフリカ生まれの白人アスリートであることの社会的意味を際立たせることになったのだ。この意味は肯定的なのか否定的なのかという区別を拒絶するものだ。なぜならアパルトヘイトとボイコットを二つの軸として出来上がる政治世界に組み込まれるということは、極めて複雑な社会過程を経験するということだからだ。その複雑さこそ、国家代表、参加者の平等、非政治的聖域の創出として合理化された近代オリンピックに対する対抗性なのである。バッドが演じた「代表的役割」はすっきりとした、線状的なアイデンティティを意味するわけではない。むしろ、捩れに捩れを重ね、実現不可能なアイデンティティの構成素子ばかりが並び立つ公共圏の生成を志向するある種の運動論として理解すべきものであろう。

それはあらかじめ決定された合理的選択——帰属国家の代表になりさえすれば「世界」で競技できるという目的論的過程——の根源的な正当性を無に帰するパフォーマティブな身振りである。すでにあるものを雛型としてなぞるゲームに参加することを究極の目的とするのではなく、完全な表象が不可能なアスリートとしての身体性を、その不可能性を知りつつスペクタクルな舞台の上で演じる構えこそ、バッドが残した遺産であろう。それは、文脈こそ違え、ポール・ギルロイがブラック・ミュージックの持つ政治的な反復性について指摘した文化の政治学の移行的性格に対応する。「約束履行の政治学」から「変容の政治学」へ。

約束履行の政治学は、それ自体の手の内で西洋合理性を演じることになる。それには記号論的、話し言葉的、テクスト的なものを同化させる解釈学的方向性が必要なのだ。変容の政治学は、反復不可能なものを反復しようとし、表象不可能なものを表象しようと苦闘することによって、崇高なものの追求にかける。その約束履行の政治学とはむしろ異なった解釈学的焦点は、模倣的、演劇的、パフォーマティブなものへと向かうのである。[18]

バッドの選択が「変容の政治学」を体現しているということではない。むしろ、この二つの完結しえない政治学の間にあって、落しどころのない、常に過程にある移行の内部で現出する政治的パフォーマンスとして捉えるべきだろう。ちょうどブラック・ミュージックの中でこの二つが共存しているように。

バッドはスパイクを履かなかった。たとえクロスカントリーであろうと裸足で走った。それは少なくとも、アスリートの身体をグローバル・アイコンとして搾取しようとする巨大スポーツ産業の公式には当てはまらない変数である。そのプリミティブさ。しかしそれはかつてローマの石畳を裸足で走破したアベベの身体性とは明らかに異なる範疇にある。彼は黒人であり、彼女は白人だ。人種とジェンダーの節合が醸し出す、理論化不可能な同一性の論理。彼女自身の愉しみ（joy）を追求するためにはアパルトヘイトもボイコットも副次的な要素の一部としか認識されない。

レースに出るために国籍をくれた国イギリス。しかしロスのレースの後にイギリスのメディアが行ったことは、バッドを裏切り者扱いすること、せっかく国籍をあげたのにそれに報いることのなかった恩知らずなやつ、というものだった。反対に南アフリカのメディアやスポーツ・エリートは、諦めずに国際レースに出続けることを要求してくる。バッド自身の当初の思惑はともかく、結果的にロスでの敗北と不名誉を消化してくれたのはそもそもの母国南アフリカであった。結婚して二児の母となり、今でも自宅周辺のジョギングを愉しむバッド。それは、いかに逆説的に聞こえようと、ポスト・アパルトヘイトの南アフリカでこそ可能になったことであり、あのままイギリスに残っていたら実現不可能な「幸せ」であったのだ。

バッドの愉しみとはなんだったのか。スタート・ラインに立ったバッドには、他のランナーたちと同じようにレース・プランがあったであろう。理想とするレース運び。テープを切るという「夢」を実現するための手続き的展開を予想し、その展開に沿うように自らの身体を制御する。そのプランがプランどおりに進まなかったということは悲劇である。そしてあの接触・転倒事故。デッカー＝スレイニーの悲劇の必要不可欠な登場人物となったバッド。けれども彼女は、ロスから数年経った後、あのレースを夢の破壊としてではなく、ある種の陶酔として、むしろレース後に漂った緊張感をずらし、隙間を与える契機として回顧している。

陸上界をびっくりさせることになるあの日に起きたたった一つのいい話はね、三〇〇〇メートルの決勝で走るランナーたちが一人の役員にスパイクの裏を見せているときのことだったわ。スパイクがきちんと規則通りかどうかね。私は裸足だったでしょ、だから足を上げてそのままを彼に見せたのよ。白い石灰の粉がつま先からずっと、こうね。どうしていいかわかんなかったのかしら、彼はほとんど笑うしかないって感じで。他のみんなはスパイクを履いていた。だから私は何か見せようと思っただけだったのに。[19]

古代ギリシアの理想をスペクタクル化するために整備されたといっても過言ではない近代オリンピックの転換期に、バッドのようなアスリートが現れたということは無視できないくらい重要だ。つまり、理想の身体、理想の努力、理想の帰属と忠誠心というアポロン的な造形の美学を表象する近代オリンピックの理念形を前にして、小柄で華奢でなおかつ裸足の白人の少女が不協和音を奏でる。いわばディオニソス的な、造形化＝形象化しがたい美学的指向性――愉しみ――を具現化する役割を演じているのである。

繰り返すが、ここではバッドのアパルトヘイトに対するスタンスを論じているのではない。アパルトヘイトという契機によって、また反アパルトヘイトで一致するボイコットの提起によって、ディオニソス的なものとアポロン的なものとの間に抹消しがたい緊張関係が生じていることを理解しようとしているのだ。そしてその緊張関係の中で演じる場を与えられる主人公は、悲劇的結末を用意されたシナリオのトーンを裏切って、あくまでも陽気なのだ。この陽気さとは、明朗快活な楽観主義を意味しない。むしろディオニソス的陶酔がいずれは夢として可視化され、血肉化されるだろうという期待のもとに、決して訪れない夢の現場に向かって走りつづける意志があるということだ。この意志とは主体の主体性を前提とした力の行使ではなく、主体に課されるプレッシャーをやり過ごすことである。

　南アフリカ生まれの白人がオリンピックに出たいがためにイギリス人となった。なんて利己的で恥知らずな娘なんだろう。こう前景化される認識を承知の上で、こう認識されないように振舞うことでイギリス人になりきれるなら、それはアポロン的な形象性を表象するだろう。しかしバッドという名はあまりにも南アフリカと結びつけられているがゆえに「そう思われないように振舞う」ことはほとんど不可能なのだ。だからむしろ、彼女への批判は、彼女がイギリス人となった経路《ルート》を何度も辿ろうとする。バッドに対するステレオタイプが増殖すればするほど、彼女のディオニソス的な陽気さが際立ってくるのである。

　ディオニソス的なものとアポロン的なものとがともにあってこそのギリシア的美だとしたら、近代オリンピックはあまりにもアポロン的な整合性を強調しすぎてきたのではなかろうか。本来この両者は共存し、弁証法的に差異を昇華していたのだから、オリンピアの土壌にもディオニソス的な魔性が潜在的に備わっていたことになろう。そもそもオリンピックは内部にこうした矛盾を抱え込んでいるのだ。だからこそ近代的諸原理という衣をまとったアポロン的整合性がことさら強調されてきたのである。それは同時に、政治的なものが排除されてきたように見える過程であることはもはや言うまでもないであろう。ボイコットは、長く抑圧されていたディオニソス的なものを回帰させるきっかけを生み出すに過ぎないのだから。

結

　かつてIOC会長となったアベリー・ブランデージは、一九六八年にアフリカ諸国がメキシコ・オリンピックをボイコットする可能性があったことについてコメントした際、「ボイコットというのは政治的な言葉だ。だから私はボイコットという言葉が好きではない」と述べた。[20] もはや、字面の含意に反してこの彼の言葉ほど政治的なものはないということは明らかだろう。「ナチ・オリンピック」への参加を最終的に決めたのは、当時アメリカ・オリンピック委員会委員長であったブランデージその人だった。もしスポーツへの政治の介入を拒否するためにベルリンへの参加を決めたとしたならば、これほど政治的な帰結を生み出すことになる決定もなかったであろう。第一次世界大戦後西洋の筆頭経済国になっていたアメリカが参加したことによって、ベルリン大会はそれまでにない規模のゲームとして「成功」した歴史を作ってしまったからである。

　ここで混乱を極めているように見える「政治的なもの」は、すでにベルリン大会の九年前に出版されたドイツ公法学の書物の中で明確な定義を与えられている。カール・シュミットは政治的なものを「人間の連合または分離の強度をあらわすにすぎず」、「重大事態を踏まえての結束だけが政治的なのである」と定めている。[21]この結束によって生成される単位は、「例外的事態も含め、決定的事態についての決定権を概念上必然的に常に握っていなくてはならない」。[22]オリンピックに参加しているという状況が「例外的事態」であるとすれば、参加を決定し選手団を送り込むことも、不参加を決めて帰国させたりする国家的パフォーマンスもともに政治的なものとなるのである。だとすれば、ボイコットを政治的だとしてオリンピック公共圏から排除することこそ、政治的行為の極みだということになる。

　のちにナチスの御用法学者と言われることになるシュミットの論理によって政治的なものの外延が明らかになるのは皮肉であろうか。何らかの決定を下す限りにおいて政治的なものはどこかしらに逗留する。それは解決不能、整合不能な現実としてあるがゆえに、参加、不参加、ボイコットなどのさまざまな選択を可能にしているのである。これは国際スポーツにとって悲劇なのだろうか。モスクワ大会の一〇〇〇〇メートルと五〇〇〇メートルの代表に決まっていたディック・バークルのボイコットに対するスタンスは明快だ。

オリンピックっていつもそう（政治に左右される）だっただろう？　オリンピックは南アフリカを変えなかった。でもそうするための力にはなった。（南アフリカの参加禁止は）一つの力だったはずさ。そのおかげで結局グラウンドを黒人にも白人にも開放したんじゃないか。オリンピックに出させないってことがインパクトを持ったんだよ。[23]

冷戦によって自らの道を閉ざされたにもかかわらず、彼の中ではボイコットが積極的価値を持っている。アパルトヘイト撤廃という政治的帰結をもたらすきっかけになったという意味で。本来別々の争点である東西冷戦と人種差別は、ボイコットという媒介項を通じて連鎖を形成している。これを論理のすり替えによるアメリカの政策の正当化だと非難するのは容易い。そしてそれはおそらく、正しい非難だろう。しかし、東西対立の譜面を飛び越え人種差別の音階へと跳躍する言説の主体は、当のアスリート自身であることに着目したい。主権はこの男性アスリートにある。そして主権者はあくまでも陽気なのだ。もう一人の陽気な主権者は、バークルの言う「インパクト」をさっさとかわしていた。ゾーラ・バッドにとって、「オリンピックに出ない」などということは、はなからありえなかった選択肢だったのだから。

注

1 James, 1996/1963: 66.
2 *Celtic View*, January 30, 1980.
3 Rioldan (1986)
4 こうした事情はマンデル、R（一九七六）、ハート・デイヴィス（一九八八）第四章に詳しい
5 Jones (1988), p. 179.
6 同頁。
7 ハート・デイヴィス、前掲書、八八―九八。
8 Jones, 前掲書 p. 183.
9 本書伊藤論文を参照。
10 本書山本論文を参照。
11 *The Gleneagles Agreement on Sporting Contacts with South Africa*, Commonwealth Secretariat, London 1981(Guelke, A. 1986, p. 136より転用)
12 トリースマン、一九八四、八二頁。
13 Pick, 1989.
14 Jones, 前掲書、p. 179.
15 同八六頁。
16 Monnington, T. (1986) p. 169.
17 同、p. 170.
18 Gilroy, 1993: 135.『現代思想』一九九七年一一月号に掲載された藤永泰政氏の訳を参考にさせていただいた。
19 www.afd.org.uk/general/budd.htm
20 *Sports Illustrated*, 1968.
21 シュミット、二〇〇二、三五―六。
22 同頁。
23 www.cnn.com/specials/cold.war/episodes/20/spotlight/

参考文献

Allison, L. (ed.) (1986) *The Politics of Sport*, Manchester: Manchester UP
Gilroy, P. (1993) *Small Acts*, London: Serpent's Tail
Guelke, A. (1986) 'The Politicisation of South African Sport' in Allison.
James, C. L. R.(1996/1963) *Beyond A Boundary*, London: Serpeut's Tail.
Jones, S. G. (1988) *Sport, Politics and the Working Class. Organised Labour and Sport in Interwar Britain*, Manchester: Manchster UP.
Monnington, T. (1986) 'The Politics of Black African Sport' in Allison.
Pick, D. (1989) *Faces of Denegeration: A European Disorder 1848-1918*, Cambridge: Cambridge University Press.
Rioldan, J. (1986) 'Elite Sport Policy in East and West' in Allison.
www.afd.org.uk/general/budd.htm
www.cnn.com/specials/cold.war/episodes/20/spotlight/
シュミット、K (2002)『政治的なものの概念』、未来社
トリースマン、D (1984)「政治対立」in トムリンソン&ワネル
トムリンソン、A and ワネル、G 編(1984)『ファイブ・リング・サーカス――オリンピックの脱構築』、柘植書房
ハート=デイヴィス、D (1988)『ヒトラーへの聖火――ベルリン・オリンピック』、東京書籍
マンデル、R (1976)『ナチ・オリンピック』、ベースボールマガジン社
ラザミー、S (1984)「アパルトヘイト」in トムリンソン&ワネル

column

メキシコ・オリンピックにおける「一九六八年性」について

坪内祐三

　ここ一～二年、一九六八年に対する回顧がブームとなっており、実際、一九六八年は、さまざまなジャンルで、戦後史上（いや、戦後史という短いレンジのみならず、もっと、歴史そのものの中で）とても重要な意味を持つ、パラダイム・チェンジの年であったが、当時満一〇歳、小学校四年生の私にとって、それはまず、メキシコ・オリンピックの年だった。

　年表でその正確な日付けを調べると、メキシコでオリンピックが開幕したのは一九六八年一〇月一二日。閉幕したのは同二七日のことである（いずれも日本時間だと一日あとになる）。

　ためしにその前後の出来事を幾つか拾ってみる。

　一〇月一一日、東京プリンスホテルの駐車場でガードマンが射殺され、その三日後の一〇月一四日には京都の八坂神社でやはりガードマンが射殺された。永山則夫の、いわゆる〝連続射殺魔〟事件である。

　一〇月一七日、川端康成がノーベル文学賞を受賞する。

　一〇月二一日、国際反戦デーのデモによる新宿騒乱事件が起きる。

　一〇月三一日、アメリカのジョンソン大統領が北爆全面停止を発表する。

　さすがは一九六八年といったドライブのある出来事が次々と起こっている。

　しかし私は、例えば東京プリンスホテルでガードマンが射ち殺された事件や川端康成がノーベル賞を受賞したことを、そのニュース映像を、よく憶えているのだが、それがまさに一九六八年秋のことであったと、つまりメキシコ・オリンピックの時のことであったと、年表を見直すまで、すっかり忘れていた。

　それに対して、一九六八年一〇月のメキシコ・オリンピックの「一九六八年性」は私の記憶に深く刻み込まれている。

　一〇歳という年齢によるのかもしれない。六歳の時に体験した東京オリンピックは、多分に、あとからの記憶のすりこみが入っているだろう。それから一四歳の時に出会ったミュンヘン・オリンピックはメキシコ・オリンピックよりも熱心になれなかった。

　映像技術（ビデオ）の向上によってだろう。メキシコ・オリンピックは、東京オリンピック以上に、同じ場面を繰り返し見ることが可能になった。

　開催地との時差のせいもあったのだろうか、メキシコ・オリンピックの時、ＮＨＫは、毎日、たしか昼の一二時から一時にかけて、前日のハイライトを放映した。

　それはちょうど給食の時間に当たっていて、私のクラスの担任だったＩ先生は、そういうことにとても理解ある人で、毎日、給食時間にオリンピック中継をクラスのテレビで（普段は社会だとか理科だとか道徳の番組しか見させてもらえないやつだ）、見せてくれた。だから私たちは（少なくとも私は）、前日の夜に見た映像や感じた興奮を、そこで再確認（追体験）した。

　つまり、メキシコ・オリンピックの「一九六八年性」を反復することができたのだ。

　メキシコ・オリンピックの「一九六八年性」とは、例えば「ブラック・パワー」である。

　これまでのオリンピックのメダル授与式でもっとも印象的なのは、言うまでもなく、このメキシコ・オリンピック陸上男子二〇〇メートル走、金メダルのスミスと銅メダルのカーロス、二人の黒人アメリカ選手による抗議行動だ（ＩＯＣ公認の四枚組のオリンピック・ドキュメントＤＶＤボックスの広告が雑誌に載っていたけれど、そのＤＩＳＣ3・プログラム10「メダル授与式」には、きちんとこのシーンが収録されているのだろうか）。

　印象的だったのは、この二人の黒人選手が、表彰式で、いかにも「ブラック・パワー」という拳の振り上げ方をしなかったことだ。

二人は、黒手袋をはめた拳を頭上に振り上げる時、少しうつむきかげんだった。粛然としていた。だからこそ、アメリカの黒人問題の切実なリアリティーがあった。そのことが小学校四年生の私にも伝わってきた。つまり、何かが変わろうとしていることが、この表彰式の場に象徴的に表れていた。

メキシコ・オリンピックの「ブラック・パワー」といえば、もう一人、男子走り幅跳びで、八メートル九〇センチというとてつもない記録で優勝した、やはりアメリカの黒人選手ビーモンのことを忘れてはいけない。

ビーモンは、〝鳥人〟と呼ばれたが、その「ブラック・パワー」は、まさに「ブラック・イズ・ビューティフル」だった。のちに一般的なものになる黒人文化のイメージ通り、とても伸び伸びと自由闊達な感じがした。

メキシコ・オリピックの「一九六八年性」を表すものとしての「ブラック・パワー」がこのスミス&カーロスとビーモンであるわけであるが、それから三〇数年の歳月が経ち、ビーモンの自由闊達はともかく、スミス&カーロスの屈託の行き末がどうなったのか、私はそちらの方が気になる。

危機にあるオリンピック——「あとがき」にかえて

オリンピックの危機とは何を意味するのであろうか？　本書におけるさまざまな事例を見ると、イギリスやアメリカに起源をおく近代スポーツが形成される過程とともに、ＩＯＣとオリンピック大会が排除してきたいくつもの身体文化の諸相と実践が存在してきたこと、そして近代オリンピックの理念とは相反するような現実がその内部に存在してきたことが分かる。「オリンピックの外部」にあるさまざまな身体文化は、すでにオリンピックでみられるようなタイプのスポーツそのものを疑問に付そうとし、身体文化の世界におけるそのヘゲモニーを奪い去ろうとしている。また、オリンピックは自らの「内部」において「オリンピック的でないもの」、すなわち「オリンピックの外部的なるもの」を生み出し、育て上げてしまう。そのときオリンピックは、ＩＯＣの思惑とはまったく異なった仕方で奪用され、別の主体（エージェント）によって別の政治的空間として存在するようになる。

こうした意味で、ＩＯＣを中心とするオリンピック運動、そしてスポーツの世界は、まさにそれらが排除してきた位相との、そしてそれ自身の内側に内包する矛盾との、確執と駆け引きを常に孕んできた複雑かつ重層的な政治の空間なのである。したがってオリンピックは、常に危機のなかに存在してきたし、今後もそうあり続けていくに違いない。そして私たちはその危機のなかにこそ、スポーツをめぐって政治的なものが立ち現れる特殊なモーメントを探求していかなければならないのである。

『オリンピック・スタディーズ――複数の経験・複数の政治』の出版プロジェクトは、スポーツ、特にオリンピックをテーマにしたものであるが、超領域的かつ、さまざまな分野の人材が集結した「Body Culture Studies研究会」によってなされている。オリンピックという多面的なテーマについての研究を端緒として、研究会にはスポーツほかさまざまな身体文化に関する研究を行いながら、視角と方法の多様さをふまえ、複合的かつ斬新な文化研究の方法と実践を生みだすことが期待される。こうした研究会を創設する契機になったのは、二一世紀COEプログラム「健康・スポーツ科学研究の推進」であることを改めて述べておきたい。

二〇〇四年一二月五日（日）には、オリンピックにまつわるさまざまな問題について議論する国際シンポジウムを筑波大学大塚地区（地下鉄丸の内線、茗荷谷下車）で開催する予定である。

せりか書房の船橋純一郎氏には、研究会の時点からずっと議論に加わっていただき、出版に至ることができました。ここに深く感謝の意を表します。

二〇〇四年六月三〇日

Body Culture Studies 研究会代表　清水　諭

執筆者紹介

新　雅史（あらた　まさふみ）＝1973年生まれ。学習院大学非常勤講師。スポーツ社会学、歴史社会学。労働とスポーツの節合（もしくはその隙間）を歴史的にあらわにすることを目指している。

有元　健（ありもと　たけし）＝1969年福岡生まれ。ロンドン大学ゴールドスミス校社会学部博士課程。専攻はカルチュラル・スタディーズ、身体文化論。現在、明治から昭和初期にかけての日本の身体文化についてスポーツと身体教育を軸として考察し、博士論文を執筆中。

石坂友司（いしざか　ゆうじ）＝1976年生まれ。関東学園大学講師。スポーツ社会学、歴史社会学。日本のスポーツ界がどのような象徴的権力のもとで成立してきたのか、オリンピックをもとに歴史社会学的な視点で研究している。

石渡雄介（いしわた　ゆうすけ）＝ジャパン・カンター・リサーチ、東洋大学非常勤講師。専攻は都市社会学。クラブカルチャーが与える社会的インパクトについて研究している。いったんオフィスを出るとダンス。

伊藤　守（いとう　まもる）＝1954年生まれ。早稲田大学教育・総合科学学術院教授。社会学、メディア・スタディーズ専攻。90年代のメディア文化に注目してきた。現在はメディア経験を成立させた歴史的文脈と視角可能性の問題を考えている。

稲葉佳奈子（いなば　かなこ）＝筑波大学人間総合科学研究科準研究員。スポーツ社会学。フェミニズムの視点から「体育・スポーツ」文化を捉えなおし、その変容の可能性と不可能性について考えたい。

井上弘貴（いのうえ　ひろたか）＝1973年東京生まれ。早稲田大学政治経済学術院助教。政治理論、公共政策論、アメリカ政治思想史専攻。インテレクチュアル・ヒストリーの観点から、ジョン・デューイを中心とした20世紀アメリカの知識人たちの経験した栄光と挫折をおもに考察している。

鵜飼照喜（うかい　てるよし）＝1943年生まれ、信州大学教育学部社会科学教育講座所属。社会学（環境社会学）、環境教育担当。社会学の地域社会研究をベースに地域社会の環境問題の解明に取り組む。ダム問題や廃棄物処理問題を始め、災害論にも取り組み、それらを環境教育の題材として社会科的環境教育論の構築を目指している。

小笠原博毅（おがさわら　ひろき）＝1968年生まれ。ロンドン大学PhD。現在神戸大学教員。社会学専攻、カルチュラル・スタディーズ実践。競技することはアスリートの権利である。同時にアスリートはその権利を放棄することもできる。これが出発点です。

清水　諭（しみず　さとし）＝1960年生まれ。筑波大学大学院人間総合科学研究科体育科学専攻教員。身体文化論、スポーツ社会学。身体を拠り所にした民衆の日常的実践を描きながら、そのトータルな知に迫りたい。「Café Sport & Body」をインターネット上に展開。

鈴木康史（すずき　こうし）＝奈良女子大学文学部教員。近代日本の身体文化学、思想史。「スポーツを語るということ」そのものについての研究を構想中。身体について語られた諸言説の歴史と構造を実証的に読み解いてゆきたい。

鈴木慎一郎（すずき　しんいちろう）＝1965年生まれ。信州大学教員。人類学、カリブ海文化の研究。『レゲエ・トレイン』（青土社）、『シンコペーション』（共編著、エディマン/新宿書房）。日本のレゲエ・ダンサーたちについて調べようとしている。

田中東子（たなか　とうこ）＝1972年横浜市生まれ。早稲田大学政治学博士。国際基督教大学非常勤講師。ニューライトによる空間の再編制への抵抗として生じた文化研究生成期の文脈を知ることで、現在の政治･文化を考えるための言葉をどう創り出していくかという点に関心がある。

坪内祐三（つぼうち　ゆうぞう）＝1958年東京生まれ。早稲田大学卒。主な著書に『靖国』（新潮文庫）、『一九七二』（文藝春秋）など。そろそろまた久しぶりに書き下しに取りかかろうと思っているのだが、日々雑文書きに追われてバタバタと……。

前村文博（まえむら ふみひろ）＝1973年生まれ。宇都宮美術館学芸員。研究領域は、日本の近代デザイン史。最近の関心は、日本のグラフィック・デザインの先駆者杉浦非水の仕事を“デザイン様式の歴史”の枠にとらわれることなく、出来るかぎり粘り強く丁寧に把握すること。

山本敦久（やまもと　あつひさ）＝1973年生まれ。上智大学教員。スポーツ社会学、カルチュラル・スタディーズ。スポーツや身体文化を通じて偶発的に形成される「裏」公共圏を模倣という観点から描き出す方法と理論を模索中。

＊ヘニング・アイヒベルク（Henning Eichberg）53ページ参照。

オリンピック関連年表

西暦（和暦）	オリンピック関係	スポーツ関係	内外の出来事
1894（明治27）	6.16～24、パリ（ソルボンヌ大学）でピエール・ド・クーベルタン（Pierre de Coubertin）提唱のスポーツ関係者（フランス・イギリスなど13ヵ国）による国際会議開催。 6.23、オリンピック大会の復興と「第1回大会は1896年にアテネで開催すること」を決議。国際オリンピック委員会（IOC）設立。初代IOC会長にデメトリウス・ビケラス（Demetrius Vikelas）就任。		8.1、日清戦争勃発（～95）。
1895（明治28）		2.22、第一高等学校校友会野球部編『野球部史』で「野球」の訳語が初めて公けとなる。 4.17、大日本武徳会創立。 9.21、ニューヨーク・アスレチック・クラブとロンドン・アスレチック・クラブとの間で、初めてクラブの国際対抗陸上競技会開催。	
1896（明治29）	4.6～14、**第1回アテネ大会**。9競技43種目、参加14ヵ国、参加選手241人。 4月、アテネでIOC総会が開催され、1900年の第2回をパリで開催することを決定。クーベルタンが第2代会長に就任。		6.15、三陸大津波。
1897（明治30）		7.3～5、ブリュッセルでヨーロッパ諸国の体操連盟の会議が開催され、ヨーロッパ体操連盟結成。	
1898（明治31）		8.13、第1回水府流太田派対横浜外人競泳大会開催（横浜西波止場外人水泳場）。	4月、アメリカ・スペイン戦争。
1899（明治32）		井口阿くりがスウェーデン体操の研究のためアメリカへ3ヵ年留学（1903年2月帰国）。	
1900（明治33）	5.14～10.28、**第2回パリ大会**。18競技95種目、参加24ヵ国、参加選手997人。女子選手が初参加。万国博覧会付属国際競技大会として開催。		3.10、治安警察法公布。 6.21、北清事変。
1901（明治34）		3.5、中学校令施行規則制定。体操が普通体操と兵式体操を課し、博物の中では人体の構造・生理及び衛生の大要を教授することになる。 12.7、慶応対横浜外人のラグビー初試合。5-35で慶応が敗れる。	
1902（明治35）		5.24、神戸ゴルフ倶楽部開場式。	1.30、日英同盟締結。
1903（明治36）		4.20～25、第5回内国勧業博覧会開催（大阪市南区天王寺）。日本体育会は体育部を受け持ち、展覧のみならず遊戯室で卓球、またコンクリートの庭球コートを設け試合を開催。 5.24、日本最初の六甲ゴルフ場開場（9ホールズ）、神戸ゴルフ倶楽部開場式。 10.1～13、アメリカでプロ野球第1回ワールド・シリーズ開催。 11.21、早慶野球試合開催。11-9で慶応が勝つ。	
1904（明治37）	7.1～11.23、**第3回セントルイス大会**。17競技91種目、参加12ヵ国、参加選手645人。万国博覧会の付属として開催。マラソンでキセル事件発覚。	5.21、国際サッカー連盟（FIFA）結成。	2.10、日露開戦。 8.22、第1次日韓協約調印。

1905（明治38）	IOCがオリンピック・ディプロマを制定。第1回はルーズベルト・アメリカ大統領に授与。	4.4～6.29、早大野球部第1回渡米。7勝19敗。	
1906（明治39）	4.22～5.2、アテネで中間年大会開催。イタリア・オリンピック委員会が1908年開催の第4回大会を返上。 11月、第4回大会開催地にロンドンが選ばれる。	4.1、大阪で美津濃運動用品㈱が創業。	11.26、南満州鉄道株式会社設立。
1907（明治40）		1.19、第1回慶応対横浜外人のホッケー試合。6-0で慶応が敗れる。 10.31～11.19、ハワイ・セントルイス野球団が慶応の招待により来日。	
1908（明治41）	4.27～10.31、**第4回ロンドン大会**。22競技110種目、参加22ヵ国、参加選手2008人。この大会から、個人・チームの参加から各国内オリンピック委員会(NOC)ごとの参加になる。冬季競技種目のフィギュアスケートが初めて実施された。	11.22～12.3、リーチ・オールアメリカン野球団来日。17戦全勝。	4.28、第1回ブラジル移民783人が神戸港を出発。 10月、アメリカでT型フォード車登場。
1909（明治42）	5月、ベルリンでIOC総会が開催され、東京高等師範学校校長・嘉納治五郎が、駐日フランス大使ゼラール及び外務省の斡旋によりアジア初のIOC委員に選ばれる。		10.26、伊藤博文がハルビンで暗殺される。
1910（明治43）		11.29、白瀬中尉ら南極探検隊28人が開南丸で芝浦を出帆。	5.25、大逆事件の検挙開始。 8.22、韓国併合に関する日韓条約調印。
1911（明治44）	7月、大日本体育協会創立。初代会長に嘉納治五郎就任。 11月、東京、羽田グラウンドで日本初のオリンピック派遣選手予選会が行われる。代表に三島弥彦（東京帝大）・金栗四三（東京高師）が選ばれる。	1月、オーストリアのレルヒ少佐が新潟県高田で初めてスキーを指導。 12.14、ノルウェーのアムンゼンが初めて南極に達する。	
1912（明治45）	5.5～7.27、**第5回ストックホルム大会**。14競技102種目、参加28ヵ国、参加選手2407人。この大会から、芸術競技が正式に採用される。ジム・ソープが五種競技と十種競技で金メダルを獲得するも、野球のマイナーリーグでプレーしていたことが大会後に発覚、金メダルを剥奪される。日本選手が初参加。		1.1、孫文が中華民国臨時政府の成立を宣言。 10月、第1次バルカン戦争勃発（～13）。
1913（大正2）	9.26、大日本体育協会が、日本における体育の中心的統轄団体であることを規約に明示。日本オリンピック委員会としての性格を規定。	2.1～6、マニラで第1回東洋オリンピック大会（第2回より極東選手権大会）開催。フィリピン・日本・中国の3国が参加。	
1914（大正3）			7月、第1次世界大戦勃発。
1915（大正4）		5.15～22、上海で第2回極東選手権競技大会開催。21ヵ条要求問題で日本選手は出発が遅れ、途中から出場。	1.18、中国政府に21ヵ条の要求。
1916（大正5）	第1次世界大戦のため、開催予定の第6回ベルリン大会中止。		
1917（大正6）		5.8～12、東京で第3回極東選手権競技大会開催。	11.7、ロシア11月革命により、ソビエト政権を樹立。
1918（大正7）			11.3、ドイツ革命始まる。 11.11、第1次世界大戦終結。
1919（大正8）		5.12～17、マニラで第4回極東選手権競技大会開催。3月に体協が脱退通告をしたため、日本青年運動クラブの名義で選手16人を派遣。	3.1、朝鮮で三・一運動が起こる。 6.28、ベルサイユ講和条約調印。
1920（大正9）	4.20～9.12、**第7回アントワープ大会**。22競技154種目、参加29ヵ国、参加選手2626人。ドイツ、オーストリア、ハンガリー、トルコなどは招待されず。オリンピック旗の掲揚、選手代表による宣誓が初めて行われ、「より速く、より高く、より強く」が標語として採用される。冬季競技種目のアイスホッケーが初めて実施される。テニスで熊谷一弥（シングルス2位、8.23）、熊谷・柏尾誠一郎（ダブルス2位、8.24）が日本人初のメダリストとなる。		1.10、国際連盟発足、加盟。 5.1、日本最初のメーデー。

1921（大正10）		5.30～6.4、上海で第5回極東選手権競技大会開催。全8種目中、マラソンで唯一優勝。 6月、プラハで第1回スパルタキアード開催。	
1922（大正11）	8月、パリで第1回万国女子オリンピック大会開催。	リオデジャネイロで第1回ラテン・アメリカ競技大会開催。 ライプチヒで第1回労働者体育・スポーツ祭典開催。	
1923（大正12）		5.21～26、大阪で第6回極東選手権競技大会開催。	9.1、関東大震災。
1924（大正13）	1.25～2.5、**第1回シャモニー・モンブラン冬季大会**。6競技16種目、参加16ヵ国、参加選手258人。 5.4～7.27、**第8回パリ大会**。17競技126種目、参加44ヵ国、参加選手3089人。ドイツ招待されず。初の選手村が登場。 6.25、パリでIOC総会が開催され、岸清一がIOC委員に推選される。	6.15～16、大阪で第1回日本女子オリンピック大会開催。	1.22、イギリスで最初の労働党内閣成立。 1月、中国の国民党第1回全国代表大会。
1925（大正14）	5月、プラハでオリンピック・コングレスとIOC総会が開催され、「オリンピック憲章」が定められる。また、勇退を表明したクーベルタンに代わる第3代IOC会長にアンリ・ド・バイエ・ラツール（Henri de Baillet-Latour）を選出。	5.16～23、マニラで第7回極東選手権競技大会開催。 7.24～28、フランクフルトで第1回労働者オリンピアード開催。	4.22、治安維持法公布。 5.5、普通選挙法公布。
1926（大正15）	8.27～29、イェテボリで第2回世界女子オリンピック大会開催。人見絹枝が単独出場して活躍。		
1927（昭和2）		8.27～9.3、上海で第8回極東選手権競技大会開催。	4月、蒋介石が上海クーデターを起こし南京国民政府を樹立。
1928（昭和3）	2.11～19、**第2回サンモリッツ冬季大会**。4競技14種目、参加25ヵ国、参加選手464人。日本選手6人が冬季大会に初参加。 5.17～8.12、**第9回アムステルダム大会**。14競技109種目、参加46ヵ国、参加選手2883人。ジャン・ウィルス設計の主競技場が芸術競技建築部門で金メダルを獲得。織田幹雄（三段跳び）・鶴田義行（200m平泳）が日本初の金メダルを獲得。 国際スポーツ教育事務局がクーベルタンを局長にして設立。	5.5、第5回日本女子オリンピック大会400m競走で人見絹枝が世界新記録（59秒0）を樹立。	6.4、張作霖爆死事件。
1929（昭和4）			10月、世界恐慌始まる。
1930（昭和5）	9.6～8、プラハで第3回万国女子オリンピック大会開催。人見絹枝ら6人の日本選手が参加。	5.24～31、東京で第9回極東選手権競技大会開催。 7.13～30、第1回FIFAワールドチャンピオンシップウルグアイ大会開催（優勝国ウルグアイ）。	2月、ベトナム共産党成立。
1931（昭和6）	10.28、東京市会がオリンピック東京大会開催に関する建議を可決。		9.18、満州事変。
1932（昭和7）	2.4～15、**第3回レークプラシッド冬季大会**。4競技14種目、参加17ヵ国、参加選手252人。 7.30～8.14、**第10回ロサンゼルス大会**。14競技117種目、参加37ヵ国、参加選手1332人。日本選手131人参加。金メダル7個獲得。陸上競技に初めて写真判定装置が登場。日本、芸術競技に初参加。	テル・アヴィヴで第1回世界ユダヤ人スポーツ大会「アカビアド」開催。	1.28、上海事変。 3.1、満州国成立。 5.15、五・一五事件。
1933（昭和8）	6.7、ウィーンで第30回IOC会議が開催され、杉村陽太郎がIOC委員に推選される。	11.28、ヒトラーがナチス突撃隊スポーツ検定章を作成。 ナチス当局が反ファシスト・スポーツマンの大量逮捕を始める。	1.30、ドイツにヒトラー政権成立。 3.27、日本が国際連盟の脱退を通告。
1934（昭和9）		5.12～20、マニラで第10回極東選手権競技大会開催。満州国の入会問題で大会は解体。初の国際実況中継。 5.27～6.10、第2回FIFAワールドチャンピオンシップイタリア大会開催（優勝国イタリア）。 6.1、ヒトラー・ユーゲント・ス	9月、ソ連が国際連盟に加入。 12月、ソ連でスターリンの粛清が始まる。

		ポーツ検定章作成。 7.27、ドイツ帝国体育連盟がニュルンベルクで第1回会議開催。スポーツ団体の統合を命令。	
1935（昭和10）	1月～2月、第12回東京大会開催の件に関する建議案を衆議院（1.25）・貴族院（2.23）で可決。 12.7、各国のスポーツ関係者やアメリカの「フェアプレイ委員会」の呼びかけで国際会議開催。「オリンピック理念擁護委員会」結成。 12.18、第12回オリンピック大会招致委員会結成。		
1936（昭和11）	2.6～16、**第4回ガルミッシュ・パルテンキルヘン冬季大会**。4競技17種目、参加28ヵ国、参加選手646人。 7.19、各国の反ファシスト体育家がベルリンでの大会反対のためバルセロナで「民衆オリンピアード」開催を計画。しかし、フランコによるクーデターのため断念。 7.31、ベルリンでIOC総会が開催され、第12回大会の開催地に東京を選出。 8.1～16、**第11回ベルリン大会**。19競技129種目、参加49ヵ国、参加選手3963人。聖火リレーが初めて実施される。ジェシー・オーエンスが陸上100m、200m、400mリレー、走り幅跳びのすべてで世界新記録を樹立し、金メダルを獲得。「前畑がんばれ」の実況中継がなされる。 12.24、東京オリンピック組織委員会成立。		2.26、二・二六事件。 7月、スペイン内乱始まる（～39）。
1937（昭和12）	9月、第2代IOC会長ピエール・ド・クーベルタン没。 この年、リーフェンシュタール監督によるベルリン・オリンピック記録映画『民族の祭典』『美の祭典』が完成。各国で上映される。		4月、ドイツがゲルニカを無差別爆撃。 7.7、盧溝橋事件、日中戦争始まる。
1938（昭和13）	1.11、東京大会の事務が文部省より厚生省に移る。 2月、エジプト（ナイル川船上）でIOC総会が開催され、第5回冬季大会の開催地に札幌を選出。 7.15、日本が第12回東京大会を返上。IOCが代替地にヘルシンキを選出。	2.10、厚生省が全国の工場に朝礼と体操の実行を布告。 4.1、国民健康保険法公布。 6.4～19、第3回FIFAワールドチャンピオンシップフランス大会開催（優勝国イタリア）。 9.5、厚生省が体力章制定。 12.6、国民体力管理調査会設置（会長木戸厚相）。	3月、ドイツがオーストリアを併合。 4.1、国家総動員法公布。
1939（昭和14）	6月、ロンドンでIOC総会が開催され、「冬季大会の開催地は、夏季大会の開催地に優先的に与える」規定を廃止。		5.12、ノモンハン事件。 9.1、ドイツがポーランドに侵攻、第2次世界大戦勃発。
1940（昭和15）	第12回ヘルシンキ大会及び第5回ガルミッシュ・パルテンキルヘン冬季大会が第2次世界大戦のため中止。 オリンピア映画『民族の祭典』（5.29）と『美の祭典』（9.19）の試写会を開催。	4.8、国民体力法公布。 5.1、国民優生法公布。	9.27、ベルリンで日独伊3国同盟調印。
1941（昭和16）		11月、厚生省が女子体力章検定を制定。	12.8（現地12.7）、日本軍が真珠湾を奇襲、太平洋戦争始まる。
1942（昭和17）	1月、IOC会長アンリ・ド・バイエ・ラツール没。		8月、スターリングラード攻防戦開始。
1943（昭和18）		5.20、厚生省が国民鍛錬行事要綱を決定。	
1944（昭和19）	第13回ロンドン大会及び第5回コルチナ・ダンペッツォ冬季大会が第2次世界大戦のため中止。		5.15、ナチスがユダヤ人をアウシュヴィッツへ強制移送開始。 6.6、連合軍がノルマンディー上陸。
1945（昭和20）	8月、ロンドンでIOC理事会が開催され、第14回大会の開催地にロンドン、第5回冬季大会の開催地にサンモリッツを選出（のち、各国委員の郵便投票により正式決定）。		4.1、アメリカ軍が沖縄本島に上陸。 6.26、サンフランシスコ会議で国連憲章採択。 広島（8.6）、長崎（8.9）に原子爆弾投下。 8.15、日本が無条件降伏し、第2次世界大戦終結。 9月、朝鮮半島、北緯38度線付

			近で北をソ連、南をアメリカが占領。
1946（昭和21）	9月、ローザンヌで戦後初のIOC総会が開催され、副会長ジークフリード・エドストローム（J.Sigfrid Edström）のIOC会長就任が正式決定。	11.1～3、京都・大阪・兵庫・滋賀県で第1回国民体育大会秋季大会開催。	3.1、IMFと世界銀行創立。 11.3、日本国憲法公布。
1947（昭和22）		1.25～26、八戸で第1回国民体育大会スケート大会開催。	11.29、国連総会でパレスチナ分割案を採択。
1948（昭和23）	1.30～2.8、**第5回サンモリッツ冬季大会**。4競技22種目、参加28ヵ国、参加選手669人。敗戦国日本とドイツは招待されず。 7.29～8.14、**第14回ロンドン大会**。17競技136種目、参加59ヵ国、参加選手4104人。敗戦国日本とドイツは招待されず。写真判定、跳躍距離測定等に機器が採用される。		8.15、大韓民国建国。 9.9、朝鮮民主主義人民共和国建国。 11.12、極東国際軍事裁判判決。
1949（昭和24）			4.4、西側12ヵ国がNATO調印。 5.23、ドイツ連邦共和国成立。 10.1、中華人民共和国建国。 10.7、ドイツ民主共和国成立。
1950（昭和25）		6.24～7.16、第4回FIFAワールドチャンピオンシップブラジル大会開催（優勝国ウルグアイ）。	6.25、朝鮮戦争始まる。
1951（昭和26）	5.7～9、ウィーンで第45回IOC総会が開催され、JOCのIOCへの復帰が正式に認められる。	3.4～11、ニューデリーで第1回アジア競技大会開催。6競技、参加11ヵ国。	9.8、サンフランシスコ平和条約締結、日米安全保障条約調印。
1952（昭和27）	2.14～25、**第6回オスロ冬季大会**。4競技22種目、参加30ヵ国、参加選手694人。日本とドイツが16年ぶりにオリンピックに参加。 7.19～8.3、**第15回ヘルシンキ大会**。17競技149種目、参加69ヵ国、参加選手4955人。ソ連が初参加。今大会から芸術競技が行われなくなる。エミール・ザトペックが5000m、10000m、マラソンで金メダルを獲得。IOC副会長アベリー・ブランデージ（Avery Brundage）が第5代IOC会長に就任。		5.1、血のメーデー事件。
1953（昭和28）			2.1、NHKがテレビ本放送を開始。 7.27、朝鮮休戦協定成立。
1954（昭和29）	5月、アテネでIOC総会が開催され、第16回大会の馬術競技の分離開催が認められ、開催地をストックホルムに決定。	4.13、日本スポーツ芸術協会創立。 6.16～7.4、第5回FIFAワールドチャンピオンシップスイス大会開催（優勝国西ドイツ）。	3月、ビキニ水爆実験で第五福竜丸被爆。 7.21、インドシナ休戦協定調印。
1955（昭和30）	6.23、パリで第50回IOC総会が開催され、第17回大会の開催地にローマを選出。同時に立候補した東京は落選。東ドイツ・オリンピック委員会が認められる。		4月、アジア・アフリカ会議開催。 5月、ソ連、東欧8ヵ国がワルシャワ条約調印。 10月、南ベトナムにベトナム共和国成立。
1956（昭和31）	1.26～2.5、**第7回コルチナ・ダンペッツォ冬季大会**。4競技24種目、参加32ヵ国、参加選手821人。ソ連が冬季大会に初参加。今大会より東西ドイツが統一選手団を編成して参加。スキー回転の猪谷千春が2位になり、冬季大会では日本初のメダリストとなる。 6月、第16回大会の馬術（6種目）がストックホルムで開催。参加29ヵ国、参加選手159人。 11.22～12.8、**第16回メルボルン大会**。17競技145種目、参加72ヵ国、参加選手3314人。初めて南半球の都市での開催となる。ハンガリー反ソ暴動に抗議してオランダ、スペイン、スイスが、スエズ戦争によってエジプト、イラク、レバノンがボイコットする。		6.28、ポーランドで反ソ暴動。 10月、ハンガリー反ソ暴動、スエズ戦争起こる。 12.18、日本が国連に加盟。
1957（昭和32）	12.6、IOC会長ブランデージが各国際競技団体と各国オリンピック委員会にアマチュア規約を厳守するよう要望。	2.14、スポーツ振興審議会（内閣総理大臣の諮問機関）の設置決定。	10.4、ソ連が最初の人工衛星スプートニク1号の打ち上げに成功。
1958（昭和33）	5.14～16、東京で第54回IOC総会開催。 8.19、中国オリンピック委員会がIOCとの関係断	5.1、文部省に体育局設置。 5.24～6.1、東京で第3回アジア	7.14、イラク革命。

	絶を宣言。同日、国際競技連盟から脱退。	競技大会開催。 6.8～29、第6回FIFAワールドチャンピオンシップスウェーデン大会開催（優勝国ブラジル）。	
1959（昭和34）	5.25～28、ミュンヘンで第55回IOC総会が開催され、第18回大会の開催地に東京を選出。両ドイツ・オリンピック委員会の完全な同権が宣言される。 9.30、東京オリンピック大会組織委員会創立。	8.27～9.6、トリノで第1回ユニバーシアード大会（国際大学スポーツ連盟（FISU）主催による正式名称）開催。	1月、キューバ革命。
1960（昭和35）	2.18～28、**第8回スコー・バレー冬季大会**。4競技27種目、参加30ヵ国、参加選手665人。バイアスロンが正式競技種目となる。 8.25～9.11、**第17回ローマ大会**。17競技150種目、参加83ヵ国、参加選手5338人。	8.4、保健体育審議会が東京大会を契機とする体育振興6ヵ年計画を答申。	1.19、日米新安保条約調印。 5～6月、安保阻止国民運動。 アフリカで17ヵ国独立。
1961（昭和36）	6.15～7.1、アテネで第1回オリンピック・アカデミー開催。 6.21、第58回IOC総会で東京大会の種目を決定。柔道が正式種目となる。	6.16、スポーツ振興法公布。 10.15、ヨーロッパ遠征の日紡貝塚女子バレーボールチームが24戦無敗で帰国。「東洋の魔女」と言われる。	5.1、キューバが社会主義国宣言。 8.13、ベルリンの壁構築される。
1962（昭和37）	4.18、東京大会に台湾が参加するため中国は不参加と決定。	5.30～6.17、第7回FIFAワールドチャンピオンシップチリ大会開催（優勝国ブラジル）。	7月、アルジェリア独立。 10月、キューバ危機。
1963（昭和38）	スカルノ・インドネシア大統領が、帝国主義者の牛耳る大会に対抗してアジア=アフリカとヨーロッパの12ヵ国で新興国競技大会の誕生を宣言。IOCを脱退し、中国などIOC非加盟国と大会を開催。	11.10～13、インドネシアで第1回新興国競技大会開催。参加51ヵ国。日本は不参加。	5.25、アフリカ統一機構（OAU）創立。 11.22、ケネディ・アメリカ大統領暗殺。
1964（昭和39）	1月、インスブルックでIOC総会が開催され、第9回冬季大会の開催地にグルノーブルを選出。同時に立候補した札幌は落選。 1.29～2.9、**第9回インスブルック冬季大会**。6競技34種目、参加36ヵ国、参加選手1091人。リュージュが正式競技種目となる。 10.10～24、**第18回東京大会**。19競技163種目、参加93ヵ国、参加選手5151人。アジアで初の開催となる。柔道、女子バレーボールが正式競技種目となる。オリンピック史上初めてテレビで衛星中継される。 11.8～14、東京でパラリンピック（国際身体障害者スポーツ大会）開催。	2.25、カシアス・クレイがプロボクシング世界ヘビー級チャンピオンになる。その後、モハメド・アリと改名。 4.14、文部省が青少年スポーツテストの全国実施を発表。	5月、パレスチナ解放機構（PLO）結成。 7月、アメリカで公民権法成立。
1965（昭和40）	3.10、市川崑監督の記録映画『東京オリンピック』完成試写会で、河野一郎国務相が「芸術的すぎる」と批判。記録重点にもう1本編集が決定。	3.25、体力つくり国民会議結成。 4.1、文部省体育局に審議会を置く。 4.27、保健体育審議会答申で、小学校スポーツテスト実施要項決定。 この年より国体開催地で全国身体障害者スポーツ大会開催（第1回は岐阜）。	2.7、アメリカ軍が北ベトナムの爆撃開始。 6.22、日韓基本条約調印。 8.9、シンガポールがマレーシアから分離独立。
1966（昭和41）	2.10、オリンピック記念青少年総合センター（OMYC）開所式挙行。 4.26、ローマでIOC総会が開催され、第11回冬季大会の開催地に札幌を選出。	6.25、祝日法が改正成立し、体育の日（10月10日）、敬老の日（9月15日）を新設。 7.11～30、第8回FIFAワールドチャンピオンシップイングランド大会開催（優勝国イングランド）。 11月、プノンペンで第1回アジア新興国大会開催。	5月、中国で文化大革命始まる。 7月、フランスがNATOから脱退。
1967（昭和42）		4.28、保健体育審議会が壮年体力テスト実施要項を答申。 4.28、モハメド・アリが徴兵拒否により、プロボクシング世界ヘビー級チャンピオンのタイトルとライセンスを没収される。 8.27～9.4、東京でユニバーシアード大会開催。北朝鮮問題で共産圏諸国不参加。	7月、ヨーロッパ共同体（EC）成立。

1968（昭和43）	2.6～18、**第10回グルノーブル冬季大会**。6競技35種目、参加37ヵ国、参加選手1158人。アルペンスキー選手のアマチュア問題表面化。ドイツが今大会から統一選手団を解消し、東西に分かれて参加。 10.12～27、**第19回メキシコシティー大会**。20競技172種目、参加112ヵ国、参加選手5516人。標高2240mの高地での開催となり、陸上短距離・跳躍で好記録続出。走高跳びでフォスベリーが背面跳びを披露し、2m24で優勝。 10.24、サッカーの3位決定戦がアステカ・スタジアムで行われ、日本がメキシコを下して3位になる。 この年、シカゴで第1回スペシャルオリンピックスが開催され、知的発達障害者約1000人が集う。	9.9、テニスの全米オープン・男子シングルスでアーサー・アッシュが黒人男子として初優勝。	4.5、小笠原諸島返還協定に調印。 5.3～10、パリで5月革命。 5.8、厚生省が富山県神通川流域で発生したイタイイタイ病を公害病第1号に認定。 8.20、ソ連軍などがチェコに侵入。
1969（昭和44）		10.5、テレビドラマ『サインはV』スタート。	7.20、アメリカの宇宙船アポロ11号が月面着陸に成功。
1970（昭和45）		3.17、プロ野球「黒い霧事件」が国会で追及され、永久追放などの処分決定（5.25）。 5.31～6.21、第9回FIFAワールドチャンピオンシップメキシコ大会開催（優勝国ブラジル）。	2月、アメリカ、ニクソン＝ドクトリンを発表。 3.14、日本万国博覧会（EXPO '70）開催（～9.13）。
1971（昭和46）			6.17、沖縄返還協定調印。 8.15、ニクソン・アメリカ大統領が金ドル交換停止とする。 10.25、中国が国連に復帰。台湾が追放される。
1972（昭和47）	2.3～11、**第11回札幌冬季大会**。6競技35種目、参加35ヵ国、参加選手1006人。アジアで初の冬季大会開催。アルペンスキー選手のアマチュア問題が再燃し、シュランツが招待を取り消される。日本が70m級ジャンプでメダル独占。 8.26～9.11、**第20回ミュンヘン大会**。23競技195種目、参加121ヵ国、参加選手7134人。パレスチナ・ゲリラによるイスラエル選手団襲撃事件起こる。第6代IOC会長にキラニン卿（Lord Killanin）が就任。 11.10、デンバー冬季オリンピック大会組織委員会が第12回冬季大会を返上。		2.19、連合赤軍浅間山荘事件。 5.15、沖縄の施政権返還。 9.29、日中国交正常化共同声明。
1973（昭和48）		5.3～6、本土復帰記念沖縄特別国民体育大会開催。 11.1、読売ジャイアンツが日本シリーズV9達成。	3.29、アメリカ軍が南ベトナムから撤退。 10月、第4次中東戦争勃発。原油値上げによるオイルショック。
1974（昭和49）	10.21、第75回IOC総会で「アマチュア規則」が改正され、各IFの規則範囲内で選手の金銭受授が可能になる。	6.14～7.7、第10回FIFAワールドカップ西ドイツ大会開催（優勝国西ドイツ）。	8月、ウォーターゲート事件でニクソン・アメリカ大統領辞任。
1975（昭和50）		1.28、体協加盟競技団体のアマチュア担当役員懇談会で、所属選手のCM出演を条件つきで容認。 3.20～21、ブリュッセルで第1回欧州スポーツ関係閣僚会議が開催され、欧州みんなのスポーツ憲章を採択。 5.16、女性登山家、田部井淳子が世界最高峰エベレストに登頂。世界の女性で初。 7.5、テニスの全英オープン・女子ダブルスで沢松和子、アン・キヨムラが優勝。 7.21、アメリカでスポーツにおける性的差別を禁止したタイトルIX公布。	4.30、南ベトナム、サイゴン陥落。
1976（昭和51）	2.4～15、**第12回インスブルック冬季大会**。6競	4.5～10、パリで第1回世界青少	7.2、ベトナム社会主義共和国成

	技37種目、参加37ヵ国、参加選手1123人。 7.17～8.1、**第21回モントリオール大会**。21競技198種目、参加92ヵ国、参加選手6084人。人種隔離政策（アパルトヘイト）に端を発したアフリカ諸国のボイコットなどにより参加国が減少。体操男子団体で日本が史上初の5連覇達成。	年スポーツ担当閣僚会議開催。	立。 7.27、田中前首相がロッキード疑獄で逮捕される。
1977（昭和52）		3.9、日本教育テレビ（テレビ朝日）が第22回モスクワ大会の独占放送権を27億円で獲得。 9.3、王貞治が後楽園球場でハンク・アーロンの記録を破る756本塁打を記録。 10.22、日本初のプロサッカー選手奥寺康彦（FCケルン）がデュイスブルク戦に出場。 10.28～30、陸上競技の日本選手権大会でCMゼッケン登場。	
1978（昭和53）		4.30、植村直己が単独犬ぞりで北極点に到達。 6.1～25、第11回FIFAワールドカップアルゼンチン大会開催（優勝国アルゼンチン）。 10.5、中国が20年ぶりに国際陸連に復帰。 10.16、コルゲートで青木功がゴルフ世界マッチプレー選手権に日本男子海外初優勝。 11.21、読売ジャイアンツが江川卓と電撃契約。翌22日阪神タイガースがドラフト会議で江川を指名。	5.20、成田空港開港。 8.12、日中平和友好条約調印。
1979（昭和54）	2.26、日本体協が企業CMにアマチュア選手の写真とオリンピックマークの使用を認める。 4.6、清川正二がIOC副会長に選出。アジアで初。 10.25、アメリカのABC放送が第22回モスクワ大会組織委員会とテレビ放映権契約を2億2500万ドルで調印。 11.26、IOC郵便投票で中国の大会復帰決定。	6.5～9、パリでユネスコ第1回体育・スポーツ政府間会議開催。 11.18、IAAF公認第1回東京国際女子マラソン開催。	1.1、アメリカ・中国国交正常化。 3月、エジプト・イスラエル平和条約調印。 12.27、ソ連軍がアフガニスタンに侵攻。
1980（昭和55）	1.20、カーター・アメリカ大統領がソ連軍のアフガニスタン侵攻に抗議し、モスクワ大会ボイコットを表明。 2.13～24、**第13回レークプラシッド冬季大会**。6競技38種目、参加37ヵ国、参加選手1072人。 4月、アメリカ・オリンピック委員会（USOC）がモスクワ大会不参加を決定。 4.25、JOCがモスクワ大会不参加を決定。 7.19～8.3、**第22回モスクワ大会**。21競技203種目、参加80ヵ国、参加選手5179人。アメリカをはじめとする西側諸国のボイコットにより、参加国・参加選手は前回大会をさらに下回る。イギリス・フランスなど10カ国の選手が入場行進を拒否。第7代IOC会長にフアン・アントニオ・サマランチ（Juan Antonio Samaranch）が就任。		5月、韓国で光州事件起こる。 9月、イラン・イラク戦争始まる。
1981（昭和56）	10.1～2、バーデン・バーデンで第84回IOC総会が開催され、第24回大会の開催地にソウルを選出。同時に立候補した名古屋は落選。第23回ロサンゼルス大会で女子マラソンの採用を決定。	7.25～28、第1回ワールド・ゲームズの空手道とバドミントン競技大会開催。 10.3～4、第1回日本スペシャルオリンピックス全国大会開催。	3月、中国残留日本人孤児が初の正式来日。
1982（昭和57）	2.7、IOC医事委員会が筋肉増強剤の一種テストステロンを禁止薬物リストに加えると発表。 3.24、第13回JOC総会で小野清子が初の女性JOC委員になる。 10.10、日本体育協会オリンピック・キャンペーン事業「がんばれ！ニッポン」開始。	6.13～7.11、第12回FIFAワールドカップスペイン大会開催（優勝国イタリア）。	4月、アルゼンチン軍とイギリスとの間でフォークランド紛争勃発。

1983（昭和58）	3.27、第86回IOC総会で国際陸連を含む24の国際競技連盟の参加資格ルール案を承認。出場料、賞金の授受や国際陸連の「競技者基金」も承認される。 7.12～18、アメリカ・ルイジアナ州での第6回夏季スペシャルオリンピックス大会に日本初参加。	6.17～19、カール・ルイスが全米陸上競技選手権大会で100m、200m、走幅跳びで3冠王になる。 8.7～14、ヘルシンキでIAAF主催第1回世界陸上選手権大会開催。 9.30、日本陸連理事会が競技者基金取り扱い案を承認。	
1984（昭和59）	1.24、アメリカABC放送が第15回カルガリー冬季大会の放映権を3億8600万カナダドルで獲得。 2.8～19、**第14回サラエボ冬季大会**。6競技39種目、参加49ヵ国、参加選手1272人。 7.28～8.12、**第23回ロサンゼルス大会**。23競技221種目、参加140ヵ国、参加選手6829人。ソ連をはじめとする東欧圏諸国の報復ボイコット起こる。中国がオリンピックに復帰。民間資金導入により、大幅な黒字決算となる。 8.20～26、チェコスロバキアで第23回ロサンゼルス大会をボイコットした社会主義諸国を中心に代替オリンピック大会として、'84ドリュージュバカップ開催。	2.12、植村直己が北米マッキンリー冬季単独登頂に史上初めて成功。下山途中で消息を絶つ。 4.15、アメリカゴルフツアーで岡本綾子が初優勝。全英オープンも制す（10.6）。 4.24～28、クライストチャーチで第1回国際マスターズ水泳大会（IMSC）開催。 7.3、イギリス医師会がボクシングの全面禁止を決議。	
1985（昭和60）	5.29、IOC理事会がオリンピックマークの使用をIOCが一括管理することを決定。 10.3、第24回ソウル大会のアメリカ向けテレビ放映権を純益スライド方式でNBC放送が獲得。	5.29、ブリュッセルで開かれたサッカー、欧州チャンピオンズカップ決勝、リヴァプール対ユヴェントス戦でサポーター同士が衝突し、多数の死傷者を出す（「ヘイゼルの悲劇」）。 7.15、ボストン陸上競技協会理事会が'86ボストンマラソンから賞金レースにすることを決定。 7.25～8.4、ロンドンで第1回ワールド・ゲームズ開催（23の非オリンピック種目で競技）。 8.7～25、トロントで第8回マスターズ・ゲームズ開催。	3.11、ソ連・ゴルバチョフ書記長就任。
1986（昭和61）	4.22、IOC医事委員会が血液ドーピングの禁止と、脈拍抑制剤、利尿剤の2種を禁止薬物リストに加えることを決定。 8.9、カルバーシティーで'36年第11回ベルリン大会マラソン優勝者孫基禎の記念碑の国籍を日本から韓国に訂正。 10月、ローザンヌでIOC総会が開催され、第17回冬季大会は1994年に開催することが決定。第15回カルガリー冬季大会からアイスホッケー、第24回ソウル大会からサッカー、馬術、陸上（条件つき）でプロ選手の参加容認を決定。 10.17、IOC総会でデフランツを黒人女性として初めてIOC委員に選出。	3.1～8、札幌で第1回冬季アジア大会開催。競技会ごとにスポンサー名を入れた「冠大会」方式を採用。 5.7、体協がスポーツ憲章を施行。タイトルからアマチュアの文字が消える。 5.31～6.29、第13回FIFAワールドカップメキシコ大会開催（優勝国アルゼンチン）。 7.4～20、モスクワで10年ぶりの米ソ両陣営が参加してグッドウィル・ゲームズ開催。 7.12～16、東京で第1回世界マスターズ水泳選手権大会開催。 8.12、日本サッカー協会と日本サッカーリーグが奥寺康彦と木村和司に国内初のプロ選手登録を承認。 11.17、保健体育審議会が社会体育指導者認定制度案を決定。 11.22、マイク・タイソンが最年少（20）ヘビー級王者になる。	1.28、アメリカ、スペースシャトルチャレンジャー号爆発事故。 4.26、ソ連でチェルノブイリ原発事故。
1987（昭和62）		2.1、カナダの世界スプリント選手権大会で黒岩彰が2度目の総合優勝。 4.20、第91回ボストン・マラソンで瀬古利彦が2時間11分50	4.1、国鉄を分割、民営化。 12月、アメリカとソ連がINF全廃条約調印。

		秒で2度目の優勝。 8.30、ローマで第2回世界陸上選手権が開催され、男子100m決勝でベン・ジョンソンが9秒83の世界新記録で優勝（その後、抹消される）。	
1988（昭和63）	2.13～28、**第15回カルガリー冬季大会**。6競技46種目、参加57ヵ国、参加選手1423人。大会期間が夏季大会と同じ16日間に延長され、実施種目も大幅に増加。 9.15、IOC総会で第17回冬季大会の開催地にリレハンメルを選出。 9.17～10.2、**第24回ソウル大会**。25競技237種目、参加159ヵ国、参加選手8391人。12年ぶりに東西両陣営が参加。 9.27、ソウル大会陸上男子100m優勝のベン・ジョンソン（9秒79）がドーピングテストの結果、金メダルを剥奪される。	7.17、ソウル大会陸上アメリカ代表選考会女子100mでフローレンス・グリフィス・ジョイナーが10秒49の世界新記録を樹立。	4.14、アフガニスタン和平協定調印。
1989（平成元）	7.19、新JOC会長に堤義明氏が選ばれる。 8月、JOCが財団法人となる。	3.18、伊藤みどりがフィギュアスケート世界選手権女子シングルで日本初の金メダルを獲得。 5.11、和泉雅子が日本女性として初めて北極点に到達。 8.22、大リーグ、レンジャーズのノーラン・ライアン投手が奪三振5000を記録。 8.24、賭博疑惑でシンシナティ・レッズのピート・ローズ監督が永久追放になる。	1.7、改元。 6.4、北京で天安門事件。 11.9、ベルリンの壁崩壊。 12.3、マルタ島でアメリカとソ連の首脳会議が行われ、東西冷戦終結宣言。
1990（平成2）	4.12、堤義明JOC会長が冬季アジア大会での問題を巡り辞意を表明。 9.18、東京でIOC総会が開催され、第26回大会の開催地にアトランタを選出。	6.8～7.8、第14回FIFAワールドカップイタリア大会開催（優勝国西ドイツ）。 9.22～10.7、北京でアジア競技大会開催。37ヵ国・地域、約6000人が参加。	8.2、イラク軍がクウェートに侵攻（湾岸危機）。 10.3、東西ドイツ統一。
1991（平成3）	6月、バーミンガムでIOC総会が開催され、20世紀最後の冬季オリンピックとなる第18回冬季大会の開催地に長野を選出。 7.9、IOCアパルトヘイト委員会が南アのオリンピック復帰を認める勧告を採択。	4.24、世界卓球選手権（幕張）で韓国と北朝鮮が統一コリアチームを結成。 7.28、柔道世界選手権大会で小川直也が無差別級3連覇を達成。 8.23、東京で第3回世界陸上選手権開幕。	1.16、多国籍軍がイラクを攻撃（湾岸戦争勃発）。 6.17、南アフリカがアパルトヘイト（人種隔離・差別）関連諸法を廃止。 8月、ソ連共産党解体。
1992（平成4）	2.8～23、**第16回アルベールビル冬季大会**。7競技57種目、参加64ヵ国、参加選手1801人。実施種目はさらに増加し、各競技場はサボア県全般に分散。 7.25～8.9、**第25回バルセロナ大会**。28競技257種目、参加169ヵ国、参加選手9356人。野球、バドミントンが正式競技種目となる。 12月、ローザンヌで開催のIOC理事会で第18回長野冬季大会のシンボルマークが承認される（翌年1月発表）。	1.23、任天堂が大リーグ、シアトル・マリナーズの買収を申し入れる（4.3合意調印）。 10.9、長嶋茂雄が読売ジャイアンツの監督に就任決定。	3月、ボスニアが内戦状態に突入。
1993（平成5）	9.23、IOC総会で第27回大会の開催地にシドニーを選出。 10.25、国連総会で「オリンピック休戦」が決議、採択される。	1.27、曙の第64代横綱昇進が決定。 5.15、日本プロ・サッカーリーグ（Jリーグ）が開幕。 5.20、全国高校体育連盟が朝鮮高級学校などに総合体育大会への参加を認める。 8.15、第4回世界陸上選手権女子マラソンで浅利純子が優勝、安部友恵も3位。 10.29、FIFAワールドカップアジア地区最終予選で日本はイラクと引き分け、本大会出場	1.1、EC統合市場発足。 9.13、イスラエルとPLOがパレスチナ暫定自治に合意。

		ならず（「ドーハの悲劇」）。	
1994（平成6）	2.12～27、**第17回リレハンメル冬季大会**。6競技61種目、参加67ヵ国、参加選手1737人。北緯61度の最北の地での開催となる。今大会より冬季大会の開催年が独立。環境問題に配慮した大会運営が特徴となる。 2.24、リレハンメル大会のノルディックスキー複合団体で日本チームが金メダルを獲得。	1.19、女子フィギュアスケートのナンシー・ケリガン襲撃事件でハーディングの前夫を逮捕。 5.1、F1サンマリノGPでアイルトン・セナが壁に激突し病院で死亡。 6.17～7.17、第15回FIFAワールドカップアメリカ大会開催（優勝国ブラジル）。 6.17、ヴェルディ川崎三浦知良がセリエA、ジェノアへの移籍を発表。 7.3、陸上男子100mでリーロイ・バレルが9秒85の世界新記録を樹立。 10.2、広島で第12回アジア競技大会開幕。史上最多の42ヵ国・地域の選手団が参加。	4月、ルワンダで内戦が激化。 6月、松本サリン事件。
1995（平成7）		2.11、ノルディックスキーのワールドカップ複合で荻原健司が今季4勝目を挙げる。 7.11、ドジャースの野茂英雄投手が大リーグのオールスター戦に先発、2回を無失点。 8.7、世界陸上・男子三段跳びでジョナサン・エドワーズが18m29の世界新記録を樹立。	1.17、阪神・淡路大震災。 3.20、地下鉄サリン事件。
1996（平成8）	7.16～8.4、**第26回アトランタ大会**。26競技271種目、参加197ヵ国、参加選手10318人。 7.27、アトランタ大会のオリンピック公園で爆弾により2人死亡111人負傷。	5.31、2002年FIFAワールドカップ、日韓両国共同開催決定。 9.18、ドジャース野茂がノーヒットノーラン達成。	2.25、エルサレムで連続爆破テロ。 9.11、アメリカがイラクに報復爆撃。 9.27、イスラム原理主義タリバーンがアフガン政権を打倒。
1997（平成9）	9.5、第28回大会の開催地にアテネを選出。	6.7、テニスの全仏オープン・混合ダブルスで平木理化、マヘシュ・ブパシが優勝。 10.6、国際柔道連盟がカラー柔道着の導入を可決。 10.12、田村亮子が柔道世界選手権で3連覇。 11.16、サッカー日本代表がワールドカップ初出場決定（マレーシア、ジョホールバル）。	4.17、米軍基地用地を使用期限切れ後も使用できる改正駐留軍用地特別措置法成立。 6.15、2005年の万国博覧会の開催地が愛知県瀬戸市に決定。 6.17、臓器移植法改正。 7.1、中国に香港が返還される。 7.8、ポーランド、チェコ、ハンガリーがNATO加盟交渉を開始（正式加盟は99年3月12日）。 9.6、ベネチア映画祭で北野武監督作品が金の獅子賞（グランプリ）を受賞。
1998（平成10）	2.7～22、**第18回長野冬季大会**。7競技68種目、参加72ヵ国、参加選手2176人。カーリングが正式競技種目となる。 2.10、長野大会スピードスケート男子500mで清水宏保、女子モーグルで里谷多英が金メダルを獲得。 2.15、長野大会スキー・ジャンプのラージヒルで船木和喜が金、原田雅彦が銅メダル。 2.17、長野大会スキー・ジャンプ団体で日本金メダル。 2.21、長野大会スケートショートトラック男子500mで、西谷岳文が金、植松仁が銅メダル。 3.5、長野パラリンピック冬季競技大会開幕。	5.12、サッカーくじ法が成立。 5.27、若乃花が横綱に昇進、史上初の兄弟横綱誕生。 6.10～7.12、第16回FIFAワールドカップフランス大会開催（優勝国フランス）。 7.21、ベルマーレ平塚中田英寿がセリエA、ペルージャへ移籍。	4.10、北アイルランド和平合意。 5.11、インドが地下核実験。 5.28、パキスタンが2度の核実験。 8.7、ケニアとタンザニアでアメリカ大使館爆破テロ。
1999（平成11）		5.26、武蔵丸（アメリカ、ハワイ出身）が新横綱になる。 6.8、大阪朝鮮高級学校が高校総体に出場決定。 8.26、世界陸上男子400mでマイケル・ジョンソンが世界新	1.1、欧州単一通貨（ユーロ）が参加11ヵ国で発足。 3.24、コソボ自治州の民族紛争でNATO軍がユーゴを空爆。 4.20、アメリカ、コロラド州の高校で銃乱射事件。

		記録を達成。 9.9、テニスの全米オープン・混合ダブルスで杉山愛、マヘシュ・ブパシが優勝。	8.9、日の丸、君が代を国旗、国歌に法制化。 9.30、東海村で日本初の臨界事故。 10.12、ローマ法王庁が遺伝子組み換えを容認。 12.20、ポルトガルがマカオを中国に返還。
2000（平成12）	9.15～10.1、**第27回シドニー大会**。28競技300種目、参加200ヵ国、参加選手10651人。日本は金メダル5、銀8、銅5を獲得。 9.24、シドニー女子マラソンで高橋尚子が2時間23分14秒のオリンピック最高タイムで金メダル獲得。 10.18、シドニー・パラリンピック大会開幕。日本チームは金13、銀17、銅11のメダルを獲得。	9.10、テニスの全米オープン・女子ダブルスで杉山愛、アラール・デキュジスが優勝。 11.19、イチローがポスティングシステムにより大リーグへ。最高入札額の約1300万ドル（約15億円）を提示したマリナーズへ移籍決定。 11.21、NHK・民放連合が2002年FIFAワールドカップの日本戦など40試合の地上波での放映権を65億円前後で獲得。	6.13～14、南北朝鮮の首脳が平壌で分断55年後初の会談。 6.26、ヒトゲノム解読完了をアメリカ、イギリス、日本で同時発表。 7.21、沖縄サミット開幕。 8.25、中東和平交渉決裂。
2001（平成13）	7.16、第8代IOC会長にジャック・ロゲ（Jacques Rogge）を選出。サマランチ前会長は終身名誉会長になる。 10.24、新JOC会長に竹田恒和を選出。	3.30、FIFAの代理店ISL社が経営破綻。 7.9、浦和レッズ小野伸二がエールディヴィジ、フェイエノールトへ移籍。 7.12、ガンバ大阪稲本潤一がプレミアリーグ、アーセナルへ移籍仮契約。 7.28、世界水泳でイアン・ソープが6種目に優勝。4種目に世界新記録。 7.29、世界柔道女子48kg級で田村亮子が史上初の5連覇を達成。 8.6、世界陸上男子ハンマー投げで室伏広治が82m92で銀メダル。 8.10、世界陸上男子400m障害で為末大が47秒89の日本新で銅メダル。 8.12、世界陸上女子マラソンで土佐礼子が2時間26分6秒で銀メダル。 10.7、マリナーズのイチローが打率0.350で首位打者になる。シーズン242安打は両リーグ最多安打。	1月、アメリカ大統領にブッシュが就任。 9.11、アメリカで同時多発テロ。 10.8、アメリカ軍がアフガニスタン空爆開始。 12月、イスラエルがパレスチナ暫定自治政府と断行。
2002（平成14）	2.8～2.24、**第19回ソルトレークシティー冬季大会**。7競技78種目、参加77ヵ国、参加選手2399人。 2.9、ソルトレークシティー大会女子モーグルで里谷多英が銅メダルを獲得。 2.12、ソルトレークシティー大会スピードスケート男子500mで清水宏保が銀メダルを獲得。 2.15、IOCがフィギュアスケート・ペアの採点疑惑で審判員に不正行為があったとし、2位のカナダ組にも金メダルを与えると発表。 3.8、第8回ソルトレークシティー・パラリンピック冬季大会開幕。 4.26、JOCが室伏広治をCMなどに出演できる特別認定選手に承認。	4.8、2002年・2006年のFIFAワールドカップ大会の独占テレビ放映権を持つキルヒメディアが会社更生手続きを申請。 5.31～6.30、第17回FIFAワールドカップ韓国／日本大会開催（優勝国ブラジル）。 9.14、陸上の国際グランプリファイナル男子100mでティム・モンゴメリが9秒78の世界新記録を樹立。 9.29、釜山でアジア競技大会が開幕。 9.30、ベルリン・マラソンで高橋尚子が優勝。	1.1、ユーロが流通開始。 9.17、小泉首相が平壌を訪問し、金正日総書記と会談（平壌宣言）。 9.17、アメリカが2度と大規模なテロ攻撃にあわないための世界戦略ブッシュ=ドクトリンを発表。 11.14、中央教育審議会総会で教育基本法を見直し、「国を愛する心」「『公共』の精神」などを理念とする中間報告を遠山文科相に提出。
2003（平成15）	7.2、第115回IOC総会で2010年冬季大会の開催地にバンクーバーを選出。	1.14、松井秀喜がニューヨーク・ヤンキースへの入団発表。 2.1、青森アジア冬季競技大会開幕。 4.7、代表選考やドーピング処分	2.1、アメリカ、スペースシャトルコロンビア号事故。 2.15、世界各地で反戦集会や反戦デモ。

		による紛争を仲裁する日本スポーツ仲裁機構（JSAA）が発足。 6.8、テニスの全仏オープン・女子ダブルスで杉山愛、キム・クライシュテルスが優勝。同ペアはウィンブルドンでも優勝（7.6）。 7.21、世界水泳選手権男子100m平泳ぎで北島康介が59秒78の世界新で優勝。200m平泳ぎでも2分9秒42の世界新で優勝（7.24）。 8.29、IAAF世界陸上選手権大会男子200mで末續慎吾が銅メダル。短距離で日本人初。 11.16、東京国際女子マラソンで高橋尚子が失速で2位。 12.10、松井稼頭央がニューヨーク・メッツへの入団発表。	3.19、アメリカとイギリス軍がイラクと開戦。 3.23、『ボウリング・フォー・コロンバイン（マイケル・ムーア監督）』がアカデミー賞の長編ドキュメンタリー賞を受賞。 4.2、世界保健機関（WHO）が新型肺炎SARSの世界的流行で中国広東省と香港への渡航延期を勧告。 5.1、ブッシュ・アメリカ大統領がイラクにおける大規模戦闘終結宣言。 5.15、有事関連法案が衆院で可決。 7.26、イラク復興支援特別措置法が成立。 8.19、イラク、バクダッド国連本部で自爆テロ。 8.19、エルサレムで中東和平案「ロードマップ」の履行合意以来、最悪の自爆テロ。 8.25、住民基本台帳ネットワークが本格稼動。 10.15、中国初の有人宇宙船打ち上げ成功（～16）。
2004（平成16）	5.19. IOC理事会が手術後２年を経過するなどの条件付きで、性転換選手の参加を許可。 8.13～29、**第28回アテネ大会**。28競技301種目、参加202ヵ国。	3.28、大相撲横綱朝青龍が2場所連続全勝優勝。 5.15、FIFA理事会で2010年FIFAワールドカップ開催国に南アフリカを選出。	1.16、イラク南東部サマワに自衛隊派遣。 2.2、イラク、クルド人自治区で同時自爆テロ。 2.6、ロシア、モスクワの地下鉄で爆破テロ。 3.11、スペイン、マドリード周辺の駅で連続爆破テロ。 4.8、イラクで日本人3人拘束される（15日解放）。

参考文献

朝日新聞社『朝日新聞縮刷版』、朝日新聞
原田公樹（編）『ワールドカップ全記録2002年版』講談社、2002
岸野雄三（編）『[最新] スポーツ大事典』大修館書店、1987
長野県信濃美術館（編）「年譜─近代オリンピックの100年─」『ポスター、リトグラフに見るオリンピック・アート展（カタログ）』読売新聞社・美術館連絡協議会・長野県信濃美術館、66 - 70、1997
日本オリンピック委員会(監修)『近代オリンピック100年の歩み』ベースボール・マガジン社、1994
The Official Website of the Olympic Movement （http://www.olympic.org/uk/index_uk.asp）

（作成：清水諭・初田弘毅）

『オリンピック・スタディーズ』基本文献一覧

相川俊英　1998『長野オリンピック騒動記』草思社。

アイヒベルク、ヘニング、清水諭=訳 1997『身体文化のイマジネーション——デンマークにおける「身体の知」』新評論。

天野恵一（編著）1998『君はオリンピックを見たか』社会評論社。

有賀郁敏他　2002『近代ヨーロッパの探求8——スポーツ』ミネルヴァ書房。

池井優　1992『オリンピックの政治学』丸善。

石岡瑛子（総合プロデュース）1992『Leni Riefenstahl Life』求龍堂。

石田頼房（編著）1992『未完の東京計画——実現しなかった計画の計画史』筑摩書房。

伊藤公　1986『オリンピックの本——希望の祭典を永遠に』サイマル出版会。

岩崎昶　1975『ヒトラーと映画』朝日新聞社。

遠藤雅子　2004『スペシャルオリンピックス』集英社。

江沢正雄　1999『オリンピックは金まみれ——長野五輪の裏側』雲母書房。

織田幹雄　1952『オリンピック物語（改訂版）』朝日新聞社。

オリンピック・ポスターアート展実行委員会（大阪市立美術館他）2000「オリンピック・ポスターアート展」『展覧会図録』。

影山健他（編著）1981『反オリンピック宣言——その神話と犯罪性をつく』風媒社。

川成洋　1992『幻のオリンピック』筑摩書房。

清川正二　1986『オリンピックとアマチュアリズム』ベースボール・マガジン社。

——　1987『スポーツと政治——オリンピックとボイコット問題の視点』ベースボール・マガジン社。

——　1989『オリンピックと60年——JOCへの提言』ベースボール・マガジン社。

金雲龍　2001『オリンピック30年——中断なき改革のために』創樹社。

坂上康博　1998『権力装置としてのスポーツ——帝国日本の国家戦略』講談社。

沢木耕太郎　1998『オリンピア——ナチスの森で』集英社。

鈴木良徳　1982『オリンピック外史　続——古代オリンピア祭・クーベルタンのすべて』ベースボール・マガジン社。

——　1985『オリンピック暮色』ベースボール・マガジン社。

須田泰明　2002『37億人のテレビンピック——巨額放映権と巨大五輪の真実』創文企画。

多木浩二　1995『スポーツを考える――身体・資本・ナショナリズム』筑摩書房。

田中舘哲彦　1988『日本スポーツを救え――野人岡部平太のたたかい』平凡社。

谷口源太郎　1992『堤義明とオリンピック――野望の軌跡』三一書房。

――　1997『日の丸とオリンピック』文藝春秋。

津金澤聰廣（編著）1996『近代日本のメディア・イベント』同文舘出版。

津金澤聰廣、有山輝雄（編著）1998『戦時期日本のメディア・イベント』世界思想社。

クーベルタン、ピエール、ド、大島謙吉=訳　1976『ピエール・クーベルタン――オリンピックの回想』ベースボール・マガジン社。

西田善夫　1991『オリンピックと放送』丸善。

日本オリンピック・アカデミー オリンピック・ムーブメント研究班（編著）2004『21世紀オリンピック豆事典――オリンピックを知ろう！』楽。

日本オリンピック委員会（監修）1994『近代オリンピック100年の歩み』ベースボール・マガジン社。

橋本一夫　1994『幻の東京オリンピック』日本放送出版協会。

土方正志　1998『パラリンピック物語』リトル・モア。

平井正　1999『レニ・リーフェンシュタール――20世紀映像論のために』晶文社。

藤原健固　1984『国際政治とオリンピック』道和書院。

古川隆久　1998『皇紀・万博・オリンピック――皇室ブランドと経済発展』中央公論社。

ベースボール・マガジン社（編著）1985『人間　田畑政治――オリンピックと共に五十年』ベースボール・マガジン社。

町田和信　1991『ドキュメント志賀高原・岩菅山の2000日――冬季オリンピックと自然保護』新日本出版社。

松瀬学　1996『汚れた金メダル――中国ドーピング疑惑を追う』文藝春秋。

山口昌男　1995『「挫折」の昭和史』岩波書店。

――　1995『「敗者」の精神史』岩波書店。

横田順彌　1993『〔天狗倶楽部〕怪傑伝――元気と正義の男たち』朝日ソノラマ。

吉見俊哉　1992『博覧会の政治学――まなざしの近代』中央公論社。

Chernushenko, David. 1994. *Greening Our Games: Running Sports Events and Facilities that Won't Cost the Earth*. Centurion.（小椋博、松村和則（編訳）1999『オリンピックは変わるか―― Green Sportへの道』道和書院）

Finding, John, E. and Pelle, Kimberly, D. ed. 2004. *Encyclopedia of the Modern Olympic Movement*. Greenwood Press.

Grupe, Ommo. 1997. *Olympischer Sport: Ruckblick und Perspektiven*. Hofmann.

Guttmann, Allen. 1994. *Games and Empires: Modern Sports and Cultural Imperiarism*. Columbia University Press.（谷川稔他=訳　1997『スポーツと帝国――近代スポーツと文化帝国主義』昭和堂）

Hart-Davis, Duff. 1986. *Hitler's Games: The 1936 Olympics*. Random House.（岸本完司=訳　1988『ヒトラーへの聖火――ベルリン・オリンピック』東京書籍）

Jennings, Andrew and Simson, Vyv. 1992. *The Lords of the Rings: Power, Money and Drugs in the Modern Olympics*. Simon and Schuster.（広瀬隆=監訳　1992『黒い輪――権力・金・クスリーオリンピックの内幕』光文社）

Jennings, Andrew. 1996. *The New Lords of The Rings: Olympic Corruption and How to Buy Gold Medals*. Simon and Schuster.（野川春夫=監訳　1998『オリンピックの汚れた貴族』サイエンティスト社）

Killanin, Lord. 1983. *My Olympic Years*. Martin Secker and Warburg.（宮川毅=訳　1983『オリンピック激動の歳月――キラニン前IOC会長による五輪回想録』ベースボール・マガジン社）

MacAloon, John, J. 1981. *This Great Symbol: Pierre de Coubertin and the Origins of the Modern Olympic Games*. The University of Chicago Press.（柴田元幸、菅原克也=訳　1988『オリンピックと近代――評伝クーベルタン』平凡社）

MacAloon, John, J. ed. 1984. *Rite, Drama, Festival, Spectacle: Rehearsals Toward a Theory of Cultural Performance*. ISHI.（光延明洋他=訳　1988『世界を映す鏡――シャリバリ・カーニヴァル・オリンピック』平凡社）

Mandell, Richard. 1972. *The Nazi Olympics: Sports and Society*. University of Illinois Press.（田島直人=訳　1976『ナチ・オリンピック』ベースボール・マガジン社）

Marqusee, Mike. 2000. *Redemption Song: Muhammad Ali and the Spirit of the Sixties*. Verso.（藤永康政=訳　2001『モハメド・アリとその時代――グローバル・ヒーローの肖像』未来社）

Miller, David. 1992. *Olympic Revolution: The Biography of Juan Antonio Samaranch*. Pavilion.（橋本明=訳　1992『オリンピック革命――サマランチの挑戦』ベースボール・マガジン社）

Rader Benjamin, G. 1987. *American Sports: from the Age of Folk Games to the Age of Spectators*. Prentice-Hall.（平井肇=訳　1987『スペクテイタースポーツ――20世紀アメリカスポーツの軌跡』大修館書店）

Roche, Maurice. 2000. *Mega-events and Modernity: Olympics and expos in the growth of global culture*. Routledge.

Senn, Alfred Erich. 1999. *Power, Politics, and the Olympic Games*. Human Kinetics.

Stallybrass, Peter and White, Allon. 1986. *The Politics and Poetics of Transgression*. Methuen.（本橋哲也=訳　1995『境界侵犯――その詩学と政治学』ありな書房）

Tomlinson, Alan and Whannel, Garry ed. 1984. *Five Ring Circus: Money, Power, and Politics at the Olympic Games*. Pluto Press.（阿里浩平=訳　1984『ファイブ・リング・サーカス――オリンピックの脱構築』柘植書房）

（作成：清水諭・石坂友司）

オリンピック・スタディーズ——複数の経験・複数の政治

2004年7月26日　第1刷発行
2008年5月27日　第2刷発行
編　者　清水　諭
発行者　船橋純一郎
発行所　株式会社せりか書房
東京都千代田区猿楽町1-3-11　大津ビル1F
電話 03-3291-4676　振替 00150-6-143601
印　刷　信毎書籍印刷株式会社
装　幀　工藤強勝

ISBN978-4-7967-0257-7